민법학강의 VIII

[친족상속법]

박 종 찬 저

진 원 사

BÜRGERLICHES GESETZBUCH VIII

LEHRBUCH DES FAMILIENRECHTS

von

DR. JONG CHAN PARK

PROFESSOR

AN DER SCHOOL OF LAW

KANGWON NATIONAL UNIVERSITY

1. Auflage

JINWON SA VERLAG

SEOUL KOREA 2019

머 리 말

우리 민법이 시행된 지도 내년(2020.1.1.)으로 70년이 된다. 그동안 우리나라의 정치·경제·사회 전반에 걸쳐 엄청난 변화와 발전을 거듭하면서 민법시행 초의 민법으로는 변화된 사회현상을 규율하기에 적합하지 못한 것이 사실이다. 특히 친족상속법분야에서는 더더욱 그러하다. 우리 사회가 농경사회와 대가족 중심사회에서 산업사회와 핵가족 중심사회로 급격히 변화하였을 뿐만 아니라 그동안 다양한 형태의 가정형태가 탄생하고 미래에는 어떻게 변화할 지 예측하기 어려운 정도이다.

친족상속법 분야에서 1977.12.31. 법률 제3051호로 개정되기 시작하면서 2017.10.30.까지 많은 조문이 개정 내지 삭제되었다. 그리고 가사소송법, 가사소송규칙 등 관련 법령의 개정도 있었다. 나아가 대법원의 전원합의체 판결을 포함한 중요한 판결들도 많이 나오게 되었다.

이러한 시점에 민법전반에 걸친 민법학강의 시리즈로 8권을 출판하기로 하고 제일 먼저 「민법학강의 II」를 펴낼 때 과연 방대한 민법 전 분야를 끝낼 수 있을까 하는 염려가 많았다. 그러나 이번에 「민법학강의 VIII」를 출간하게 되어 끝이 보이는 듯하여 일단은 기쁘기 그지없다. 물론 앞으로 「민법학강의 IV, V, VI」을 남겨 놓고 있기는 하다.

친족상속 분야에서 깊은 연구를 하지 못한 저자로서는 민법 중에서도 가장 많은 개정작업이 이루어진 친족상속법의 최근까지 개정된 법조문을 다시 공부하면서 자신의 부족함을 절실히 깨닫게 되었다. 분명 부실하고 부족함도 적지 않을 것이다. 이러한 부족한 점은 계속하여 지적을 받아가면서 보완해갈 것을 다짐한다. 선후배·동료 교수님들과 독자들께서 조그마한 잘못이라도 지적해주기를 바란다.

이 책이 나오는 데에도 많은 분들의 도움을 받았다. 그 중에 연구비를 조성하여 필자에게 강의와 연구에 집중할 수 있는 기회와 여건을 마련해 준 강원대학교에 깊은 감사를 드린다. 한편 이 책은 「2016년도 강원대학교 학술연구조성비로 연구하였음(520160210)」을 밝혀둔다. 그리고 언제나 여러 모로 많은 도움을 주는 홍병철 박사, 권혁종 박사, 유병태 강사, 그리고 박사과정의 권용덕 석사, 이영진 석사, 박미화 선생님께도 감사의 말씀을 드린다. 나아가 어려운 여건 하에서도 민법학강의 I, 민법학강의 II, 민법학강의 III, 민법학강의 VII에 이어 기꺼이 이 책도 출판을 맡아주신 진원사 양진수 사장님께 감사드린다. 그리고 류재현 부장님은 이 책의 교정과 편집에 노고를 아끼지 않으시어 훌륭한 책을 만들어주느라 수고를 많이 하셨다. 또한 양희원 과장님께서도 열심히 도와주셨다. 이분들 모두에게 심심한 감사를 드린다.

2019년 8월

저자 **박 종 찬**

참 고 문 헌

곽윤직, 상속법, 개정판, 박영사, 2004

김용한, 친족상속법, 증보판, 박영사, 2004

김주수·김상용, 친족·상속법, 제11판, 법문사, 2013

박동섭, 친족상속법, 제4판, 박영사, 2013

박병호, 가족법, 한국방송통신대학, 1999

박종찬, 민법학강의 Ⅰ, 진원사, 2017

박종찬, 민법학강의 Ⅱ, 제2판, 진원사, 2016

박종찬, 민법학강의 Ⅲ, 진원사, 2015

박종찬, 민법학강의 Ⅶ, 진원사, 2018

배경숙·최금숙, 친족상속법강의, 제일법규, 2006

법원실무제요 가사[Ⅱ], 법원행정처, 2010

법원실무제요 민사집행[Ⅲ], 법원행정처, 2003

송덕수, 민법총칙, 제3판, 박영사, 2015

송덕수, 친족상속법, 제3판, 박영사, 2017

신영호, 로스쿨 가족법강의, 제2판, 세창출판사, 2013

오시영, 친족상속법, 학현사, 2006

윤진수, 민법논고 Ⅳ·Ⅴ, 박영사, 2009·2011

윤진수, 친족상속법 강의, 박영사, 2016

이경희, 가족법(친족법·상속법), 제2전정판, 법원사, 2012

이화숙, 가족, 사회와 가족법, 세창출판사, 2012

조승현, 친족·상속, 제3판, 신조사, 2013

지원림, 민법강의, 제12판, 홍문사, 2014

한봉희·백승흠, 가족법, 삼영사, 2013

목 차

제1장 서 론 / 1

제1절 친족상속법 총설 / 3

Ⅰ. 친족상속법의 의의 ······ 3

Ⅱ. 친족법과 상속법 ······ 3

제2절 가족법의 특성 / 5

Ⅰ. 권리의 일신전속성 ······ 5

Ⅱ. 대리의 불허 ······ 5

Ⅲ. 권리의 지배권성 ······ 6

Ⅳ. 권리의 대세권성 ······ 6

Ⅴ. 강행법규성 ······ 6

Ⅵ. 요 식 성 ······ 6

제3절 가족법과 민법총칙 / 8

제4절 가족법의 법원 / 11

Ⅰ. 가족관계의 등록 등에 관한 법률 ······ 11

1. 의 의 ······ 11
2. 특 징 ······ 11
3. 가족관계등록 ······ 13
5. 등록부의 정정 ······ 17

Ⅱ. 가사소송법 ······ 19

1. 의 의 ………… 19
2. 가사사건의 분류 ………… 19

제2장 친 족 법 / 21

제1절 친족관계 / 23

제1관 친 족 ………… 23
Ⅰ. 의 의 ………… 23
Ⅱ. 친족의 범위 ………… 23
Ⅲ. 친족의 종류 ………… 23
1. 혈 족 ………… 23
2. 인 척 ………… 25
3. 배 우 자 ………… 25
제2관 친계와 촌수 ………… 25
Ⅰ. 친 계 ………… 25
1. 의 의 ………… 25
2. 친계의 형태 ………… 25
Ⅱ. 촌 수 ………… 26
1. 의 의 ………… 26
2. 촌수의 계산 ………… 26
제3관 가족과 성과 본 ………… 28
Ⅰ. 가 족 ………… 28
1. 가족의 개념 ………… 28
2. 가족의 효과 ………… 28
Ⅱ. 자녀의 성과 본 ………… 28
1. 원 칙 ………… 28
2. 예 외 ………… 28

제2절 혼 인 / 29

제1관 약 혼 ······ 29
Ⅰ. 약혼의 의의 ······ 29
Ⅱ. 약혼의 성립 ······ 29
1. 실질적 요건 ······ 29
2. 형식적 요건 ······ 30
Ⅲ. 약혼의 효과 ······ 30
1. 약혼당사자의 의무 ······ 30
2. 혼인의 강제이행청구 여부 ······ 30
3. 친족관계 ······ 31
4. 약혼자 사이에 출생한 자의 지위 ······ 31
Ⅳ. 약혼의 해제 ······ 31
1. 의 의 ······ 31
2. 약혼해제의 사유 ······ 31
3. 약혼해제의 방법 ······ 33
4. 약혼해제의 효과 ······ 33
제2관 혼인의 성립 ······ 35
Ⅰ. 서 설 ······ 35
Ⅱ. 혼인의 성립요건 ······ 35
1. 실질적 요건 ······ 35
2. 형식적 요건 ······ 39
제3관 혼인의 무효와 취소 ······ 42
Ⅰ. 혼인의 무효 ······ 42
1. 혼인무효의 의의 ······ 42
2. 혼인무효사유 ······ 42
3. 혼인무효의 효과 ······ 46
Ⅱ. 혼인의 취소 ······ 47

1. 혼인취소의 의의 47
2. 혼인취소의 성질 47
3. 혼인취소의 사유 48
4. 혼인취소의 효과 50

제4관 혼인의 효과 51

Ⅰ. 일반적 효과 51

1. 친족관계의 발생 51
2. 가족관계등록부의 변동 52
3. 부부간의 성의 불변 52
4. 동거의 의무 52
5. 부양·협조의 의무 53
6. 정조의 의무 55
7. 성년의제 55

Ⅱ. 재산적 효과 55

1. 부부재산계약 56
2. 법정부부재산제 57
3. 일상가사대리권 60
4. 일상가사채무에 대한 연대책임 62
5. 혼인생활의 비용 공동부담 62

제5관 이 혼 63

Ⅰ. 혼인의 해소 일반 63

Ⅱ. 협의이혼 63

1. 협의이혼의 의의 63
2. 협의이혼의 성립요건 64
3. 협의이혼의 무효와 취소 67
4. 사실상 협의이혼 70

Ⅲ. 재판상 이혼 72

1. 서 설 72

2. 재판상 이혼사유 ········ 76
3. 재판상 이혼절차 ········ 88

Ⅳ. 이혼의 효과 ········ 89
1. 일반적 효과 ········ 89
2. 자(子)에 대한 효과 ········ 89
3. 재산분할청구권 ········ 96
4. 손해배상청구권 ········ 103

제6관 사 실 혼 ········ 105
Ⅰ. 사실혼의 의의 ········ 105

Ⅱ. 사실혼의 보호 ········ 105

Ⅲ. 사실혼의 성립요건 ········ 106
1. 당사자 간의 혼인의 합의가 있어야 함 ········ 106
2. 사회통념상 혼인으로서의 실체가 있어야 함 ········ 106
3. 선량한 풍속 기타 사회질서에 위반되지 않아야 함 ········ 106
4. 사실혼의 효과 ········ 107
5. 사실혼의 해소 ········ 109

Ⅳ. 사실상혼인관계존부확인의 소 ········ 112
1. 의 의 ········ 112
2. 절 차 ········ 112
3. 사실혼배우자 사망 후의 소제기 허용 여부 ········ 113

제3절 부모와 자 / 114

제1관 친자관계 ········ 114
Ⅰ. 친자관계의 의의 ········ 114

Ⅱ. 친자관계의 유형 ········ 114
1. 자연적 친자관계 ········ 114
2. 법정친자관계 ········ 114

Ⅲ. 친자관계의 효과 ········· 115

제2관 친 생 자 ········· 115

Ⅰ. 혼인 중의 출생자 ········· 115

1. 의 의 ········· 115
2. 친생자추정을 받는 혼인 중의 출생자 ········· 115
3. 친생자추정을 받지 않는 혼인 중의 자 ········· 119
4. 친생부인의 소 ········· 119
5. 부(父)를 정하는 소 ········· 123
6. 판결의 효력 ········· 124

Ⅱ. 혼인 외의 출생자 ········· 124

1. 의 의 ········· 124
2. 인지(認知) ········· 124
3. 준정(準正) ········· 134

Ⅲ. 친생자관계존부확인의 소 ········· 135

1. 서 설 ········· 135
2. 소의 당사자 ········· 137
3. 제소기간 ········· 138
4. 판결의 효력 ········· 139

Ⅳ. 인공수정자 ········· 139

1. 의 의 ········· 139
2. 인공수정의 방법 ········· 140
3. 인공수정자의 지위 ········· 140
4. 체외수정·대리모 ········· 141

제3관 양 자 ········· 142

Ⅰ. 서 설 ········· 142

Ⅱ. 입양의 성립요건 ········· 143

1. 실질적 요건 ········· 144

2. 형식적 요건 ········· 148

Ⅲ. 입양의 무효와 취소 ········· 150

1. 입양의 무효 ········· 150
2. 입양의 취소 ········· 153

Ⅳ. 입양의 효과 ········· 155

1. 일반적 효과 ········· 155
2. 양자의 성(姓) ········· 156

Ⅴ. 파양(罷養) ········· 156

1. 파양의 의의 ········· 156
2. 파양의 요건 ········· 156
3. 파양의 효과 ········· 159

Ⅵ. 친양자제도 ········· 160

1. 의 의 ········· 160
2. 친양자입양의 성립요건 ········· 160
3. 친양자 입양의 효력 ········· 161
4. 친양자입양의 취소 ········· 162
5. 친양자의 파양 ········· 163
6. 기 타 ········· 164

제4절 친권과 후견 / 165

제1관 친 권 ········· 165

Ⅰ. 서 설 ········· 165

1. 의 의 ········· 165
2. 성 질 ········· 165

Ⅱ. 친 권 자 ········· 166

1. 부모가 혼인 중의 출생자인 경우 ········· 166
2. 양자인 경우 ········· 166

3. 부모의 혼인해소의 경우 ········ 167
4. 혼인 외의 자인 경우 ········ 168
5. 친권자의 변경 ········ 168
6. 부모 일방으로 정해진 단독 친권자가 사망한 경우 ········ 169

Ⅲ. 친권의 효력 ········ 171
1. 친권의 행사 ········ 171
2. 친권의 내용 ········ 172
3. 친권의 제한 ········ 174

Ⅳ. 친권의 소멸·일시정지·일부제한 및 회복 ········ 177
1. 의 의 ········ 177
2. 친권소멸사유 ········ 177
3. 친권소멸의 효과 ········ 183

제2관 후 견 ········ 184
Ⅰ. 서 설 ········ 184

Ⅱ. 후견의 개시 ········ 184
1. 후견개시의 원인 ········ 184
2. 후견개시의 신고 ········ 186

Ⅲ. 후 견 인 ········ 186
1. 후견인이 되는 자 ········ 186
2. 후견인의 수와 자격 ········ 188
3. 후견인의 결격 ········ 188
4. 후견인의 사임과 변경 ········ 189

Ⅳ. 후견인의 임무 ········ 189
1. 후견임무의 주된 내용 ········ 189
2. 후견인의 기타의 권리의무 ········ 193
3. 후견인의 권한 제한 ········ 194

Ⅴ. 후견감독기관 ········ 195

1. 후견감독인 …… 195
2. 가정법원 …… 196

Ⅵ. 후견의 종료 …… 197
1. 후견종료사유 …… 197
2. 후견의 종료와 계산 …… 197

Ⅶ. 임의후견제도 …… 198
1. 서 설 …… 198
2. 후견계약 …… 198
3. 임의후견의 내용 …… 201
4. 임의후견감독인 …… 201
5. 임의후견의 우선성(법정후견의 보충성) …… 202

제5절 부 양 / 204

Ⅰ. 서 설 …… 204
1. 부양제도의 의의 …… 204
2. 부양의 성질 …… 204

Ⅱ. 부양당사자 …… 205
1. 직계혈족 및 그 배우자 사이 …… 205
2. 기타 친족 사이의 부양 …… 205

Ⅲ. 부양의 내용 …… 205
1. 부양을 받을 권리(부양청구권) …… 205
2. 부양의무 …… 206
3. 부양당사자의 순위 …… 206
4. 부양의 정도와 방법 …… 207

Ⅳ. 과거의 부양료 청구 …… 207
1. 부양권리자의 부양의무자에 대한 과거의 부양료청구 …… 208
2. 부양의무자의 다른 부양의무자에 대한 과거의 부양료 상환청구 …… 209

3. 부양의무 없는 자의 부양의무자에 대한 부양료 상환청구 ………… 209

제3장 상 속 법 / 211

제1절 상속제도 / 213

제1관 서 설 …… 213
Ⅰ. 상속과 상속권의 의의 …… 213
1. 상속의 의의 …… 213
2. 상속권의 의의 …… 213
Ⅱ. 상속의 유형 …… 213
1. 신분상속(호주상속)·제사상속·재산상속 …… 213
2. 생전상속·사후상속 …… 214
3. 법정상속·유언상속 …… 214
4. 단독상속·공동상속 …… 214
5. 강제상속·임의상속 …… 214
6. 균분상속·불균분상속 …… 214
Ⅲ. 상속제도의 존재이유 …… 215
1. 가족에 대한 사후부양 …… 215
2. 유산에 대한 기여분의 청산 …… 215
Ⅳ. 상속의 개시 …… 215
1. 상속개시의 원인 …… 215
2. 상속개시의 시기 …… 215
3. 상속개시의 장소 …… 216
4. 상속비용 …… 216
제2관 상속회복청구권 …… 217
Ⅰ. 서 설 …… 217
1. 의 의 …… 217
2. 제도의 취지 …… 217

Ⅱ. 성 질 ··· 217
1. 학 설 ··· 217
2. 판 례 ··· 218
Ⅲ. 당 사 자 ··· 219
1. 청구권자 ··· 219
2. 상 대 방 ··· 220
Ⅳ. 상속회복청구권의 행사 ··· 223
1. 행사의 방법 ··· 223
2. 행사의 내용 ··· 223
3. 반환의 범위 ··· 224
Ⅴ. 상속회복청구권의 소멸 ··· 224
1. 제척기간의 경과 ··· 224
2. 상속회복청구권의 포기 ··· 225
제3관 상 속 인 ··· 226
Ⅰ. 서 설 ··· 226
1. 상속인의 의의 ··· 226
2. 상속능력 ··· 226
Ⅱ. 상속인의 순위 ··· 227
1. 혈 족 ··· 227
2. 배 우 자 ··· 228
Ⅲ. 대습상속 ··· 229
1. 의의 및 성질 ··· 229
2. 대습상속의 요건 ··· 229
3. 대습상속의 효과 ··· 231
Ⅳ. 상속의 결격 ··· 232
1. 의 의 ··· 232
2. 상속결격의 사유 ··· 232

3. 상속결격의 효과 ········ 234

Ⅴ. 상속인의 부존재 ········ 235

1. 서 설 ········ 235
2. 상속재산의 관리 ········ 235
3. 특별연고자에 대한 상속재산의 분여(分與) ········ 237
4. 상속재산의 국가귀속 ········ 238

제4관 상 속 분 ········ 239

Ⅰ. 서 설 ········ 239

1. 상속분의 의의 ········ 239
2. 상속분의 종류 ········ 239

Ⅱ. 법정상속분 ········ 240

1. 동순위상속인 사이의 상속분 ········ 240
2. 배우자의 상속분 ········ 240
3. 대습상속인의 상속분 ········ 240

Ⅲ. 특별수익자의 상속분 ········ 240

1. 특별수익의 의의 및 제도의 취지 ········ 240
2. 특별수익의 요건 ········ 241
3. 특별수익의 산정 ········ 242

Ⅳ. 기여자의 상속분 ········ 243

1. 기여분제도의 의의 및 취지 ········ 243
2. 기여분의 요건 ········ 244
3. 기여자의 상속분의 산정 ········ 245
4. 기여분과 다른 제도와의 관계 ········ 246

Ⅴ. 상속분의 양도 및 양수 ········ 246

1. 의 의 ········ 246
2. 상속분의 양도 ········ 247
3. 양도된 상속분의 양수(환수) ········ 247

제5관 상속의 효과 ····· 249

Ⅰ. 일반적 효과 ····· 249

1. 포괄승계의 원칙 ····· 249

Ⅱ. 상속재산의 범위 ····· 250

1. 재산적 권리와 의무 ····· 250
2. 법률상의 지위 또는 계약상의 지위 ····· 253

Ⅲ. 제사용 재산의 특별승계 ····· 254

1. 의 의 ····· 254
2. 효 과 ····· 255

Ⅳ. 공동상속 ····· 257

1. 공동상속의 의의 ····· 257
2. 공동상속에 대한 공유의 성질 ····· 257
3. 채권·채무의 공동상속 ····· 258
4. 공동상속재산의 관리 및 처분 ····· 260

제6관 상속재산의 분할 ····· 261

Ⅰ. 의의 및 성질 ····· 261

1. 의 의 ····· 261
2. 성 질 ····· 261

Ⅱ. 분할의 요건 ····· 262

1. 공동상속인이 상속재산을 공유할 것 ····· 262
2. 공동상속인이 확정될 것 ····· 262
3. 분할금지가 없을 것 ····· 262

Ⅲ. 분할의 방법 ····· 263

1. 유언분할 ····· 263
2. 협의분할 ····· 263
3. 조정 또는 심판에 의한 분할 ····· 264

Ⅳ. 상속재산 분할의 효과 ····· 265

1. 분할의 소급효 ······ 265
2. 분할 후 인지된 자가 있는 경우 ······ 266
3. 후순위상속인이 분할을 한 경우 ······ 268
4. 담보책임 ······ 269

제7관 상속의 승인과 포기 ······ 270
Ⅰ. 서 설 ······ 270
1. 제도의 취지 ······ 270
2. 승인과 포기의 내용 ······ 270
3. 승인과 포기의 기간 ······ 273

Ⅱ. 단순승인 ······ 274
1. 의 의 ······ 274
2. 법정단순승인(의제단순승인) ······ 275
3. 단순승인의 효과 ······ 278

Ⅲ. 한정승인 ······ 278
1. 의 의 ······ 278
2. 한정승인의 요건 ······ 278
3. 한정승인에 의한 청산절차 ······ 280
4. 한정승인의 효과 ······ 281

Ⅳ. 상속의 포기 ······ 283
1. 의 의 ······ 283
2. 포기의 방식 ······ 284
3. 상속포기의 효과 ······ 285

제8관 상속재산의 분리 ······ 287
Ⅰ. 서 설 ······ 287
1. 재산분리제도의 의의와 취지 ······ 287
2. 한정승인과의 관계 ······ 287

Ⅱ. 재산분리의 청구 ······ 288

1. 재산분리의 청구권자 ········ 288
2. 재산분리청구의 상대방 ········ 288
3. 재산분리의 청구기간 ········ 288
4. 재산분리의 심판 ········ 289

Ⅲ. 재산분리의 효과 ········ 289
1. 재산분리의 절차 ········ 289
2. 기타의 효과 ········ 290

제2절 유 언 / 291

Ⅰ. 서 설 ········ 291
1. 유언의 의의 ········ 291
2. 유언의 법적 성질 ········ 291
3. 유언능력 ········ 292
4. 유언의 내용 ········ 293

Ⅱ. 유언의 방식 ········ 294
1. 유언의 요식성 ········ 294
2. 유언방식의 유형 ········ 294
3. 유언증인 ········ 300

Ⅲ. 유언의 효력 ········ 302
1. 유언의 효력발생시기 ········ 302
2. 유언의 무효와 취소 ········ 302

Ⅳ. 유언의 철회 ········ 303
1. 의 의 ········ 303
2. 유언철회의 자유 ········ 303
3. 유언의 법정철회 ········ 304
4. 유언철회의 효과 ········ 305

Ⅴ. 유 증 ········ 305

1. 의의와 성질 ········ 305
2. 수증자와 유증의무자 ········ 306
3. 유증의 종류 ········ 306

Ⅵ. 유언의 집행 ········ 311
1. 의 의 ········ 311
2. 유언집행의 준비 ········ 312
3. 유언집행자 ········ 313

제3절 유 류 분 / 318

Ⅰ. 서 설 ········ 318

Ⅱ. 유류분의 내용 ········ 318
1. 유류분의 개념 ········ 318
2. 유류분권리자 ········ 319
3. 유류분의 비율 ········ 319

Ⅲ. 유류분의 산정 ········ 319
1. 유류분산정의 기준 ········ 319
2. 유류분산정을 위한 기초재산 ········ 320
3. 유류분산정의 방법 ········ 322

Ⅳ. 유류분의 보전(保全) ········ 323
1. 유류분의 반환청구권 ········ 323
2. 유류분반환의 범위와 행사의 효과 ········ 325
3. 공동상속인의 유류분과 기여분 ········ 328
4. 유류분반환청구권의 소멸 ········ 329

Ⅴ. 유류분권의 포기 ········ 330

❖ 판례색인 ········ 331
❖ 사항색인 ········ 337

제 1 장
서 론

제1절 친족상속법 총설
제2절 가족법의 특성
제3절 가족법과 민법총칙
제4절 가족법의 법원

제1절 친족상속법 총설

Ⅰ. 친족상속법의 의의

민법은 크게 재산관계를 규율하는 법과 신분관계를 규율하는 법으로 구성되는데, 전자를 일반적으로 재산법이라고 부르며 물권법과 채권법이 이에 속한다. 반면에 후자는 보통 가족법이라 하고 친족법과 상속법이 이에 속하고 민법전은 제4편·제5편에서 친족·상속에 관하여 규율하고 있다.

친족법과 상속법을 합하여 친족상속법, 신분법 또는 가족법이라고 부르는 것이 일반적이지만, 각각의 특성이 존재하기 때문에 친족법과 상속법을 하나의 법 영역으로 묶어서 설명하기에는 어려운 면이 있다. 1990년에 민법개정을 통하여 호주상속이 호주승계로 명칭이 바뀌어 친족편으로 옮겨진 후에는 상속편이 재산관계를 규율하게 되어 더욱 그렇다.[1)]

Ⅱ. 친족법과 상속법

친족법은 친족관계의 발생이나 소멸을 확정하고 그에 의해 발생하는 권리와 의무를 규율하는 법이고, 재산법과는 다른 독자적인 법원리에 의해 규율되고 있다.

상속법은 어떤 사람이 사망한 경우 그의 재산상의 권리의무가 일정한 친족관계에 있는 사람에게 승계되는 것을 규율하는 법이다. 상속법은 '일정한 친족관계에 있는 사람들 사이에서 발생'하는 재산상 권리의 이전을 규율한다는 점에서는 친족법과 관련이 있으나 이들 사이에서 발생하는 '재산상 권리의무의 승계'를 규율한다는 점에서는 재산법적인 원리가 강하게 작용한다고 볼 수 있다. 이와 같이

1) 곽윤직, 개정판 상속법[민법강의 Ⅶ], 박영사, 2004, 29면에서 외국의 입법례를 보거나, 1990년의 민법개정으로 호주규정이 상속법편에서 친족법편으로 편입된 점 등을 그 이유로 하고 있다. 호주제도는 2008.1.1.부터 폐지되었다.

친족법과 상속법은 그 특성의 면에서 볼 때 차이가 많고 하나의 법영역으로 묶어 설명할 수 없는 점이 있기 때문에 가족법의 특성을 논할 때 이는 친족법의 특성을 의미하는 경우가 보통이다. 더 나아가 상속법은 가족법이 아니고 재산법의 일부로 보아야 한다는 견해도 있다.[2)]

---

2) 상속법의 법적 성격에 관하여 학설이 대립하고 있다. ① 다수설은 과거의 통설과 마찬가지로 상속법은 가족법으로 파악되어야 한다고 주장한다(김주수·김상용, 14면; 박동섭, 3면; 박병호, 2면; 신영호, 4면; 이경희, 8면; 한봉희·백승흠, 3면). 이 설은 상속법에 재산법적 성격이 있음을 인정하면서 '상속편도 가족관계·친족관계에서 일어나는 재산의 귀속관계에 대하여 주로 규정하고 있다.'는 점, 또는 '상속관계도 일정한 친족적 신분관계를 기초로 하여 전개되는 것으로서 친족적 신분관계의 일종이라고 하여야 한다.'는 점 등을 그 이유로 들고 있다. ② 소수설은 상속법을 가족법에 포함시키는 것은 옳지 않으며 1990년 민법 개정 이후에는 우리의 상속법이 순전히 재산승계만에 관한 재산법으로 변신했다고 한다(곽윤직, 27면). 그 이유로 들고 있는 것은 다음의 세 가지이다. 첫째, 상속은 친족적 공동생활과는 관계없이 죽은 자의 재산이 무주의 것이 되지 않도록 하기 위한 재산관계에 관한 법에 지나지 않는다. 둘째, 상속법의 성격을 결정하는 요소가 되는 것은 상속에 의하여 일어나는 효과라고 해야 하며, 그러한 효과가 발생하는 요건 중의 하나(즉 누가 상속하느냐)를 가지고 상속법의 성격을 따질 것은 아니다. 셋째, 상속의 요건으로서 피상속인과 일정한 친족관계에 있는 자가 상속인이 되는 것은 법정상속에 있어서이고, 유언에 의한 유산처분인 유증에 있어서는 그 요건은 유증자의 처분행위라는 재산법적인 것이다. 따라서 상속법이 규제하는 유증에 관한 한 그것을 가족법이라고 할 수는 없다.

제2절 가족법의 특성

가족법은 재산법과 비교해 볼 때 다른 원리와 특성을 가지고 있다.

Ⅰ. 권리의 일신전속성

가족법상의 권리는 일신전속적이어서 양도나 처분을 할 수 없다. 예컨대 부부간의 동거의 권리, 부양청구권(제979조) 등은 귀속상의 일신적속권으로서 양도할 수 없다. 가족법상 위자료청구권(제806조 등)도 행사상의 일신적속권이어서 채권자대위권의 객체가 될 수 없다.[3)]

Ⅱ. 대리의 불허

가족법상의 법률행위에는 원칙적으로 대리가 허용되지 않는다. 무능력자가 신분행위를 하는 경우 동의권자의 동의를 받아서 무능력자 본인이 스스로 신분행위를 하는 것이 보통이다. 그리고 유언도 대리가 인정되지 않는다. 그러나 신분행위에도 예외적으로 대리가 허용되는 경우가 있다.[4)]

3) 이혼 시 재산분할청구권(제839조의 2)도 당사자의 의사를 존중하여야 하므로 타인이 대위행사할 수 없다. 그러나 그 구체적 내용에 관하여 당사자간의 합의나 가정법원의 심판에 의해 구제적인 권리로 확정된 때에는 일반재산으로 되기 때문에 대위의 객체가 될 수 있다. 그리고 가족법상 위자료청구권은 원칙적으로 양도나 승계를 할 수 없지만 당사자간에 그 배상에 관한 계약이 성립하거나 소를 제기한 후에는 양도나 승계가 허용된다(제806조 제3항 참조; 대판 1993. 5.27, 92므143 참조). 또한 재산법상의 일반불법행위에 따른 위자료청구권도 귀속상의 일신전속권은 아니어서 그 상속성과 양도성을 인정하는 것이 판례의 입장이다(대판 1976. 4.13, 75다396; 대판 1968.10.18, 66다1335 참조). 나아가 상속회복청구권, 상속의 승인·포기권은 행사상의 일신적속권이어서 채권자대위권의 객체가 되지 않는다. 그러나 상속재산분할청구권, 유류분반환청구권은 행사상의 일신전속권은 아니어서 타인의 대위행사가 가능하다.

4) 신분행위에 예외적으로 대리가 허용되는 경우는 다음과 같다.
① 15세 미만자를 입양하거나 협의파양하는 경우 법정대리인이 대락(代諾)하도록 하고

Ⅲ. 권리의 지배권성

가족법상의 권리는 청구권적 성질을 갖는 경우(부양청구권 등)뿐만 아니라 지배권적 성질을 갖는 것도 있다. 예컨대 친권, 유아인도청구권 등이 그것이다.

Ⅳ. 권리의 대세권성

가족법상의 권리는 친족관계를 바탕으로 하는 대인적인 권리이면서도 대세적 효력이 있어서 그 침해에 대해 방해배제나 손해배상을 청수할 수도 있다. 예컨대 유아인도청구를 할 수 있고, 이혼원인을 제공한 제3자가 있는 때에는 그 제3자에게도 손해배상(위자료)을 청구할 수 있다.

Ⅴ. 강행법규성

가족법에는 원칙적으로 사적자치가 허용되지 않는다. 따라서 법률이 규정하고 있지 않는 형태의 혼인관계 등을 임의로 창설할 수 없다. 예컨대 새로운 형태의 공동생활 없이 정신적 유대만 갖는 혼인이나 영혼결혼, 동성혼 등은 허용되지 않는다. 이러한 형태의 혼인은 법률상 혼인으로 인정받지 못한다. 다만 부부재산계약이나 상속의 승인·포기 등은 사적자치가 허용된다.

Ⅵ. 요 식 성

가족법상의 법률행위로 인한 신분관계의 변동은 당사자뿐 아니라 제3자에게

있는데(제869조, 제899조) 이 경우의 대락에 관하여 그 성질을 대리로 본다.

② 미성년자의 친권자가 미성년자인 경우 그 친권자의 친권자나 후견인이 친권대행을 하도록 하고 있는데(제910조, 제948조) 이것은 일종의 대리로 볼 수 있다.

③ 신분행위에 관한 소송에 대해서는 대리가 허용된다(제863조, 제885조, 제886조, 제906조).

④ 상속의 승인·포기와 같이 재산적 성질이 강한 상속법상의 행위에 대해서는 법정대리인이나 임의대리인에 의한 대리가 가능하다.

⑤ 가족관계등록의 신고에서 말로 하는 신고의 경우 신고인이 질병 또는 그 밖의 사고로 출석할 수 없는 때에는 대리인으로 하여금 신고하게 할 수 있다고 함으로써 대리인에 의한 신고가 허용된다(가족관계의 등록 등에 관한 법률 제31조 제3항 본문). 그러나 이 경우에도 형성행위적 신고(혼인·협의이혼·인지·입양·협의파양신고)는 대리신고가 허용되지 않는다(가족관계의 등록 등에 관한 법률 제31조 제3항 단서).

도 영향을 미치므로 신분관계의 내용이나 그 변동을 공시할 필요성이 크다. 그리하여 신분관계를 공시하기 위하여 일정한 신고를 하도록 하여 일종의 요식행위로 규정하는 것이 많다.

이에는 혼인·협의이혼·입양·협의파양·임의인지 등 "가족관계의 등록 등에 관한 법률"에 의한 신고는 모두 창설적 신고이다. 단 유언에 의한 인지의 신고는 보고적 신고이다(통설).[5] 그리고 상속의 한정승인이나 포기 등은 가정법원에 신고하는 형식으로 하여야 한다. 다만 단순승인은 별도의 신고가 없이도 이루어질 수 있다(법정단순승인제도 제1026조). 또한 유언자의 의사를 명확히 확정하고 유언자의 사후에 분쟁이 발생하는 것을 방지하기 위하여 유언은 엄격한 방식을 요구하는 요식행위이다(제1060조).[6]

다만 무효행위의 전환에 의하여 요식성을 완화하는 경우가 있다. 예컨대 부가 혼인 외의 자에 대하여 혼인 중의 자로 친생자출생신고를 한 경우 인지의 효력을 인정(가족관계 등록 등에 관한 법률 제57조)하는 경우, 허위친생자출생신고에 대해 입양의 실질적 요건을 갖춘 경우 입양의 효력을 인정하는 경우,[7] 비밀증서 유언이 무효인 경우 자필증서 유언의 요건을 갖춘 때에는 자필증서에 의한 유언으로 인정하는 경우(제1071조) 등이 이에 속한다. 그리고 외국에서 외국의 방식(거행지법)으로 혼인하더라도 혼인이 성립하는 경우(국제사법 제36조)는 따로 요식행위를 할 필요가 없다.

---

5) 사실상혼인관계존재확인판결에 의한 혼인신고에 대해 학설은 보고적 신고로 보는 것이 통설이다. 그러나 판례는 이를 창설적 신고로 본다(대판 1973. 1.16, 72므25).

6) 주의해야 할 것은, 미성년자가 혼인하는 때에 부모나 후견인의 동의를 요하는 경우와 같이 신분행위에 대한 동의는 요식행위가 아니다. 따라서 동의가 있었음이 인정되면 된다. 혼인신고서에 동의란이 있다고 해서 동의행위가 요식행위로 되는 것은 아니다.

7) **대판(전) 1977. 7.26, 77다492** "본시 신분행위의 신고라는 형식을 요구하는 실질적 이유는 당사자 사이에 신고에 대응하는 의사표시가 있었음을 확실히 하고 또 이를 외부에 공시하기 위함이라 할 것이다. 입양신고 역시 당사자의 입양에 관한 합의의 존재와 그 내용을 명백히 하여 실질적 요건을 갖추지 아니한 입양을 미리 막아 보자는 것이 그 기본이라고 본다면 당사자 사이에 양친자관계를 창설하려는 명백한 의사가 있고 나아가 기타 입양의 성립요건이 모두 구비 된 경우에 입양신고 대신 친생자 출생신고가 있다면 형식에 다소 잘못이 있더라도 입양의 효력이 있다고 해석함이 타당하다 할 것이다. 다시 말하여 허위의 친생자 출생신고라도 당사자 간에 법률상 친자관계를 설정하려는 의사표시가 명백히 나타나 있고 양친자관계는 파양에 의하여 해소될 수 있다는 점을 제외하고는 법률적으로 친생자 관계와 똑같은 내용을 가지고 있는 것이므로 허위의 친생자 출생신고는 법률상 친자관계의 존재를 공시하는 신고로서 입양신고의 기능을 발휘한다고도 볼 수 있다 할 것이다."

제3절 가족법과 민법총칙

우리 민법전은 모두 다섯 편으로 되어있고 그 중 제1편을 총칙이라고 하여 다른 모든 편에 일반적으로 적용되는 것으로 하고 있다. 이러한 형식상 체제에 따른다면 제1편 민법총칙은 민법의 일반원칙을 규정한 것으로 되어 있어서 가족법에도 적용되어야 하지만, 민법총칙은 대부분 재산법에 관한 일반원칙을 규정한 것이므로 재산법과는 다른 특성을 가지고 있는 가족법, 특히 친족법에는 적용될 수 없는 규정들이 많다. 친족법은 재산법과는 다른 독자적인 특성이나 법리가 존재하기 때문이다. 민법총칙의 내용이 가족법에 적용되는지 여부는 가족법의 특성을 고려하여 개별적으로 판단하여야 한다. 우리 민법은 총칙규정의 적용이 부적당한 경우에는 특별규정을 두거나 총칙규정을 적용하지 않는다는 규정을 두고 있는 것으로 보아 특별규정을 두지 않은 때에는 총칙규정을 적용하려는 의도가 있는 것으로 판단된다.[8)]

법원에 관한 규정(제1조),[9)] 신의성실의 원칙과 권리남용금지의 원칙에 관한 규

---

8) 예컨대 제801조·제807조·제835조·제1061조·제1063조 등이 총칙규정의 적용이 부적당한 경우의 특별규정이고, 제1062조는 총칙규정을 적용하지 않는다는 규정이다.

9) **대판(전) 2003. 7.24, 2001다48781** "[다수의견] 사회의 거듭된 관행으로 생성한 어떤 사회생활규범이 법적 규범으로 승인되기에 이르렀다고 하기 위하여는 그 사회생활규범은 헌법을 최상위 규범으로 하는 전체 법질서에 반하지 아니하는 것으로서 정당성과 합리성이 있다고 인정될 수 있는 것이어야 하고, 그렇지 아니한 사회생활규범은 비록 그것이 사회의 거듭된 관행으로 생성된 것이라고 할지라도 이를 법적 규범으로 삼아 관습법으로서의 효력을 인정할 수 없는바, 제정 민법이 시행되기 전에 존재하던 관습 중 "상속회복청구권은 상속이 개시된 날부터 20년이 경과하면 소멸한다."는 내용의 관습은 이를 적용하게 되면 20년의 경과 후에 상속권침해가 있을 때에는 침해행위와 동시에 진정상속인은 권리를 잃고 구제를 받을 수 없는 결과가 되므로 소유권은 원래 소멸시효의 적용을 받지 않는다는 권리의 속성에 반할 뿐 아니라 진정상속인으로 하여금 참칭상속인에 의한 재산권침해를 사실상 방어할 수 없게 만드는 결과로 되어 불합리하고, 헌법을 최상위 규범으로 하는 법질서 전체의 이념에도 부합하지 아니하여 정당성이 없으므로, 위 관습에 법적 규범인 관습법으로서의 효력을 인정할 수 없다. [반대의견] 법원으로서는 관습법이 다른 법령에 의하여 변경·폐지되거나 그와 모순·저촉되는 새로운 내용의 관습법이 확인되기 전까지는 이에 기속되어 이를 적용하여야 하고, 만일 관습법이 헌법에 위반된다면 그 이유로 이를 적용하지 아니할 수

정(제2조),[10] 권리능력에 관한 규정(제3조),[11] 주소에 관한 규정(제18조 내지 제21조), 부재와 실종에 관한 규정(제22조 내지 제30조), 물건에 관한 규정(제98조 내지 제102조), 반사회적 법률행위에 관한 규정(제103조),[12] 무효행위의 전환에 관한 규정(제138조),[13] 기간에 관한 규정(제155조, 제156조, 제158조 내지 제161조)[14] 등은 원칙적으로 가족법에도 적용된다.

있을 뿐이지 막연히 불합리하다거나 정당성이 없다는 등의 사유를 이유로 판례변경을 통하여 그 적용을 배제할 수는 없는바, 법원은 대법원 1981. 1. 27. 선고 80다1392 판결에 의해 "상속회복청구권은 상속이 개시된 날부터 20년이 경과하면 소멸한다."는 내용의 관습이 관습법으로 성립하여 존재하고 있음을 확인·선언한 이래 여러 차례에 걸쳐 이를 재확인하여 왔으며, 한편 민법 시행 전의 폐지된 조선민사령은 상속에 관한 사항은 관습에 의한다고 규정하였고, 민법은 부칙 제25조 제1항에서 "이 법 시행 전에 개시된 상속에 관하여는 이 법 시행일 후에도 구법의 규정을 적용한다."라고 규정하였으며, 1977. 12. 31. 법률 제3051호로 개정된 민법 부칙 제5항 및 1990. 1. 13. 법률 제4199호로 개정된 민법 부칙 제12조 제1항에서도 각각 같은 내용의 경과규정을 두고 있으므로, 위 관습법이 다른 법령에 의하여 변경·폐지되거나 그와 모순·저촉되는 새로운 내용의 관습법이 확인되지 아니한 이상 법원으로서는 민법 시행 전에 있어서의 상속에 관한 법률관계에 해당하는 상속회복청구에 대하여 위 관습법을 적용할 수밖에 없다. [반대의견에 대한 보충의견] 관습법은 성문법률을 보충하는 효력을 가지는 것이기는 하지만 법률의 효력을 가지는 것이어서 그러한 관습법에 위헌적 요소가 있는 경우 우리의 성문법률 위헌심사제도 아래에서는 헌법재판소를 통한 위헌선언이 이루어질 길이 없고 법원에 의하여 위헌성이 판정되고 그의 적용이 배제되어야 할 터이므로 그렇게 되면 실질상 위헌법률선언과 같은 결과를 낳을 것인바, 그 경우에는 헌법상 법치주의 원칙에서 나온 법적 안정성 내지 신뢰보호원칙에 바탕을 둔 위헌결정의 불소급효원칙의 정신에 따라 그 선언이 있는 날 이후로만 그 관습법의 효력이 상실되도록 함이 상당하다."

10) **대판 1998. 6.12, 96다52670; 대판 1993. 8.24, 92므907** "[1] 실효 또는 실권의 법리라 함은 권리자가 장기간에 걸쳐 그의 권리를 행사하지 아니하였기 때문에 의무자인 상대방이 이미 그의 권리를 행사하지 아니할 것으로 믿을 만한 정당한 사유를 갖게 되었거나 그 권리를 행사하지 아니할 것으로 추인하게 된 경우에 새삼스럽게 그 권리를 행사하는 것이 신의성실의 원칙에 반하는 결과가 될 때 그 권리행사를 허용하지 아니하는 것을 의미한다.

[2] 중혼 성립 후 10여 년 동안 혼인취소청구권을 행사하지 아니하였다 하여 권리가 소멸되었다고 할 수 없으나 그 행사가 권리남용에 해당한다고 본 사례."

11) 다만 태아에게 상속과 유증을 받을 권리(제1000조 제3항·제1064조), 인지를 받을 권리(제858조)를 인정하는 예외가 있다.

12) 제104조는 가족법에는 적용이 없다고 보는 것이 다수설이다. 그러나 상속법에는 제104조도 적용된다고 한다(대판 1992. 3.31, 90므651·668 참조).

13) **대판(전) 1977. 7.26, 77다492** "당사자 사이에 양친자 관계를 창설하려는 명백한 의사가 있고 기타 입양의 성립요건이 모두 구비된 경우에는 요식성을 갖춘 입양신고 대신 친생자 출생신고가 있다 하더라도 입양의 효력이 있다.(다수의견)"참조.

14) 기간계산에서 초일불산입원칙(제157조)에 따라 다음날을 기산점으로 한다. 그러나 친생추정에서는 출생과 관련된 것이므로 당일부터 계산한다는 것이 통설이다.

반면에 행위능력에 관한 규정(제5조, 제10조, 제13조),[15] 의사표시에 관한 규정(제107조 내지 제110조), 대리에 관한 규정(제114조 내지 제136조), 조건과 기한에 관한 규정(제147조 내지 제154조), 소멸시효에 관한 규정(제162조 내지 제184조)등은 가족법에 적용되지 않는다.[16]

---

15) 가족법상의 법률행위는 별도의 규정이 없는 한 의사능력이 있으면 족하다. 따라서 신분행위능력에 관하여 별도의 규정이 없는 경우 의사능력으로 충분하다고 해석한다(부부재산계약, 인지 등). 그러나 상속의 승인·포기의 신고에는 총칙의 행위능력규정이 적용된다.

16) 가족법은 대부분 제척기간으로 되어있다. 따라서 소멸시효의 적용이 없는 것이 원칙이지만 소멸시효인 경우도 있다. 즉 유류분반환청구권(제1117조)에서 사실을 안 날부터 1년은 소멸시효기간이지만 상속개시시부터 10년의 기간에 대해서는 학설은 제척기간으로 보는 것이 다수설이다. 판례는 10년의 기간도 소멸시효기간으로 보고 있다(대판 1993. 4.13, 92다3595).

제4절 가족법의 법원

가족법의 법원이 되는 법령으로는 민법 제4편 친족과 제5편 상속 외에 가족관계등록 등에 관한 법률, 가사소송법, 혼인신고특례법, 입양촉진 및 절차에 관한 특례법, 국적법, 비송사건절차법 등이 있다. 이 중에 특히 중요한 것은 '가족관계의 등록 등에 관한 법률'과 '가사소송법'이다. 이하에서는 '가족관계의 등록 등에 관한 법률'과 '가사소송법'을 살펴본다.

Ⅰ. 가족관계의 등록 등에 관한 법률

1. 의 의

이 법률(2007.5.17. 제정, 2008.1.1. 시행)은 사람의 출생 시부터 사망 시까지의 신분관계를 공적으로 기록하고 이를 공시하기 위하여 가족관계등록부를 작성하는 것을 규율하기 위한 법이다. 이 법의 목적은 국민의 출생·혼인·사망· 등 가족관계의 발생 및 변동사항에 관한 등록과 그 증명에 관한 사항을 규정하는 것(제1조)이다. 호주제도가 폐지되면서 종래의 호적법을 대체하는 법률로 제정되었다.

2. 특 징

(1) 가족관계 등록사무의 국가사무화

가족관계 등록사무를 국가사무로 하여 대법원이 그 사무를 관장하도록 한다(제2조). 이에 대법원장은 등록사무의 감독에 관한 권한을 시·읍·면의 사무소 소재지를 관할하는 가정법원장에게 위임하며(제3조), 사무처리에 소요되는 비용은 국가가 부담하도록 하였다(제7조).

(2) 개인별 가족관계등록부 편제와 전산정보처리조직에 의한 관리

종래의 호적부가 가족 단위로 편제했던 것과는 달리 가족관계등록부는 국민

개인별로 등록기준지에 따라 편제하고 있다(제9조). 사무의 전산화에 따라 각종 가족관계의 취득·발생 및 변동사항의 입력과 처리 및 관리를 전산정보처리조직에 의하도록 하고 있다(제11조). 가족관계등록부는 개인의 신상에 관한 등록자료를 개인별로 구분하여 작성한 전산자료일 뿐이며, 별도의 원부라는 개념은 존재할 수 없다. 따라서 원부가 없으므로 원부의 존재를 전제로 한 등본이라는 개념도 없으며, 기록내용에 관한 증명을 받는 데에 등본이라는 것 대신에 증명서라는 개념을 사용하다. 중요한 것은 가족관계등록부 자체를 열람하는 것은 허용되지 않는다는 점이다.

(3) 목적별 다양한 증명서 발급 및 발급신청기준 명확화

기존의 호적제도는 호적등본이라는 하나의 증명서에 본인은 물론 가족 전체의 신분에 관한 사항이 모두 기재되어 있었다. 발급신청인도 원칙적으로 제한이 없어 민감한 개인정보가 부당하게 노출되는 등의 문제점을 가지고 있었다. 그러나 이 법은 증명하려는 목적에 따라 가족관계증명, 기본증명, 혼인관계증명, 입양관계증명, 친양자입양관계증명 등 다양한 증명을 발급받을 수 있도록 하였다. 이로써 개인의 가족관계정보의 공개가 최소화됨으로써 개인정보보호에 중점을 두고 있다(제15조). 나아가 증명서 교부신청은 원칙적으로 본인 또는 본인의 배우자·직계혈족·형제자매만이 할 수 있도록 하고, 친양자입양증명은 친양자가 성년이 되어 신청하는 경우 등 한정적으로만 인정하여 발급요건을 더욱 강화하고 있다(제14조).

(4) 친양자제도, 자(子)의 성과 본 변경 등이 인정됨으로써 그에 따른 구체적 절차를 마련

1) 친양자를 입양하려는 사람은 친양자 입양재판의 확정일부터 1개월 이내에 재판서의 등본 및 확정증명서를 첨부하여 신고하도록 하고 있다(제67조).

2) 혼인 중에 출생한 자녀가 어머니의 성과 본을 따르기로 한 경우에는 혼인신고서에 그 내용을 기재한 후 보모의 협의서를 첨부하도록 하고 있다(제71조 제3호).

3) 자녀의 성과 본을 변경하려는 사람은 재판확정일부터 1개월 이내에 재판서의 등본 및 확정증명서를 첨부하여 신고하도록 하고 있다(제100조).

(5) 기타 개선 된 점

기존의 호적법은 가정법원의 협의이혼의사 확인이 있는 경우에도 이혼신고서에 증인 2인의 연서가 필요한 것으로 하였다. 그러나 이 법은 가정법원의 이혼의사확인서등본을 첨부한 경우에는 증인 2인의 연서가 있는 것으로 보아 이혼신고를 할 수 있도록 하고 있다(제76조). 그리고 기존의 호적법은 사망신고인을 친족 및 동거인 등으로 한정함으로써 독거노인 등에 대한 사망신고가 잘 이루어지지 않는 문제점이 있었다. 그러나 이 법은 친족·동거자 또는 사망장소를 관리하는 사람, 사망장소의 동장 또는 통·이장도 사망의 신고를 할 수 있도록 하고 있다(제85조).

(6) 국적변동사항의 통보

기존의 호적법은 국적의 취득·상실·이탈한 사람이라 하더라도 호적관서에 그 사실을 신고하지 않는 한 호적부에 그 변동사항이 기재되지 아니하거나 신호적이 편제되지 않는 문제점이 있었다. 그러나 이 법은 국적변동사항이 있는 경우 국적업무의 관장기관인 법무부장관이 국적변동자의 등록기준지 시·군·구·읍·면장에게 이를 직접 통보하여 가족관계등록부에 국민의 국적변동에 따른 가족관계에 관한 사항을 정확하게 기록할 수 있도록 하고 있다(제93조 내지 제98조).

(7) 가족관계 등록정보의 남용자 등에 대한 처벌 강화

이 법은 가족관계 등록사무를 처리하는 사람이 법률에서 정하는 사유가 아닌 다른 사유로 등록전산정보자료를 이용하거나 타인에게 제공한 경우에는 3년 이하의 징역 또는 1천만 원 이하의 벌금에 처하도록 하고, 거짓으로 신고를 한 사람은 1년 이하의 징역 또는 300만 원 이하의 벌금에 처할 수 있도록 하고 있다(제117조 내지 119조).

3. 가족관계등록

(1) 가족관계등록의 창설

1) 의 의

이 법은 가족관계를 창설할 수 있도록 하고 있다. 가족관계가 등록되어 있지 않은 사람은 등록지를 관할하는 가정법원의 허가를 받고 그 등본을 받은 날부터 1개월 이내에 가족관계등록 창설의 신고를 하여야 한다(제101조 제1항). 신고서에는 등록창설허가의 연월일을 기재하여야 하며, 등록창설허가의 등본을 첨부하여야 한다(동조 제2항, 제3항).

2) 가족관계등록창설의 대상 및 유형

무등록자가 대상이다. 본인이 허가신청을 하여야 하므로 무등록자라도 사망한 자의 등록창설은 허용되지 않는다.[17]

등록창설허가의 재판을 얻은 사람이 등록창설의 신고를 하지 아니한 때에는 배우자 또는 직계혈족이 할 수 있다(제102조). 확정판결에 의하여 등록창설신고를 하여야 할 경우에는 판결 확정일로부터 1개월 이내에 하여야 한다. 그 신고서에는 판결확정일을 기재하여야 하며, 판결의 등본 및 확정증명서를 첨부하여야 한다(제104조).

(2) 등록기준지의 결정

1) 의 의

출생 또는 그 밖의 사유로 처음 등록하는 경우에는 등록기준지를 정하여 신고하여야 한다. 등록기준지는 가족관계등록부를 검색하거나[18] 등록사무를 처리하는 데 필요하다. 이 등록기준지는 종래의 본적지의 기능을 대체하는 것으로 볼 수도 있다. 그러나 가족관계등록부는 개인별로 작성하는 것이므로 가족 간에도 등록기준지가 동일할 필요가 없어 종전의 호적법상의 본적지와는 근본적으로 차이가 있다.

2) 결정 및 변경

등록기준지는 자유로이 정할 수 있다. 그리고 가족이라고 해서 등록기준지가 동일할 필요도 없고, 본인의 주소 등 생활과 관계가 있는 곳으로 정해야 하는 것도 아니다. 단 종전의 호적이 존재하는 사람은 종전 호적의 본적을 등록기준지로

---

17) **대판 2011. 3.28, 2011스25** "가족관계등록창설 허가신청은 가족관계등록이 되어 있지 아니한 사람(무등록자) 자신이 신청하는 것이고, 무등록자가 이미 사망하였다면 가족관계등록창설이 허용되지 아니한다."

18) 등록부상의 증명서를 신청할 때 등록기준지를 기재하여야 한다.

한다(가족관계 등록 등에 관한 규칙 제4조 제1항).

당사자는 등록기준지를 자유롭게 변경할 수 있다. 그 변경절차는 대법원규칙으로 정한다(제10조 제2항). 새롭게 변경하고자 하는 등록기준지의 시·읍·면의 장에게 변경신고를 하여야 한다(가족관계 등록 등에 관한 규칙 제4조 제3항).

(3) 가족관계등록부의 작성 및 기록사항

1) 개인별 작성

가족관계등록부는 전산정보처리조직에 의하여 입력·처리된 가족관계 등록사항에 관한 전산정보자료를 제10조의 등록기준지에 따라 개인별로 구분하여 작성한다.

2) 기록 사항

가족관계등록부에는 등록기준지, 성명·본·성별·출생연월일·주민등록번호, 출생·혼인·사망 등 가족관계의 발생 및 변동에 관한 사항, 그 밖에 가족관계에 관한 사항으로서 대법원규칙으로 정하는 사항 등을 기록하여야 한다.

3) 전산정보처리조직에 의한 등록사무의 처리

시·읍·면의 장은 등록사무를 전산정보처리조직에 의하여 처리하여야 한다(제11조 제1항). 그리고 본인이 사망하거나 실종선고·부재선고를 받은 때, 국적을 이탈하거나 상실한 때 또는 그 밖에 대법원규칙으로 정한 사유가 발생한 때에는 등록부를 폐쇄한다(제11조 제2항).

(4) 등록신고

등록부는 신고, 통보, 신청, 증서의 등본, 항해일지의 등본 또는 재판서에 의하여 기록한다.

1) 신고장소

신고는 신고사건 본인의 등록기준지 또는 신고인의 주소지나 현재지에서 할 수 있다(제20조 제1항). 대한국민이 아닌 사람(외국인)에 관한 신고는 그 거주지 또는 신고인의 주소지나 현재지에서 할 수 있다(제20조 제2항). 시(市)의 경우에 출생·사망의 신고는 그 신고의 장소가 신고사건 본인의 주민등록지 또는 주민등록을 할 지역과 동일한 경우에는 신고사건 본인의 주민등록지 또는 주민등록을 할 지역을 관할하는 동을 거쳐 할 수 있고, 이 경우 동장은 소속시장을 대행하여 신고서를 수리하고, 동이 속하는 시(市)의 장에게 신고서를 송부하며, 그 밖에 대법원규칙으로 정하는 등록사무를 처리한다(제21조).

2) 신고방법

신고는 서면 또는 말로 할 수 있다(제23조). 말로 신고하고자 할 때에는 신고인은 시·읍·면의 사무소에 출석하여 신고서에 기재하여야 할 사항을 진술하여야 하며, 시·읍·면의 장은 신고인의 진술 및 신고연월일을 기록하여 신고인에게 읽어 들려주고 신고인으로 하여금 그 서면에 서명하거나 기명날인하게 하여야 한다(제31조 제1항, 제2항). 말로 신고하는 경우에 신고인이 질병 또는 그 밖의 사고로 출석할 수 없는 때에는 대리인으로 하여금 신고하게 할 수 있다. 그러나 인지신고, 입양신고, 혼인신고, 이혼신고는 대리인에 의한 신고가 허용되지 않는다(제31조 제3항).

신고를 하여야 할 자가 미성년자 또는 피성년후견인인 때에는 친권을 행사하는 자 또는 후견인을 신고의무자로 한다. 그러나 미성년자 또는 피성년후견인이 신고를 하여도 무방하다(제26조 제1항).

신고를 타인에게 제출을 위탁하거나 우송하는 것도 가능하다. 특히 신고인의 생존 중에 우송한 신고서는 그 사망 후라도 시, 읍, 면의 장은 이를 수리하여야 하며, 이에 신고서가 수리되었을 대에는 신고인의 사망시에 신고한 것으로 본다(제41조).

3) 신고의 최고

시·읍·면의 장은 신고를 게을리한 사람을 안 때에는 상당한 기간을 정하여 신고의무자에 대하여 그 기간 내에 신고할 것을 최고하여야 하며(제38조 제1항), 신고의무자가 그 기간 내에 신고를 하지 아니한 때에는 시·읍·면의 장은 다시 상당한 기간을 정하여 최고할 수 있다(제38조 제2항).

시·읍·면의 장은 신고기간이 경과한 후의 신고라도 수리하여야 한다(제40조).

보고적 신고의 경우 시·읍·면의 장이 기간을 정하여 신고 또는 신청의 최고를 한 경우에 정당한 사유 없이 그 기간 내에 신고 또는 신청을 하지 아니한 사람은

10만원 이하의 과태료에 처하며(제121조), 이 법에 따른 신고의 의무가 있는 사람이 정당한 사유 없이 기간 내에 하여야 할 신고 또는 신청을 하지 아니한 때에는 5만원 이하의 과태료에 처한다(제122조).

4) 신고의 종류

가족관계등록부의 기록은 신고의무자의 신고에 의하여 이루어진다. 이에는 다음 두 가지가 있다. 하나는 창설적 신고로서, 이는 신고의 수리에 의하여 비로소 친족법상의 지위(신분관계)가 창설되는 것이다. 혼인신고, 협의이혼신고, 인지신고, 입양신고, 협의파양신고 등이 이에 해당한다. 다른 하나는 보고적 신고로서, 이는 신고에 의하여 법적 효과가 생기는 것이 아니라, 법적 효과는 사실이 발생하였을 때 이미 생기고 신고는 단지 발생한 사실의 보고에 지나지 않는 것이다. 이에는 출생신고, 사망신고, 재판 또는 유언에 의한 인지신고, 인지된 태아의 사산신고, 재판에 의한 파양·파양취소신고, 재판에 의한 이혼·이혼취소신고, 친권변동신고, 미성년후견 개시신고, 미성년후견감독 개시신고, 실종선고신고, 실종선고취소신고 등이 그 예이다.

그리고 생부가 혼인 외의 출생자에 대하여 친생자출생신고를 하면 그 신고는 인지신고의 효력이 인정되는데(가족관계의 등록 등에 관한 법률 제57조), 이 경우에는 보고적 신고로서의 출생신고와 창설적 신고로서의 인지신고의 두 가지 성질을 겸하게 된다.

5. 등록부의 정정

가족관계등록부는 각 개인의 친족법상의 지위(가족관계 또는 신분관계)를 공시하는 기록이다. 등록부의 기록이 진실과 일치하지 않는 경우 이를 일치하도록 바로잡은 것이 등록부의 정정이다. 이에는 직권에 의한 정정과 당사자의 신청에 의한 정정이 있다.

(1) 직권에 의한 정정

가족관계등록부의 기록이 법률상 무효이거나 그 기록에 착오 또는 누락이 있음을 안 때에는, 시·읍·면의 장은 지체 없이 신고인 또는 신고사건의 본인에게 그 사실을 통지하여야 한다(제8조 제1항 본문). 다만, 그 착오 또는 누락이 시·읍·면으 장의 잘못으로 인한 때에는 통지할 의무가 없다(제18조 제1항 단서).

(2) 신청에 의한 정정

신청권자의 신청이 있어야 정정될 수 있다. 주의할 것은, 신청권자가 정정신청을 하려면 먼저 가정법원의 허가 또는 법원의 확정판결을 받아야 한다(제104조·제105조·제107조 참조).

1) 가정법원의 허가를 받아야 하는 경우　　이 경우는 다시 첫째 가족관계등록 등에 관한 법률 제104조에 따른 정정과, 둘째 가족관계등록 등에 관한 법률 제105조에 따른 정정으로 세분된다.

① 제104조에 따른 정정　　등록부의 기록이 법률상 허가될 수 없는 것 또는 그 기재에 착오나 누락이 있다고 인정된 때에는 이해관계인은 사건 본인의 등록기준지를 관할하는 가정법원의 허가를 받아 등록부의 정정을 신청할 수 있다. 이는 정정사항이 경미하여 신분관계에 중대한 영향을 미치는 것이 아닌 경우에 적용된다.

② 제105조에 따른 정정　　신고로 인하여 효력이 방생하는 행위에 관하여 등록부에 기록하였으나 그 행위가 무효임이 명백한 때에는 신고인 또는 신고사건의 본인은 본인의 등록기준지를 관할하는 가정법원의 허가를 받아 등록부의 정정을 신청할 수 있다. 이는 등록부의 기록이 무효임이 명백한 경우에 적용된다. 예컨대 당사자가 사망한 후에 혼인신고가 된 경우와 같이 등록부의 기록 자체만으로도 그것이 무효임이 명백한 때에는 이 규정에 의하여 가정법원의 허가를 얻어 등록부정정을 한다.

2) 가정법원의 확정판결에 의한 정정　　확정판결로 인하여 등록부를 정정하여야 할 때에는 소를 제기한 사람은 판결확정일부터 1개월 이내에 판결의 등본 및 그 확정증명서를 첨부하여 등록부의 정정을 신청하여야 한다. 이는 신분관계에 중대한 영향을 미치는 경우에 적용된다. 가사소송법상 쟁송방법이 규정되어 있는 사항은 원칙적으로 가정법원의 확정판결을 요한다. 예컨대 친자관계를 부정하여 부와의 관계에 관한 등록부 정정을 하는 경우에는 확정판결을 요한다. 그리고 이중등록부에 기록된 무효혼인의 말소도 확정판결이 있어야 한다.

Ⅱ. 가사소송법

1. 의 의

가정에 관한 사건은 공개된 법정에서 다루는 것이 좋지 않고 또 가정의 특수한 사정을 구체적으로 조사하기 위해서는 특별한 절차에 의하는 것이 필요하다. 과거에는 가사심판법이 제정된어 시행되었다(1963.10.1.). 그러다가 1990년의 민법 개정으로 여러 제도가 신설됨에 따라 이들 제도의 처리절차를 규정하기 위하여 종래의 민사소송법과 가사심판법을 폐지하고 새로인 가사소송법을 제정하여 시행하고 있다(1991.1.1.). 그리고 이 법에 의한 가사가건을 담당하는 기관으로 가정법원이 설치되었다(법원조직법 제3조 제1항 제5호).

2. 가사사건의 분류

가사소송법은 가사사건을 크게 가사소송사건과 가사비송사건으로 나누고 그 아래에서 다시 성질에 따라 가사소송사건을 가류사건·나류사건·다류사건으로, 그리고 가사비송사건을 라류사건·마류사건으로 세분하여, 그 심리와 재판을 가정법원의 전속관할로 하였다. 그리고 이들 가운데 나·다류의 가사송사건과 마류의 가사비송사건은 조정전치주의의 적용을 받으므로 재판을 하기 전에 조정절차를 거쳐야 한다(가사소송법 제50조).

제 2 장
친 족 법

제1절 친족관계

제2절 혼 인

제3절 부모와 자

제4절 친권과 후견

제5절 부 양

제1절 친족관계

제1관 친 족

Ⅰ. 의 의

친족이란 일정한 혈연관계가 있거나 혼인관계 또는 양친자관계에 있는 자를 말한다. 민법은 제4편(친족) 제1장(총칙)에서 친족의 의의, 범위 등에 관하여 규정하고 있다(제767조 내지 제777조). 민법에서 친족의 정의를 "배우자, 혈족 및 인척을 친족으로 한다."라고 하고 있다(제767조).

Ⅱ. 친족의 범위

친족의 법위는 친족관계로 인한 법률상 효력이 가족법 또는 다른 법률에 특별한 규정이 없는 한 다음에 해당하는 자에 미친다(제777조). 즉 8촌 이내의 혈족, 4촌 이내의 인척, 배우자 등이다.

Ⅲ. 친족의 종류

1. 혈 족

혈족은 혈연관계가 있는 친족으로서 이에는 자연혈족과 법정혈족이 있다.

(1) 자연혈족

1) 의 의

자연혈족은 자연적 혈연관계가 있는 혈족을 말하며, 직계혈족과 방계혈족이 있다.

① 직계혈족이란 직계친의 관계에 있는 혈족을 말하며, 민법은 '자기의 직계존속과 직계비속'을 말한다(제768조 전단).

② 방계혈족이란 방계친의 관계에 있는 혈족이며, 민법은 '자기의 형제자매, 형제자매의 직계비속, 직계존속의 형제자매, 그 형제자매의 직계비속을 말한다(제768조).[19]

2) 자연혈족관계의 성립

자연혈족관계는 원칙적으로 '출생'에 의하여 성립한다. 다만 혼인 외의 출생자는 모와의 관계에 대해서는 출생에 의하여 혈족관계가 성립하지만 부와의 관계에 대해서는 인지를 하여 출생 시에 소급하여 혈족관계가 성립한다(제855조 제1항, 제860조).

3) 자연혈족관계의 소멸

자연혈족관계는 '사망'에 의하여 소멸하지만 사망한 사람을 통하여 연결된 생존자와의 혈연관계에는 영향을 주지 않으므로 부모가 사망하더라도 조부모와 손자 또는 형제자매 간의 혈족관계는 소멸하지 않는다.

(2) 법정혈족

1) 의 의

법률에 의한 혈족을 말하며, 민법상 양친자관계가 법정혈족에 해당한다.[20]

2) 법정혈족관계의 성립과 소멸

법정혈족관계인 양친자관계는 입양에 의하여 성립하고 입양의 취소 또는 파양으로 소멸한다(제776조). 양친족관계는 자연혈족에서와 같이 양친자 중 일방의 사망으로 종료한다. 그러나 사망자를 통하여 발생한 법정혈족관계에는 영향이 없다.

---

19) **대판 2007.11.29, 2007도7062** "혈족의 범위를 정한 민법 제768조에서 말하는 '형제자매'라 함은 부계 및 모계의 형제자매를 모두 포함하므로, 이복형제가 정치자금법 제45조 제1항 단서의 '친족'에서 제외되는 것은 아니다."

20) 1990년 민법개정 전에는 계모자관계, 적모서자관계도 법정혈족관계이었다.

2. 인 척

(1) 의 의

인척은 혈족의 배우자(예. 올케, 형부, 이모부 등), 배우자의 혈족(예. 시동생, 처남, 시누이, 처제 등), 배우자의 혈족의 배우자(예. 동서 등)를 말한다(제769조).[21]

(2) 인척관계의 성립과 소멸

인척관계는 혼인에 의하여 성립하는 친족이고, 혼인의 무효·취소 또는 이혼에 의하여 소멸된다(제775조 제1항). 부부 일방이 사망한 경우에는 인척관계가 소멸하지 않는다. 그런데 그 경우에 생존배우자가 재혼한 때에는 인척관계가 종료한다(제775조 제2항).

3. 배 우 자

혼인에 의하여 결합한 남녀를 서로 배우자라고 한다. 그러므로 사실혼관계의 부부나 첩은 배우자가 아니다. 배우자관계는 혼인에 의하여 성립하고, 이혼, 혼인의 무효·취소, 당사자 일방의 사망에 의하여 소멸한다.

제2관 친계와 촌수

I. 친 계

1. 의 의

친계란 친족상호간의 세대적 혈통의 연결관계를 말한다.

2. 친계의 형태

(1) 직계친과 방계친

직계친이란 부모, 조부모, 증조부모, 자, 손자, 증손자 등 혈통이 직상·직하하

---

21) 1990년 민법개정 전에는 혈족의 배우자의 혈족도 인척이었다.

는 형태로 연결되는 친족을 말하고, 방계친이란 형제자매, 백숙부와 같이 공동시조에서 갈라져서 연결되는 친족을 말한다.

(2) 존속친과 비속친

존속친이란 부모 및 그와 동일한 항렬 이상에 속하는 친족을 말하고(백숙부, 고모, 이모 등), 비속친이란 자 및 자와 동일한 항렬 이하에 속하는 친족을 말한다(조카 등).

(3) 부계친과 모계친

부계친이란 부와 그의 혈족을 말하고(백숙부, 고모, 고종사촌 등), 모계친이란 모와 그의 혈족을 말한다(외삼촌, 이모, 이종사촌 등).

(4) 남계친과 여계친

남계친이란 혈통이 남자만에 의하여 연결되어 있는 친족을 말하고, 혈통이 부계에 의해 연결되지만 그 중간에 여자가 혈통의 연결자로 개입되어 있는 친족을 여계친이라 한다. 이 구별은 부계친·모계친과는 다른 개념이다. 예를 들어 고모의 아들(고종사촌)은 부계친이지만 중간에 여자(고모)를 통해 연결되므로 여계친이며, 남계친이 아니다.

Ⅱ. 촌 수

1. 의 의

촌(寸)은 친족관계의 원근도를 측정하는 척도의 단위이다. 민법은 친족 사이의 촌수가 작을수록 가까운 것으로 하고 있으며, 그에 기초하여 여러 가지 법률효과를 부여하고 있다. 민법은 촌(寸)과 같은 의미로 친등(親等)이라는 용어도 사용하고 있다(제1000조 제2항).

2. 촌수의 계산

(1) 직계혈족

직계혈족 사이에서는 자기로부터 직계존속에 이르는 세대수, 자기로부터 직계비속에 이르는 세대수를 계산하여 이를 각각 그 촌수로 한다(제779조 제1항). 즉 부모와 자는 1촌이며, 조부모와 손자는 2촌, 증조부모와 증손은 3촌이다.

(2) 방계혈족

방계혈족 사이에서는 자기로부터 공동시조의 일방으로부터 쌍방의 공동시조에 이르는 세대수와 공동시조로부터 다른 일방에 이르는 세대수를 더하여 계산한다. 즉 형제자매는 2촌이고, 백숙부와 조카는 3촌이다.

(3) 양자의 친계와 촌수

양자와 양부모 및 그 혈족, 인척사이의 친계와 촌수는 입양한 때로부터 혼인중의 출생자와 동일한 것으로 본다(제772조 제1항). 양자의 배우자, 직계비속과 그 배우자는 전항의 양자의 친계를 기준으로 하여 촌수를 정한다(제772조 제2항).

(4) 인 척

1) 배우자의 혈족

배우자와 그 혈족에 대한 촌수에 대하여는 배우자의 그 혈족에 대한 촌수에 따른다(제771조 전단). 따라서 처나 남편의 부모(시어머니, 시아버지, 장인, 장모)는 인척 1촌, 처나 남편의 형제자매(시동생, 처남, 시누이, 처제)는 인척 2촌이다.

2) 혈족의 배우자

그 혈족에 대한 촌수에 따른다(제771조 후단). 따라서 2촌인 형제자매의 배우자(올케, 형부)는 인척 2촌이고, 3촌인 백숙부의 배우자인 백숙모는 인척 3촌이다.

3) 배우자의 혈족의 배우자

위의 배우자의 혈족에서의 계산방법에 의하면 된다. 따라서 동서(시동생의 배우자, 처제의 배우자)는 인척 2촌이다.

제3관 가족과 성과 본

Ⅰ. 가 족

1. 가족의 개념

2005년 3월 31일 일부 개정된 가족법에서는 호주제도를 폐지함으로써 기존의 가족개념을 삭제하고 새롭게 가족의 개념을 정의하고 있다.

그러나 가족의 개념정의 자체에 문제가 있다. 즉 동일한 당사자 간이라도 배우자의 형제자매는 나의 관점에서 볼 때에는 생계를 같이하면 가족이 되나 상대방이 볼 때에는 형제자매의 배우자이므로 가족이 아니다.

2. 가족의 효과

가족의 개념은 상징적인 의미가 있을 뿐 민법의 영역에서 실질적인 권리의무에 영향을 주지 않는다. 왜냐하면 부양의무에 관하여 배우자간의 부양의무(제826조 제1항)와 친족 간의 부양의무(제974조)에 관한 별도의 규정이 있기 때문이다.

Ⅱ. 자녀의 성과 본

1. 원 칙

성과 본은 원칙적으로 부계혈통을 표시한다.

2. 예 외

성과 본이 언제나 부계혈통을 표시하는 것은 아니다. 부(父)를 알 수 없는 경우, 특히 부모가 혼인신고 시 모의 성과 본을 따르기로 협의한 경우에는 모의 성과 본을 따를 수 있게 함으로써 부계를 표시하는 의미가 약화되었다.

제2절 혼 인

제1관 약 혼

Ⅰ. 약혼의 의의

약혼이란 장래 혼인할 것을 목적으로 하는 남녀 당사자 사이의 약정(계약)이다. 즉 약혼은 혼인예약이라고 볼 수 있다. 혼인 양가의 부모 등이 혼인시킬 것을 약정하는 정혼과는 구별된다. 사실혼과도 구별되는 개념이다.[22)]

Ⅱ. 약혼의 성립

1. 실질적 요건

(1) 당사자 사이의 합의

약혼 당사자 사이의 의사의 합치가 있어야 한다. 특별한 방식이 요구되지 않는다.

(2) 약혼연령에 달할 것

남녀 모두 만 18세가 되고 의사능력이 있어야 약혼할 수 있다(제800조). 이 연령에 미달하면 부모의 동의가 있더라도 약혼을 할 수 없다.

(3) 미성년자나 피성년후견인은 동의권자의 동의를 얻을 것

만 18세에 달하였더라도 미성년자인 경우와 피성년후견인인 경우에는 부모의

---

22) **대판 1998.12. 8, 98므961** "일반적으로 약혼은 특별한 형식을 거칠 필요 없이 장차 혼인을 체결하려는 당사자 사이에 합의가 있으면 성립하는 데 비하여, 사실혼은 주관적으로는 혼인의 의사가 있고, 또 객관적으로는 사회통념상 가족질서의 면에서 부부공동생활을 인정할 만한 실체가 있는 경우에 성립한다."

동의를 받아야 하며, 부모 중 한쪽이 동의권을 행사할 수 없을 때에는 다른 한쪽의 동의를 받아야 하고, 부모가 모두 동의권을 행사할 수 없을 때에는 미성년자인 경우에는 미성년후견인의 동의를 받아야 하고, 피성년후견인인 경우에는 성년후견인의 동의를 받아야 한다(제801조, 제802조, 제808조). 피한정후견인은 한정후견인의 동의 없이 약혼할 수 있다. 조건부 또는 기한부 약혼은 사회질서에 반하지 않는 한 유효하다.

(4) 약혼장애사유가 없을 것

배우자 있는 자의 약혼은 무효이며, 약혼한 사람이 다른 사람과 또 약혼한 경우(이중약혼)도 다수설은 무효로 본다.[23] 법률상 혼인이 무효로 되는 근친자 사이의 약혼은 불능을 목적으로 하는 것이어서 무효이다. 따라서 8촌 이내의 혈족 사이의 약혼은 무효이다.

2. 형식적 요건

특별한 방식이 필요 없고 의사표시만으로 약혼이 성립한다. 예물교환이나 약혼식 등의 의식이 있어야 하는 것도 아니며, 혼인과 같이 신고를 하여야 하는 것도 아니다.

Ⅲ. 약혼의 효과

1. 약혼당사자의 의무

약혼당사자는 서로 혼인할 것을 약정하였으므로 서로 성실하게 교제하여 멀지 않은 장래에 부부공동체를 이룰 의무가 있다.

2. 혼인의 강제이행청구 여부

약혼 후 당사자 일방이 혼인에 응하지 않을 경우에도 혼인의 강제이행을 청구

23) **대판 1965. 7. 6, 65므12** “상대방이 내연의 처가 있고 그 사이에 4남매의 자녀를 둔 남자이어서 정식으로 혼인하기 어려운 사정임을 알고 있었다면 그 남자의 꾀임에 빠져 동거생활 중 그 사이에 아들을 분만하였다하여도 진실한 혼인예약이 성립될 수 없다.”

할 수는 없다. 다만 상대방은 정당한 이유 없이 혼인을 거부한 당사자에게 손해배상을 청구할 수는 있다. 또한 일정한 경우에는 약혼상의 권리를 침해한 제3자(부모 등)에게도 손해배상을 청구할 수 있다.[24)]

3. 친족관계

약혼은 혼인이 아니기 때문에 약혼자 사이에 친족관계가 발생하지 않는다.

4. 약혼자 사이에 출생한 자의 지위

약혼자 사이에 출생한 자(子)는 혼인 중의 출생자가 아니므로 혼인 외의 자(子)가 된다. 그러나 약혼당사자가 그 후에 혼인을 하면 그 자는 준정에 의하여 혼인 중의 출생자로 된다(제855조 제2항).

Ⅳ. 약혼의 해제

1. 의 의

약혼당사자 일방은 약혼 후 일정한 사유가 있는 경우에 상대방이 일방적으로 정당하게 약혼을 없었던 것으로 할 수 있는데 이를 약혼해제라고 한다. 즉 파혼하는 것이다.

2. 약혼해제의 사유

민법이 정하고 있는 약혼의 해제사유는 다음과 같다. 당사자의 일방에게 다음과 같은 사유가 있는 때에는 상대방은 약혼을 해제할 수 있다(제804조).

(1) **약혼 후 자격정지 이상의 형의 선고를 받은 때**(제804조 제1호) 형의 확정까지 있어야 하는 것은 아니고, 하급심에서 형을 선고받았지만 그 후에 항소나 상

24) **대판 1975. 1.14, 74므11** "약혼해제로 인한 손해배상청구에 있어 약혼을 부당히 파기한 약혼당사자 뿐만 아니라 약혼 당사자의 부모된 자가 부당파기에 가담한 경우에는 그들도 포함하여 가사심판법 소정의 절차에 따라 손해배상을 청구할 수 있고 약혼을 부당히 파기당한 자 뿐만 아니라 당연히 정신적고통을 받게 되는 동인의 부모 또한 같은 법 소정의 절차에 따라 손해배상을 청구할 수 있다."

고를 통하여 무죄선고가 확정되었더라도 약혼은 해제할 수 있다고 할 것이다.[25)]

(2) **약혼 후 성년후견개시나 한정후견개시의 심판을 받은 때**(제804조 제2호)

(3) **성병, 불치의 정신병, 그 밖의 불치의 병질이 있는 때**(제804조 제3호) 1990년의 민법개정 전에는 폐병도 포함되었으나 이제는 불치의 병으로 보지 않기 때문에 삭제하고, 이러한 질병의 발병시기는 묻지 않는다.

(4) **약혼 후 다른 사람과 약혼이나 혼인을 한 때**(제804조 제4호) 여기의 혼인은 법률혼을 의미하며 사실혼은 해당하지 않는다고 본다.

(5) **약혼 후 다른 사람과 간음한 때**(제804조 제5호) 약혼 전의 간음사실은 여기의 간음에 포함되지 않는다.

(6) **약혼 후 1년 이상 그 생사가 불명한 때**(제804조 제6호) 여기의 생사불명이라 함은 생존 또는 사망도 증명할 수 없는 상태를 말한다. 1년의 기산점은 상대방 약혼자에게 알려져 있는 본인의 최후 생존일로 본다.

(7) **정당한 이유 없이 혼인을 거절하거나 그 시기를 늦추는 때**(제804조 제7호) 정당한 이유가 있는 경우로는 학업이나 군복무 등으로 혼인하기 어려운 사정이 있는 경우, 급격한 경제사정의 악화로 즉시 혼인하기 어려운 경우, 건강이 악화되어 당분간 치료를 요하는 경우 등이 이에 해당될 수 있다.

(8) **그 밖에 중대한 사유가 있는 때**(제804조 제8호) 기타 중대한 사유에 해당하는지의 여부는 개별적으로 판단해야 하나, 학력과 직업 등을 속인 경우, 상대방의 불성실, 상대방이나 그 부모에 의한 모욕이나 냉대, 유전성 질환(색맹 등)이 있는 경우, 신체적 장애가 생긴 경우, 약혼 중의 폭행·모욕, 상대방에게 과거가 있다는 사실을 알게 된 경우 등이 이에 해당될 수 있다.[26)]

---

25) 송덕수, 친족상속법, 제2판, 박영사, 24면; 박동섭, 친족상속법, 제4판, 박영사, 78면.

26) **대판 1995.12. 8, 94므1676·1683** "종전에 서로 알지 못하던 갑과 을이 중매를 통하여 불과 10일간의 교제를 거쳐 약혼을 하게 되는 경우에는 서로 상대방의 인품이나 능력에 대하여 충분히 알 수 없기 때문에 학력이나 경력, 직업 등이 상대방에 대한 평가의 중요한 자료가 된다고 할 것인데 갑이 학력과 직장에서의 직종·직급 등을 속인 것이 약혼 후에 밝혀진 경우에는 갑의 말을 신뢰하고 이에 기초하여 혼인의 의사를 결정하였던 을의 입장에서 보면 갑의 이러한 신의성실의 원칙에 위반한 행위로 인하여 갑에 대한 믿음이 깨어져

판례는 임신불능이나 궁합이 맞지 않는다는 경우는 이에 해당되지 않는다고 본다.[27]

3. 약혼해제의 방법

약혼해제는 구두나 서면 등 상대방에 대한 의사표시로 한다. 약혼자의 생사불명 등으로 의사표시를 할 수 없을 때에는 그 생사불명이 1년 이상이 된 것을 안 때에 해제된 것으로 보게 된다(제805조 단서).

4. 약혼해제의 효과

(1) 혼인의무의 소멸

약혼해제를 하면 약혼은 처음부터 없었던 것으로 되고 혼인의 이행의무는 소멸한다.

(2) 손해배상청구

1) 당사자 일방에게 과실이 있는 경우

약혼을 해제한 때에 과실 없는 당사자는 과실 있는 당사자에 대하여 이로 인한 손해의 배상을 청구할 수 있다(제806조 제1항).

배상할 손해에는 재산상 손해 외에 정신상 고통에 대하여도 손해배상의 책임이 있다(제806조 제2항). 재산적 손해의 예로는 약혼식 비용, 약혼선물 구입비, 약혼 때문에 직장을 퇴직한 경우 포기한 이익 등을 들 수 있고, 정신적 손해로는 파혼에 이르게 되는 과정에서 입게 된 정신적 고통을 들 수 있다. 위자료청구권은 양도 또는 승계되지 않는다(제806조 제3항 본문). 그러나 당사자 사이에 이미 그 배상

갑과의 사이에 애정과 신뢰에 바탕을 둔 인격적 결합을 기대할 수 없어 갑과의 약혼을 유지하여 혼인을 하는 것이 사회생활관계 상 합리적이라고 할 수 없으므로 민법 제804조 제8호 소정의 '기타 중대한 사유가 있는 때'에 해당하여 갑에 대한 약혼의 해제는 적법하다."

27) **대판 1960. 8.18, 4292민상995** "혼인은 종생의 공동생활을 목적으로 하는 1남 1녀의 도덕상 및 풍속 상으로 정당시되는 결합을 이루는 것이고 자손번식은 그 결과에 불과한 것이다 그러므로 구 민법이 재판상의 이혼원인을 법정한 제813조에도 처의 임신 불가능을 규정하지 아니하였던 것인즉 혼인예약에 있어서도 상대자인 여성이 임신 불가능이라 하여 그 예약을 파기할 수는 없는 것이다 그런즉 소론중 원판결의 임신 불능이 혼인예약의 해제사유가 되지 못한다는 취지의 판시를 공격하는 부분은 이유 없다 할 것이다."

에 관한 계약이 성립되거나 소를 제기한 후에는 승계된다(제806조 제3항 단서). 약혼해제로 인한 손해배상청구는 다류 가사소송사건으로서(가사소송법 제2조 제1항 다류사건 1) 참조) 소를 제기하기 전에 조정을 거쳐야 한다(가사소송법 제50조).

2) 당사자 쌍방에게 과실이 없는 경우

불치의 질병이 있거나 생사불명인 경우 등 당사자 쌍방에게 과실이 없는 경우에는 손해배상을 청구할 수 없고 약혼해제만 할 수 있다.

3) 당사자 쌍방에게 과실이 있는 경우

일반적인 과실상계의 이론에 의하여 손해배상액을 감경 또는 면제하여야 한다.

(3) 약혼예물 등의 반환

1) 약혼예물은 혼인의 불성립을 해제조건으로 하는 증여의 성질을 가지고 있으므로 약혼이 해제되어 혼인이 불성립한 때에는 약혼예물을 반환하여야 한다.

2) 당사자 일방에게 과실이 있는 경우에는 과실이 없는 당사자만이 예물반환청구권을 가지며, 과실 있는 당사자는 그 반환을 청구할 수 없다.[28)]

3) 당사자가 약혼 후 혼인을 하였으나 그 혼인이 이혼 등으로 해소된 경우에는 일단 혼인이 성립한 것이므로 예물반환청구권은 인정되지 않는다.[29)]

---

28) **대판 1976.12.28, 76므41·42** "약혼예물의 수수는 혼인 불성립을 해제조건으로 하는 증여와 유사한 성질의 것이나 약혼의 해제에 관하여 과실이 있는 유책자로서는 그가 제공한 약혼예물을 적극적으로 반환청구할 권리가 없다."; 지원림, 민법강의, 제12판, 홍문사, 1848면; 오시영, 친족상속법, 학현사, 53면; 이에 반대의 견해로 송덕수, 앞의 책, 27면.

29) **대판 1996. 5.14, 96다5506** "약혼예물의 수수는 약혼의 성립을 증명하고 혼인이 성립한 경우 당사자 내지 양가의 정리를 두텁게 할 목적으로 수수되는 것으로 혼인의 불성립을 해제조건으로 하는 증여와 유사한 성질을 가지므로, 예물의 수령자측이 혼인 당초부터 성실히 혼인을 계속할 의사가 없고 그로 인하여 혼인의 파국을 초래하였다고 인정되는 등 특별한 사정이 있는 경우에는 신의칙 내지 형평의 원칙에 비추어 혼인 불성립의 경우에 준하여 예물반환의무를 인정함이 상당하나, 그러한 특별한 사정이 없는 한 일단 부부관계가 성립하고 그 혼인이 상당 기간 지속된 이상 후일 혼인이 해소되어도 그 반환을 구할 수는 없으므로, 비록 혼인 파탄의 원인이 며느리에게 있더라도 혼인이 상당 기간 계속된 이상 약혼예물의 소유권은 며느리에게 있다."

제2관 혼인의 성립

Ⅰ. 서 설

혼인이란 1남 1녀가 평생 부부로서 공동생활을 할 것을 목적으로 하는 결합관계이다. 우리 민법상 인정되는 혼인은 일부일처제이며, 일정한 기간을 정하여 혼인할 것을 약정하는 계약혼이나 동성 간의 혼인은 인정되지 않는다.

Ⅱ. 혼인의 성립요건

혼인은 가족을 형성하는 기초이며 본인뿐 아니라 사회에도 영향을 주기 때문에 민법은 혼인이 성립되기 위하여 일정한 요건을 정하고 있으며, 이 요건에 충족하지 못한 혼인은 무효 또는 취소할 수 있는 것으로 하였다(제815조, 제816조). 혼인은 "가족관계의 등록 등에 관한 법률"에 의하여 일정한 방식으로 신고하여야 성립하는 요식행위이다(제812조).

1. 실질적 요건

(1) 혼인의사의 합치가 있을 것

당사자 사이에 혼인할 의사의 합치가 있어야 하며, 이 의사의 합치가 없이 혼인신고를 한 경우에 그 혼인은 무효이다. 합의하는 당사자는 1남 1녀이어야 한다. 동성(同姓)의 당사자의 의사표시는 여기의 합의로 인정되지 않는다. 성전환자(性轉換者)는 법적으로 전환된 성(性)으로 인정되는 때에는 다른 성의 사람과 혼인할 수 있다.[30] 그런데 현재 혼인 중에 있거나 미성년자인 자녀를 둔 성전환자의 성별정

---

30) **대결(전) 2006. 6.22, 2004스42** "성전환증을 가진 사람의 경우에도, 남성 또는 여성 중 어느 한쪽의 성염색체를 보유하고 있고 그 염색체와 일치하는 생식기와 성기가 형성·발달되어 출생하지만 출생 당시에는 아직 그 사람의 정신적·사회적인 의미에서의 성을 인지할 수 없으므로, 사회통념상 그 출생 당시에는 생물학적인 신체적 성징에 따라 법률적인 성이 평가될 것이다. 그러나 출생 후의 성장에 따라 일관되게 출생 당시의 생물학적인 성에 대한 불일치감 및 위화감·혐오감을 갖고 반대의 성에 귀속감을 느끼면서 반대의 성으로서의 역할을 수행하며 성기를 포함한 신체 외관 역시 반대의 성으로서 형성하기를 강력히 원하여, 정신과적으로 성전환증의 진단을 받고 상당기간 정신과적 치료나 호르몬 치료 등을 실시하여도 여전히 위 증세가 치유되지 않고 반대의 성에 대한 정신적·사회적

정은 허용되지 않는다고 하는 것이 대법원의 판단이다.[31)]

1) 혼인의사의 의미

혼인의사가 무엇을 의미하는지에 관하여 학설의 대립이 있는데, ① 혼인의사를 사회습속상 실질적인 부부관계를 설정하려는 의사로 보는 견해(실질적 의사설)[32)]와, ② 혼인의사를 혼인신고를 하려는 의사의 합치로 보는 견해(형식적 의사설)[33)]가 그것이다.

실질적 의사설이 다수설이며 판례도[34)] 원칙적으로 실질적 의사설을 취하고 있다.

적응이 이루어짐에 따라 일반적인 의학적 기준에 의하여 성전환수술을 받고 반대 성으로서의 외부 성기를 비롯한 신체를 갖추고, 나아가 전환된 신체에 따른 성을 가진 사람으로서 만족감을 느끼고 공고한 성정체성의 인식 아래 그 성에 맞춘 의복, 두발 등의 외관을 하고 성관계 등 개인적인 영역 및 직업 등 사회적인 영역에서 모두 전환된 성으로서의 역할을 수행함으로써 주위 사람들로부터도 그 성으로서 인식되고 있으며, 전환된 성을 그 사람의 성이라고 보더라도 다른 사람들과의 신분관계에 중대한 변동을 초래하거나 사회에 부정적인 영향을 주지 아니하여 사회적으로 허용된다고 볼 수 있다면, 이러한 여러 사정을 종합적으로 고려하여 사람의 성에 대한 평가 기준에 비추어 사회통념상 신체적으로 전환된 성을 갖추고 있다고 인정될 수 있는 경우가 있다 할 것이며, 이와 같은 성전환자는 출생 시와는 달리 전환된 성이 법률적으로도 그 성전환자의 성이라고 평가받을 수 있을 것이다."

31) **대결(전) 2011. 9. 2, 2009스117** "가족관계등록부상 남성으로 등재되어 있는 甲이 乙과 혼인을 하여 미성년자인 자녀 丙을 두고 있었는데 심한 성정체성 장애 때문에 수차례 정신과 치료를 받아오다가 결국 성전환수술 등을 받았고 이에 가족관계등록부상의 성별란 정정을 신청한 사안에서, 성전환자가 혼인 중에 있거나 미성년자인 자녀가 있는 경우에는 가족관계등록부에 기재된 성별을 정정하여 배우자나 미성년자인 자녀의 법적 지위와 그에 대한 사회적 인식에 곤란을 초래하는 것까지 허용할 수는 없으므로, 현재 혼인 중에 있거나 미성년자인 자녀를 둔 성전환자의 성별정정은 허용되지 않는다고 하며, 성전환자 甲의성별정정을 불허한 원심판단을 수긍한 사례."

32) 박동섭, 앞의 책, 84면.

33) 김용한, 친족상속법, 증보판, 1984, 108면.

34) **대판 1996.11.22, 96도2049** "피고인들이 중국 국적의 조선족 여자들과 참다운 부부관계를 설정할 의사 없이 단지 그들의 국내 취업을 위한 입국을 가능하게 할 목적으로 형식상 혼인하기로 한 것이라면, 피고인들과 조선족 여자들 사이에는 혼인의 계출에 관하여는 의사의 합치가 있었으나 참다운 부부관계의 설정을 바라는 효과의사는 없었다고 인정되므로 피고인들의 혼인은 우리나라의 법에 의하여 혼인으로서의 실질적 성립요건을 갖추지 못하여 그 효력이 없고, 따라서 피고인들이 중국에서 중국의 방식에 따라 혼인식을 거행하였다고 하더라도 우리나라의 법에 비추어 그 효력이 없는 혼인의 신고를 한 이상 피고인들의 행위는 공정증서원본불실기재 및 동행사 죄의 죄책을 면할 수 없다고 한 사례."

2) 가장혼인인 경우

가장혼인이란 영주권을 얻을 목적으로 영주권을 가지고 있는 상대방과 위장결혼을 한다든가 국내 취업을 위해 입국할 목적으로 혼인신고를 하는 등 다른 목적을 달성하기 위한 방편으로 부부로서 혼인신고를 하는 경우를 말한다.

가장혼인의 효력은 '혼인의사'의 의미를 어떻게 보느냐에 따라 달라지는데, 실질적 의사설에 의하면 실질적인 부부관계를 성립시킬 의사가 없는 가장혼인을 무효로 보고, 형식적 의사설에 의하면 가장혼인을 유효로 본다.

판례는 실질적의사설의 입장에서 가장혼인을 무효로 본다.[35)]

3) 계약혼인 경우

혼인의사란 사회통념상 일반적으로 부부관계로 인정되는 당사자 사이의 정신적·육체적 결합의사를 말하므로, 혼인의사는 자유로운 의사에 의한 것이어야 하고, 조건부이거나 기한부 의사는 인정되지 않는다. 따라서 일정 기간을 정하여 부부로 살 것을 합의하는 계약혼도 인정되지 않는다.

(2) 혼인연령에 달해야 할 것

남녀 모두 만 18세가 되어야 혼인할 수 있다. 이에 달하지 않은 자의 혼인은 당사자 또는 그 법정대리인이 그 취소할 수 있다(제816조, 제817조).

(3) 부모 등의 동의가 있을 것

미성년자인 경우와 피성년후견인인 경우에는 부모의 동의를 받아야 하며, 부모 중 한쪽이 동의권을 행사할 수 없을 때에는 다른 한쪽의 동의를 받아야 하고, 부모가 모두 동의권을 행사할 수 없을 때에는 미성년자인 경우에는 미성년후견인의 동의를 받아야 하고, 피성년후견인인 경우에는 성년후견인의 동의를 받아야

---

35) **대판 1980. 1.29, 79므62·63** "판결 단순히 피청구인으로 하여금 국민학교의 교사직으로부터 면직당하지 않게 할 수단으로 호적부상 부부가 되는 것을 가장하기 위하여 이루어졌을 뿐 당사자 사이에 혼인의 합의 즉 정신적, 육체적 결합을 생기게 할 의사로서 신고된 것이 아니면 청구인과 피청구인간의 혼인관계는 무효이다."; **대판 1996.11.22, 96도2049** "판결피고인들이 중국 국적의 조선족 여자들과 참다운 부부관계를 설정할 의사 없이 단지 그들의 국내 취업을 위한 입국을 가능하게 할 목적으로 형식상 혼인하기로 한 것이라면, 피고인들과 조선족 여자들 사이에는 혼인의 계출에 관하여는 의사의 합치가 있었으나 참다운 부부관계의 설정을 바라는 효과의사는 없었다고 인정되므로 피고인들의 혼인은 우리나라의 법에 의하여 혼인으로서의 실질적 성립요건을 갖추지 못하여 그 효력이 없다."

한다(제808조).

동의를 받지 않은 혼인은 당사자 또는 그 법정대리인이 혼인을 취소할 수 있다(제816조, 제817조).

(4) 근친혼이 아닐 것

1) 근친의 혈족 사이의 혼인금지

종전에는 동성동본인 혈족사이의 혼인을 금지하였으나 촌수의 제한 없이 혼인을 금지하여 불합리하였기 때문에 2005년 민법개정 시 8촌 이내의 혈족사이에서 혼인하지 못하는 것으로 하였다.

'8촌 이내의 혈족'에는 부계혈족, 모계혈족, 입양에 의한 법정혈족을 포함한다.

2) 근친인 인척 사이의 혼인금지

6촌 이내의 혈족의 배우자, 배우자의 6촌 이내의 혈족, 배우자의 4촌 이내의 혈족의 배우자인 인척이거나 이러한 인척이었던 자 사이에서는 혼인하지 못하므로, 6촌 이내의 혈족의 배우자이었던 자(형수, 형부, 고모부, 이모부 등), 현재의 배우자는 물론이고 전 남편이나 전 처의 6촌 이내의 혈족이었던 자(시동생, 처제, 배우자의 형제자매 등), 배우자의 4촌 이내의 혈족의 배우자이었던 자(시누이의 남편, 처남의 부인 등)와도 혼인이 금지 된다.

3) 양친자관계 소멸 후의 혈족 및 인척이었던 자 사이의 혼인금지

양친자관계가 있는 경우에는 위의 1)과 2)의 내용과 동일하나 양친자관계가 소멸한 경우 종전 양가의 친족과의 혼인금지범위는 6촌 이내의 혈족, 4촌 이내의 인척으로서 양친자관계가 존속 중인 경우보다 그 범위가 축소된다.

(5) 중혼이 아닐 것

1) 이미 혼인을 하여 배우자가 있는 자는 다시 혼인하지 못한다. 중혼문제가 발생하는 경우는 다음과 같다.

① 이혼 후 재혼한 다음에 이혼이 무효 또는 취소된 경우

② 실종선고를 받은 후 악의로 재혼한 경우에 실종선고가 취소되어 전혼이 부활한 경우

③ 북한에서 혼인한 후 탈북하여 남한에서 다시 혼인한 경우 등

2) 중혼은 무효가 아니라 취소할 수 있고(제816조), 당사자 및 그 배우자, 직계존속, 4촌 이내의 방계혈족 또는 검사가 그 취소를 청구할 수 있다(제818조).[36]

2. 형식적 요건

혼인은 「가족관계의 등록 등에 관한 법률」[37]에 정한 바에 의하여 신고함으로써 그 효력이 생긴다(제812조 제1항). 민법은 사실혼주의를 취하지 않고 법률혼주의를 채택하고 있으므로 사실상 혼인관계가 있다 하더라도 혼인신고가 없으면 법률상 혼인으로 인정되지 않는다. 혼인신고가 혼인효력발생요건이 아니고 성립요건이다.

(1) 혼인신고의 방법

신고는 서면이나 말로 할 수 있다(가족관계의 등록 등에 관한 법률 제23조 제1항).

1) 서면으로 신고하는 경우

당사자 쌍방과 성년자인 증인 2인의 연서하고 일정한 사항을 기재한 혼인신고서를 혼인당사자의 등록기준지 또는 주소지나 현재지에서 신고할 수 있다.

혼인신고와 같이 신고로 인하여 효력이 발생하는 등록사건에 관하여 신고사건 본인이 시·읍·면에 출석하지 아니하는 경우에는 신고사건 본인의 주민등록증·운전면허증·여권, 그밖에 대법원규칙으로 정하는 신분증명서를 제시하거나 신고서에 신고사건 본인의 인감증명서를 첨부하여야 한다. 이 경우 본인의 신분증명서를 제시하지 아니하거나 본인의 인감증명서를 첨부하지 아니한 때에는 신고서를 수리하여서는 아니 된다(동법 제23조 제2항).

---

36) **대판 1984. 3.27, 84므9** "청구인과 피청구인(갑)이 협의이혼한 것이 피청구인(갑)의 기망에 인한 것이었음을 이유로 청구인이 제기한 협의이혼취소심판이 청구인 승소로 확정되었다면 청구인과 피청구인(갑)은 당초부터 이혼하지 않은 상태로 되돌아갔다 할 것이니 위 취소심판 계속 중 피청구인(갑), (을)사이에 이루어진 혼인은 중혼의 금지규정에 위반한 것으로 혼인의 취소사유에 해당한다."; **대판 1985. 9.10, 85므35** "갑이 을을 상대로 한 이혼심판청구사건의 승소확정심판에 따라 이혼신고를 마치고 병과 다시 혼인신고를 마쳤으나 을의 재심청구에 따라 위 이혼심판 청구를 기각하는 재심심판이 선고되고 그 심판이 확정되었다면 위 갑, 병간의 혼인은 중혼에 해당되어 취소사유가 된다."

37) 이하에서는 가족관계등록법이라 한다.

2) 말로 신고하는 경우

말로 신고하려 할 때에는 신고인은 시·읍·면의 사무소에 출석하여 신고서에 기재하여야 할 사항을 진술하여야 한다. 시·읍·면의 장은 신고인의 진술 및 신고 연월일을 기록하여 신고인에게 읽어 들려주고 신고인으로 하여금 그 서면에 서명하거나 기명날인하게 하여야 한다(동법 제31조).

(2) 혼인신고의 성질

① 혼인신고를 창설적 신고로 보고 혼인의 성립요건이라고 보는 성립요건설과, ② 혼인은 혼인의사의 합치나 혼인의식을 거행함으로써 성립하므로 혼인신고는 보고적 신고이고 혼인의 효력발생요건일 뿐이라는 효력요건설이 있다.

성립요건설이 다수설이며, 판례의 입장이다.[38] 따라서 혼인신고는 가족관계등록사무를 담당하는 공무원이 그 신고서를 수리함으로써 효력이 발생하며, 가족관계등록부에 기록하는 것은 그 효력요건이 아니다. 그러므로 수리된 혼인신고가 가족관계등록부에 기록되지 않은 경우, 가족관계등록부에 허위로 기록된 경우에도 혼인은 유효하다.[39]

(3) 조정이나 재판에 의한 혼인신고

1) 조정에 의한 혼인신고

사실상 혼인생활을 하면서도 당사자 일방이 혼인신고를 하는데 협조하지 않는 경우에 사실상 혼인관계존재확인의 소를 제기하여 판결을 받아 혼인신고를 할 수 있는데, 이 경우에는 먼저 조정을 신청하여야 한다(가사소송법 제50조).

혼인에 관하여 조정이 성립하여 그 사항이 조서에 기재되면 그 조서의 기재는 재판상 화해와 동일한 효력이 있기 때문에(동법 제59조) 이에 의하여 혼인신고를

---

38) **대판 1991.12.10, 91므344** "[1] 혼인은 호적법에 따라 호적공무원이 그 신고를 수리함으로써 유효하게 성립되는 것이며 호적부에의 기재는 그 유효요건이 아니어서 호적에 적법하게 기재되는 여부는 혼인성립의 효과에 영향을 미치는 것은 아니므로 부부가 일단 혼인신고를 하였다면 그 혼인관계는 성립된 것이고 그 호적의 기재가 무효한 이중호적에 의하였다 하여 그 효력이 좌우되는 것은 아니다. [2] 혼인이 일단 성립되면 그것이 위법한 중혼이라 하더라도 당연히 무효가되는 것은 아니고 법원의 판결에 의하여 취소될 때에 비로소 그 효력이 소멸될 뿐이므로 아직 그 혼인취소의 확정판결이 없는 한 법률상의 부부라 할 것이어서 재판상 이혼의 청구도 가능하다."

39) **대판 1991.12.10, 91므344** 참조.

할 수 있다.

조정을 신청한 자는 조정의 성립일로부터 1개월 이내에 조정조서를 첨부하여 혼인신고를 하여야 한다. 이 경우 판례는 창설적 신고라고 본다.[40]

2) 재판에 의한 혼인신고

조정이 성립하지 않으면 사실상 혼인관계존재확인의 소를 제기할 수 있다. 사실상 혼인관계존재확인의 판결을 받으면 소를 제기한 자는 재판의 확정일로부터 1개월 이내에 재판서의 등본과 확정증명서를 첨부하여 혼인신고를 하여야 한다(가족관계등록법 제72조).

(4) 당사자 사망 후의 혼인신고

1) 원 칙

혼인은 생존자 사이에서만 성립할 수 있으므로 사망한 자들 사이 또는 생존자와 사망한 자 사이의 혼인은 인정되지 않는다. 따라서 당사자가 사망한 후의 혼인신고는 허용되지 않는다.[41]

---

40) **대결 1991. 8.13, 91스6** "사실혼관계의 존재를 확인하는 심판이 확정되더라도 이로써 그 일방 당사자가 호적법 제76조의2의 규정에 의하여 단독으로 혼인신고를 할 수 있는 길이 열리는 것일 뿐이고 그 심판확정으로 곧 그 당사자 간에 법률상의 혼인관계가 형성되는 것은 아니며 신고혼주의를 취하는 우리 법제 아래서는 혼인신고가 있어야만 비로소 법률상 혼인이 성립되는 것인바(같은 취지의 당원 1973.1.16. 선고 72므25 판결 참조) 우리 법상 사망자 간이나 생존한 자와 사망한 자 사이의 혼인은 인정되는 것이 아니므로 사망자와의 사실혼관계존재확인의 심판이 있다 하더라도(사망자와의 사실혼관계존재확인을 구할 수 있는지 여부는 별론으로 한다), 이미 당사자의 일방이 사망한 경우에는 혼인신고특례법이 정하는 예외적인 경우와 같이 그 혼인신고의 효력을 소급하는 특별한 규정이 없는 한 이미 그 당사자 간에는 법률상의 혼인이 불가능하므로 이러한 혼인신고는 받아들여질 수 없다. 그리고 혼인이 생존한 사람들 간에서만 이루어질 수 있는 것인 이상 호적공무원의 형식적 심사권의 대상에는 그 혼인의 당사자가 생존하였는지 여부를 조사하는 것도 당연히 포함된다고 할 것이다."

41) **대판 1995.11.14, 95므694** "사망자 사이 또는 생존하는 자와 사망한 자 사이에서는 혼인이 인정될 수 없고, 혼인신고특례법과 같이 예외적으로 혼인신고의 효력의 소급을 인정하는 특별한 규정이 없는 한 그러한 혼인신고가 받아들여질 수도 없다. 사실혼 배우자의 일방이 사망한 경우 생존하는 당사자가 혼인신고를 하기 위한 목적으로서는 사망자와의 과거의 사실혼관계 존재확인을 구할 소의 이익이 있다고는 할 수 없고, 이러한 과거의 사실혼관계가 생존하는 당사자와 사망자와 제3자 사이의 현재적 또는 잠재적 분쟁의 전제가 되어 있어 그 존부확인청구가 이들 수많은 분쟁을 일거에 해결하는 유효적절한 수단일 수 있는 경우에는 확인의 이익이 인정될 수 있는 것이지만, 그러한 유효적절한 수단이라고 할 수 없는 경우에는 확인의 이익이 부정되어야 한다."

2) 예 외

다만 혼인 당사자 중 어느 한쪽이 전쟁이나 사변으로 전투에 참가하거나 전투수행을 위한 공무에 종사함으로 인하여 혼인신고를 하지 못하고 사망한 경우에 생존 배우자가 가정법원의 확인을 받아 단독으로 혼인신고를 할 수 있다(혼인신고특례법 제1조, 제2조).[42] 이 경우 당사자 일방이 사망한 때에 신고가 있는 것으로 본다(동법 제4조).

제3관 혼인의 무효와 취소

Ⅰ. 혼인의 무효

1. 혼인무효의 의의

혼인의 무효는 혼인신고가 있더라도 일정한 사유로 말미암아 처음부터 혼인의 효력이 전혀 발생하지 않는 것을 말하며, 혼인취소판결에 의하여 비로소 혼인의 효과가 소멸하는 혼인의 취소와는 구별된다.

2. 혼인무효사유

(1) 당사자 간에 혼인의 합의가 없는 때

당사자 간에 혼인의사의 합치가 없는 경우 혼인은 무효이다. 이와 관련하여 문제가 되는 것은 가장혼인의 경우와 일방적 혼인신고의 경우이다.

1) 가장혼인

혼인의사를 실질적으로 부부관계를 생기게 할 의사로 보는지, 혼인신고를 할 의사로 보는지에 따라 가장혼인의 효력은 달라지는데, 판례와 다수설은 실질적의 사설에 따라 혼인신고에 대한 합의는 있더라도 실질적으로 부부관계의 설정을 원

---

42) **대판 1986.11.11, 86므97** "혼인신고특례법에 의한 혼인확인심판을 받고 그 확인심판에 기하여 혼인신고를 한 경우, 비록 그 혼인당사자가 배우자의 사망 후에 타인과 동거하였다고 하여 그 이전의 혼인관계에 영향을 미친다고 할 수 없을 뿐만 아니라 그와 같은 사유로 혼인신고특례법에 의한 혼인확인심판의 효력을 다툴 수도 없다." 참조.

하는 의사 없이 다른 목적을 달성하기 위해 혼인신고를 하는 가장혼인은 무효로 본다. 이에 대하여는 이미 혼인의 성립요건 중 실질적 요건에서 설명하였다.

2) 일방적 혼인신고

혼인신고에 대한 합의 없이 일방적으로 한 혼인신고는 무효임이 원칙이다. 특별히 종전에 혼인의사가 있었더라도 혼인신고 당시에 혼인의사가 없어진 경우 일방적 혼인신고에 의한 혼인은 무효가 된다.[43)]

3) 일방적 혼인신고의 경우 혼인의사의 추정

일방적으로 혼인신고를 한 경우이더라도 특별히 사실혼 상태에 있는 때에는 혼인의사가 있는 것으로 추정하여 일방적 혼인신고를 유효한 것으로 본다.[44)]

---

43) **대판 1986. 7.22, 86므41** "결혼식을 올린 다음 동거까지 하였으나 성격의 불일치 등으로 계속 부부싸움을 하던 끝에 사실혼관계를 해소하기로 합의하고 별거하는 상황 하에서 당사자 일방이 상대방의 승낙 없이 자기 마음대로 혼인신고를 하였다면 그 혼인은 무효이다."; **대판 1989. 1.24, 88므795** "사실혼관계가 해소된 상태에서 혼인신고가 일방적으로 이루어졌다면 이는 당사자간에 혼인의 합의가 없는 경우에 해당하여 무효라고 보아야 한다."; **대판 1996. 6.28, 94므1089** "혼인이 유효하기 위하여는 당사자 사이에 혼인의 합의가 있어야 하고, 이러한 혼인의 합의는 혼인신고를 할 당시에도 존재하여야 한다. 혼례식을 거행하고 사실혼관계에 있었으나 일방이 뇌졸중으로 혼수상태에 빠져 있는 사이에 혼인신고가 이루어졌다면 특별한 사정이 없는 한 위 신고에 의한 혼인은 무효이다."

44) **대판 1980. 4.22, 79므77** "관례에 따라 결혼식을 하고 부부로서 상당기간 동거하며 그 사이에 자녀까지 출산하여 혼인의 실체는 갖추었으나 혼인신고만이 되어있지 않은 관계에서 당사자 일방의 부재중 혼인신고가 이루어졌다고 하더라도 특별한 사정이 있는 경우를 제외하고는 그 신고에 의하여 이루어진 혼인을 당연히 무효라고 할 수는 없다."; **대판 1984.10.10, 84므71** "결혼식을 하고 동거하면서 딸까지 출산하였으나 청구인이 승려라는 신분상 결혼사실이 알려질 경우, 유학에 지장이 있다하여 혼인신고만은 유학이 끝나는 8년 후에 하기로 합의하였는데, 청구인이 유학을 떠난지 8년이 지나도 돌아오지 아니하여 딸의 취학관계로 시모와 상의하여 청구인이 두고 간 인장으로 혼인신고를 마치고, 이 사실을 시동생을 통해 청구인에게 알렸으나 청구인이 아무런 이의를 한바 없었다면 청구인에게는 결혼당시는 물론, 위 혼인신고당시에도 그 혼인의 의사가 계속 존재하고 있었다 할 것이므로 위 혼인신고는 비록 피청구인이 청구인부재중에 일방적으로 한 것이라 하여도 당사자 간의 혼인의 합의에 기초하는 것으로 유효하다고 볼 것이다."; **대판 2000. 4.11, 99므1329** "혼인의 합의란 법률혼주의를 채택하고 있는 우리나라 법제 하에서는 법률상 유효한 혼인을 성립하게 하는 합의를 말하는 것이므로 비록 사실혼관계에 있는 당사자 일방이 혼인신고를 한 경우에도 상대방에게 혼인의사가 결여되었다고 인정되는 한 그 혼인은 무효라 할 것이나, 상대방의 혼인의사가 불분명한 경우에는 혼인의 관행과 신의성실의 원칙에 따라 사실혼관계를 형성시킨 상대방의 행위에 기초하여 그 혼인의사의 존재를 추정할 수 있으므로 이와 반대되는 사정, 즉 혼인의사를 명백히 철회하였다거나 당사자 사이에 사실혼관계를 해소하기로 합의하였다는 등의 사정이 인정되지 아니하는 경우에는

4) 일방에게만 실질적 혼인의사가 있는 경우

혼인신고에 관하여 합의가 있더라도 일방에게만 실질적인 혼인의사가 있고 상대방에게는 진정한 부부관계를 이루려는 의사가 없는 때에는 그 혼인은 무효이다.[45)]

5) 무효인 혼인의 추인 여부

① 무효행위의 추인이라 함은 법률행위로서의 효과가 확정적으로 발생하지 않는 무효행위를 뒤에 유효케 하는 의사표시를 말하는 것으로 무효인 행위를 사후에 유효로 하는 것이 아니라 새로운 의사표시에 의하여 새로운 행위가 있는 것으로 그때부터 유효케 되는 것이므로 원칙적으로 소급효가 인정되지 않는 것이다.[46)]

② 혼인의 의사 없이 신고된 혼인이 무효이지만 이를 묵인하고 혼인생활을 계속한 경우에 무효인 혼인에 대하여 추인하였다고 인정할 수 있는지가 문제된다.

이에 대하여 다수설은 무효인 혼인신고를 추인하여 부부공동생활을 하고 있는 경우에는 그것을 무효로 할 필요는 없다고 한다.[47)]

그 혼인을 무효라고 할 수 없다."

45) **대판** 2010. 6.10, 2010므574 "민법 제815조 제1호가 혼인무효의 사유로 규정하는 '당사자 간에 혼인의 합의가 없는 때'란 당사자 사이에 사회관념 상 부부라고 인정되는 정신적·육체적 결합을 생기게 할 의사의 합치가 없는 경우를 의미하므로, 당사자 일방에게만 그와 같은 참다운 부부관계의 설정을 바라는 효과의사가 있고 상대방에게는 그러한 의사가 결여되었다면 비록 당사자 사이에 혼인신고 자체에 관하여 의사의 합치가 있어 일응 법률상의 부부라는 신분관계를 설정할 의사는 있었다고 하더라도 그 혼인은 당사자 간에 혼인의 합의가 없는 것이어서 무효라고 보아야 한다. 외국인 을이 갑과의 사이에 참다운 부부관계를 설정하려는 의사 없이 단지 한국에 입국하여 취업하기 위한 방편으로 혼인신고에 이르렀다고 봄이 상당한 사안에서, 설령 을이 한국에 입국한 후 한 달 동안 갑과 계속 혼인생활을 해왔다고 하더라도 이는 을이 진정한 혼인의사 없이 위와 같은 다른 목적의 달성을 위해 일시적으로 혼인생활의 외관을 만들어 낸 것이라고 보일 뿐이므로, 갑과 을 사이에는 혼인의사의 합치가 없어 그 혼인은 민법 제815조 제1호에 따라 무효이다."

46) **대판** 1983. 9.27, 83므22 "무효행위의 추인이라 함은 법률행위로서의 효과가 확정적으로 발생하지 않는 무효행위를 뒤에 유효케 하는 의사표시를 말하는 것으로 무효인 행위를 사후에 유효로 하는 것이 아니라 새로운 의사표시에 의하여 새로운 행위가 있는 것으로 그때부터 유효케 되는 것이므로 원칙적으로 소급효가 인정되지 않는 것이다."

47) 박동섭, 「주석가사소송법」, 법률문화원, 2001, 136면; **대판** 1995.11.21, 95므731 "협의이혼한 후 배우자 일방이 일방적으로 혼인신고를 하였더라도 그 사실을 알고 혼인생활을 계속한 경우, 상대방에게 혼인할 의사가 있었거나 무효인 혼인을 추인하였다고 인정할 수 있다."; **서울가법** 1992.10.29, 92드23258 "원고가 원·피고의 혼인의사합치 없이 혼인신고가 된

판례는 혼인의 실체관계가 존재할 것을 전제로 추인을 긍정하며 특별히 소급적 추인을 인정한다. 따라서 일방의 혼인신고 후 혼인의 실체관계가 없는 경우, 즉 몇 차례의 육체관계로 자(子)를 출산한 것만으로는 혼인의 합의가 있다고 볼 수 없다고 보아 무효인 혼인의 추인을 부정하였다.[48)]

(2) 당사자 간에 8촌 이내의 혈족인 경우

8촌 이내의 혈족간의 혼인은 무효이다. 여기서의 혈족은 자연혈족뿐 아니라 법정혈족(양부모계)을 포함하며, 친양자의 경우 종전 혈족을 포함한다.

(3) 당사자 간에 직계인척관계가 있거나 있었던 때

현재 직계인척관계에 있거나 과거에 직계인척관계에 있었던 경우를 포함한다.

(4) 당사자 간에 양부모계의 직계혈족관계가 있었던 때

현재 양친자관계가 존재하는 경우에는 위의 (2)에 따라 양부모계의 8촌의 혈족까지 혼인무효로 되지만, 양친자관계가 종료한 후에 종전의 양가혈족과 혼인한 경우에는 혼인무효의 범위를 축소시켜 양부모계의 직계혈족관계가 있었던 때에

사실을 알면서도 피고와 다시 동거하기로 동의하고 1년간 혼인생활을 계속 하였다면 원고가 무효인 혼인을 사후에 추인하였다고 할 것이므로 원고와 피고사이의 혼인은 유효하게 존속한다."

48) **대판 1983. 9.27, 83므22** "추인은 법률행위이므로, 피청구인이 청구인의 직장에 찾아와 본처라면서 소동을 피우므로 피청구인을 달래고 무마라는 과정에서 피청구인과 몇차례 육체관계를 가졌다 하더라도 이로써 곧 청구인이 그 이전에 피청구인이 혼인신고서를 위조해서 신고한 무효인 혼인을 추인한 것이라고 보기 어렵다."; **대판 1991.12.27, 91므30** "혼인, 입양 등의 신분행위에 관하여 민법 제139조 본문을 적용하지 않고 추인에 의하여 소급적 효력을 인정하는 것은 무효인 신분행위 후 그 내용에 맞는 신분관계가 실질적으로 형성되어 쌍방 당사자가 이의 없이 그 신분관계를 계속하여 왔다면, 그 신고가 부적법하다는 이유로 이미 형성되어 있는 신분관계의 효력을 부인하는 것은 당사자의 의사에 반하고 그 이익을 해칠 뿐 아니라 그 실질적 신분관계의 외형과 호적의 기재를 믿은 제3자의 이익도 침해할 우려가 있기 때문에 추인에 의하여 소급적으로 신분행위의 효력을 인정함으로써 신분관계의 형성이라는 신분관계의 본질적 요소를 보호하는 것이 타당하다는 데에 그 근거가 있다고 할 것이므로, 당사자 간에 무효인 신고행위에 상응하는 신분관계가 실질적으로 형성되어 있지도 아니하고 또 앞으로도 그럴 가망이 없는 경우에는 무효의 신분행위에 대한 추인의 의사표시만으로 그 무효행위의 효력을 인정할 수 없다."; **대판 1993. 9.14, 93므430** "일방적인 혼인신고 후 혼인의 실체 없이 몇 차례의 육체관계로 자를 출산하였다 하더라도 무효인 혼인을 추인하였다고 보기 어렵다."

만 혼인을 무효로 하고 있다. 양부모계의 직계혈족 이외의 혈족과의 혼인은 혼인 취소사유가 된다.

3. 혼인무효의 효과

(1) 혼인무효의 성질

1) 혼인무효의 효과는 혼인이 '처음부터' 아무런 효과를 발생하지 않는다는 것이며, 당사자 사이뿐 아니라 제3자에 대하여도 혼인으로서의 효력이 발생하지 않는다(가사소송법 제21조 제1항).

2) 혼인무효의 성질에 관하여는 ①무효라고 선고하는 판결이 없더라도 당연히 무효라고 보는 당연무효설과, ②무효의 판결이 있기까지는 혼인을 유효한 것으로 다루어야 하고 무효의 판결에 의하여 비로소 혼인은 소급적으로 무효가 된다는 형성무효설의 대립이 있다. 당연무효설이 다수설이며 타당하다고 생각된다.

(2) 자녀의 지위

1) 무효인 혼인관계에서 출생한 자는 혼인 외의 출생자가 된다. 그리고 친생자 출생신고를 한 경우 인지의 효력이 있기 때문에 별도의 인지를 하지 않더라도 부자관계는 인정된다.

2) 부자관계가 인정되는 미성년의 자녀가 있는 경우에는 가정법원이 혼인무효의 청구를 인용하는 경우 미성년자인 자녀에게 친권을 행사할 자에 관하여 미리 협의하도록 권고하여야 한다(가사소송법 제25조).

(3) 배우자로서의 권리

무효혼인 경우 당사자일방이 사망하더라도 상대방의 상속권은 인정되지 않으며 기타 배우자로서의 모든 권리도 없었던 것이 된다. 따라서 무효혼의 일방의 부정행위에 대해 타방은 간통죄로 고소할 수 없다.[49]

---

49) **대판 1983. 6.28, 83도431** "고소인이 피고소인의 인장을 임의로 새겨 일방적으로 혼인신고를 하고 동일 이혼심판청구를 한 후 간통고소를 제기하였다면 그 혼인신고는 당사자 간의 합의에 따른 것으로 볼 수 없으므로 간통고소는 부적법하다."

(4) 손해배상청구

혼인이 무효가 된 경우 당사자일방은 과실 있는 상대방에 대하여 이로 인한 손해의 배상을 청구할 수 있다(제825조, 제806조).

Ⅱ. 혼인의 취소

1. 혼인취소의 의의

혼인의 취소란 일정한 취소사유가 있는 경우에 취소권자의 청구에 의하여 장래에 향하여 혼인의 효력을 소멸시키는 것을 말한다. 혼인취소는 가정법원에 혼인취소의 소를 제기하여 판결을 받음으로써 효력이 생기며 혼인취소사유가 있는 혼인이더라도 취소되기 전까지는 유효하다.

2. 혼인취소의 성질

(1) 혼인취소는 혼인무효와는 다르다

혼인취소는 소송에 의해서만 주장할 수 있고 취소되기 전까지는 유효하고 취소에 의해 장래에 향하여 효력이 소멸하지만, 혼인무효는 처음부터 당연히 무효이다.

(2) 혼인취소는 이혼과 다르다

혼인취소와 이혼은 서로 그 사유가 다르며, 혼인취소는 반드시 '소'를 제기하여야 하지만, 이혼은 재판상 이혼 외에 협의상 이혼이 있다. 다만 혼인의 효력이 장래에 향하여 소멸하는 점에서는 동일하다.

(3) 혼인취소는 일반적인 법률행위의 취소와도 다르다.

혼인취소는 반드시 소를 제기하는 방식으로 하여야 하고 소급효가 없지만, 일반적인 법률행위는 취소의 의사표시를 상대방에게 하면 되고 소급효가 있다.

3. 혼인취소의 사유

(1) 혼인연령 미달자가 혼인한 경우

만 18세가 되지 않은 자의 혼인은 취소할 수 있다. 이 경우 당사자 또는 그 법정대리인이 그 취소를 청구할 수 있다(제816조 1호, 제817조). 그러므로 만 18세에 미달한 자의 혼인신고는 가족관계등록사무 담당공무원이 수리하지 않아야 한다(제813조).

(2) 동의권자의 동의 없이 혼인한 경우

미성년자나 피성년후견인이 혼인하는 경우 부모, 후견인 등 동의권자의 동의가 있어야 하지만 이러한 동의 없이 하는 혼인은 취소할 수 있다. 이 경우 당사자 또는 그 법정대리인이 취소를 청구할 수 있으나, 미성년자가 19세에 달한 후 또는 성년후견종료의 심판이 있은 후 3개월을 경과하거나 혼인 중에 임신한 경우에는 취소하지 못한다(제819조).

(3) 금지되는 근친혼 중 무효혼 이외의 경우

1) 금지되는 인척과의 혼인 중 직계인척과의 혼인은 무효혼이며, 직계인척 이외의 인척과의 혼인은 취소할 수 있다. 또 입양관계가 소멸한 경우 양자가 양부모계의 직계혈족관계에 있었던 자와의 혼인은 무효혼이 되나, 그 이외의 경우에는 취소사유가 된다.

2) 취소할 수 있는 근친혼인 경우 당사자, 그 직계존속 또는 4촌 이내의 방계혈족이 그 취소를 청구할 수 있다(제817조). 그러나 취소할 수 있는 근친혼이더라도 혼인 중에 자를 포태한 경우에는 그 혼인을 취소하지 못한다.

(4) 이중혼인 경우

배우자 있는 자가 다시 혼인한 경우, 즉 이중혼인 경우 후혼이 취소사유가 되며, 당사자 및 그 배우자, 직계존속, 4촌 이내의 방계혈족 또는 검사가 그 취소를 청구할 수 있다(제818조).[50] 이미 혼인신고를 한 자가 다시 혼인신고를 하면 그 신

---

50) **대판 1984. 3.27, 84므9** "청구인과 피청구인(갑)이 협의이혼한 것이 피청구인(갑)의 기망에 인한 것이었음을 이유로 청구인이 제기한 협의이혼취소심판이 청구인 승소로 확정되었다면 청구인과 피청구인 (갑)은 당초부터 이혼하지 않은 상태로 되돌아 갔다 할 것이니

고의 수리가 거부될 것이지만(제813조), 신고가 수리되면 혼인이 성립하고 취소를 청구할 수 있는 것으로 된다(제816조 1호, 제818조).

(5) 악질 기타 중대한 사유가 있음을 알지 못하고 혼인한 경우

1) 혼인 당시 당사자 일방에게 부부생활을 계속할 수 없는 악질 기타 중대한 사유가 있음을 알지 못하고 혼인한 경우에는 그 사유가 있음을 안 날로부터 6개월 이내에 그 취소를 청구할 수 있다(제816조 2호, 제822조).

2) 악질이란 통상의 질병은 아니고 치유가 어려운 질병을 말하는 것으로 심한 정신병, AIDS, 중증의 암 등이 이에 해당한다고 볼 수 있고, 기타 중대한 사유란 상습적인 도박, 알콜중독, 마약중독, 도벽, 범죄 전과 등이 이에 속한다고 할 수 있다. 임신가능 여부는 제816조 제2호의 부부생활을 계속할 수 없는 악질 기타 중대한 사유에 대당하지 않으며, 제840조 제6호의 이혼사유와는 다른 문언내용 등에 비추어 그 사유는 엄격히 제한하여 해석할 것이라고 한다.[51)]

위 취소심판 계속 중 피청구인 (갑), (을)사이에 이루어진 혼인은 중혼의 금지규정에 위반한 것으로 혼인의 취소사유에 해당한다."; **대판 1985. 9.10, 85므35** "갑이 을을 상대로 한 이혼심판청구사건의 승소확정심판에 따라 이혼신고를 마치고 병과 다시 혼인신고를 마쳤으나 을의 재심청구에 따라 위 이혼심판 청구를 기각하는 재심심판이 선고되고 그 심판이 확정되었다면 위 갑, 병간의 혼인은 중혼에 해당되어 취소사유가 된다."; **대판 1987. 1.20, 86므74** "갑남이 을녀에 대한 재판상 이혼심판청구에서 승소확정심판을 받아 이혼 신고를 마치고 혼인신고를 필하였으나 을녀가 재심청구를 하여 동 확정심판을 취소하고 갑남의 위 이혼심판청구를 기각한다는 재심 심판이 선고되어 확정되었다면, 을녀가 한때 갑남에게 협의이혼을 하겠다는 뜻을 표시한 사실이 있다고 하더라도 갑남과의 사이에 아직도 법률상 부부관계가 존속되고 있는 을녀로서는 중혼에 해당하는 갑남. 병녀사이의 혼인의 취소를 구할 이익이 있다."; **대판 1991. 5.28, 89므211** "갑남이 처 을녀를 상대로 한 이혼심판을 청구하여 승소 확정되자 다시 병녀와 결혼하여 혼인신고를 하였으나 그후 위 이혼심판은 을녀의 허위주소신고에 기한 부적법 공시송달을 이유로 한 재심청구에 의하여 그 취소심판이 확정되었다면 갑남과 병녀 사이의 혼인은 민법 제810조가 금하는 중혼에 해당하고, 을녀가 실제로는 혼인생활을 계속할 의사가 없다든가, 위 이혼심판을 믿고 혼인한 선의의 제3자인 병녀나 그 자녀들의 이익이 크게 침해된다는 등의 사유만으로는 중혼의 취소를 구하는 심판청구가 권리남용이라고 할 수 없다."

51) **대판 2015. 2.26, 2014므4734** "혼인은 남녀가 일생의 공동생활을 목적으로 하여 도덕 및 풍속상 정당시되는 결합을 이루는 법률상, 사회생활상 중요한 의미를 가지는 신분상의 계약으로서 본질은 양성 간의 애정과 신뢰에 바탕을 둔 인격적 결합에 있다고 할 것이고, 특별한 사정이 없는 한 임신가능 여부는 민법 제816조 제2호의 부부생활을 계속할 수 없는 악질 기타 중대한 사유에 해당한다고 볼 수 없다. 그리고 '혼인을 계속하기 어려운 중대한 사유'에 관한 민법 제840조 제6호의 이혼사유와는 다른 문언내용 등에 비추어 민법 제816조 제2호의 '부부생활을 계속할 수 없는 중대한 사유'는 엄격히 제한하여 해석함으

3) 취소할 수 있는 자는 당사자만이며, 그 사유 있음을 안 날로부터 6월을 경과한 때에는 취소를 청구하지 못한다.

(6) 사기 또는 강박에 의하여 혼인을 한 경우

1) 사기에 의한 혼인이란 당사자 일방 또는 제3자가 허위의 사실을 고지함으로써 상대방이 착오에 빠져 혼인하는 것을 말하고, 학력, 경력, 직업, 과거의 사실혼관계, 재산관계 등을 속인 경우가 이에 해당할 것이다.

2) 강박에 의한 혼인이란 당사자 일방 또는 제3자가 상대방에게 해악을 고지함으로써 공포심을 일으켜서 이에 의하여 강제로 혼인하는 것을 말하고, 자유의사가 완전히 배제된 경우는 이에 해당하지 않고 무효혼에 해당한다.

3) 취소할 수 있는 자는 당사자만이며, 사기를 안 날 또는 강박을 면한 날로부터 3월을 경과한 때에는 그 취소를 청구하지 못한다(제816조 3호, 제823조).

4. 혼인취소의 효과

(1) 불소급효

혼인이 취소되면 취소의 효력이 소급하지 않고 장래에 향하여서만 혼인이 해소된다. 즉 혼인취소판결이 확정된 이후부터 혼인이 해소되고 그 전에는 유효한 혼인으로 다루어진다.[52]

(2) 자녀에 대한 효과

1) 그 혼인에서 출생한 자는 혼인의 취소로 인하여 혼인 중의 자의 신분을 상실하지 않는다.

2) 그 혼인에서 출생한 자녀가 미성년자인 경우 혼인취소 시에 친권자지정과 변경, 양육에 관한 사항의 지정, 면접교섭권 등은 이혼의 경우와 동일하게 적용된다. 혼인이 취소된 경우 가정법원이 직권으로 친권자를 정한다(제909조 제5항).

로써 그 인정에 신중을 기하여야 한다." 참조.

52) **대판 1996.12.23, 95다48308** "민법 제824조는 "혼인의 취소의 효력은 기왕에 소급하지 아니한다."고 규정하고 있을 뿐 재산상속 등에 관해 소급효를 인정할 별도의 규정이 없는바, 혼인 중에 부부 일방이 사망하여 상대방이 배우자로서 망인의 재산을 상속받은 후에 그 혼인이 취소되었다는 사정만으로 그 전에 이루어진 상속관계가 소급하여 무효라거나 또는 그 상속재산이 법률상 원인 없이 취득한 것이라고는 볼 수 없다."

(3) 손해배상청구

혼인이 취소된 경우에 당사자 일방은 과실 있는 상대방에 대하여 재산상의 손해와 정신적 고통에 대한 손해배상을 청구할 수 있다.[53]

(4) 재산분할청구

혼인취소 시 재산분할청구권이 인정된다. 이에 관하여는 민법에 규정이 없고 가사소송법에만 언급되어 있다(가사소송법 제2조 제1항 마류사건 4호). 입법의 미비이므로 개정 시 이를 민법에 반영하여야 할 것이다. 혼인이 취소되면 혼인관계 및 인척관계는 종료한다(제775조 제1항).

제4관 혼인의 효과

Ⅰ. 일반적 효과

1. 친족관계의 발생

혼인당사자 사이에는 배우자로서의 친족관계가 발생하며(제777조 3호), 배우자의 혈족, 배우자의 혈족의 배우자와는 인척관계가 발생하며, 4촌 이내의 인척관계는 친족이 된다(제777조 2호, 제769조). 이로써 계모자관계(계모와 전처의 자) 사이, 적모서자관계(남편의 처와 남편의 혼인 외의 자) 사이도 인척관계가 된다.[54]

---

53) **대판 1977. 1.25, 76다2223** "혼인의사 결정에 당사자의 일방 또는 제3자의 사기나 강박 등의 위법행위가 개입되어 그로 인해서 혼인을 하게 된 경우에 있어서는 상대방은 그것을 이유로 하고 혼인의 취소를 구한다든가 또는 사기 강박 등 위법행위에 관한 사항이 이혼사유에 해당되면 그 사유를 내세우고 재판에 의한 이혼을 구한다든가 혹은 그것이 원유가 되어 당사자 협의에 의하여 이혼을 한다든가 등 어떠한 방식을 취할 것인가는 오로지 당사자의 선택에 달려있다 할 것이고 혼인해소가 사기 또는 강박 등의 위법행위에 연유한 이상 사기 또는 강박으로 인해서 혼인을 하게 된 자가 그로 인해서 받은 재산상 또는 정신상의 손해배상청구를 하는데 있어서 반드시 어떠한 혼인해소방식에 구애되어 혼인취소 또는 이혼판결이 있어야만 된다고 하여야 할 이유는 없다." 참조.

54) 1990년의 민법 개정 전에는 계모자관계와 적모서자관계는 법정혈족관계이었던 것이 민법이 개정되어 인척관계로 되었다.

2. 가족관계등록부의 변동

혼인신고에 의해 가족관계등록부에 혼인에 관한 사항이 기록된다(가족 제9조 제2항 3호, 제71조 참조).

3. 부부간의 성의 불변

혼인하더라도 부부는 성과 본에 아무런 변동 없이 혼인 전에 각자 사용하던 성과 본을 그대로 유지한다. 부부의 성에 관하여 명문의 규정이 없지만 혼인하더라도 성의 불변은 관습법에 따른 것이라고 하겠다.

4. 동거의 의무

1) 부부 간에는 동거의 의무가 있으며, 이에 위반하는 경우 재판상 이혼사유인 '악의의 유기'(제840조 제2호)에 해당될 수 있다. 다만 정당한 이유로 일시적으로 동거하지 아니하는 경우에는 서로 인용하여야 한다(제826조 제1항).

2) 정당한 이유가 있다고 볼 수 있는 경우는 직업상 필요에 의한 해외근무나 해외유학으로 인한 별거, 치료나 요양을 위한 별거, 자녀교육을 위한 별거, 실형을 선고받고 형 집행을 위한 별거, 성격불화로 냉각기를 갖기 위한 일시적인 별거, 부부 일방의 학대나 구타, 모욕적인 언동을 피하기 위한 일시적인 별거 등이다.

3) 그리고 동거의무를 위반한 자는 상대방에게 부양료를 청구하지 못한다, 동거의무와 부양·협조의무는 서로 독립된 별개의 의무가 아니라 결합되어 있기 때문이다.[55)]

---

55) **대판 1991.12.10, 91므245** "가. 민법 제826조 제1항이 규정하고 있는 부부간의 동거·부양·협조의무는 정상적이고 원만한 부부관계의 유지를 위한 광범위한 협력의무를 구체적으로 표현한 것으로서 서로 독립된 별개의 의무가 아니라고 할 것이므로, 부부의 일방이 정당한 이유 없이 동거를 거부함으로써 자신의 협력의무를 스스로 저버리고 있다면, 상대방의 동거청구가 권리의 남용에 해당하는 등의 특별한 사정이 없는 한, 상대방에게 부양료의 지급을 청구할 수 없다. 나. 부가 전처와 사별 후 재혼하였다가 이혼한 후, 이혼하였던 처와 다시 혼인을 하였는데, 당시 이미 65세가 넘은 노인으로서 이혼 후 전처 소생의 장남 가족과 함께 생활하여 온 부가 처에게 자신의 주소에서 동거하자고 요구하는 것이, 부부의 나이 및 가족관계 등과 다시 혼인을 할 당시 시행되던 민법 제826조 제2항(1990.1.13. 법률 제4199호로 개정되기 전의 것)과, 노부부를 자식이 모시고 봉양하는 것이 우리나라의 전통적인 미풍양속인 점 등을 종합하여 참작하면, 동거청구권의 남용에 해당한다고 보여지지 아니하므로, 부의 전처 소생의 장남과 처의 사이가 과거에 좋지 않았다는 사유만으로는,

4) 사이가 좋지 않은 전처의 장남과 같이 살 수 없다는 이유로 남편과의 동거를 거절한 경우 판례는 정당한 이유가 없다고 본다.[56)]

5) 부부의 일방이 정당한 이유 없이 동거를 거부하는 경우 상대방은 가정법원에 동거에 대한 심판을 청구할 수 있다(가소 제2조 제1항 마류사건 1)·제50조). 이는 조정전치주의가 적용된다. 심판청구하여 동거를 명하는 심판에 대하여는 직접강제는 물론 간접강제도 허용되지 않는다. 부부의 일방이 동거의무를 위반한 경우에 다른 일방은 이혼을 청구하지 않고 위자료를 청구할 수 있다고 한다.[57)]

5. 부양·협조의 의무

1) 부부는 공동생활 속에서 동고동락하면서 모든 면에서 서로 협조하여야 하고 서로 부양하여 상호간에 동일한 수준의 생활을 유지하도록 하여야 할 의무가 있다. 이에 위반하는 경우 재판상 이혼사유인 '악의의 유기'(제840조 제2호)에 해당된다.

2) 부부간의 부양의 정도는 부부가 동거하든 별거하든 간에 상호 동등한 생활을 영위할 수 있는 정도여야 한다. 이는 보통의 친족 간의 부양의 정도보다는 높은 수준의 부양이며, 미성년인 자녀에 대한 부모의 부양의무와 같은 수준이다.[58)] 일반적으로 부부간, 미성년인 자녀와 부모간의 부양의무를 1차적 부양의무라고

처가 부의 동거요구를 거절할 수 있는 정당한 이유가 있었다고 볼 수 없다."

56) **대판 1991.12.10, 91므245** 참조.

57) **대판 2009. 7.23, 2009다32454** "부부의 일방이 상대방에 대하여 동거에 관한 심판을 청구한 결과로 그 심판절차에서 동거의무의 이행을 위한 구체적인 조치에 관하여 조정이 성립한 경우에 그 조치의 실현을 위하여 서로 협력할 법적 의무의 본질적 부분을 상대방이 유책하게 위반하였다면, 부부의 일방은 바로 그 의무의 불이행을 들어 그로 인하여 통상 발생하는 비재산적 손해의 배상을 청구할 수 있고, 그에 반드시 이혼의 청구가 전제되어야 할 필요는 없다. 비록 부부의 동거의무는 인격존중의 귀중한 이념이나 부부관계의 본질 등에 비추어 일반적으로 그 실현에 관하여 간접강제를 포함하여 강제집행을 행하여서는 안된다고 하더라도, 또 위와 같은 손해배상이 현실적으로 동거의 강제로 이끄는 측면이 있다고 하더라도, 동거의무 또는 그를 위한 협력의무의 불이행으로 말미암아 상대방에게 발생한 손해에 대하여 그 배상을 행하는 것은 동거 자체를 강제하는 것과는 목적 및 내용을 달리하는 것으로서, 후자가 허용되지 않는다고 하여 전자도 금지된다고는 할 수 없다. 오히려 부부의 동거의무도 엄연히 법적인 의무이고 보면, 그 위반에 대하여는 법적인 제재가 따라야 할 것인데, 그 제재의 내용을 혼인관계의 소멸이라는 과격한 효과를 가지는 이혼에 한정하는 것이 부부관계의 양상이 훨씬 다양하고 복잡하게 된 오늘날의 사정에 언제나 적절하다고 단정할 수 없고, 특히 제반 사정 아래서는 1회적인 위자료의 지급을 명하는 것이 인격을 해친다거나 부부관계의 본질상 허용되지 않는다고 말할 수 없다."

58) 배경숙·최금숙 공저, 「친족상속법강의」, 제일법규, 2006, 109면.

하는데 이는 부양능력이 부족해도 부족한 범위 내에서 서로 부양해야 한다는 점이 특징이다. 반면에 민법 제974조에 의한 친족 간의 부양의무는 2차적 부양의무이어서 부양능력이 있는 범위 내에서 부양의무를 부담하는 것이다.

3) 그리고 부부 간의 부양의무는 부부의 혼인생활비용 부담과 밀접한 관계가 있다. 즉 부부 간의 혼인생활비용은 특별한 약정이 없으면 부부가 공동으로 부담한다(제833조).

4) 부부 간의 부양의무는 부부의 일방에게 부양을 받을 필요가 생겼을 때 당연히 발생되는 것이다. 그러나 판례는 과거의 부양료에 대해서는 특별한 사정이 없는 한 부양을 청구한 이후의 부분에 대해서만 부양료의 지급을 청구할 수 있다고 본다.[59)]

5) 부부의 일방이 부양의무를 이행하지 않는 경우 상대방은 가정법원에 부양에 관한 심판을 청구할 수 있다(가사소송법 제2조 제1항 마류사건 1)·제50조). 가정법원의 부양료지급 심판은 강제이행도 할 수 있다(가사소송법 제62조, 제64조, 제67조, 제68조).

---

59) **대판 1991.10. 8, 90므781·798** "민법 제826조가 규정하고 있는 부부간의 상호부양의무는 부부 중 일방에게 부양의 필요가 생겼을 때 발생하는 것이기는 하지만 이에 터잡아 부양료의 지급을 구함에 있어서는 그 성질상 부양의무자가 부양권리자로부터 그 재판상 또는 재판외에서 부양의 청구를 받고도 이를 이행하지 않음으로써 이행지체에 빠진 이후의 분에 대한 부양료의 지급을 구할 수 있음에 그치고 그 이행청구를 받기 전의 부양료에 대하여는 이를 청구할 수 없다고 해석함이 형평에 맞는다고 할 것이다."; **대결 2008. 6.12, 2005스50** "민법 제826조 제1항에 규정된 부부간의 상호부양의무는 부부의 일방에게 부양을 받을 필요가 생겼을 때 당연히 발생하는 것이기는 하지만, 과거의 부양료에 관하여는 부양을 받을 자가 부양의무자에게 부양의무의 이행을 청구하였음에도 불구하고 부양의무자가 부양의무를 이행하지 아니함으로써 이행지체에 빠진 이후의 것에 대하여만 부양료의 지급을 청구할 수 있을 뿐, 부양의무자가 부양의무의 이행을 청구받기 이전의 부양료의 지급은 청구할 수 없다고 보는 것이 부양의무의 성질이나 형평의 관념에 합치된다."; **대판 1991.11.26, 91므375·382** "민법 제826조 제1항에 규정된 부부간의 상호부양의무는 부부의 일방에게 부양을 받을 필요가 생겼을 때 당연히 발생되는 것이기는 하지만, 과거의 부양료에 관하여는 특별한 사정이 없는 한, 부양을 받을 자가 부양의무자에게 부양의무의 이행을 청구하였음에도 불구하고 부양의무자가 부양의무를 이행하지 아니함으로써 이행지체에 빠진 이후의 것에 대하여만 부양료의 지급을 청구할 수 있을 뿐, 부양의무자가 부양의무의 이행을 청구받기 이전의 부양료의 지급은 청구할 수 없다고 보는 것이 부양의무의 성질이나 형평의 관념에 합치된다고 할 것이므로, 부양료지급을 구하는 심판청구서가 피고에게 송달된 다음날부터의 부양료만의 지급을 명한 원심판결은 적법하다."

6. 정조의 의무

부부는 서로 정조를 지킬 의무가 있다. 명문의 규정은 없으나 이에 위반하는 경우 재판상 이혼사유인 '부정한 행위'(제840조 제1호)에 해당되므로 당연한 의무라고 본다.

배우자 일방의 간통행위가 있는 경우 상대방은 손해배상을 청구할 수 있으며, 배우자가 있음을 알고 있던 상간자에게도 손해배상을 청구할 수 있다. 부정행위를 한 제3자도 배우자가 있음을 알고 정을 통한 때에는 공동불법행위책임(제760조)을 진다.[60)]

7. 성년의제

미성년자가 부모 등의 동의를 받아 혼인을 한때에는 성년에 달한 것으로 본다(제826조의 2). 19세가 되기 전에 이혼이나 혼인이 취소된 경우에는 성년의제의 효력은 지속되나, 혼인무효의 경우에는 성년의제는 처음부터 생기지 않는다. 혼인한 미성년자는 사법상(私法上)의 모든 관계에서 성년자와 같은 행위능력을 가진다.

Ⅱ. 재산적 효과

부부는 공동생활을 영위하면서 통상 경제적 생활관계가 따르기 때문에 혼인생활의 비용을 누가 부담하느냐는 등 여러 가지 부부의 재산관계를 명백히 해둘 필

---

60) **대판 2015. 5.29, 2013므2441** "부부는 동거하며 서로 부양하고 협조할 의무를 진다(민법 제826조).부부는 정신적·육체적·경제적으로 결합된 공동체로서 서로 협조하고 보호하여 부부공동생활로서의 혼인이 유지되도록 상호 간에 포괄적으로 협력할 의무를 부담하고 그에 관한 권리를 가진다. 이러한 동거의무 내지 부부공동생활 유지의무의 내용으로서 부부는 부정행위를 하지 아니하여야 하는 성적(性的)성실의무를 부담한다. 부부의 일방이 부정행위를 한 경우에 부부의 일방은 그로 인하여 배우자가 입은 정신적 고통에 대하여 불법행위에 의한 손해배상의무를 진다. 한편 제3자도 타인의 부부공동생활에 개입하여 부부공동생활의 파탄을 초래하는 등 그 혼인의 본질에 해당하는 부부공동생활을 방해하여서는 아니 된다. 제3자가 부부의 일방과 부정행위를 함으로써 혼인의 본질에 해당하는 부부공동생활을 침해하거나 유지를 방해하고 그에 대한 배우자로서의 권리를 침해하여 배우자에게 정신적 고통을 가하는 행위는 원칙적으로 불법행위를 구성한다. 그리고 부부의 일방과 제3자가 부담하는 불법행위책임은 공동불법행위책임으로서 부진정연대채무 관계에 있다."

요가 있다.

부부재산제에는 남녀가 계약으로 자유롭게 정하는 부부재산계약과 부부재산계약이 체결되지 않은 경우에 적용하는 법정부부재산제가 있다. 부부 간에는 서로 상속권이 있다(제1003조).

1. 부부재산계약

(1) 의 의

혼인당사자가 혼인성립 전에 부부재산에 관하여 따로 약정할 수 있는데 이를 부부재산계약(제829조)이라고 한다.

부부재산계약은 혼인 전에 받은 상속재산이나 증여재산이 많은 경우, 정신장애자가 혼인 후에도 고유재산을 확보하고자 하는 경우, 그리고 부부의 채무가 서로 영향을 받지 않도록 하고자 하는 경우 등 각자의 혼인 전의 재산이 혼인 후에도 서로 간섭을 받지 않고 각자가 관리하고자 할 때 이용되는 제도이다.

(2) 요 건

1) 혼인하려는 당사자 사이의 계약이어야 한다.
2) 혼인 성립 전에 체결되어야 한다(제829조).
3) 혼인신고 시까지 등기하여야 제3자에게 대항할 수 있다.

(3) 내 용

부부재산계약은 부부간의 재산에 관한 것이어야 한다. 따라서 일정한 사유가 있으면 이혼하기로 약정하는 것 등은 재산에 관한 것이 아니므로 효력이 없다.

재산에 관한 것이라면 계약내용에 특별한 제한은 없다. 주로 법정재산제와 다른 약정을 함으로써 법정재산제를 배제하기 위하여 행하는 것이 보통이다.

(4) 효력발생 및 소멸

부부재산계약은 혼인을 한 때에 효력이 생기고, 혼인이 종료하면 효력을 상실한다. 따라서 부부재산계약으로 혼인 성립 전이나 혼인종료 후의 재산관계를 정할 수는 없다.

(5) 계약의 변경

원칙적으로 혼인 중에는 부부재산계약을 변경할 수 없다(제829조 제2항 본문). 당사자 간의 합의에 의해서도 변경할 수 없다.

다만 예외적으로 다음의 경우에는 변경이 가능하다.

1) 정당한 사유가 있는 경우

법원의 허가를 받아서 변경할 수 있다(제829조 제2항 단서).

2) 부적당한 관리를 할 경우

배우자 일방에게 관리권을 주었는데 부적당한 관리로 인하여 그 재산을 위태롭게 한 때에는 다른 일방은 자기가 직접 관리할 것을 법원에 청구할 수 있고 그 재산이 부부의 공유인 때에는 그 분할도 청구할 수 있다(제829조 제3항).

3) 부부재산계약에서 약정한 경우

부부재산계약에 약정한 바에 따라 관리자를 변경하거나 공유재산을 분할할 수 있다(제829조 제5항).

2. 법정부부재산제

(1) 의 의

부부간에 부부재산계약이 체결되지 않은 경우에 부부간의 재산관계는 법률에 규정한 바에 따르게 되는데 이를 법정부부재산제라고 한다. 우리 민법상 법정부부재산제는 부부별산제를 원칙으로 한다.

(2) 부부별산제의 내용

1) 부부별산제는 부부가 혼인 중 각자 자신의 재산을 소유하고 각자 그 재산을 관리·사용·수익·처분한다는 제도이다. 따라서 부부 일방이 혼인 전부터 가지고 있는 고유재산과 혼인 중 자기명의로 취득한 재산은 그 명의자의 특유재산, 즉 단독재산이며(제830조 제1항), 부부는 그 특유재산을 각자가 관리·사용·수익한다(제831조).

2) 그러나 부부 중 누구에게 속한 것인지 분명하지 아니한 재산은 부부의 공유

로 추정하게 된다(제830조 제2항). 귀속이 불분명한 재산은 혼인 중 구입한 가구, TV, 냉장고, 에어컨 등 주로 동산이 이에 해당할 것이다.

(3) 특유재산과 공유재산의 구별

혼인 중 자기명의로 취득한 재산을 그 명의자의 특유재산으로 하고 있는데, 부부별산제 하에서 그 재산의 명의를 가지고 있지 못한 배우자의 권리가 침해될 수 있다는 문제점이 있다. 예컨대 남편의 수입으로 전업주부인 아내가 살림을 하고 일부 저축을 하여 모은 돈으로 아파트를 구입하여 남편명의로 한 경우 그 아파트를 남편만의 특유재산으로 볼 수 있는가? 아내의 가사노동이 없었다면 아파트의 구입이 어려웠을 것이므로 그 재산을 취득함에 있어 아내의 가사노동에 의한 기여를 인정하여야 하고, 따라서 그 재산에 대한 아내의 몫을 인정하여야 할 것이다.

1) 학 설

혼인 중 부부 일방의 명의로 취득한 재산이라도 명의자가 오로지 자신의 노력에 의해 취득한 것이라는 것을 입증하지 못하는 경우 부부의 공유로 추정하자는 견해가 다수설이다. 이에 의하면 혼인 중 자신의 명의로 취득한 재산도 일단 부부공유로 추정하고 명의자는 자신만의 노력에 의해 취득한 재산이라는 것을 입증해야 자신의 특유재산으로 인정된다고 본다.

2) 판 례

혼인 중 자기의 명의로 취득한 재산은 그 특유재산으로 하는데, 판례는 특유재산으로 '한다'는 의미를 '추정한다'로 해석한다. 따라서 다른 일방은 입증에 의해 추정을 번복시킬 수 있는데 어느 정도의 주장과 입증이 있어야 추정을 번복시킬 수 있는지가 문제이다.

① 판례는 금전적 대가의 지급이나 공동의 채무부담 등 유형적 기여가 있어야 하고 부부간의 일반적인 협력이 있었다거나 가사노동을 통한 내조를 하였다는 것만으로 그 추정을 번복할 사유가 되지 않는다고 보고 있다.[61]

---

61) **대판 1992.12.11, 92다21982** "부부의 일방이 혼인 중에 자기 명의로 취득한 재산은 명의자의 특유재산으로 추정되고, 다만 실질적으로 다른 일방 또는 쌍방이 그 재산의 대가를 부담하여 취득한 것이 증명된 때에는 특유재산의 추정은 번복되어 다른 일방의 소유이거나 쌍방의

② 그러나 재산증식노력에 의한 기여를 근거로 부부공유재산으로 본 사례도 있다.[62)]

③ 특유재산의 추정이 번복되어 부부공유재산으로 본 경우 부부간에 명의신탁을 한 것으로 본다.[63)]

공유라고 보아야 할 것이지만 재산을 취득함에 있어 상대방의 협력이 있었다거나 혼인생활에 있어 내조의 공이 있었다는 것만으로 위 추정을 번복할 사유가 된다고 할 수 없다"; **대판 1986. 9. 9, 85다카1337·1338** "부부의 일방이 혼인 중 그의 명의로 취득한 부동산은 그의 특유재산으로 추정되는 것으로서 그 부동산을 취득함에 있어 상대방의 협력이 있었다거나 혼인생활에 있어 내조의 공이 있었다는 것만으로는 위 추정을 번복할 수 있는 사유가 되지 못하고 그 부동산을 부부각자가 대금의 일부씩을 분담하여 매수하였다거나 부부가 연대채무를 부담하여 매수하였다는 등의 실질적 사유가 주장·입증되는 경우에 한하여 위 추정을 번복하고 그 부동산을 부부의 공유로 인정할 수 있다."; 대판 1998. 6.12, 97누7707 "부부 중 일방의 명의로 된 농지나 예금 등 재산은 그의 특유재산으로 추정되는바, 그 취득에 상대방 배우자가 대가나 채무를 부담하였다거나 적극적인 재산증식의 노력이 있었다는 등의 실질적인 사유에 관한 아무런 입증이 없는 이상 상대방 배우자가 가정주부로서 남편의 약국 경영을 도왔다는 것만으로는 그 추정을 번복하기에 부족하다"

62) **대판 1990.10.23, 90다카562** "가. 부부의 일방이 혼인 중에 자기명의로 취득한 재산은 그 명의자의 소유재산으로 추정되나 실질적으로 다른 일방 또는 쌍방이 그 재산의 대가를 부담하여 취득한 것이 증명된 때에는 소유재산의 추정은 번복되어 다른 일방의 소유이거나 쌍방의 공유라고 보아야 할 것이다. 나. 부동산매입자금의 원천이 남편의 수입에 있다고 하더라도 처가 남편과 18년간의 결혼생활을 하면서 여러 차례 부동산을 매입하였다가 이익을 남기고 처분하는 등의 방법으로 증식한 재산으로써 그 부동산을 매입하게 된 것이라면 위 부동산의 취득은 부부쌍방의 자금과 증식노력으로 이루어진 것으로서 부부의 공유재산이라고 볼 여지가 있다."; **대판 2007. 4.26, 2006다79704** "가. 부부의 일방이 혼인 중에 자기 명의로 취득한 재산은 그 명의자의 특유재산으로 추정되지만, 실질적으로 다른 일방 또는 쌍방이 그 재산의 대가를 부담하여 취득한 것이 증명된 때에는 특유재산의 추정은 번복되어 다른 일방의 소유이거나 쌍방의 공유라고 보아야 한다. 나. 처 명의의 부동산의 주된 매입 자금이 부의 수입이지만 처의 적극적인 재산증식 노력이 있었던 경우, 이를 부부 공유재산으로 볼 여지가 있다."

63) **대판 1995. 2. 3, 94다42778** "①부부의 일방이 혼인 중 그의 단독 명의로 취득한 재산은 그 명의자의 특유재산으로 추정되는 것이고, 그 재산의 취득에 있어 다른 일방의 협력이 있었다거나 내조의 공이 있었다는 것만으로는 그 추정이 번복되지 아니하는 것이지만, 다른 일방이 실제로 당해 재산의 대가를 부담하여 취득하였음을 증명한 경우에는 그 추정이 번복되고, 그 대가를 부담한 다른 일방이 실질적인 소유자로서 편의상 명의자에게 이를 명의신탁한 것으로 인정할 수 있다. ②가. 부부의 일방이 혼인 중 그의 명의로 취득한 부동산은 그의 특유재산으로 추정되는 것이지만, 그 부동산을 부부 각자가 대금의 절반 정도씩을 분담하여 매수하였다는 실질적 사유가 입증된 경우에는 그 추정을 번복하고 그 부동산을 부부의 공유로 인정할 수 있다. 나. "가"항과 같은 부동산에 관하여 1991.12.6. 처 단독명의로 소유권이전등기가 경료된 이후 근래에 이르기까지 아무런 이의가 없었다면 부부 사이에 그 부동산의 2분의 1 지분을 그 처에게 명의신탁하기로 하는 합의가 성립되었다고 볼 수 있다."

3. 일상가사대리권

(1) 의 의

부부는 혼인생활을 하면서 의식주와 관련하여 주거에 대한 임대차계약, 가구나 식품, 의류 등의 구입계약 등을 체결하게 되는데, 이 과정에서 남편은 아내를, 아내는 남편을 대리하는 경우가 많다. 이 경우 대리관계가 명확하지 않더라도 일상가사에 속하는 사항에 관한 것이라면 법률상 부부 상호간에 대리권이 인정된다는 것이다. 이것이 부부간의 일상가사대리권이다(제827조 제1항). 일상가사대리도 일종의 대리행위이기 때문에 현명주의(제114조)가 적용된다.

(2) 일상가사의 범위

1) 일상가사란 부부의 공동생활에서 일상적으로 행하여지는 가정적인 사무를 말한다.

2) 일상가사에 관한 것인지를 판단함에 있어서는 그 법률행위의 종류와 성질 등 객관적인 사정과 함께 가사처리자의 주관적 의사와 목적, 부부의 사회적 지위·직업·재산·수입능력 등 현실적인 생활상태를 고려하여 사회통념에 따라 객관적으로 판단해야 한다.[64]

3) 일반적으로 의복이나 식료품의 구입, 주택의 임차나 임대료의 지급, 각종 세금의 납부 등 의식주에 관한 사무와 가족의 보건, 오락, 교제에 관한 사무, 자녀의 교육에 관한 사무 등이 일상가사에 속한다고 할 수 있다.

4) 반면에 일상의 정도를 넘는 금전의 차용, 사업상의 채무에 대한 보증행위, 배우자 소유의 부동산의 매각이나 담보의 제공, 지나친 사치품의 구입 등은 일상가사의 범위를 넘는 것이라고 하겠다.[65]

---

64) **대판 2000. 4.25, 2000다8267** "민법 제832조에서 말하는 일상의 가사에 관한 법률행위라 함은 부부의 공동생활에서 필요로 하는 통상의 사무에 관한 법률행위를 말하는 것으로, 그 구체적인 범위는 부부공동체의 사회적 지위·재산·수입 능력 등 현실적 생활 상태뿐만 아니라 그 부부의 생활장소인 지역사회의 관습 등에 의하여 정하여지나, 당해 구체적인 법률행위가 일상의 가사에 관한 법률행위인지 여부를 판단함에 있어서는 그 법률행위를 한 부부공동체의 내부 사정이나 그 행위의 개별적인 목적만을 중시할 것이 아니라 그 법률행위의 객관적인 종류나 성질 등도 충분히 고려하여 판단하여야 한다.

65) **대판 1997.11.28, 97다31229** "부인이 교회에의 건축 헌금, 가게의 인수대금, 장남의 교회 및 주택임대차보증금의 보조금, 거액의 대출금에 대한 이자 지급 등의 명목으로 금원을

(3) 일상가사의 범위를 넘은 법률행위와 표현대리

1) 부부의 일방이 일상가사의 범위를 넘어 법률행위를 한 경우에 일상가사가 아니기 때문에 법률행위의 효력이 없다고 한다면 거래의 상대방은 불측의 손해를 보게 된다. 여기에서 상대방을 보호하기 위하여 민법 제126조의 권한을 넘은 표현대리를 인정할 것인가가 문제이다.

2) 다수설과 판례는 일상가사의 범위를 넘은 경우라도 부부 상호간에는 일상가사대리권이라는 기본대리권을 가지고 있으므로 일방 배우자가 그 권한을 넘은 법률행위를 한 경우에, 거래의 상대방이 그와 같은 법률행위를 할 권한이 배우자에게 있다고 믿을 만한 정당한 이유가 있는 경우에는 표현대리를 인정하여 상대방을 보호하고 있다.[66] 그러나 그렇지 않은 경우도 있다.[67]

차용한 행위는 일상 가사에 속한다고 볼 수는 없으며, 주택 및 아파트 구입비용 명목으로 차용한 경우 그와 같은 비용의 지출이 부부공동체를 유지하기 위하여 필수적인 주거 공간을 마련하기 위한 것이라면 일상의 가사에 속한다고 볼 여지가 있을 수 있으나 그 주택 및 아파트의 매매대금이 거액에 이르는 대규모의 주택이나 아파트라면 그 구입 또한 일상의 가사에 속하는 것이라고 보기는 어렵다."; **대판 1993. 9.28, 93다16369** "민법 제827조 제1항의 부부간의 일상가사대리권은 부부가 공동체로서 가정생활상 항시 행하여지는 행위에 한하는 것이므로, 처가 별거하여 외국에 체류 중인 부의 재산을 처분한 행위를 부부간의 일상가사에 속하는 것이라 할 수는 없다."

66) 김용한, 앞의 책, 137면; 박동섭, 앞의 책, 135면; 송덕수, 앞의 책, 64면; **대판 1970.10.30, 70다1812** "남편이 정신병으로 장기간 병원에 입원함에 있어서, 입원비 생활비, 자녀교육비 등을 준비하여 두지 않은 경우에 그 아내에게 가사대리권이 있었고 남편 소유의 가대를 적정가격으로 매도하여 그로서 위 비용에 충당하고 나머지로서 대신 들어가 살 집을 매수하였다면 매수인이 이러한 사유를 알았건 몰랐건 간에 객관적으로 보아서 그 아내에게 남편의 대리권이 있다고 믿을 만한 정당한 사유가 된다고 보아야 할 것이다"; **대판 1981. 6.23, 80다609** "일상가사에 관하여 남편인 피고를 대리할 권한이 있는 처가 남편 몰래 남편의 인감도장, 인감증명서 등을 소지하고 그 대리인인 양 행세하여 금원을 차용하고 그 담보로 남편 소유의 부동산에 가등기를 경료하여 준 경우에 그 상대방이 위 처에게 그 남편을 대리할 권한이 있다고 믿음에 정당한 사유가 있다."; **대판 1995.12.22, 94다45098** "일상가사대리권 외에 별도의 기본대리권이 있는 처가 근저당권설정등기에 필요한 각종 서류를 소지하고 있는 데다가 그 인감증명서가 본인인 남편이 발급받은 것이고, 남편이 스스로 처에게 인감을 보냈음을 추단할 수 있는 문서와 남편의 무인이 찍힌 위임장 및 주민등록증 등을 제시하는 등 남편이 처에게 대리권을 수여하였다고 믿게 할 특별한 사정까지 있었다면, 그 상대방으로서는 처가 남편을 대리할 적법한 권한이 있었다고 믿은 데 정당한 이유가 있다."

67) **대판 1997. 4. 8, 96다54942** "부부간에 서로 일상가사대리권이 있다고 하더라도, 일반적으로 처가 남편이 부담하는 사업상의 채무를 남편과 연대하여 부담하기 위하여 남편에게 채권자와의 채무부담약정에 관한 대리권을 수여한다는 것은 극히 이례적인 일이라 할 것이고, 채무자가 남편으로서 처의 도장을 쉽사리 입수할 수 있었으며 채권자도 이러한 사정을

(4) 일상가사대리권과 무권대리의 추인

부부 일방이 일상가사의 범위를 넘은 행위를 한 경우에 표현대리가 성립되지 않으면 그 행위는 효력이 없게 된다. 그러나 이 경우에도 본인이 되는 타방 배우자가 명시적 또는 묵시적으로 그 행위를 추인한 경우에는 그 행위의 효력이 있게 된다.[68)]

4. 일상가사채무에 대한 연대책임

부부 일방이 일상가사에 관하여 제3자와 법률행위를 하여 채무가 발생한 경우 다른 일방은 이 채무에 대하여 연대책임이 있다(제832조 본문). 따라서 일상가사의 범위를 벗어나 아내가 진 빚에 대해서는 남편이 갚지 않아도 된다.

일상가사의 범위에 대하여는 위의 일상가사대리권에서 설명한 바와 같다.

5. 혼인생활의 비용 공동부담

혼인생활에 필요한 비용은 부부가 공동으로 부담하는 것을 원칙으로 하고 있다(제833조). 이에는 가족의 의식주 비용, 자녀의 출산·양육·교육에 필요한 비용 등이 속한다. 공동으로 부담한다는 것은 균등하게 부담한다는 의미가 아니라 각자의 경제적 능력 등을 고려하여 정하는 것이며, 가사노동을 하는 것도 생활비용을 부담하는 것으로 인정된다.

비용분담액은 구체적인 조건을 고려하여 부부의 협의에 의하여 정하면 되지

쉽게 알 수 있었던 점에 비추어 보면, 채무자가 채권자를 자신의 집 부근으로 오게 한 후 처로부터 위임을 받았다고 하여 처 명의의 채무부담약정을 한 사실만으로는 채권자가 남편에게 처를 대리하여 채무부담약정을 할 대리권이 있다고 믿은 점을 정당화할 수 있는 객관적인 사정이 있다고 할 수 없다."; **대판 1969. 6.24, 69다633** "아내가 남편의 인장 및 권리증을 절취하여 부정한 방법으로 인감증명서를 교부받아 남편의 부동산을 처분하였을 경우에 전에도 아내가 그와 같이 부정한 방법으로 남편의 부동산을 처분한 사실이 있다는 사정은 표견대리의 정당한 사유에 해당하지 아니한다."

68) **대판 1995.12.22, 94다45098** "처가 타인으로부터 금원을 차용하면서 승낙 없이 남편 소유 부동산에 근저당권을 설정한 것을 알게 된 남편이, 처의 채무 변제에 갈음하여 아파트와 토지를 처가 금전을 차용한 자에게 이전하고 그 토지의 시가에 따라 사후에 정산하기로 합의한 후 그 합의가 결렬되어 이행되지 않았다고 하더라도, 일단 처가 차용한 사채를 책임지기로 한 이상 남편은 처의 근저당권 설정 및 금원 차용의 무권대리 행위를 추인한 것이라고 보아야 한다."

만, 협의가 되지 않으면 가정법원에 심판을 청구할 수 있다(가사소송법 제2조 제1항 마류사건 1)·제50조).

제5관 이 혼

Ⅰ. 혼인의 해소 일반

부부의 완전·유효하게 성립한 혼인관계가 당사자 쌍방 또는 일방의 의사에 의하여 소멸하는 것을 혼인의 해소라고 하는데, 이혼, 혼인의 취소, 배우자 일방의 사망 등에 의하여 혼인은 해소된다. 이혼은 어떤 사유로 말미암아 혼인관계를 유지할 수 없는 경우에 부부의 협의나 재판에 의하여 장래에 향하여 혼인관계를 소멸시키는 것을 말한다. 이혼은 당사자의 생존 중에 혼인관계를 소멸시킨다는 점에서 당사자 일방의 사망에 의하여 혼인관계가 당연히 소멸하는 것과 다르다. 또한 이혼사유는 혼인 성립 시부터 혼인에 하자가 있는 경우에 하게 되는 혼인취소의 사유와 다르며, 이혼은 재판상 이혼 외에 협의이혼이 가능하다는 점에서 반드시 재판에 의해서만 할 수 있는 혼인취소와도 다르다. 부부 중 일방에 대하여 실종선고가 확정되면 실종선고를 받은 자(실종자)는 실종기간이 만료한 때에 사망한 것으로 간주된다(제26조). 따라서 그 자의 혼인도 실종기간이 만료한 때에 해소된다. 수해·화재나 그 밖의 재난으로 인하여 사망한 사람이 있는 경우에 그것을 조사한 관공서의 사망통보에 의하여 가족관계등록부에 사망의 기록을 하는 것을 인정사망이라고 하는데, 이러한 인정사망의 경우에도 혼인이 해소된다.

Ⅱ. 협의이혼

1. 협의이혼의 의의

협의이혼이란 부부가 합의하기만 하면 어떤 사유 없이도 혼인관계를 소멸시킬 수 있는 혼인해소 방법 중의 하나이다(제834조). 일정한 방식으로 신고하여야 하는 요식행위이다(제836조 참조). 따라서 법률에 정하여진 이혼사유가 있어야 이혼할 수 있는 재판상 이혼과 차이가 있다.

2. 협의이혼의 성립요건

(1) 실질적 성립요건

1) 당사자 사이의 이혼의사의 합치

당사자 사이에 이혼의사의 합치가 없으면 이혼신고가 되더라도 그 이혼은 무효이다.

이혼의사는 무조건적이어야 하고 자유로운 의사에 의한 것이어야 하므로 사기·강박에 의한 이혼은 이혼취소의 사유가 된다(제838조).

① 이혼의사의 의미

ⓐ 이혼의사의 의미에 관하여는 첫째, 혼인관계를 실제로 해소시켜 공동생활을 종료시키려는 의사를 이혼의사로 보는 실질적 의사설과[69] 둘째, 이혼신고의사가 있다면 이혼의사가 있는 것으로 보는 형식적 의사설이 대립한다.

ⓑ 이러한 학설의 대립은 실질적으로 혼인관계를 해소할 의사 없이 이혼신고를 하기로 합의하고 그에 따라 이혼신고를 하는 이른바 가장이혼의 효력을 어떻게 볼 것인가와 관련된다. 실질적의사설에 의하면 가장이혼은 무효이나 형식적 의사설에 의하면 유효하다.

ⓒ 판례는 원칙적으로는 실직적의사설에 따라 실질적으로 혼인관계를 해소하려는 의사를 이혼의사로 보지만 최근에는 다른 목적을 위한 필요 때문에 협의이혼을 하는 경우라도 일시적이나마 이혼의사가 있다고 보아 그 이혼을 유효로 봄으로서 사실상으로는 형식적 의사설과 같은 결과를 인정하고 있다.[70]

---

69) **대판 1967. 2. 7, 66다2542** "혼인의 파탄이란 사실도 없이 부부가 종전과 다름없이 동거생활을 계속하면서, 통모하여 형식상으로만 협의 이혼 신고를 하고 있는 것이라면, 신분 행위의 의사주의적 성격에 비추어, 이는 무효한 협의 이혼이라 할 것이다."

70) **대판 1993. 6.11, 93므171** "협의이혼에 있어서 이혼의사는 법률상 부부관계를 해소하려는 의사를 말하므로 일시적으로나마 법률상 부부관계를 해소하려는 당사자간의 합의하에 협의이혼신고가 된 이상 협의이혼에 다른 목적이 있더라도 양자간에 이혼의사가 없다고는 말할 수 없고 따라서 이와 같은 협의이혼은 무효로 되지 아니한다."; **대판 1997. 1.24, 95도448** "협의상 이혼이 가장이혼으로서 무효로 인정되려면 누구나 납득할 만한 특별한 사정이 인정되어야 하고, 그렇지 않으면 이혼당사자 간에 일시적으로나마 법률상 적법한 이혼을 할 의사가 있었다고 보는 것이 이혼신고의 법률상 및 사실상의 중대성에 비추어 상당하다."; **대판 1976. 9.14, 76도107** "피고인들이 해외로 이주할 목적으로 이혼신고를 하였다 하더라도 일시적이나마 이혼할 의사가 있었다고 보여지므로 혼인 및 이혼의 효력발생여부에 있어서 형식주의를 취하는 이상 피고인 등의 이건 이혼신고는 유효하다 할

② 이혼의사의 철회

부부가 이혼하기로 협의하고 가정법원의 협의이혼의사 확인을 받았다고 하더라도 신고 전에는 이혼의사의 철회가 가능하다. 이혼의사가 철회되었는데도 이혼신고가 되면 그 이혼은 무효이다.[71]

2) 피성년후견인은 부모 등의 동의를 얻을 것

피성년후견인은 부모나 후견인의 동의를 얻어야 이혼할 수 있다(제835조, 제808조 제2항).

3) 미성년자는 부모 등의 동의 불요

미성년자가 부모 등의 동의를 얻어 혼인한 경우에는 성년자로 보게 되므로 이 미성년자가 성년에 이르기 전에 이혼을 하게 되더라도 다시 부모나 후견인 등의 동의를 요하지 않는다.

(2) 형식적 성립요건

협의이혼이 성립되기 위해서는 가정법원에서 이혼의사의 확인을 받아 이혼신고를 하여야 한다(제836조 제1항).

1) 이혼의사의 확인

① 이혼의사확인제도의 취지

협의이혼이 성립하기 위해서는 이혼신고 전에 이혼의사에 관하여 가정법원의 확인이 있어야 한다(제836조 제1항). 즉 가정법원은 당사자 쌍방을 출석시켜 그들이 이혼당사자인가의 여부, 이혼의사가 진정한 것인가의 여부를 확인하여야 한다(가족관계등록법 제75조 제1항, 가족규칙, 제73조 제1항).

이는 이혼당사자 및 자녀의 장래 생활대책을 고려함이 없는 감정적인 이혼,

것이다."

71) **대판 1994. 2. 8, 93도2869** "부부가 이혼하기로 협의하고 가정법원의 협의이혼의사 확인을 받았다고 하더라도 호적법에 정한 바에 의하여 신고함으로써 협의이혼의 효력이 생기기 전에는 부부의 일방이 언제든지 협의이혼의사를 철회할 수 있는 것이어서, 협의이혼신고서가 수리되기 전에 협의이혼의사의 철회신고서가 제출되면 협의이혼신고서는 수리할 수 없는 것이므로, 설사 호적공무원이 착오로 협의이혼의사 철회신고서가 제출된 사실을 간과한 나머지 그 후에 제출된 협의이혼신고서를 수리하였다고 하더라도 협의상 이혼의 효력이 생길 수 없다."

강자의 약자에 대한 강박으로 이루어진 이혼 등을 방지하기 위함이다.

② **이혼에 관한 안내 및 상담**

협의이혼을 하고자 하는 부부는 등록기준지 또는 주소지를 관할하는 가정법원에 함께 출석하여 협의이혼의사 확인신청서를 제출하여야 한다. 다만 부부 일방이 재외국민이거나 수감자로서 출석하기 곤란한 경우에는 다른 일방이 출석하여 제출할 수 있다.

이혼의사확인을 신청한 부부는 가정법원이 제공하는 이혼에 관한 안내를 받아야 하고, 가정법원은 필요한 경우 당사자에게 상담에 관하여 전문적인 지식과 경험을 갖춘 전문상담인의 상담을 받을 것을 권고할 수 있다(제836조의 2 제1항).

③ **이혼숙려기간**

가정법원에서 이혼에 관한 안내를 받은 당사자는 그 안내를 받은 날로부터 일정한 기간이 지나야 이혼의사의 확인을 받을 수 있는데, 이를 이혼숙려제도라고 하고 이 기간을 이혼숙려기간이라고 한다.

이 기간은 양육하여야 할 자(포태 중인 자를 포함)가 있는 경우에는 이혼에 관한 안내를 받은 날로부터 3개월이고, 양육하여야 할 자가 없는 경우에는 1개월이다(제836조의 2 제2항, 1호·2호). 다만 가정법원은 폭력으로 인하여 당사자 일방에게 참을 수 없는 고통이 예상되는 등 이혼을 하여야 할 급박한 사정이 있는 경우에는 위의 기간을 단축 또는 면제할 수 있다(제836조의 2 제3항).

④ **자(子)에 관한 양육사항 및 친권자결정에 관한 협의서나 심판정본의 제출**

양육하여야 할 자(子)가 있는 경우 당사자는 제837조에 따른 자(子)의 양육과 제909조제4항에 따른 자(子)의 친권자결정에 관한 협의서나 제837조 및 제909조 제4항에 따른 가정법원의 심판정본을 제출하여야 한다(제836조의 1 제4항). 이는 의무적이므로 자(子)에 대한 양육사항이나 친권자 결정에 관한 사항이 정해지지 않으면 이혼의사확인을 받을 수 없다.

⑤ **양육비부담조서의 작성**

가정법원은 당사자가 이혼에 관한 안내를 받은 날부터 이혼 숙려기간이 지난 뒤 양자를 출석시켜 그 진술을 듣고 이혼의사의 유무 및 부부 사이에 미성년인 자녀가 있는지 여부와 미성년인 자녀가 있는 경우 그 자녀에 대한 양육과 친권자

결정에 관한 협의서 또는 가정법원의 심판정본 및 확정증명서를 확인하여야 한다(가족규칙 제74조 제1항). 가정법원은 협의한 양육비부담에 관한 내용을 확인하는 양육비부담조서를 작성하여야 한다(제836조의 2 제5항 1문, 가족규칙 제78조 제1항). 이 양육비부담조서는 집행력 있는 심판과 동일한 효력을 가지므로 집행권원이 된다(제836조의 2 제5항 2문, 가사소송법 제41조). 따라서 양육비지급의무를 이행하지 않을 때에는 양육비부담조서를 가지고 바로 강제집행을 할 수 있다.

2) 이혼신고

① 협의이혼을 하고자 하는 사람은 가정법원으로부터 확인서등본을 교부 또는 송달받은 날로부터 3개월 이내에 그 등본을 첨부하여 등록기준지, 주소지 또는 현재지의 시(구)·읍·면사무소에 이혼신고를 하여야 한다(가족관계등록법 제75조 제2항). 가정법원의 확인의 효력은 3개월이 경과하면 상실하므로 이 기간 내에 신고를 하지 않으면 다시 확인을 받아야 한다(가족관계등록법 제75조 제3항). 이혼신고서의 제출은 당사자 중 한 쪽이 할 수 있다(가족규칙 제79조).[72]

② 이혼신고는 당사자쌍방과 성년자인 증인 2인의 연서한 서면으로 하여야 하나(제836조 제2항), 이혼신고서에 가정법원의 이혼의사 확인서등본을 첨부한 경우에는 증인 2인의 연서가 있는 것으로 본다(가족관계등록법 제76조).

③ 이혼신고는 창설적 신고이어서 이혼의사의 확인을 받았더라도 이혼신고를 하지 않으면 이혼이 성립하지 않는다.[73]

3. 협의이혼의 무효와 취소

(1) 협의이혼의 무효

1) 무효사유

이혼신고가 수리되었으나 "당사자 사이에 이혼의 합의가 없는 경우" 그 협의이혼은 무효이다(제815조 1호 유추해석). 판례는 혼인관계를 실제로 해소하려는 의사

---

72) **대판 1969.12. 9, 68므9** "협의 이혼 당사자 혼자만이 출석하여 이미 작성된 이혼신고서를 제출하였다 하더라도 호적공무원이 이를 진정한 것으로 알고 수리한 이상 그 효력이 있다."

73) **대판 1983. 7.12, 83므11** "협의상 이혼은 가정법원의 확인을 받아 호적법의 정한 바에 의하여 신고함으로써 효력이 생기는 것임은 민법 제836조가 규정하고 있는 바와 같으니 위와 같은 협의이혼확인이 있었다는 것만으로는 이혼의 효력이 생긴 것이라 할 수 없다."

가 있어야 한다는 실질적 의사설을 취하고 있는 것으로 보인다.[74)]

이혼의 합의가 없는 구체적인 경우로는 다음과 같다.

① 어떤 방편을 위하여 가장이혼을 합의하여 신고한 경우

예를 들어 채권자의 집행을 면하기 위해서나 혼인 외의 자(子)를 혼인 중의 자로 만들기 위하여 거짓으로 이혼신고 한 경우이다. 가장이혼의 효력에 관하여 자세한 것은 이혼의 성립요건 중 실질적 성립요건에서 이미 설명한 바 있다.

② 당사자 일방 모르게 다른 일방이 또는 쌍방이 모르는 사이에 제3자가 이혼신고를 한 경우

예를 들어 남편이 아내 모르게 혼자서 서류를 위조하여 이혼신고를 한다든가 부부가 모르는 사이에 시부모에 의해 이혼신고가 이루어진 경우가 이에 해당된다.

③ 부부가 함께 이혼신고서를 작성하고 이혼의사확인을 받은 후 일방 배우자가 그 신고 전에 타방 배우자 또는 가족관계등록 공무원에게 이혼의사를 철회한 경우

이렇게 이혼의사를 철회했음에도 불구하고 타방 배우자가 이혼신고를 감행한다든가 가족관계등록 공무원이 착오에 의해 이혼신고를 수리하여 이혼이 된 경우 그 협의이혼은 무효이다.[75)]

---

74) **대판 1993. 6.11, 93므171** "협의이혼에 있어서 이혼의사는 법률상 부부관계를 해소하려는 의사를 말하므로 일시적으로나마 법률상 부부관계를 해소하려는 당사자간의 합의하에 협의이혼신고가 된 이상 협의이혼에 다른 목적이 있더라도 양자간에 이혼의사가 없다고는 말할 수 없고 따라서 이와 같은 협의이혼은 무효로 되지 아니한다."; 대판 1997. 1.24, 95도448 "[1] 협의상 이혼이 가장이혼으로서 무효로 인정되려면 누구나 납득할 만한 특별한 사정이 인정되어야 하고, 그렇지 않으면 이혼당사자 간에 일시적으로 나마 법률상 적법한 이혼을 할 의사가 있었다고 보는 것이 이혼신고의 법률상 및 사실상의 중대성에 비추어 상당하다. [2] 협의상 이혼의 의사표시가 기망에 의하여 이루어진 것일지라도 그것이 취소되기까지는 유효하게 존재하는 것이므로, 협의상 이혼의사의 합치에 따라 이혼신고를 하여 호적에 그 협의상 이혼사실이 기재되었다면, 이는 공정증서원본불실기재죄에 정한 불실의 사실에 해당하지 않는다." 참조.

75) **대판 1994. 2. 8, 93도2869** "부부가 이혼하기로 협의하고 가정법원의 협의이혼의사 확인을 받았다고 하더라도 호적법에 정한 바에 의하여 신고함으로써 협의이혼의 효력이 생기기전에는 부부의 일방이 언제든지 협의이혼의사를 철회할 수 있는 것이어서, 협의이혼신고서가 수리되기 전에 협의이혼의사의 철회신고서가 제출되면 협의리혼신고서는 수리할 수 없는 것이므로, 설사 호적공무원이 착오로 협의이혼의사 철회신고서가 제출된 사실을 간과한

④ 심신상실자로서 이혼신고 시에 의사능력이 없는 경우

2) 무효의 효과

협의이혼의 무효는 당연무효이지만 등록부를 정정하기 위해서는 가정법원에 이혼무효확인소송을 제기하여 판결을 받아야 한다. 이혼무효가 확정되면 소를 제기한 자는 판결의 확정일로부터 1개월 이내에 판결의 등본과 확정증명서를 첨부하여 등록부 정정신청을 하여야 한다(가족관계등록법 제107조).

협의이혼이 무효가 되면 이혼은 처음부터 없었던 것이 된다. 그리고 제3자에게도 효력이 미친다(가사소송법 제24조).

(2) 협의이혼의 취소

1) 취소사유

사기·강박에 의하여 협의이혼을 한 경우 그 이혼을 취소할 수 있다. 단 사기를 안 날 또는 강박을 면한 날로부터 3개월 이내에 취소를 하여야 한다(제839조, 제823조).[76)]

2) 절 차

이혼을 취소하기 위해서는 가정법원에 이혼취소의 소를 제기하여야 한다. 다

나머지 그 후에 제출된 협의이혼신고서를 수리하였다고 하더라도 협의상 이혼의 효력이 생길 수 없다."

76) **대판 1987. 1.20, 86므86** "청구인과 피청구인은 1978.1.20. 혼인하여 두 딸을 출산한 부부였는바 청구인이 첫아이를 출산한 후부터 정신이상증세를 나타내어 간간이 병원에서 치료를 받았으나 1984.4.경 그 증세가 심하게 되어 사고내용 및 사고연상과정의 장애 등으로 정신의학적으로도 완치는 힘들고 언제든지 급성정신증적 상태로 재발할 여지가 있는 만성 정신분열증환자로 되어 전문적인 정신질환의 치료를 요할 지경에 이르렀음에도 불구하고 피청구인은 그 치료에 노력하기는커녕 걸핏하면 청구인을 때리는 등으로 학대하다가 청구인이 어느 정도 회복된 후인 1984.12.12 청구인의 친정가족들과는 아무 의논도 거치지 않고 심신박약상태에 있는 청구인을 데리고 부산지방법원에 가서 이혼신고서를 작성 제출하여 협의이혼의사 확인을 받은 다음에 같은 해 12.17 협의이혼의 신고를 한 사실을 인정하고 그 협의이혼에 대한 의사표시는 피청구인이 청구인의 심신박약상태를 이용하여 청구인을 기망하여 이루어진 것이므로 그 취소를 구하는 청구인의 예비적 청구는 이유 있다."; **대판 1981. 7.28, 80므77** "청구인은 피청구인이 외국이민을 떠났다가 3년 후에 다시 귀국하여 혼인신고를 하여 주겠다고 하여 이를 믿고 이혼신고를 하였다면 별다른 사정이 없는 한 당사자 간에 일시적이나마 법률상의 부부관계를 해소할 의사가 있었다고 할 것이니 그 이혼신고는 유효하다고 할 것이다."

만 취소소송을 제기하기 위해서는 먼저 조정을 신청하여야 하며 조정이 성립하지 않을 때 이혼취소의 소를 제기할 수 있다.

이혼취소의 재판이 확정된 경우에 소를 제기한 사람은 재판의 확정일로부터 1개월 이내에 재판서의 등본 및 확정증명서를 첨부하여 그 취지를 신고하여야 하며, 신고서에는 재판확정일을 기재하여야 한다. 이 경우에는 그 소의 상대방도 재판서의 등본 및 확정증명서를 첨부하여 이혼취소의 재판이 확정된 취지를 신고할 수 있다(가족관계등록법 제78조, 제58조).

3) 취소의 효과

협의이혼의 취소는 이혼이 없었던 상태로 회복되어야 하므로 소급효가 인정되어야 한다(통설). 따라서 협의이혼이 취소된 경우 이혼 후 취소 전에 일방 당사자가 타인과 재혼을 하였다면 협의이혼 취소로 인하여 부활한 혼인과 재혼은 이중혼 관계가 되고 일반적으로 후혼은 중혼으로서 취소사유가 된다.[77]

4) 이혼취소의 소

이혼취소의 소는 형성의 소로서 그 판결의 확정으로 이혼이 취소된다. 그리고 취소판결은 제3자에게도 효력이 미친다(가사소송법 제21조 제1항). 이혼취소의 판결이 확정된 때에는 소를 제기한 사람은 판결의 확정일부터 1개월 이내에 그 취지를 신고하여야 한다(가족관계등록법 제78조, 제58조 제1항). 이 신고는 그 소의 상대방도 할 수 있는 것으로 하고 있다(가족관계등록법 제73조, 제58조 제2항 내지 제3항).

4. 사실상 협의이혼

(1) 사실상 협의이혼의 의의

사실상 협의이혼이란 부부가 이혼하기로 합의한 후 별거하면서 양자 사이에 혼인공동생활의 실체가 존재하지 않으나 이혼신고는 되어 있지 않은 것을 말한다.

---

77) **대판 1984. 3.27, 84므9** "청구인과 피청구인(갑)이 협의이혼한 것이 피청구인(갑)의 기망에 인한 것이었음을 이유로 청구인이 제기한 협의이혼취소심판이 청구인 승소로 확정되었다면 청구인과 피청구인 (갑)은 당초부터 이혼하지 않은 상태로 되돌아갔다 할 것이니 위 취소심판 계속 중 피청구인 (갑), (을)사이에 이루어진 혼인은 중혼의 금지규정에 위반한 것으로 혼인의 취소사유에 해당한다."

사실상 협의이혼이 성립되기 위해서는 ① 부부간에 이혼에 관한 명시적 또는 묵시적 합의가 있어야 하고, ② 혼인공동생활의 실체가 없어야 한다.

그러나 부부가 불화로 인하여 별거하고 있는 경우나 악의로 유기하고 있는 경우는 사실상의 이혼이 아니다.

(2) 사실상 협의이혼의 효과

1) 사실상 협의이혼의 경우 부부간의 동거·부양·협조의무는 소멸한다. 그리고 부부간의 정조의무도 소멸하므로 이후 타인과 정교관계를 갖더라도 부부사이에 이혼합의가 성립하였다고 한다면 그 합의내용에는 그 합의 이후 상대방에 대하여 다른 이성과의 정교관계를 종용하는 의사표시도 포함되어 있다 할 것이므로[78]간통죄로 고소할 수 없다. 사실상의 이혼상태에서는 양자 간에 강간죄가 성립할 수도 있다.[79]

2) 사실상 이혼상태에서는 부부의 일상가사대리권과 일상가사로 인한 채무의 연대책임은 더 이상 인정되지 않는다. 부부간의 계약취소권도 소멸한다.

3) 사실상 이혼상태에 있는 동안에도 일방이 사망한 경우 그 배우자에게 상속권은 인정된다. 판례도 호적상 부처관계에 있는 유처는 사실상 타에 개가한 경우라도 공무원연금법상의 유족에 해당한다고 보았다.[80] 그리고 사실상의 이혼의 경우에도 친족관계는 유지된다. 그러므로 양자는 재혼을 할 수도 없고, 타인과 재혼하면 중혼이 된다.

4) 사실상 이혼상태에서 자녀가 출생하면 그 자녀는 혼인 중의 자로 된다. 그러나 사실상 이혼상태에서 자를 포태하고 출산한 경우에는 혼인 중의 자이지만 남편의 자로서 친생자추정은 미치지 않는다.[81]

---

78) **대판 1972. 1.31, 71도2259** "부부 사이에 이혼합의가 성립하였다고 한다면 그 합의내용에는 그 합의 이후 상대방에 대하여 다른 이성과의 정교관계를 종용하는 의사표시도 포함되어 있다 할 것이다."

79) **대판 2009. 2.12, 2008도8601** "혼인관계가 존속하는 상태에서 남편이 처의 의사에 반하여 폭행 또는 협박으로 성교행위를 한 경우 강간죄가 성립하는지 여부는 별론으로 하더라도, 적어도 당사자 사이에 혼인관계가 파탄되었을 뿐만 아니라 더 이상 혼인관계를 지속할 의사가 없고 이혼의사의 합치가 있어 실질적인 부부관계가 인정될 수 없는 상태에 이르렀다면, 법률상의 배우자인 처도 강간죄의 객체가 된다."

80) **대판 1969. 7. 8, 69다427** "호적상 부처관계에 있는 유처는 사실상 타에 개가한 경우라도, 공무원연금법상의 유족에 해당한다."

81) **대판(전) 1983. 7.12, 82므59** "민법 제 844조는 부부가 동거하여 처가 부의 자를 포태할

Ⅲ. 재판상 이혼

1. 서 설

(1) 재판상 이혼의 의의

재판상 이혼은 부부 일방이 법에 정하여진 이혼사유가 있는 경우에 가정법원에 이혼청구를 함으로써 소송을 통하여 행하는 이혼이다.

재판상 이혼을 청구하기 위해서는 원칙적으로 먼저 조정을 신청해야 하는 조정전치주의를 채택하고 있다(가사소송법 제50조).

(2) 재판상 이혼에 관한 입법주의

재판상 이혼사유를 어떻게 규정할 것인가에 관하여 유책주의와 파탄주의가 있다.

1) 유책주의

상대방 배우자에게 책임 있는 사유, 즉 귀책사유가 있어야 이혼을 인정하는 입법주의이다. 반면에 이혼을 청구하는 자는 귀책사유가 없어야 한다. 이혼사유는 제한적으로 열거하는 형식을 취한다.

2) 파탄주의

혼인이 파탄되면 이혼을 인정하는 입법주의로서 상대방 배우자에게 귀책사유가 있음을 요하지 않고, 이혼을 청구하는 자에게 귀책사유가 있더라도 혼인이 파탄에 이르게 되었다면 이혼을 인정한다. 객관적인 혼인파탄의 사실만 있으면 이혼을 허용하므로 이혼사유는 '파탄' 하나이다.

(3) 우리 민법의 태도

1) 민법 제840조 제1호 내지 제5호는 구체적 이혼사유로서 원칙적으로 유책주

수 있는 상태에서 자를 포태한 경우에 적용되는 것이고 부부의 한쪽이 장기간에 걸쳐 해외에 나가 있거나 사실상의 이혼으로 부부가 별거하고 있는 경우등 동서의 결여로 처가 부의 자를 포태할 수 없는 것이 외관상 명백한 사정이 있는 경우에는 그 추정이 미치지 아니하므로 이 사건에 있어서 처가 가출하여 부와 별거한지 약 2년 2개월 후에 자를 출산하였다면 이에는 동조의 추정이 미치지 아니하여 부는 친생부인의 소에 의하지 않고 친자관계부존재확인소송을 제기할 수 있다."

의를 인정하고 있다는 것이 통설과 판례이다.[82)] 반면에 제6호 '혼인을 계속하기

---

82) **대판(전) 2015. 9.15, 2013므568** "[다수의견] (가)이혼에 관하여 파탄주의를 채택하고 있는 여러 나라의 이혼법제는 우리나라와 달리 재판상 이혼만을 인정하고 있을 뿐 협의상 이혼을 인정하지 아니하고 있다. 우리나라에서는 유책배우자라 하더라도 상대방 배우자와 협의를 통하여 이혼을 할 수 있는 길이 열려 있다. 이는 유책배우자라도 진솔한 마음과 충분한 보상으로 상대방을 설득함으로써 이혼할 수 있는 방도가 있음을 뜻하므로, 유책배우자의 행복추구권을 위하여 재판상 이혼원인에 있어서까지 파탄주의를 도입하여야 할 필연적인 이유가 있는 것은 아니다. 우리나라에는 파탄주의의 한계나 기준, 그리고 이혼 후 상대방에 대한 부양적 책임 등에 관해 아무런 법률 조항을 두고 있지 아니하다. 따라서 유책배우자의 상대방을 보호할 입법적인 조치가 마련되어 있지 아니한 현 단계에서 파탄주의를 취하여 유책배우자의 이혼청구를 널리 인정하는 경우 유책배우자의 행복을 위해 상대방이 일방적으로 희생되는 결과가 될 위험이 크다. 유책배우자의 이혼청구를 허용하지 아니하고 있는 데에는 중혼관계에 처하게 된 법률상 배우자의 축출이혼을 방지하려는 의도도 있는데, 여러 나라에서 간통죄를 폐지하는 대신 중혼에 대한 처벌규정을 두고 있는 것에 비추어 보면 이에 대한 아무런 대책없이 파탄주의를 도입한다면 법률이 금지하는 중혼을 결과적으로 인정하게 될 위험이 있다. 가족과 혼인생활에 관한 우리 사회의 가치관이 크게 변화하였고 여성의 사회 진출이 대폭 증가하였더라도 우리 사회가 취업, 임금, 자녀양육 등 사회경제의 모든 영역에서 양성평등이 실현되었다고 보기에는 아직 미흡한 것이 현실이다. 그리고 우리나라에서 이혼율이 급증하고 이혼에 대한 국민의 인식이 크게 변화한 것이 사실이더라도 이는 역설적으로 혼인과 가정생활에 대한 보호의 필요성이 그만큼 커졌다는 방증이고, 유책배우자의 이혼청구로 인하여 극심한 정신적 고통을 받거나 생계유지가 곤란한 경우가 엄연히 존재하는 현실을 외면해서도 아니 될 것이다.
(나)이상의 논의를 종합하여 볼 때, 민법 제840조 제6호 이혼사유에 관하여 유책배우자의 이혼청구를 원칙적으로 허용하지 아니하는 종래의 대법원판례를 변경하는 것이 옳다는 주장은 아직은 받아들이기 어렵다. 유책배우자의 이혼청구를 허용하지 아니하는 것은 혼인제도가 요구하는 도덕성에 배치되고 신의성실의 원칙에 반하는 결과를 방지하려는 데 있으므로, 혼인제도가 추구하는 이상과 신의성실의 원칙에 비추어 보더라도 책임이 반드시 이혼청구를 배척해야 할 정도로 남아 있지 아니한 경우에는 그러한 배우자의 이혼청구는 혼인과 가족제도를 형해화할 우려가 없고 사회의 도덕관·윤리관에도 반하지 아니하므로 허용될 수 있다. 그리하여 상대방 배우자도 혼인을 계속할 의사가 없어 일방의 의사에 따른 이혼 내지 축출이혼의 염려가 없는 경우는 물론, 나아가 이혼을 청구하는 배우자의 유책성을 상쇄할 정도로 상대방 배우자 및 자녀에 대한 보호와 배려가 이루어진 경우,세월의 경과에 따라 혼인파탄 당시 현저하였던 유책배우자의 유책성과 상대방 배우자가 받은 정신적 고통이 점차 약화되어 쌍방의 책임의 경중을 엄밀히 따지는 것이 더 이상 무의미할 정도가 된 경우 등과 같이 혼인생활의 파탄에 대한 유책성이 이혼청구를 배척해야 할 정도로 남아 있지 아니한 특별한 사정이 있는 경우에는 예외적으로 유책배우자의 이혼청구를 허용할 수 있다. 유책배우자의 이혼청구를 예외적으로 허용할 수 있는지 판단할 때에는, 유책배우자 책임의 태양·정도, 상대방 배우자의 혼인계속의사 및 유책배우자에 대한 감정, 당사자의 연령, 혼인생활의 기간과 혼인 후의 구체적인 생활관계, 별거기간, 부부간의 별거 후에 형성된 생활관계, 혼인생활의 파탄 후 여러 사정의 변경 여부, 이혼이 인정될 경우의 상대방 배우자의 정신적·사회적·경제적 상태와 생활보장의 정도, 미성년 자녀의 양육·교육·복지의 상황, 그 밖의 혼인관계의 여러 사정을 두루 고려하여야 한다. [대법관 민일영, 대법관 김용덕, 대법관 고영한, 대법관 김창석, 대법관 김신, 대법관 김소영

어려운 중대한 사유'는 추상적 이혼사유이며 이는 '혼인의 파탄'을 의미하는 것이 아닌가, 즉 파탄주의를 도입한 것이 아닌가 하는 논의가 있으나 유책주의가 지배적이다.

2) 이혼청구는 원칙적으로 책임 없는 배우자가 '부정행위'나 '악의의 유기' 등 귀책사유가 있는 상대방 배우자에게 하는 것이므로 유책배우자는 이혼청구를 할 수 없다는 것이 다수설과 판례의 입장이다.[83)]

의 반대의견] (가)이혼에 대한 사회 일반의 인식, 사회·경제적 환경의 변화와 아울러 이혼 법제 및 실무의 변화 등을 함께 종합하여 볼 때, 유책배우자의 이혼청구라는 이유만으로 민법 제840조 제6호 이혼사유에 의한 재판상 이혼청구를 제한하여야 할 필요는 상당히 감소하였다. 상대방 배우자의 혼인계속의사는 부부공동생활관계가 파탄되고 객관적으로 회복할 수 없을 정도에 이르렀는지 등을 판단할 때에 참작하여야 하는 중요한 요소라 할 수 있다. 그렇지만 그러한 의사를 참작하였음에도 부부공동생활관계가 객관적으로 회복할 수 없을 정도로 파탄되었다고 인정되는 경우에, 다시 상대방 배우자의 주관적인 의사만을 가지고 형식에 불과한 혼인관계를 해소하는 이혼청구가 불허되어야 한다고 단정하는 것은 불합리하며, 협의가 이루어지지 아니할 때의 혼인해소 절차를 규정한 재판상 이혼제도의 취지에도 부합하지 아니한다. 간통죄는 과거의 간통행위 자체에 대한 형사적인 제재인 반면 혼인파탄에 따른 이혼은 혼인의 실체가 소멸함에 따른 장래의 혼인 법률관계의 해소로서 제도의 목적과 법적 효과가 다르므로, 간통을 한 유책배우자에 대한 형사적 제재가 없어졌다고 하더라도, 민사상의 불법행위에 해당하는 간통행위로 인한 손해배상책임을 강화하는 것은 별론으로 하고, 혼인의 실체가 소멸한 법률관계를 달리 처우하여야 할 필요는 없다. (나)위와 같은 여러 사정들을 종합하여 보면, 혼인관계가 파탄되었음에도 유책배우자가 이혼을 청구하고 상대방이 이를 거부한다는 사정만으로 일률적으로 이혼청구를 배척하는 것은 더 이상 이혼을 둘러싼 갈등 해소에 적절하고 합리적인 해결 방안이라고 보기 어렵다. 부부공동생활관계가 회복할 수 없을 정도로 파탄된 경우에는 원칙적으로 제6호 이혼사유에 해당하지만, 이혼으로 인하여 파탄에 책임 없는 상대방 배우자가 정신적·사회적·경제적으로 심히 가혹한 상태에 놓이는 경우, 부모의 이혼이 자녀의 양육·교육·복지를 심각하게 해치는 경우, 혼인기간 중에 고의로 장기간 부양의무 및 양육의무를 저버린 경우, 이혼에 대비하여 책임재산을 은닉하는 등 재산분할, 위자료의 이행을 의도적으로 회피하여 상대방 배우자를 곤궁에 빠뜨리는 경우 등과 같이, 유책배우자의 이혼청구를 인용한다면 상대방 배우자나 자녀의 이익을 심각하게 해치는 결과를 가져와 정의·공평의 관념에 현저히 반하는 객관적인 사정이 있는 경우에는 헌법이 보장하는 혼인과 가족제도를 형해화할 우려가 있으므로, 그와 같은 객관적인 사정이 부존재하는 경우에 한하여 제6호 이혼사유가 있다고 해석하는 것이 혼인을 제도적으로 보장한 헌법 정신에 부합한다. 그리고 혼인파탄에 책임이 없는 배우자에 대하여 재판상 이혼을 허용할 경우에도, 혼인관계 파탄으로 입은 정신적 고통에 대한 위자료의 액수를 정할 때에 주된 책임이 있는 배우자의 유책성을 충분히 반영함으로써 혼인 해소에 대한 책임을 지우고 상대방 배우자에게 실질적인 손해 배상이 이루어질 수 있도록 하며, 재산분할의 비율·액수를 정할 때에도 혼인 중에 이룩한 재산관계의 청산뿐 아니라 부양적 요소를 충분히 반영하여 상대방 배우자가 이혼 후에도 혼인 중에 못지않은 생활을 보장받을 수 있도록 함으로써, 이혼청구 배우자의 귀책사유와 상대방 배우자를 위한 보호 및 배려 사이에 균형과 조화를 도모하여야 한다."

3) 예외적으로 유책배우자의 이혼청구를 인정함으로써 점차 유책성의 요건을 완화해 가는 경향이 판례에서 보이고 있다. 즉 혼인생활의 파탄에 대하여 주된 책임이 있는 배우자는 그 파탄을 사유로 하여 이혼을 청구할 수 없는 것이나, 다만 그 상대방도 혼인생활을 계속할 의사가 없음이 객관적으로 명백하고 다만 오기나 보복적 감정에서 이혼에 응하지 않고 있을 뿐이라는 등 특별한 사정이 있는 경우에는, 예외적으로 유책배우자의 이혼청구라 할지라도 이를 인용함이 상당하다.[84)]

---

83) **대판 1989.10.24, 89므426** "혼인관계가 20여년에 걸친 별거로 파탄에 이르러 더 이상 혼인을 계속하기 어려운 상태에 있더라도, 그 파탄의 원인이 축첩이나 처자에 대한 유기 기타 위선적 행동 등 남편의 귀책사유에서 비롯되었고, 또 별거의 동기나 그 과정, 그 이후의 정황 등에 비추어 처에게 혼인을 계속할 의사가 없다고 보여지지 않는다면 남편은 유책배우자로서 그 혼인관계의 파탄을 이유로 이혼심판의 청구를 할 수 없다."; **대판 1983. 7.12, 83므11** "청구인(남편)의 외박으로 싸움 끝에 이혼하기로 합의하고 협의이혼의사확인을 받았으나 이혼신고는 하지 않고 3개월간 같이 지내다가 그 후 청구인이 스스로 가출하여 다른 여자와 동거하면서 다달이 생활비조로 월급의 일부를 피청구인(처)에게 송금하였고 피청구인이 거주하던 아파트를 처분하여 집 마련 비용 및 딸 교육비로 금원을 지급하였고 피청구인은 청구인의 가출 후에도 종전의 그들의 주거지에서 생활하고 있는 사실을 고려하면 혼인의 파경귀책자는 청구인(남편)으로서 그의 이혼청구는 허용될 수 없다."; **대판 1996.11. 8, 96므998** "유책배우자 갑과 상대방 을 사이에 갑이 을에게 매달 생활비를 지급하되 을은 갑이 다른 여자와 살더라도 이의를 제기하지 않기로 합의서를 작성한 경우, 그 합의서는 갑이 을을 거부하기 때문에 같이 살 수는 없더라도 이혼은 할 수 없다는 을의 의사를 강력히 나타낸 것에 불과하고, 그 합의서의 존재를 들어 을이 실제로는 혼인을 계속할 의사가 없으면서도 오로지 오기나 보복적 감정에서 표면적으로만 이혼에 불응하는 것으로 보기는 어렵다."

84) **대판 1987. 9.22, 86므87** "상대배우자의 허영, 냉대, 혼인생활거부 등의 귀책사유로 인하여 파경에 이른 뒤 유책배우자가 다른 여자와 부정한 관계를 맺는 등 쌍방의 책임으로 파경이 심화되어 부부관계를 정상으로 되돌릴 수 없을 만큼 중대한 상태가 야기되었을 뿐만 아니라 상대배우자가 내심으로는 유책배우자와의 혼인을 계속할 의사가 없으면서도 표면상으로만 이혼에 불응하고 있다면, 비록 유책배우자에게 다른 여자와 부정한 관계를 맺은 잘못이 있다 하더라도 이미 파탄된 혼인의 해소를 바라는 유책배우자의 이혼청구는 인용함이 상당하다."; **대판 1987. 4.14, 86므28** "혼인의 파탄에 관하여 유책배우자는 그 파탄을 원인으로 이혼을 청구할 수 없는 바, 이는 혼인의 파탄을 자초한 자에게 재판상 이혼청구권을 인정하는 것은 혼인제도가 요구하고 있는 도덕성에 근본적으로 배치되고 배우자 일방의 의사에 의한 이혼 내지는 축출이혼을 시인하는 부당한 결과가 되므로 혼인의 파탄에도 불구하고 이혼을 희망하지 않고 있는 상대배우자의 의사에 반하여 이혼을 할 수 없도록 하려는 것일뿐, 상대배우자에게도 그 혼인을 계속할 의사가 없음이 객관적으로 명백한 경우에까지 파탄된 혼인의 계속을 강제하려는 취지는 아니다. 유책자의 이혼제기에 대하여 상대배우자도 이혼의 반소를 제기하거나 오기나 보복적 감정에서 표면적으로는 이혼에 불응하고 있기는 하나 실제에 있어서는 혼인의 계속과는 도저히 양립할 수 없는 행위를 하는 등 그 이혼의 의사가 객관적으로 명백한 경우에는 비록 혼인의 파탄에 관하여 전적인

2. 재판상 이혼사유

(1) 이혼사유 상호간의 관계

민법 제840조에서 6가지의 이혼사유를 규정하고 있는데, 제1호 내지 제5호는 구체적 이혼사유이고, 제6호 '혼인을 계속하기 어려운 중대한 사유'는 추상적 이혼사유이다. 이들 상호관계에 관하여는 학설의 대립이 있다.

1) 학 설

① 제1호 내지 제6호까지의 이혼사유가 각각 별개의 독립된 이혼원인으로 보는 독립설과,[85] ② 제1호 내지 제5호의 사유는 제6호의 예시이며 이혼사유는 제6호 한 가지라고 보는 예시설이 있다.

예시설을 취하는 입장도 다시 견해가 나뉘는데, ① 제1호 내지 제5호의 사유가 있어도 그것이 다시 제6호에 해당하는지 여부를 판단하여 이혼청구의 인용여부를 결정하여야 한다고 보는 단순예시설과,[86] ② 제1호 내지 제5호의 사유가 있으면 이는 제6호의 전형적인 예에 해당하므로 당연히 제6호의 이혼사유가 된다고 보는 독립예시설[87]이 있다.

2) 판 례

판례는 독립설에 따라 제1호 내지 제6호까지의 이혼사유가 각각 별개의 독립

책임이 있는 배우자의 이혼청구라 할지라도 이를 인용함이 상당하다."; **대판 1991. 7. 9, 90므1067** "부부의 혼인관계가 돌이킬 수 없을 정도로 파탄된 경우, 그 파탄의 원인이 이혼청구인에게 전적으로 또는 주된 책임을 물어야 할 사유로 조성되었거나 청구인의 책임이 피청구인의 책임보다 더 무겁다고 인정되지 않는 한 청구인의 이혼청구는 인용되어야 한다."; **대판 1992.11.10, 92므549** "혼인관계가 부부 쌍방의 책임 있는 사유로 파탄에 이르게 된 경우 이혼을 청구한 당사자의 책임이 상대방의 책임보다 더 무겁다고 인정되지 아니하는 한 그 이혼청구는 인용되어야 한다."; **대판 1990. 4.10, 88므1071** "청구인과 피청구인의 혼인관계가 피청구인의 거친 성격과 그로 인한 청구인에 대한 잦은 폭행 및 확대 등과 청구인의 방종한 생활태도나 시어머니 및 전 처 소생 딸에 대한 소홀한 대우, 그리고 잦은 가출과 그로 인한 비교적 오랜 기간 동안의 별거로 말미암아 서로 애정과 신뢰가 상실되어 이미 돌이킬 수 없는 정도의 파탄상태에 이르렀다면, 원심이 그와 같이 이른 데에는 쌍방이 모두 책임이 있다고 할 것이나 적어도 청구인의 책임이 피청구인의 책임에 비하여 더 중하다고 보여지지 않는다고 판단하여 청구인의 이혼심판청구를 받아들인 것은 이를 수긍할 수 있다."; **대판 1996.11. 8, 96므998** 참조.

85) 배경숙·최금숙, 친족상속법강의, 제일법규, 158면.

86) 이경희, 가족법(친족법·상속법), 제2전정판, 109면.

87) 김주수·김상용, 친족·상속법, 제11판, 177면.

된 이혼원인이며 각 사유마다 독립된 이혼청구권이 성립하고 소송물도 각각 다르다고 본다.[88]

(2) 개별적인 이혼사유

1) 배우자의 부정행위(제840조 제1호)

① 내 용

ⓐ 부정행위란 간통을 포함하는 보다 넓은 개념으로서 간통에 까지 이르지는 않았으나 부부의 정조의무에 충실하지 않는 일체의 행위가 포함된다는 것이 통설이고 판례[89]의 입장이다. 따라서 간통행위뿐 아니라 매춘부의 집을 드나드는 경우, 이성과 단 둘이 밤을 지낸 경우, 애무행위를 한 경우, 처가 남편 이외의 자로부터 성병을 얻은 경우 등도 부정한 행위에 해당된다.

ⓑ 부정한 행위인지의 여부는 각 구체적 사안에 따라 그 정도와 상황을 참작하여 평가하여야 할 것이지만, 판례는 카바레에서 남자를 사귄 것만으로는 부정행위가 되지 않는다고 판시하고 있다.[90]

---

88) **대판 2000. 9. 5, 99므1886** "재판상 이혼사유에 관한 민법 제840조는 동조가 규정하고 있는 각 호 사유마다 각 별개의 독립된 이혼사유를 구성하는 것이고, 이혼청구를 구하면서 위 각 호 소정의 수개의 사유를 주장하는 경우 법원은 그 중 어느 하나를 받아들여 청구를 인용할 수 있다."; **대판 1963. 1.31, 62다812** "민법 제840조의 각 이혼사유는 그 각 사유마다 독립된 이혼청구원인이 되므로 법원은 원고가 주장한 이혼사유에 관하여서만 심판하여야 한다."

89) **대판 1963. 3.14, 63다54; 대판 1987. 5.26, 87므5·87므6; 대판 1988. 5.24, 88므7; 대판 1992.11.10, 92므68** "[1] 민법 제840조 제1호 소정의 "부정한 행위"라 함은 배우자로서의 정조의무에 충실치 못한 일체의 행위를 포함하며 이른바 간통보다는 넓은 개념으로서 부정한 행위인지의 여부는 각 구체적 사안에 따라 그 정도와 상황을 참작하여 평가하여야 할 것이다. [2] 고령이고 중풍으로 정교능력이 없어 실제로 정교를 갖지는 못하였다 하더라도 배우자 아닌 자와 동거한 행위는 배우자로서의 정조의무에 충실치 못한 것으로서 위 [1]항의 "부정한 행위"에 해당한다고 한 사례.; **대판 1993. 4. 9, 92므938** "간통을 한 것으로 단정할 수 없으나 정조의무를 저버린 부정한 행위를 하였다고 하여 민법 제840조 제1호 소정의 '부정한 행위'에 해당한다고 본 사례."

90) **대판 1992.11.10, 92므68** "가. 민법 제840조 제1호 소정의 "부정한 행위"라 함은 배우자로서의 정조의무에 충실치 못한 일체의 행위를 포함하며 이른바 간통보다는 넓은 개념으로서 부정한 행위인지의 여부는 각 구체적 사안에 따라 그 정도와 상황을 참작하여 평가하여야 할 것이다. 나. 고령이고 중풍으로 정교능력이 없어 실제로 정교를 갖지는 못하였다 하더라도 배우자 아닌 자와 동거한 행위는 배우자로서의 정조의무에 충실치 못한 것으로서 위 "가"항의 "부정한 행위"에 해당한다."; **대판 1990. 7.24, 89므1115** "피청구인이 카바레에 춤을 추러 갔다가 그 곳에서 다른 남자를 만나 알게 되어 친하게 되고 그 남자와 기차를

ⓒ 부정한 행위라고 하기 위해서는 객관적으로 부정한 행위라고 볼 만한 사실이 있어야 하고, 주관적으로 자유로운 의사에 의한 것이어야 한다. 따라서 강간이나 강제추행을 당한 경우처럼 자유로운 의사에 의한 것이 아닌 때에는 부정행위라고 할 수 없다.[91)]

ⓓ 부정한 행위는 '혼인 후의 행위'이어야 하고 '혼인 전의 행위'는 이에 해당하지 않는다. 설사 약혼 중의 행위라도 부정한 행위가 되지 않는다.[92)]

② 이혼청구권의 소멸

ⓐ 부정행위에 대한 사전 동의가 있는 경우 이혼을 청구할 수 없다. 사전 동의는 명시적으로뿐 아니라 묵시적으로도 할 수 있다. 따라서 이혼하기로 합의하고 별거를 하여 사실상 이혼상태에 있는 때에는 부정행위에 대한 사전 동의가 있는 것으로 볼 수 있다.[93)]

ⓑ 부정행위에 대한 사후용서가 있는 경우에도 이혼을 청구할 수 없다. 사후용서로 인정되기 위해서는, 배우자의 간통사실을 확실하게 알면서 자발적으로 한 것이어야 하고, 그와 같은 간통사실에도 불구하고 혼인관계를 지속시키려는 진실

타고 대천에서 서울에 있는 피청구인의 집까지 동행한 사실만으로는 피청구인이 민법 제840조 제1호 소정의 부정한 행위를 한 것으로 단정할 수 없다."

91) **대판 1976.12.14, 76므10** "민법 제840조 제1호 소정 배우자에 부정(부정)한 행위가 있었을 때의 부정한 행위라고 함은 객관적으로 그것이 부정한 행위에 해당한다고 볼만한 사실이 있어야 하고 또 이것이 내심의 자유로운 의사에 의하여 행하여 졌다는 두 가지의 요소를 필요로 하는 것으로서 비록 객관적으로는 부정한 행위라고 볼 수 있는 사실이 있다고 하더라도 그것이 자유로운 의사에 의하여 이루어지지 않은 경우는 여기에서 말하는 부정한 행위라고 할 수는 없다."

92) **대판 1991. 9.13, 91므85·92** "가. 민법 제840조 제1호 소정의 재판상 이혼사유인 배우자에 부정한 행위가 있었을 때라 함은 혼인한 부부간의 일방이 부정한 행위를 한 때를 말하는 것이므로 혼인 전 약혼단계에서 부정한 행위를 한 때에는 위 제1호의 이혼사유에 해당한다고 할 수는 없다. 나. 약혼기간 중 다른 남자와 정교하여 임신하고는 그 혼인 후 남편의 자인양 속여 출생신고를 한 것이 그 혼인생활의 경과 등에 비추어 혼인을 계속할 수 없는 중대한 사유가 된다고 하기 어렵다."

93) **대판 1997. 2.25, 95도2819** "당사자가 더 이상 혼인관계를 지속할 의사가 없고 이혼의사의 명백한 합치가 있는 경우에는 비록 법률적으로는 혼인관계가 존속한다 하더라도 상대방의 간통에 대한 사전 동의라고 할 수 있는 종용에 관한 의사표시가 그 합의 속에 포함되어 있는 것으로 보아야 하고, 이혼의사의 명백한 합의가 있었는지 여부는 반드시 서면에 의한 합의서가 작성된 경우뿐만 아니라, 당사자의 언행 등 여러 가지 사정으로 보아 혼인당사자 쌍방이 더 이상 혼인관계를 유지할 의사가 없었던 사정이 인정되고, 어느 일방의 이혼요구에 상대방이 진정으로 응낙하는 언행을 보이는 사정이 인정되는 경우에도 그와 같은 의사의 합치가 있었다고 인정할 수 있다."

한 의사가 명백하고 믿을 수 있는 방법으로 표현되어야 한다. 따라서 부정행위를 알면서 용서하여야 하므로 모르는 사실에 대해서는 용서를 한 것으로 되지 않고, 단순한 침묵이나 묵인 또는 용서를 하겠다는 약속만으로는 용서하였다고 볼 수 없다.[94)]

ⓒ 동의나 용서는 일시적인 부정행위에 대해서만 효력이 있는 것이고, 계속적인 부첩관계가 있다면 그에 대한 동의나 용서는 효력이 없다고 보아야 하므로 '부정한 행위'를 이유로 이혼청구권은 존속된다고 볼 것이다.[95)]

ⓓ 부정행위의 사실을 안 날로부터 6월, 부정행위의 사실이 있은 날로부터 2년을 경과한 때에는 이혼을 청구하지 못한다. 즉 제척기간의 제한이 있다. 그런데 첩관계와 같은 계속적인 부정행위가 있는 때에는 이혼청구권이 소멸할 수 없으므로 첩관계가 종료한 때부터 제척기간을 기산한다.

2) 배우자의 악의의 유기(제840조 제2호)

① 악의란 어떤 사실을 알고 있다는 것뿐 아니라 사회적으로 비난받을 만한 윤리적 요소를 포함하고 있어서 고의적인 측면이 강하다. 유기란 상대방을 내쫓거나 두고 나가버리거나 상대방으로 하여금 나가지 않을 수 없게 만든 다음 돌아오지 못하게 함으로써 계속적으로 부부간의 동거·부양·협조 의무를 이행하지 않

---

94) **대판 2000. 7. 7, 2000도868** "간통죄에 있어서의 유서는 배우자의 일방이 상대방의 간통사실을 알면서도 혼인관계를 지속시킬 의사로 악감정을 포기하고 상대방에게 그 행위에 대한 책임을 묻지 않겠다는 뜻을 표시하는 일방행위로서, 간통의 유서는 명시적으로 할 수 있음은 물론 묵시적으로도 할 수 있는 것이어서 그 방식에 제한이 있는 것은 아니지만, 감정을 표현하는 어떤 행동이나 의사의 표시가 유서로 인정되기 위하여는, 첫째 배우자의 간통사실을 확실하게 알면서 자발적으로 한 것이어야 하고, 둘째 그와 같은 간통사실에도 불구하고 혼인관계를 지속시키려는 진실한 의사가 명백하고 믿을 수 있는 방법으로 표현되어야 한다."; **대판 1999. 5.14, 99도826** "판피고소인들이 수년간 동거하면서 간통하고 있음을 고소인이 알면서 특별한 의사표시나 행동을 하지 않은 경우에 그러한 사정만으로는 고소인이 위 간통을 묵시적으로 유서하였다고 볼 수 없다."

95) **대판 1998. 4.10, 96므1434** "소위 첩계약은 본처의 동의 유무를 불문하고 선량한 풍속에 반하는 사항을 내용으로 하는 법률행위로서 무효일 뿐만 아니라 위법한 행위이므로, 부첩관계에 있는 부 및 첩은 특별한 사정이 없는 한 그로 인하여 본처가 입은 정신상의 고통에 대하여 배상할 의무가 있고, 이러한 손해배상책임이 성립하기 위하여 반드시 부첩관계로 인하여 혼인관계가 파탄에 이를 필요까지는 없고, 한편 본처가 장래의 부첩관계에 대하여 동의하는 것은 그 자체가 선량한 풍속에 반하는 것으로서 무효라고 할 것이나, 기왕의 부첩관계에 대하여 용서한 때에는 그것이 손해배상청구권의 포기라고 해석되는 한 그대로의 법적 효력이 인정될 수 있다."

는 것을 말한다.[96]

② 배우자의 악의의 유기라 함은 배우자가 정당한 이유 없이 서로 동거, 부양, 협조하여야 할 부부로서의 의무를 포기하고 다른 일방을 버린 경우를 뜻한다.[97] 자녀양육을 핑계로 친정살이를 하며 돌아오지 않는 경우, 한 집에 살면서도 부부싸움 이후 각방을 사용하면서 동침을 거부하고 있는 경우도 이에 해당될 수 있다. 그러나 질병, 경제적인 이유, 학업, 시부모나 배우자의 학대 등 부득이한 사정으로 별거하는 것은 악의의 유기가 되지 않는다.

③ 판례는 정당한 이유 없이 가출을 하는 것은 악의의 유기가 되지만, 일시적인 가출인 경우는 이에 해당하지 않는다고 본다.[98]

---

96) **대판 1986.10.28, 86므83·86므84** "청구인과 피청구인이 혼인신고를 한 후 약 20일간 동거하다가 피청구인이 농사일이 힘들고 청구인의 건강이 나쁘다는 이유로 집을 나가 돌아오고 있지 않다면 이는 민법 제840조 제2호의 '배우자가 악의로 다른 일방을 유기한 때'에 해당한다."; **대판 1990.11. 9, 90므583·90므590** "청구인의 어머니가 며느리인 피청구인을 데리고 절에 기도드리러 가서 비정상적 행동을 하자 피청구인이 갑자기 정신이상의 증세를 보이기 시작하여 지금까지 계속 재발을 반복해 왔는데, 청구인의 노력에도 불구하고 피청구인이 청구인의 종교인 불교에 대하여 계속 적대적인 태도를 취하여 왔으며 이러한 사정으로 청구인이 이혼을 요구하였으나 피청구인이 불응하자 청구인은 집을 나와 입산하여 비구승이 됨으로써 부부가 10년 넘게 별거하게 되고 현재에 이르러서는 서로의 배타적 신앙생활로 인한 애정의 결핍과 장기간의 별거로 혼인관계가 돌이킬 수 없는 파탄에 빠져있는 것이라면, 이러한 파탄은 청구인이 정신적으로 완전하지 아니한 피청구인을 악의로 유기함에서 비롯되었다고 본 원심의 판단은 수긍된다."; **대판 1990.10.12, 90므514** "장남으로서 어머니와 두 남동생들의 생활비와 학비를 보조하여 주어야 할 청구인의 입장을 피청구인이 충분히 이해하지 못하여 시어머니와 시동생들 간에 불화하게 된 것은 잘못이라고 하겠으나, 그렇다고 해서 결혼하여 자식까지 둔 청구인이 어머니와 동생과 함께 살면서 처자식을 돌보지 않았다면 이는 부부로서의 동거, 부양 및 협조의무를 스스로 저버린 행동이므로 청구인이 피청구인을 상대로 이혼을 청구함은 부당하다."; **대판 1984. 7.10, 84므27·84므28** "청구인이 정신박약자인 장남의 감호양육을 소홀히 하고 춤바람이 나서 각지로 돌아다니면서 1980.8경까지 세 차례 10일 내지 1개월간 가출한 점에 대하여 피청구인의 용서를 받고도 1982.2.5경 또 다시 가재도구 일체를 챙겨서 무단가출하여 행방을 감추었다가 동년 5.13 피청구인에 대하여 이혼청구를 한 사정은 악의의 유기 및 혼인을 계속하기 어려운 중대한 사유에 해당한다."

97) **대판 1998. 4.10, 96므1434; 대판 1986. 5.27, 86므26** "민법 제840조 제2호 소정의 배우자가 악의로 다른 일방을 유기한 때라 함은 배우자가 정당한 이유없이 서로 동거, 부양, 협조하여야 할 부부로서의 의무를 포기하고 다른 일방을 버린 경우를 뜻한다."

98) **대판 1986. 6.24, 85므6** "악의의 유기라 함은 정당한 이유 없이 배우자를 버리고 부부공동생활을 폐지하는 것을 말하는 바, 가정불화가 심화되어 처 및 자녀들의 냉대가 극심하여지자 가장으로서 이를 피하여 자제케 하고 그 뜻을 꺾기 위하여 일시 집을 나와 별거하고 가정불화가 심히 악화된 기간 이래 생활비를 지급하지 아니한 것뿐이고 달리 부부생활을 폐지하기 위하여 가출한 것이 아니라면 이는 민법 제840조 제2호 소정의 악의의 유기에

3) 배우자 또는 그 직계존속으로부터 심히 부당한 대우를 받은 경우(제840조 제3호)

① '심히 부당한 대우'란 배우자 일방이 부부의 동거생활의 계속에 대하여 고통을 느낄 정도의 신체적·정신적 학대나 명예에 대한 모욕을 의미한다. 어느 정도의 부당한 대우가 '심히' 부당한 대우인가는 사회통념, 당사자의 신분과 사회적인 지위 등을 종합적으로 참작하여 각 경우마다 구체적으로 판단하여야 할 것이다.

② 남편이 아내를 주기적으로 폭행하는 경우, 남편이 시어머니와 합세하여 구타와 폭언을 하는 경우, 장모의 학대, 시어머니가 부부생활을 방해하는 경우, 남편이 외도한 아내를 10년간 폭행하고 학대한 경우 등이 이에 해당한다.[99]

해당할 수 없다."; **대판 1986. 8.19, 86므75** "피청구인이 청구인을 버리고 근 8년간 자식들의 집에 전전하게 된 내면적인 원인이 청구인의 주벽과 사업실패로 인한 가정파탄 때문이고 30여 년간 피청구인과 살면서 6명의 자녀를 낳고 손자까지 본 청구인으로서 좀더 적극적으로 피청구인을 이해하고 설득하여 원만한 가정생활을 이루도록 하여야 함에도 자식들의 집으로 전전 생활해 온 피청구인을 찾아보지도 않고 자식들에게 연락하지도 아니한 것은 청구인이 남편으로서의 소임을 다하지 못한 처사라 할 것이어서 피청구인이 청구인의 곁을 떠나 자식들의 집으로 전전한다는 것만으로는 피청구인이 청구인을 악의로 유기하였다거나 이로 인하여 그들 사이의 혼인이 도저히 계속할 수 없을 정도로 파경 이르렀다고 볼 수 없다."; **서울가법 1993. 4. 8, 92드66545** "남편이 처에 대하여 자주 폭행과 폭언을 하였기 때문에 처가 가출하여 자식들의 집을 전전한 사실만으로는 처가 남편을 악의로 유기한 것으로 볼 수 없다."; **대판 1990. 8.10, 90므408** "청구인과 그의 어머니가, 피청구인이 혼인 전부터 여호와의 증인이라는 종교를 신봉하는 것을 알고 그 신앙을 양해하여 혼인하게 된 것인데, 혼인 후 피청구인이 제사에 참여하지 아니하고 일요일마다 멀리 떨어진 곳에 있는 교회에 나가는 것에 불만을 품고 신앙을 바꿀 것을 요구하였으나 피청구인이 이에 응하지 아니하자 청구인이 어머니의 마음을 상하게 한다는 이유로 여러 차례 폭행을 가하고, 마침내 이를 견디지 못한 피청구인이 가출함으로써 가정생활이 파탄에 빠진 것이라면, 피청구인이 청구인을 악의로 유기한 것이라고 할 수 없고, 청구인과 그 어머니의 신앙포기요구에 피청구인이 따르지 아니하여 혼인생활이 파탄에 빠지게 되었다 하더라도 그 파탄의 주된 책임은 청구인에게 있으니 청구인은 이를 이유로 이혼을 청구할 수 없다."

99) **대판 1990.11.27, 90므484·491** "남편이 혼인 초부터 처가 아기를 낳을 수 없다는 트집을 잡아 학대를 하고 이혼을 요구하여 왔고 이에 응하지 아니하면 자살하겠다고 하면서 실제로 두 차례에 걸쳐 자살한다고 농약을 마시는 소동을 벌여 이에 견디다 못한 처가 집을 나와 친정에 복귀함으로써 부부 사이가 파탄에 빠졌다면, 이는 재판상 이혼사유인 배우자로부터 심히 부당한 대우를 받은 경우에 해당한다."; **대판 1990. 2.13, 88므504·511(반심)** "남편이, 처와 제3자와의 관계가 결백함을 알면서도 처를 간통죄로 고소하고 위 제3자 등으로 하여금 간통사실 등에 관한 거짓진술을 하도록 부탁함으로써 혼인관계가 파탄에 이르게 하였다면 그 행위는 민법 제840조 소정의 배우자로부터 심히 부당한 대우를 받은 때 또는 기타 혼인을 계속하기 어려운 중대한 사유가 있을 때에 해당한다."; **대판 1985.11.26, 85므51** "남편이 처의 춤바람과 남녀관계를 추궁한데 대하여 남편이 심한 의처증의 증세를 나타내는 정신병자가 아님에도 처가 남편을 정신병자로 몰아 정신병원이나 요양원등에

4) 자기의 직계존속이 배우자로부터 심히 부당한 대우를 받은 경우(제840조 제4호)

며느리가 시부모를 학대하는 경우, 사위가 장인·장모에게 행패를 부리는 경우 등이 이에 해당한다.[100)]

강제로 보내기 위해 납치를 기도하고, 수업중인 학생들 앞에서 수갑을 채우는 등으로 폭행과 모욕 등 부당한 대우를 하여 혼인생활을 계속하기 어려운 지경에 이르렀다면 이는 민법 제840조 제3호 소정의 이혼사유에 해당한다."; **대판 1983.10.25, 82므28** "피청구인은 혼인 전에 사귀던 소외인을 못잊어 청구인을 학대하고, 7년간 청구인에게 아무런 이유 없이 욕설과 폭행을 일삼아 오다가 나중에는 청구인이 10여일 동안 병원에 입원할 정도의 폭행을 가한 사실은 민법 제840조 소정의 재판상 이혼사유인 배우자로부터 심히 부당한 대우를 받은 경우에 해당된다."; **대판 1986. 9. 9, 86므68** "처가 가정에 불성실한 탓으로 부와 불화가 심화되던 중 부로부터 몇 번 구타당하여 경미한 상처를 입었다는 사실 만으로서는 혼인생활을 계속할 수 없을 정도로 심히 부당한 대우를 받았다고 할 수 없다."; **대판 1986. 6.24, 85므6** "배우자로부터 심히 부당한 대우를 받았을 때라 함은 혼인관계의 지속을 강요하는 것이 참으로 가혹하다고 여겨질 정도의 폭행이나 학대 또는 모욕을 받았을 경우를 말하고 가정불화의 와중에서 서로 격한 감정에서 오고간 몇 차례의 폭행 및 모욕적인 언사는 그것이 비교적 경미한 것이라면 이는 민법 제840조 제3호 소정의 심히 부당한 대우를 받았을 때에 해당하지 않는다."; **대판 1986. 9. 9, 86므56** "처가 타인과 간통을 하여 구속된 뒤 부가 자식들의 장래를 위하여 고소를 취하하여 풀려났으면서도 집안일을 돌보지 않고 자주 가출을 하는 등 하여 부가 처를 구타하여 약 1주간의 치료를 요하는 상처를 입히고 자식들 앞에서 모욕적인 말을 한 사실만으로 부에게 책임 있는 이혼이유에 해당한다고 볼 수 없다."; **대판 1981.10.13, 80므9** "민법 제840조 제3호 소정의 "배우자로부터 심히 부당한 대우를 받았을 때"라 함은 혼인관계의 지속을 강요하는 것이 참으로 가혹하다고 여겨질 정도의 폭행이나 학대 또는 중대한 모욕을 받았을 경우를 말하므로, 처가 혼인생활 중에 취득한 부동산을 남편 이름으로 등기하거나 남편이 어려운 생활환경하에서 음주하여 부부싸움을 하게 되고 부부가 다투던 중에 다소 모욕적인 언사나 약간의 폭행을 한 사실이 있다고 하더라도 그것만으로 혼인관계의 지속을 요구함이 심히 가혹한 정도의 것이라고 할 수 없다."; **대판 1982.11.23, 82므36** "피청구인이 청구인의 친정에서 청구인을 구타하여 10일간의 치료를 요하는 상해를 입힌 것이 무정자증으로 생식불능이라는 검사결과로 인하여 충격을 받아 약간 신경질적이 된 피청구인을 포용하지 못하고 오히려 피청구인의 성적기능, 경제상태에 대한 불만을 이유로 이혼을 선언하고 친정으로 돌아가버린 청구인을 찾아가 귀가를 종용하였으나 불응하므로 일시격한 감정으로 구타하여 일어난 결과라면 이같은 사유만으로는 민법 제840조 제3호 소정의 배우자로부터 감히 부당한 대우를 받은 경우에 해당한다고 볼 수 없다."

100) **대판 1986. 5.27, 86므14** "피청구인이 청구인과 혼인을 한 이후, 청구인이 지참금을 가지고 오지 아니하였다는 이유로 불만을 품고 계속 구타하여 상처를 입힌 일이 있을 뿐 아니라 청구인의 친가 아버지에게까지 행패를 부린 행위는 배우자 및 그 직계존속을 심히 부당하게 대우한 경우에 해당한다."; **대판 1984. 8.21, 84므49** "피청구인은 원래 성격이 온순하고 신체가 건강하였는데 결혼 후 말을 잘 못하고 귀머거리인데다 고집이 세고 눈만 뜨면 피청구인에게 소리를 지르고 행패를 부리는 시아버지를 잘 모시고 농사일을 도우고 살아오는 동안에 몸이 허약해지고, 신경이 예민하여 있던 중 첫 아이를 낳고 둘째아이를 임신한 1982. 봄부터 정신분열의 증세를 나타내게 되어 본의 아니게 앞서 본 바와 같이 시아버지에

5) 배우자의 생사가 3년 이상 분명하지 않은 경우(제840조 제5호)

① 배우자가 3년 이상 생존도 사망도 증명할 수 없는 경우에 이혼을 청구할 수 있다. 따라서 생존은 분명하고 다른 어딘가에 살고 있으면서 집에 들어오지 않는다면 '악의의 유기'를 이유로 이혼청구를 할 수 있다. 생사불명의 원인, 생사불명자의 과실 유무는 묻지 않는다. 3년의 기간의 기산점은 배우자의 생존을 증명할 수 있는 최후의 시기이다. 이 경우로 한 이혼청구권의 행사기간은 제한이 없으므로 생사불명상태가 3년 이상이면 아무리 오래 지났다고 하더라도 이혼을 청구할 수 있다.

② 생사불명인 경우 재판상 이혼청구 이외에 실종선고에 의해 혼인을 해소시킬 수 있다. 생사불명에 의한 이혼은 실종선고와는 별개이므로 생사불명에 의한 이혼 후 상대방이 살아서 돌아와도 혼인은 부활하지 않는다.

③ 이 경우의 이혼판결은 공시송달과 궐석재판의 절차를 통하여 행하여진다.

6) 기타 혼인을 계속하기 어려운 중대한 사유(제840조 제6호)

① 의 의

ⓐ '혼인을 계속하기 어려운 중대한 사유가 있을 때'라 함은 부부간의 애정과 신뢰가 바탕이 되어야 할 혼인의 본질에 상응하는 부부공동생활관계가 회복할 수 없을 정도로 파탄되고, 그 혼인생활의 계속을 강제하는 것이 일방 배우자에게 참을 수 없는 고통이 되는 경우를 말한다.[101]

ⓑ 구체적으로 무엇이 혼인을 계속하기 어려운 중대한 사유에 해당하는가는 일률적으로 말할 수 없고 법원이 개별적 사건에서 구체적 사실에 따라 그 파탄

게 부당한 대우를 하고 청구인을 폭행한 사실, 청구인을 비롯한 가족들은 피청구인을 치료하지는 아니하고 피청구인의 이상한 행동만 탓하여 구박하고 친정으로 쫓아낸 사실 피청구인은 현재 친정에서 꾸준히 치료하여 그 상태가 거의 정상인에 가까운 정도에 이른 사실을 각 인정하고, 위와 같은 사정 아래서 피청구인의 시아버지나 청구인에 대한 앞서 본 폭행 등의 행위를 두고, 곧바로 이혼하여야 할 정도로 피청구인이 시아버지를 부당하게 대우하였다거나 기타 청구인과 사이에 혼인을 계속하기 어려운 중대한 사유가 있는 때에 해당한다고는 할 수 없다."

101) **대판 1999.11.26, 99므180; 대판 2005.12.23, 2005므1689** "민법 제840조 제6호에 정한 이혼사유인 '혼인을 계속하기 어려운 중대한 사유가 있을 때'라 함은 부부간의 애정과 신뢰가 바탕이 되어야 할 혼인의 본질에 상응하는 부부공동생활관계가 회복할 수 없을 정도로 파탄되고 그 혼인생활의 계속을 강제하는 것이 일방 배우자에게 참을 수 없는 고통이 되는 경우를 말한다."

의 정도, 혼인계속의사의 유무, 파타의 원인에 대한 당사자의 책임유무, 혼인생활의 기간, 자녀의 유무 등 혼인관계의 여러 사정을 참작하여 판단하여야 할 것이다.[102)]

② **상대방의 귀책사유의 필요 여부**

혼인을 계속하기 어려운 중대한 사유가 존재하는 경우 그 사유가 상대방의 귀책사유로 인한 것이어야 할 필요는 없다. 다만 유책배우자가 스스로 혼인이 파탄되었음을 이유로 이혼을 청구하는 것은 원칙적으로 인정되지 않는다.

③ **구체적인 사례**

판례에 나타난 사례들을 원인별로 보면 다음과 같다.

ⓐ **법률적 파탄원인** 혼인이 일단 성립되면 그것이 위법한 중혼이라 하더라도 당연히 무효가 되는 것은 아니고 법원의 판결에 의하여 취소될 때에 비로소 그 효력이 소멸될 뿐이므로 아직 그 혼인취소의 확정판결이 없는 한 법률상의 부부라 할 것이어서 재판상 이혼의 청구도 가능하다.[103)]

ⓑ **육체적 파탄원인** 불치의 정신병, 부당한 피임, 이유 없는 성교거부, 성적 불능, 강간을 당한 경우, 변태성욕자인 경우, 성생활의 불만족, 동성애 등은 재판상 이혼의 청구도 가능하다.[104)]

---

102) **대판 1991. 7. 9, 90므1067** "민법 제840조 제6호 소정의 이혼사유인 '혼인을 계속하기 어려운 중대한 사유가 있을 때'라 함은 혼인의 본질에 상응하는 부부공동 생활관계가 회복할 수 없을 정도로 파탄되고, 그 혼인생활의 계속을 강제하는 것이 일방 배우자에게 참을 수 없는 고통이 되는 경우를 말하며, 이를 판단함에 있어서는 혼인계속의사의 유무, 파탄의 원인에 관한 당사자의 책임유무, 혼인생활의 기간, 자녀의 유무, 당사자의 연령, 이혼 후의 생활보장, 기타 혼인관계의 제반 사정을 두루 고려하여야 한다."

103) **대판 1991.12.10, 91므344.**

104) **대판 1995. 5.26, 95므90** "가. 가정은 단순히 부부만의 공동체에 지나지 않는 것이 아니고 그 자녀 등 이에 관계된 모든 구성원의 공동생활을 보호하는 기능을 가진 것으로서 부부 중 일방이 불치의 정신병에 이환되었고, 그 질환이 단순히 애정과 정성으로 간호되거나 예후가 예측될 수 있는 것이 아니고 그 가정의 구성원 전체에게 끊임없는 정신적·육체적 희생을 요구하는 것이며 경제적 형편에 비추어 많은 재정적 지출을 요하고 그로 인한 다른 가족들의 고통이 언제 끝날지 모르는 상태에 이르렀다면, 온 가족이 헤어날 수 없는 고통을 받더라도 상대방 배우자는 배우자 간의 애정에 터잡은 의무에 따라 한정 없이 이를 참고 살아가라고 강요할 수는 없는 것이므로, 이러한 경우는 민법 제840조 제6호 소정의 재판상 이혼사유에 해당한다.
나. 현재 부부의 일방이 정신병적인 증세를 보여 혼인관계를 유지하는데 어려움이 있다고

배우자가 불치의 정신병인 경우 민법 제840조 제6호의 이혼사유에 해당하나 그 증상이 가볍거나 회복이 가능한 경우에는 이혼이 인정되지 않는다.

성적 불능은 정상적인 성생활이 불가능한 경우는 이혼사유가 되나 일시적 불능이거나 치유 가능한 불능인 경우에는 이혼이 인정되지 않는다.[105)]

하더라도 그 증상이 가벼운 정도에 그치는 경우라든가, 회복이 가능한 경우인 때에는 그 상대방 배우자는 사랑과 희생으로 그 병의 치료를 위하여 진력을 다하여야 할 의무가 있는 것이고, 이러한 노력도 하여 보지 않고 정신병 증세로 인하여 혼인관계를 계속하기 어렵다고 주장하여 곧 이혼청구를 할 수는 없다."; **대판 1997. 3.28, 96므608·615** "혼인 중 처에게 발생한 조울증이 장기간 지속되어 회복이 거의 불가능한 정신질환으로 이환되어 그 증상이 가벼운 정도에 그치는 경우라 할 수 없고, 그 질환이 단순히 애정과 정성으로 간호되거나 예후가 예측될 수 있는 것이 아닌 경우, 남편에게 계속하여 배우자로서의 의무에 따라 한정 없는 정신적, 경제적 희생을 감내한 채 처와의 혼인관계를 지속하고 살아가라고 하기에는 지나치게 가혹하다고 보아 민법 제840조 제6호 소정의 재판상 이혼사유에 해당한다."; **대판 1995.12.22, 95므861** " 혼인생활 중에 일방이 우울증 증세를 보였으나 그 동안 병원의 치료를 받아 현재 일상생활을 하는 데 별다른 지장이 없고 상대방과의 혼인생활을 계속할 것을 바라고 있으므로 부부 사이에 혼인을 계속할 수 없는 중대한 사유가 있다고 할 수 없을 뿐만 아니라, 또한 부부 사이에는 동거, 부양 및 협조의무가 있으므로 혼인생활을 함에 있어서 부부는 서로 협조하고 애정과 인내로써 상대방을 이해하며 보호하여 혼인생활의 유지를 위한 최선의 노력을 기울여야 하는바, 혼인생활 중 일방이 질병에 걸렸다면 상대방은 그 일방을 보호하고 애정과 정성을 다하여야 할 것이고, 가사 일방이 다시 시댁에 들어가 시부모를 모시고 살 경우 우울증이 재발할 가능성이 있다면 상대방으로서는 그를 시댁에 들어가게 하는 대신 그들이 시부모의 집 근처에 살면서 부모를 돌보게 하거나 누이들로 하여금 부모를 모시게 하는 등의 다른 방법을 찾는 등 애정을 가지고 재발방지를 위한 노력을 다하여야 할 입장에 있는 것이어서 그러한 사유도 이혼사유가 될 수 없다."

105) **대판 1966. 1.31, 65므65** "피청구인이 성기능이 불완전함에도 불구하고 이를 은폐한 채 청구인과 형식상 혼례식을 거행하고 젊은 부부로서 신혼생활(약6개월간)을 하는 동안 한 번도 성교관계가 없었다면 설령 소론과 같이 임신이 가능하다 하더라도 정상적인 성생활을 원하는 청구인으로서는 정신상 고통을 받았음은 사리의 당연한 바라 할 것이다."; **대판 2009.12.24, 2009므2413** "부부간의 성관계는 혼인의 본질적 요소이므로 성적 불능 기타 부부 상호간의 성적 요구의 정상적인 충족을 저해하는 사실이 존재하는 경우, 이는 '혼인을 계속하기 어려운 중대한 사유'가 될 수 있으므로, 정당한 이유 없이 성교를 거부하거나 성적 기능의 불완전으로 정상적인 성생활이 불가능한 경우에는 혼인을 계속하기 어려운 중대한 사유가 있다고 할 것이나, 전문적인 치료와 조력을 받으면 정상적인 성생활로 돌아갈 가능성이 있는 경우에는 일시적인 성기능의 장애가 있거나 부부간의 성적인 접촉이 단기간 부존재하더라도 그 정도의 성적 결함만으로는 '혼인을 계속하기 어려운 중대한 사유'가 될 수 없다. 혼인 후 약 2년간 성관계를 맺지 않은 사실만으로는 '혼인을 계속하기 어려운 중대한 사유'가 있다고 하기 어렵다고 한 사례."; **대판 1982.11.23, 82므36** "피청구인이 무정자증으로 생식불능이고 성적기능이 다소 원활하지 못하다는 사실만으로는 다른 특별한 사정이 없는 한 민법 제840조 제6호 소정의 혼인을 계속하기 어려운 중대한 사유에 해당한다고 보기 어렵다."; **대판 1993. 9.14, 93므621·638** "심인성 음경발기부전증으로

임신 불능은 이혼사유가 되지 못한다.106)

ⓒ **윤리적·정신적 파탄원인** 　배우자의 범죄, 혼인 전의 부정행위, 음란채팅, 애정상실, 성격차이, 신앙의 차이, 광신, 알콜중독, 마약중독, 주벽이 심한 경우, 도벽이 심한 경우, 의처증·의부증, 어린아이에 대한 정신적·육체적 모욕이나 가해 등도 재판상 이혼청구사유가 될 수 있다.107)

단순한 애정상실이나 성격차이는 그 자체만으로는 이혼이 인정되지 않으나 그로 인하여 혼인이 파탄되면 이혼사유가 될 수 있다.108)

인하여 일시적으로 발기불능 또는 삽입불능의 상태에 있다 하더라도 부부가 합심하여 전문의의 치료와 조력을 받는 경우 정상적인 성생활로 돌아갈 가능성이 있었다고 한다면, 그 정도의 성적 결함을 지닌 부에 대하여 혼인파탄에 대한 책임을 지울 수 없다."

106) **대판 1991. 2.26, 89므365·367** "처가 전자궁적출술의 수술결과 임신불능이 되자, 남편이 종가의 종손임을 이유로 이혼을 주장하여 혼인관계가 파탄에 이르렀다면, 그와 같이 된 데에는 출산불능이 법률상의 이혼사유로 되지 아니하는 이상 남편 측에게 보다 더 큰 책임이 있다고 하여 남편의 이혼심판청구를 기각하고 처의 반심판청구를 인용한 사례."

107) **대판 1974.10.22, 74므1** "피청구인이 유부녀강간, 현금강취라는 파렴치 범죄로 인한 징역 4년이라는 장기 복역형을 선고받아 본건 이혼심판청구서가 제1심법원에 접수된 이후까지 복역하고 있었다면 적어도 이 사유는 민법 840조 6호 소정의 혼인을 계속하기 어려운 중대한 사유가 있을 때에 해당한다."; **대판 1996.11.15, 96므851** "신앙의 자유는 부부라고 하더라도 이를 침해할 수 없는 것이지만, 부부 사이에는 서로 협력하여 원만한 부부생활을 유지하여야 할 의무가 있으므로 그 신앙의 자유에는 일정한 한계가 있다 할 것인바, 처가 신앙생활에만 전념하면서 가사와 육아를 소홀히 한 탓에 혼인이 파탄에 이르게 되었다면 그 파탄의 주된 책임은 처에게 있다는 이유로, 부의 이혼청구를 인용한 사례.; **대판 1989. 9.12, 89므51** "갑과 을 사이의 혼인관계의 파탄이 갑이 애정을 가지고 을의 신앙생활을 이해하려고 협조하려고 하지 않고 여호와의 증인교에 대하여 편견을 가진 나머지 교회활동은 물론 성경공부마저도 못마땅하게 생각한 데에도 그 원인을 찾을 수 있으나 한편 을도 신앙생활을 하면서 가정생활이 희생되지 않도록 더욱 마음을 기울이면서 신앙생활과 가정생활이 양립할 수 있는 길을 찾아야 하였을 터인데도 그러한 노력은 하지 않은 채 이를 나무라는 시어머니와 서로 머리채를 잡고 싸움까지 한 다음 갑과 자녀를 두고 집을 나갔었고 그 후에도 갑과의 원만한 결혼생활을 위하여 별다른 노력을 기울임이 없이 신앙생활에만 전념한 것도 그 원인이 되었다면 그 파탄의 주된 책임이 갑에게 있다고 인정하기 어렵다."

108) **대판 1967. 2. 7, 66므34** "전처 소생의 3남매까지 있었음에도 불구하고 미혼자인 것 같이 가장하여 결혼을 하게 된 사실에 대하여 처가 항상 불만을 가지게 되어 종종 부부싸움이 있었고 양인 간에 성격차이도 있어 크게 부부싸움을 한 후 이혼하기로 합의하고 남편은 전처 소생을 데리고 동거하던 집에서 나왔으며 처는 이혼합의 당시 받아가기로 한 그 집 전세보증금 18만원을 받은 사실이 있다 하여도 그 부부사이에 출생한 자녀가 있다면 위와 같은 사실만으로는 혼인을 계속하기 어려운 중대한 사유가 있는 경우에 해당하지 않는다."; **대판 1990. 4.27, 90므95** "청구인이 성격상 차이에서 생기는 부부간의 충돌을 수습하지 못하고 피청구인의 잘못으로만 생각한 나머지 피청구인에게 불만을 품고 이혼과

ⓓ **경제적 파탄원인** 부의 방탕과 심한 낭비, 처의 경제적 난맥행위, 상습적인 도박행위, 지나친 사치 등도 재판상 이혼청구사유가 될 수 있다.[109]

ⓔ **사실적 파탄원인** 부부관계의 실체 없이 수년간 계속된 별거는 중대한 사유에 해당될 수 있다. 단순한 별거는 이혼사유가 되기 어렵지만 오랜 별거기간 동안 쌍방이 유책하거나 특별한 사정이 있는 경우에는 중대한 사유에 해당될 수 있다.[110]

④ 이혼청구의 제척기간

혼인을 계속하기 어려운 중대한 사유는 다른 일방이 이를 안 날로부터 6월, 그 사유 있은 날로부터 2년을 경과하면 이혼을 청구하지 못한다(제842조). 다만 현재도 그 사유가 계속되고 있는 한은 이혼청구권은 소멸하지 않는다.[111]

별거를 강요한 때문에 청구인과 피청구인이 별거하게 되었다면, 그로 인하여 양인간의 혼인생활이 계속하기 어려울 정도로 파탄에 이르게 되었더라도 그 주된 책임이 청구인에게 있다고 하여 이혼청구를 배척한 원심의 조치는 정당하다."

109) **대판 1991.11.26, 91므559** "처가 1개월에 20일 정도 외박을 하면서 도박을 하고 빚을 지는 등 하여 2차례에 걸쳐 앞으로는 도박을 청산하겠다는 내용의 각서를 작성하고서도 도박을 계속하면서 가사와 자녀를 돌보지 아니한 경우, 처에게 민법 제840조 제6호 소정의 재판상 이혼사유가 있다고 본 사례."; **대판 1966. 1.31, 65므50** "피청구인이 가정주부로서의 위치와 임무를 저버리고 가사에 등한하고 남편 되는 청구인의 재삼의 충고를 물리치고 계에 관계하여 형사처벌을 받을 뿐 아니라 청구인의 가정경제에도 중대한 위협을 주는 동시에 채권자들이 청구인가에 쇄도하여 성화같은 독촉으로 아우성치는 등 가정의 평화는 산산이 부서지는 불행한 사태가 조성됨은 오로지 피청구인의 책임에 돌아갈 사유에 기인함이요 청구인의 무자력이나 무기력에 기인함이 아니라 할 것이고 위와 같은 피청구인의 가계와 가정평화를 돌보지 않는 난맥행위는 민법 제840조 제6호에 말하는 혼인을 계속하기 어려운 중대한 사유에 해당한다고 볼 것이다."

110) **대판 1991. 1.11, 90므552** "피청구인(처)이 조직한 계가 깨어진 뒤로부터 빚을 지게 됨으로써 1966.10경 집을 나가 청구인(남편)의 귀가종용에 응하지 아니하여 청구인은 피청구인이 가출한 지 1년쯤 될 무렵부터 다른 여자와 내연관계를 맺어 오늘에 이르고 있고, 한편 피청구인도 1972년경부터 다른 남자와 동거하고 있어 청구인과 피청구인이 20여년 간을 부부로서의 실체 없이 지내 온 것이라면, 이 혼인은 돌이킬 수 없을 정도로 파탄되었다고 할 것이고, 그 책임이 반드시 어느 쪽이 더 크다고 할 수 없는 만큼 민법 제840조 제6호 소정의 혼인을 계속 할 수 없는 중대한 사유가 된다고 할 것이다."

111) **대판 1996.11. 8, 96므1243; 대판 2001. 2.23, 2000므1561** "민법 제840조 제6호 소정의 '기타 혼인을 계속하기 어려운 중대한 사유'가 이혼청구 당시까지도 계속 존재하는 것으로 보아야 할 경우에는 이혼청구권의 제척기간에 관한 민법 제842조가 적용되지 아니한다."

3. 재판상 이혼절차

(1) 조정에 의한 이혼

1) 재판상 이혼에는 조정전치주의를 취하고 있으므로 이혼을 하려는 자는 먼저 조정을 신청하여야 한다(가사소송법 제2조 제1항 나류사건 4)·제50조). 조정을 신청하지 아니하고 소를 제기하거나 심판을 청구한 경우에는 가정법원은 배우자의 생사불명과 같은 특별한 사정(가사소송법 제50조 제2항 단서)이 없는 한 그 사건을 조정에 회부하여야 한다(가사소송법 제50조 제2항 본문).

2) 조정은 당사자 사이에 합의된 사항을 조서에 기재함으로써 성립한다(가사소송법 제59조 제1항). 조정이 성립하면 당사자가 임의로 처분할 수 없는 사항을 제외하고는 재판상 화해와 동일한 효력이 생겨 이혼이 성립한다(가사소송법 제59조 제2항 본문).

3) 조정을 신청한 자는 조정 성립의 날로부터 1개월 이내에 이혼신고를 하여야 한다(가족관계등록법 제78조, 제58조 제1항). 이는 보고적 신고이다.

(2) 재판에 의한 이혼

1) 조정이 성립하지 않은 때나 조정을 하지 않기로 하는 결정을 한 경우이거나 조정에 갈음하는 결정에 대하여 이의신청이 있는 때에는 조정을 신청한 때에 소가 제기된 것으로 본다(가사소송법 제49조, 민사조정법 제36조 제1항).

2) 1심의 이혼판결에 대하여 불복이 있으면 판결정본이 송달된 날로부터 14일 이내에 항소할 수 있고, 항소심 판결에 불복이 있으면 14일 이내에 대법원에 상고할 수 있다.

3) 이혼판결이 확정되면 혼인은 해소되며, 그 효력은 제3자에게도 미친다(가사소송법 제21조 제1항). 소를 제기한 자는 판결이 확정된 날로부터 1개월 이내에 재판의 등본과 확정증명서를 첨부하여 이혼신고를 하여야 한다(가족관계등록법 제78조. 제56조 제1항). 이는 보고적 신고이다.

Ⅳ. 이혼의 효과

1. 일반적 효과

(1) 부부관계의 소멸

부부간의 정조의무, 동거의무, 부양·협조의무, 부부재산관계 등 혼인에 의하여 부부 사이에 생긴 모든 권리의무가 소멸한다.

(2) 가족관계등록부의 변경

가족관계등록부의 혼인기록이 변동된다.

(3) 인척관계의 소멸

혼인으로 인하여 배우자의 혈족과의 사이에 생긴 인척관계는 이혼에 의하여 소멸한다. 따라서 이혼한 부부는 재혼할 수 있다. 다만 제809조 제2항의 인척이었던 사람 사이에는 혼인하지 못하는 혼인장애적 효과는 여전히 남는다.

2. 자(子)에 대한 효과

(1) 친권자 지정

부모가 이혼하게 되면 공동친권행사가 어렵게 되어 친권자를 정해야 한다. 부모 중 어느 한쪽을 친권자로 정하게 되지만 반드시 그런 것은 아니며 공동친권으로 정하는 것도 허용된다.[112] 부모 중 어느 한쪽만이 친권자로 정해진 경우에도

112) **대판 2012. 4.13, 2011므4719** "[1] 자의 양육을 포함한 친권은 부모의 권리이자 의무로서 미성년인 자의 복지에 직접적인 영향을 미친다. 그러므로 부모가 이혼하는 경우에 부모 중에서 미성년인 자의 친권을 가지는 사람 및 양육자를 정함에 있어서는, 미성년인 자의 성별과 연령, 그에 대한 부모의 애정과 양육의사의 유무는 물론, 양육에 필요한 경제적 능력의 유무, 부 또는 모와 미성년인 자 사이의 친밀도, 미성년인 자의 의사 등의 모든 요소를 종합적으로 고려하여 미성년인 자의 성장과 복지에 가장 도움이 되고 적합한 방향으로 판단하여야 한다. [2] 민법 제837조, 제909조 제4항, 가사소송법 제2조 제1항 제2호 나목의3) 및5) 등이 부부의 이혼 후 그 자의 친권자와 그 양육에 관한 사항을 각기 다른 조항에서 규정하고 있는 점 등에 비추어 보면, 이혼 후 부모와 자녀의 관계에 있어서 친권과 양육권이 항상 같은 사람에게 돌아가야 하는 것은 아니며, 이혼 후 자에 대한 양육권이 부모 중 어느 일방에, 친권이 다른 일방에 또는 부모에 공동으로 귀속되는 것으로 정하는 것은, 비록 신중한 판단이 필요하다고 하더라도, 일정한 기준을 충족하는

다른 한쪽은 여전히 부모로서의 지위를 가진다.

1) 협의이혼의 경우

부모의 협의로 친권자를 정하여야 하고, 협의할 수 없거나 협의가 이루어지지 아니하는 경우에는 가정법원은 직권으로 또는 당사자의 청구에 따라 친권자를 지정하여야 한다(제909조 제4항 본문). 다만, 부모의 협의가 자(子)의 복리에 반하는 경우에는 가정법원은 보정을 명하거나 직권으로 친권자를 정한다(제909조 제4항 단서).

2) 재판상 이혼의 경우

재판상 이혼의 경우에는 가정법원이 직권으로 친권자를 지정한다(제909조 제5항).[113)]

3) 친권자 지정의 기준

자(子)의 복리를 최우선으로 고려하여야 한다.

4) 친권자의 변경

친권자를 지정한 후에도 자의 복리를 위하여 필요하다고 인정되는 경우에는 가정법원은 자(子)의 4촌 이내의 친족의 청구에 의하여 친권자를 다른 일방으로 변경할 수 있다(제909조 제6항). 즉 친권자가 일단 지정된 후에는 부모의 협의만으로는 친권자를 변경할 수 없고 가정법원에 청구하여 가정법원의 심판을 받아 친권자를 변경할 수 있다.

5) 자(子)의 의견 청취

친권자 지정과 변경에 관한 심판청구가 있는 경우에, 자(子)가 15세 이상인 때에는, 가정법원은 심판에 앞서 그 자(子)의 의견을 들어야 한다. 다만, 자(子)의 의

한 허용된다고 할 것이다."

113) **대판 2015. 6.23, 2013므2397** "이혼 과정에서 친권자 및 자녀의 양육책임에 관한 사항을 의무적으로 정하도록 한 민법 제837조 제1항, 제2항, 제4항 전문, 제843조, 제909조 제5항의 문언 내용 및 이혼 과정에서 자녀의 복리를 보장하기 위한 위 규정들의 취지와 아울러, 이혼 시 친권자 지정 및 양육에 관한 사항의 결정에 관한 민법 규정의 개정 경위와 변천 과정, 친권과 양육권의 관계 등을 종합하면, 재판상 이혼의 경우에 당사자의 청구가 없다 하더라도 법원은 직권으로 미성년자인 자녀에 대한 친권자 및 양육자를 정하여야 하며, 따라서 법원이 이혼 판결을 선고하면서 미성년자인 자녀에 대한 친권자 및 양육자를 정하지 아니하였다면 재판의 누락이 있다."

견을 들을 수 없거나 자(子)의 의견을 듣는 것이 오히려 자(子)의 복지를 해할만한 특별한 사정이 있다고 인정되는 때에는 그러하지 아니하다(가사소송규칙 제100조).

(2) 양육에 관한 사항

1) 협의이혼의 경우

당사자 간에 양육사항에 대해 협의하여야 하고(제837조 제1항) 협의가 이루어지지 않거나 협의할 수 없는 때에는 가정법원이 직권 또는 당사자의 청구에 의하여 이를 정하며, 이혼의사확인절차에서 양육에 관한 협의서나 가정법원의 심판정본을 제출하여야 한다(제836의2조 제4항).

2) 재판상 이혼의 경우

먼저 당사자 간에 양육사항에 대해 협의를 하고 협의가 이루어지지 아니하거나 협의할 수 없는 때에는 가정법원이 직권으로 또는 당사자의 청구에 의하여 정한다(제837조 제4항).

3) 양육에 관한 사항의 결정기준

이혼 시 자(子)의 양육에 대한 협정이 없어 법원에 그 사항을 정할 것을 청구한 때에는, 친권자가 누구인가에 관계없이 법원은 자(子)의 연령, 부모의 재산상황 기타 모든 사정을 고려하여 부모 중 누구 한편을 양육자로 지정하거나 또는 쌍방 모두에게 양육사항을 나누어 부담케 할 수 있다고 할 것이고, 이때에 제일 우선적으로 고려되어야 할 사항은 부모의 권리 아닌, 자(子)의 복지이다.[114]

---

114) **대판 2010. 5.13, 2009므1458·1465** "가. 자의 양육을 포함한 친권은 부모의 권리이자 의무로서 미성년인 자의 복지에 직접적인 영향을 미치므로 부모가 이혼하는 경우에 부모 중 누구를 미성년인 자의 친권을 행사할 자 및 양육자로 지정할 것인가를 정함에 있어서는, 미성년인 자의 성별과 연령, 그에 대한 부모의 애정과 양육의사의 유무는 물론, 양육에 필요한 경제적 능력의 유무, 부 또는 모와 미성년인 자 사이의 친밀도, 미성년인 자의 의사 등의 모든 요소를 종합적으로 고려하여 미성년인 자의 성장과 복지에 가장 도움이 되고 적합한 방향으로 판단하여야 한다. 나. 수년간 별거해 온 갑과 을의 이혼에 있어, 별거 이후 갑(부)이 양육해 온 9세 남짓의 여아인 병에 대한 현재의 양육상태를 변경하여 을(모)을 친권행사자 및 양육자로 지정한 원심에 대하여, 현재의 양육상태에 변경을 가하여 을(모)을 병에 대한 친권행사자 및 양육자로 지정하는 것이 정당화되기 위하여는 그러한 변경이 현재의 양육상태를 유지하는 경우보다 병의 건전한 성장과 복지에 더 도움이 된다는 점이 명백하여야 함에도, 단지 어린 여아의 양육에는 어머니가 아버지보다 더 적합할 것이라는 일반적 고려만으로는 위와 같은 양육상태 변경의 정당성을 인정하기에

4) 양육자나 양육사항의 변경

자(子)의 복리를 위하여 필요하다고 인정하는 경우에는 가정법원은 부·모·자 및 검사의 청구 또는 직권으로 자(子)의 양육에 관한 사항을 변경하거나 다른 적당한 처분을 할 수 있다(제837조 제5항).[115] 양육에 관한 사항의 변경은 당사자의 협의에 의하여 정해진 경우와 가정법원의 조정이나 심판에 의하여 정해진 경우 모두에 대하여 할 수 있고, 또한 어느 경우든 당초의 협의 또는 결정 후에 특별한 사정변경이 있는 때뿐만 아니라 이전에 정해진 사항이 부당하다고 인정되는 때에도 변경할 수 있다는 것이 판례의 태도이다.[116]

충분하지 아니하다는 이유로 원심판결을 파기한 사례."; **대판 1991. 7.23, 90므828·90므835** "이혼시 자의 양육에 대한 협정이 없어 법원에 그 사항을 정할 것을 청구한 때에는, 친권자가 누구인가에 관계없이 법원은 자의 연령, 부모의 재산상황 기타 모든 사정을 고려하여 부모 중 누구 한편을 양육자로 지정하거나 또는 쌍방 모두에게 양육사항을 나누어 부담케 할 수 있다고 할 것이고, 이때에 제일 우선적으로 고려되어야 할 사항은 부모의 권리 아닌, 자의 복지이므로, 구민법(1991.1.13. 법률 제4199호로 개정되기 전의 것)상 부부가 이혼한 경우에 아버지만이 자의 친권자가 된다고 하는 사정은 법원이 양육자를 정함에 있어서 고려할 여러가지 사정 중 하나가 될 수는 있겠지만, 그러한 사정이 양육자를 선택함에 있어서 아버지쪽에 어떤 우선권을 주어야 하는 사유라고는 할 수 없다."

115) **대결 1992.12.30, 92스17·18** "이혼의 당사자가 자의 양육에 관한 사항을 협의에 의하여 정하였더라도 필요한 경우 가정법원은 당사자의 청구에 의하여 언제든지 그 사항을 변경할 수 있는 것이며, 이는 당사자 사이의 협의가 재판상 화해에 의한 경우에도 마찬가지이다."; **대결 2006. 4.17, 2005스18·19** "가정법원이 일단 결정한 양육에 필요한 사항을 그 후 변경하는 것은 당초의 결정 후에 특별한 사정변경이 있는 경우뿐만 아니라, 당초의 결정이 위 법률규정 소정의 제반 사정에 비추어 부당하게 되었다고 인정될 경우에도 가능한 것이며, 당사자가 조정을 통하여 그 자의 양육에 관한 사항을 정한 후 가정법원에 그 사항의 변경을 청구한 경우에 있어서도 가정법원은 심리를 거쳐서 그 조정조항에서 정한 사항이 위 법률규정 소정의 제반 사정에 비추어 부당하다고 인정되는 경우에는 언제든지 그 사항을 변경할 수 있고 조정의 성립 이후에 특별한 사정변경이 있는 때에 한하여 이를 변경할 수 있는 것은 아니다,"

116) **대판 1991. 6.25, 90므699; 대결 2006. 4.17, 2005스18·19** "민법 제837조 제2항의 규정에 의하여 가정법원이 일단 결정한 양육에 필요한 사항을 그 후 변경하는 것은 당초의 결정 후에 특별한 사정변경이 있는 경우뿐만 아니라, 당초의 결정이 위 법률규정 소정의 제반 사정에 비추어 부당하게 되었다고 인정될 경우에도 가능한 것이며, 당사자가 조정을 통하여 그 자의 양육에 관한 사항을 정한 후 가정법원에 그 사항의 변경을 청구한 경우에 있어서도 가정법원은 심리를 거쳐서 그 조정조항에서 정한 사항이 위 법률규정 소정의 제반 사정에 비추어 부당하다고 인정되는 경우에는 언제든지 그 사항을 변경할 수 있고 조정의 성립 이후에 특별한 사정변경이 있는 때에 한하여 이를 변경할 수 있는 것은 아니다."

5) 자(子)의 의견 청취

양육에 관한 처분과 변경청구가 있는 경우에, 자(子)가 15세 이상인 때에는, 가정법원은 심판에 앞서 그 자(子)의 의견을 들어야 한다. 다만, 자(子)의 의견을 들을 수 없거나 자(子)의 의견을 듣는 것이 오히려 자(子)의 복지를 해할만한 특별한 사정이 있다고 인정되는 때에는 그러하지 아니하다(가사소송규칙 제100조).

6) 양육비 부담

양육비 부담은 부양의 문제이므로 부양의무자가 양육비를 부담한다. 따라서 부모가 공동으로 부담한다. 양육자가 부모 중 일방인 경우에는 양육자가 아닌 다른 일방에 대하여 양육비를 청구할 수 있다. 일단 정해진 양육비 부담의 변경청구도 가능하다.[117)]

7) 양육비지급의무를 이행하지 않는 경우

양육비 부담자가 양육비지급의무를 이행하지 않는 경우 양육비지급청구소송을 제기하여 판결을 받아서 상대방의 재산에 대해 강제집행을 할 수도 있지만, 좀 더 간편하면서도 효과적인 방법으로 가사소송법상 이행명령제도, 양육비 직접지급명령신청제도, 담보제공명령신청제도, 일시금지급명령신청제도 등을 규정하고 있다.

① 이행명령 등 제도

양육비지급의무자가 정당한 이유 없이 그 의무의 이행을 하지 않는 경우에 가정법원이 당사자의 신청에 의하여 일정한 기간 내에 그 의무를 이행할 것을 명하는 제도이다(가사소송법 제64조). 이행명령에 위반하면 가정법원, 조정위원회 또는 조정담당판사는 직권으로 또는 권리자의 신청에 의하여 결정으로 1천만 원 이하의 과태료를 부과할 수 있고(동법 제67조 제1항), 이행명령을 받은 사람이 정당한 이유 없이 3기(期) 이상 그 의무를 이행하지 아니한 경우에는 가정법원은 권리자

---

117) **대판 1992. 1.21, 91므689** "가. 실제로 양육을 담당하는 이혼한 모에게 전혀 수입이 없어 자녀들의 양육비를 분담할 형편이 못되는 것이 아닌 이상 이혼한 부와 함께 모도 양육비의 일부를 부담하도록 하였다 하여도 경험칙과 논리칙에 어긋나는 것은 아니다. 나. 이혼한 부모 사이에 미성년의 3자녀에 대한 양육자로 모를 지정하고 부가 부담해야 할 양육비는 도시가구의 평균 소비지출액과 당사자들의 각 재산정도와 수입 등 제반 사정을 참작하여 양육비로 예상되는 금액의 3분지 2 정도인 월 금 329,810원이 상당하다고 한 원심의 판단을 정당한 것으로 수긍한 사례."

의 신청에 의하여 결정으로 30일의 범위에서 그 의무를 이행할 때까지 의무자에 대한 감치를 명할 수 있다(동법 제68조 제1항).

② 양육비 직접지급명령신청제도

양육비 직접지급명령신청제도는 가사소송법상의 제도로서 재산분할, 부양료 및 미성년 자녀의 양육비 청구사건에서 양육비지급의무자(양육비채무자)에게 정기적으로 양육비를 지급하도록 하는 확정 판결, 조정조서, 화해조서, 양육비부담조서 등이 있었으나, 판결확정 후 양육비채무자가 양육비의 지급을 2회 이상 이행하지 않을 경우, 당사자의 신청에 의하여 서면심리만으로 양육비채무자의 고용자(소득세원천징수의무자)로 하여금 양육자(양육비채권자)에게 직접 양육비를 지급하도록 명령하는 제도이다(동법 제63조의 2 제1항).

③ 담보제공명령신청제도

담보제공명령신청제도는 정기금 양육비 채권에 관한 집행권원을 가진 양육비채권자가 정당한 사유 없이 정기금 양육비채무를 이행하지 않는 양육비채무자를 상대로 장래를 향하여 정기적으로 발생하는 양육비채권의 이행을 확보하기 위한 제도이다(동법 제63조의 3 제1항, 제2항).

④ 일시금지급명령신청제도

일시금지급명령신청제도는 양육비채무자가 담보제공명령을 받고서도 담보를 제공하여야 할 기간 내에 이를 제공하지 아니하는 때에 가정법원이 양육비채권자의 신청에 따라 양육비의 전부 또는 일부를 일시금으로 지급하도록 명할 수 있는 제도이다(동법 제63조의 3 제4항). 양육비의 일시금 지급명령을 받은 사람이 30일 이내에 정당한 사유 없이 그 의무를 이행하지 아니한 경우도 가정법원은 권리자의 신청에 의하여 결정으로 30일의 범위에서 그 의무를 이행할 때까지 의무자에 대한 감치를 명할 수 있다(동법 제68조 제1항).

(3) 면접교섭권

1) 면접교섭권의 의의

자(子)를 직접 양육하지 않는 부모의 일방과 자(子)가 서로 면접, 전화, 서신교환, 접촉, 방문할 수 있는 권리이다(제837조의 2 제1항).

종전에는 자를 직접 양육하지 않는 부모 권리로 규정하였으나 2007년의 개정에 의하여 부모의 권리이자 자녀의 권리로 규정하였다.

그동안 제837조의 면접교섭권은 부모의 일방과 자(子)의 권리로만 해석되어 그 밖의 조부모와 같은 제3자에게는 그 규정의 법문상 면접교섭권이 인정될 수 없었다. 그런데 2016년 12월 2일 민법이 개정됨에 따라 조부모 등 직계존속이 일정한 경우에 가정법원의 허가를 받아 면접교섭을 할 수 있는 길을 열어놓았다. 즉 자(子)를 직접 양육하지 아니하는 부모 일방의 직계존속은 그 부모 일방이 사망하거나 질병, 외국거주, 그 밖의 불가피한 사정으로 자(子)를 면접교섭할 수 없는 경우 가정법원에 자(子)와의 면접교섭을 청구할 수 있다(제837조의 2 제2항 제1문). 이 경우 가정법원은 자(子)의 의사, 면접교섭을 청구한 사람과 자(子)의 관계, 청구의 동기, 그 밖의 사정을 참작하여야 한다(제837조의 2 제2항 제2문).

민법은 면접교섭권을 협의이혼에 관하여 규정하고(제837조의 2), 이를 재판상 이혼의 경우에 준용하도록 하고 있다(제843조). 그리고 가사소송법은 그 규정을 혼인의 취소 또는 인지에 의하여 부모 중 일방이 친권자가 되는 경우에 준용한다(가사소송법 제2조 제1항 마류사건 3)·제50조).

2) 면접교섭권의 행사 여부와 그 방법

① 협의이혼의 경우 당사자 간에 면접교섭권의 행사여부와 그 방법에 대해 협의하여야 하고 이혼의사확인절차에서 그에 관한 협의서나 가정법원의 심판정본을 제출하여야 한다(제836의 2 제4항). 협의내용이 자의 복리에 반하는 경우에는 가정법원은 보정을 명하거나 직권으로 그 자의 의사·연령과 부모의 재산상황, 그 밖의 사정을 참작하여 이를 정할 수 있다.

② 재판상 이혼의 경우도 먼저 당사자 간에 이에 대해 협의를 하고 협의가 이루어지지 아니하거나 협의할 수 없는 때에는 가정법원이 직권으로 또는 당사자의 청구에 의하여 정하며, 이 경우 그 자의 의사·연령과 부모의 재산상황, 그 밖의 사정을 참작한다(제837조 제3항, 제4항).

3) 면접교섭권의 제한

가정법원은 자의 복리를 위하여 필요한 때에는 당사자의 청구 또는 직권에 의하여 면접교섭을 제한·배제·변경할 수 있다(제837조의 2 제3항).

면접교섭권의 제한·배제·변경에 관한 청구가 있는 경우에, 자가 13세 이상인 때에는, 가정법원은 심판에 앞서 그 자의 의견을 들어야 한다(가사소송규칙 제100조 본문). 다만, 자의 의견을 들을 수 없거나 자의 의견을 듣는 것이 오히려 자의 복지를 해할만한 특별한 사정이 있다고 인정되는 때에는 그러하지 아니하다(가사소송규칙 제100조 단서).

4) 면접교섭권의 침해에 대한 구제

자녀와의 면접교섭 의무를 이행하지 않으면 이행명령을 신청할 수 있고(가사소송법 제64조), 그 의무 불이행에 대한 제재로서 1천만 원 이하의 과태료가 부과될 수 있다(가사소송법 제67조 제1항). 또한 자녀의 복리를 현저하게 해하는 경우에는 양육자의 변경이나 친권상실사유가 될 수 있다.

3. 재산분할청구권

(1) 의 의

재산분할청구권이란 이혼을 한 당사자 일방이 다른 일방에 대하여 부부 공동재산에 대한 청산의 의미로 재산분할을 청구할 수 있는 권리이다(제839조의 2, 제843조).

(2) 인정근거

부부가 혼인 중 취득한 재산은 남편이 경제적 활동을 통하여 얻은 것이더라도 처의 가사노동과 더불어 상호 협력하여 이룬 재산이라고 볼 수 있다. 따라서 남편 명의로 되어 있는 재산이더라도 처가 가사노동에 의해 그 재산의 형성에 기여하였다면 그에 대한 처의 잠재적 지분을 분할해 주어야 형평의 이념에 맞는 청산이 된다. 즉 재산분할청구권은 처의 가사노동도 평가되어야 한다는 사상을 기초로 하고 있다. 또한 경제적 능력이 없는 배우자 특히 처의 생계를 보장하여 이혼의 자유를 실질적으로 보장하려는 데 있다.

(3) 성 질

1) 재산분할청구권의 성질에 대하여 ① 혼인 중에 취득한 실질적인 공동재산을 청산 분배하는 것을 목적으로 한다고 보는 청산설과,[118] ② 부부재산관계의 청

산과 함께 이혼 후 생활이 어려운 배우자에 대한 부양을 위한 것이라고 보는 청산 및 부양설(복합설)[119]이 있다.

2) 판례는 청산설을 취한 경우도 있고,[120] 복합설을 취한 경우도 있다.[121]

3) 생각건대 재산분할은 혼인 중 증식한 재산에 대하여 각자가 그 재산의 형성에 기여한 부분을 이혼 시 돌려받는 것이므로 청산설이 타당하다고 할 것이다. 따라서 재산분할은 이혼 시 '자기 몫'을 돌려받는 것이고 재산을 증여받는 것이 아니어서 이혼 시 재산분할을 청구하여 상속세 인적공제액을 초과하는 재산을 취득한 경우 그 초과부분에 대하여 증여세를 부과하도록 규정하고 있던 구 상속세법 규정에 대하여 헌법재판소는 위헌결정을 한 바 있다.[122]

---

118) 배경숙·최금숙, 앞의 책, 197면.

119) 김용한, 앞의 책, 158면.

120) **대판 1998. 2.13, 97므1486·1493** "[1] 민법 제839조의2에 규정된 재산분할제도는 혼인 중에 취득한 실질적인 공동재산을 청산 분배하는 것을 주된 목적으로 하는 것이므로, 부부가 재판상 이혼을 할 때 쌍방의 협력으로 이룩한 재산이 있는 한, 법원으로서는 당사자의 청구에 의하여 그 재산의 형성에 기여한 정도 등 당사자 쌍방의 일체의 사정을 참작하여 분할의 액수와 방법을 정하여야 하는바, 이 경우 부부 일방의 특유재산은 원칙적으로 분할의 대상이 되지 아니하나 특유재산일지라도 다른 일방이 적극적으로 그 특유재산의 유지에 협력하여 그 감소를 방지하였거나 그 증식에 협력하였다고 인정되는 경우에는 분할의 대상이 될 수 있다. [2] 부부 일방이 혼인 중 제3자에게 부담한 채무는 일상가사에 관한 것 이외에는 원칙으로 그 개인의 채무로서 청산의 대상이 되지 않으나 그것이 공동재산의 형성에 수반하여 부담한 채무인 경우에는 청산의 대상이 된다. [3] 재산분할의 방법이나 그 비율 또는 액수는 당사자 쌍방의 협력으로 이룩한 재산의 액수 기타의 사정을 참작하여 법원이 이를 정하되 그 모든 사정을 개별적·구체적으로 일일이 특정하여 설시하여야 하는 것은 아니다."

121) **대판 2000. 9.29, 2000다25569** "이혼에 따른 재산분할은 혼인 중 쌍방의 협력으로 형성된 공동재산의 청산이라는 성격에 상대방에 대한 부양적 성격이 가미된 제도임에 비추어, 이미 채무초과 상태에 있는 채무자가 이혼을 하면서 배우자에게 재산분할로 일정한 재산을 양도함으로써 결과적으로 일반 채권자에 대한 공동담보를 감소시키는 결과로 되어도, 그 재산분할이 민법 제839조의2 제2항의 규정 취지에 따른 상당한 정도를 벗어나는 과대한 것이라고 인정할 만한 특별한 사정이 없는 한, 사해행위로서 취소되어야 할 것은 아니고, 다만 상당한 정도를 벗어나는 초과부분에 대하여는 적법한 재산분할이라고 할 수 없기 때문에 이는 사해행위에 해당하여 취소의 대상으로 될 수 있을 것이나, 이 경우에도 취소되는 범위는 그 상당한 정도를 초과하는 부분에 한정하여야 하고, 위와 같이 상당한 정도를 벗어나는 과대한 재산분할이라고 볼 만한 특별한 사정이 있다는 점에 관한 입증책임은 채권자에게 있다."; **서울가법 1991.11.12, 91느4431** 참조.

122) **헌재 1997.10.30, 96헌바14** "[1] 이혼시의 재산분할제도는 본질적으로 혼인 중 쌍방의 협력으로 형성된 공동재산의 청산이라는 성격에, 경제적으로 곤궁한 상대방에 대한 부양적 성격이 보충적으로 가미된 제도라 할 것이어서, 이에 대하여 재산의 무상취득을 과세원인으로 하는 증여세를 부과할 여지가 없으며, 설령 증여세나 상속세를 면탈할 목적으로

4) 재산분할청구권은 혼인의 파탄에 대한 책임유무와 관계없이 인정되는 것이므로 유책배우자라 하더라도 인정된다.[123)]

(4) 재산분할의 대상

1) 특유재산

① 재산분할의 대상은 혼인 이후 이혼 시까지 증식된 재산이다. 따라서 혼인 전에 취득한 각자의 고유재산(제830조 제1항 참조), 혼인 후 상속이나 증여에 의하여 각자 취득한 재산 등 각자의 특유재산은 그 대상이 되지 못한다.

② 그러나 특유재산이더라도 그 재산의 유지나 증식에 상대방이 협력한 경우에는 예외적으로 재산분할의 대상이 된다.[124)]

위장이혼하는 것과 같은 경우에 증여와 동일하게 취급할 조세정책적 필요성이 있다 할지라도, 그러한 경우와 진정한 재산분할을 가리려는 입법적 노력없이 반증의 기회를 부여하지도 않은 채 상속세 인적공제액을 초과하는 재산을 취득하기만 하면 그 초과부분에 대하여 증여세를 부과한다는 것은 입법목적과 그 수단간의 적정한 비례관계를 벗어난 것이며 비민주적 조세관의 표현이다. 그러므로 이혼시 재산분할을 청구하여 상속세 인적공제액을 초과하는 재산을 취득한 경우 그 초과부분에 대하여 증여세를 부과하는 것은, 증여세제의 본질에 반하여 증여라는 과세원인 없음에도 불구하고 증여세를 부과하는 것이어서 현저히 불합리하고 자의적이며 재산권보장의 헌법이념에 부합하지 않으므로 실질적 조세법률주의에 위배된다. [2] 이혼시의 재산분할청구로 취득한 재산에 대하여 증여세를 부과하는 주된 입법목적은, 배우자의 사망으로 상속받는 재산에 대하여 상속세를 부과하는 것과 과세상 형평을 유지한다는 데 있다고 하나, 이혼과 배우자의 사망은 비록 혼인관계의 종료를 가져온다는 점에서 공통점이 있다 하더라도 그로 인한 재산관계, 신분관계는 여러 가지 면에서 차이가 있다. 그러므로 증여세의 상속세 보완세적 기능을 관철하는 데에만 집착한 나머지 배우자상속과 이혼시 재산분할의 재산관계의 본질적이고도 다양한 차이점을 무시하고 이를 동일하게 다루는 것은, 본질적으로 다른 것을 같게 다룸으로써 자신의 실질적 공유재산을 청산받는 혼인당사자를 합리적 이유없이 불리하게 차별하는 것이므로 조세평등주의에 위배된다."

123) **대결 1993. 5.11, 93스6** "혼인 중에 부부가 협력하여 이룩한 재산이 있는 경우에는 혼인관계의 파탄에 대하여 책임이 있는 배우자라도 재산의 분할을 청구할 수 있다."

124) **대판 1993. 5.25, 92므501** "민법 제843조, 제839조의2의 규정에 의한 재산분할의 경우 부부 일방의 특유재산은 원칙적으로 분할대상이 되지 아니하나 특유재산일지라도 다른 일방이 적극적으로 특유재산의 유지에 협력하여 감소를 방지하였거나 증식에 협력하였다고 인정되는 경우에는 분할대상이 될 수 있고 또 부부 일방이 혼인중 제3자에게 부담한 채무는 일상가사에 관한 것 이외에는 원칙으로 개인채무로서 청산대상이 되지 않으나 공동재산의 형성에 수반하여 부담한 채무인 경우에는 청산대상이 된다."; **대판 1998. 2.13, 97므1486·1493** "민법 제839조의2에 규정된 재산분할제도는 혼인 중에 취득한 실질적인 공동재산을 청산 분배하는 것을 주된 목적으로 하는 것이므로, 부부가 재판상 이혼을 할 때 쌍방의 협력으로 이룩한 재산이 있는 한, 법원으로서는 당사자의 청구에 의하여

2) 복권당첨금

판례는 사건에 따라 분할의 대상으로 인정하는 경우도 있고 분할 대상으로 인정하지 않는 경우도 있다.

3) 퇴 직 금

이미 수령한 퇴직금은 분할의 대상이 된다. 또한 이혼 후 재산분할의 제척기간이 경과하기 전에 수령한 퇴직금도 분할의 대상이 된다. 그러나 장래의 퇴직금은 분할의 대상은 아니고 참작사유만 된다고 하였다.[125] 그러나 최근의 판례는 혼인기간 중의 근무에 대하여 상대방배우자의 협력이 인정되는 이상 공무원 퇴직연금 수급권 중 적어도 그 기간에 해당하는 부분은 부부 쌍방의 협력으로 이룩한 재산으로 볼 수 있고, 따라서 재산분할제도의 취지에 비추어 허용될 수 없는 경우가 아니라면 이미 발생한 공무원 퇴직연금 수급권도 부동산 등과 마찬가지로 재산분할의 대상에 포함될 수 있다고 한다.[126]

그 재산의 형성에 기여한 정도 등 당사자 쌍방의 일체의 사정을 참작하여 분할의 액수와 방법을 정하여야 하는바, 이 경우 부부 일방의 특유재산은 원칙적으로 분할의 대상이 되지 아니하나 특유재산일지라도 다른 일방이 적극적으로 그 특유재산의 유지에 협력하여 그 감소를 방지하였거나 그 증식에 협력하였다고 인정되는 경우에는 분할의 대상이 될 수 있다."; **대판 1993. 6.11, 92므1054·1061** "재산분할의 대상이 된 원고 소유의 부동산 등이 원고가 이미 처분한 상속재산을 기초로 형성된 것이라고 하더라도 결혼 이후 원고가 위 부동산 등을 취득하고 유지함에 있어서 피고의 헌신적인 가사노동이 직접, 간접으로 기여한 것으로 인정되므로 위 부동산 전부를 재산분할 대상으로 보아야 한다."

125) **대판 1995. 3.28, 94므1584** "퇴직금은 혼인 중에 제공한 근로에 대한 대가가 유예된 것이므로 부부의 혼인 중 재산의 일부가 되며, 부부 중 일방이 직장에서 일하다가 이혼 당시에 이미 퇴직금 등의 금원을 수령하여 소지하고 있는 경우에는 이를 청산의 대상으로 삼을 수 있다."; **대판 1998. 6.12, 98므213** "부부 일방이 아직 퇴직하지 아니한 채 직장에 근무하고 있을 경우 그의 퇴직일과 수령할 퇴직금이 확정되었다는 등의 특별한 사정이 없다면, 그가 장차 퇴직금을 받을 개연성이 있다는 사정만으로 그 장래의 퇴직금을 청산의 대상이 되는 재산에 포함시킬 수 없고, 장래 퇴직금을 받을 개연성이 있다는 사정은 민법 제839조의 2 제2항 소정의 재산분할의 액수와 방법을 정하는 데 필요한 '기타 사정'으로 참작되면 족하다."; **대결 2000. 5. 2, 2000스13** "이혼소송의 사실심 변론종결일 당시 직장에 근무하는 부부 일방의 퇴직과 퇴직금이 확정된 바 없으면 장래의 퇴직금을 분할의 대상이 되는 재산으로 삼을 수 없음이 원칙이지만, 그 뒤에 부부 일방이 퇴직하여 퇴직금을 수령하였고 재산분할청구권의 행사기간이 경과하지 않았으면 수령한 퇴직금 중 혼인한 때로부터 위 기준일까지의 기간 중에 제공한 근로의 대가에 해당하는 퇴직금 부분은 분할의 대상인 재산이 된다."

126) **대판(전) 2014. 7.16, 2012므2888** "2. 공무원 퇴직연금수급권의 재산분할 대상 여부에 관한 피고의 상고이유에 대하여

가. 민법 제839조의2에 규정된 재산분할제도는 혼인 중에 취득한 실질적인 공동재산을 청산·분배하는 것을 주된 목적으로 하는 것이므로, 부부가 재판상 이혼을 할 때 쌍방의 협력으로 이룩한 재산이 있는 한, 법원으로서는 당사자의 청구에 의하여 그 재산의 형성에 기여한 정도 등 당사자 쌍방의 일체의 사정을 참작하여 분할의 액수와 방법을 정하여야 한다(대법원 1998. 2. 13. 선고 97므1486, 1493 판결 등 참조). 이혼소송의 사실심 변론종결 당시에 부부 중 일방이 공무원 퇴직연금을 실제로 수령하고 있는 경우에, 위 공무원 퇴직연금에는 사회보장적 급여로서의 성격 외에 임금의 후불적 성격이 불가분적으로 혼재되어 있으므로(대법원 1995. 9. 29. 선고 95누7529 판결 등 참조), 혼인기간 중의 근무에 대하여 상대방 배우자의 협력이 인정되는 이상 공무원 퇴직연금수급권 중 적어도 그 기간에 해당하는 부분은 부부 쌍방의 협력으로 이룩한 재산으로 볼 수 있다. 따라서 재산분할제도의 취지에 비추어 허용될 수 없는 경우가 아니라면, 이미 발생한 공무원 퇴직연금수급권도 부동산 등과 마찬가지로 재산분할의 대상에 포함될 수 있다고 봄이 상당하다. 그리고 구체적으로는 연금수급권자인 배우자가 매월 수령할 퇴직연금액 중 일정 비율에 해당하는 금액을 상대방 배우자에게 정기적으로 지급하는 방식의 재산분할도 가능하다고 할 것이다. 이때 그 재산분할에 의하여 분할권리자가 분할의무자에 대하여 가지게 되는 위와 같은 정기금채권은 비록 공무원 퇴직연금수급권 그 자체는 아니더라도 그 일부를 취득하는 것과 경제적으로 동일한 의미를 가지는 권리인 점, 재산분할의 대상인 공무원 퇴직연금수급권이 사회보장적 급여로서의 성격이 강하여 일신전속적 권리에 해당하여서 상속의 대상도 되지 아니하는 점 등을 고려하면, 분할권리자의 위와 같은 정기금채권 역시 제3자에게 양도되거나 분할권리자의 상속인에게 상속될 수 없다고 봄이 상당하다. 물론 위와 같은 정기금 방식의 재산분할의 경우에는 강제집행의 불편함과 어려움이 예상된다고 할는지 모르나, 분할의무자가 정당한 이유 없이 정기금을 지급하지 아니하면 가정법원은 가사소송법 제64조에 의하여 이행명령을 내릴 수 있고, 정당한 이유 없이 위 이행명령을 위반할 경우에는 같은 법 제67조 제1항에 의하여 1천만 원 이하의 과태료를 부과할 수 있으며, 정기금의 지급을 명령받고도 3기 이상 그 의무를 이행하지 아니한 경우에는 같은 법 제68조에 의하여 30일의 범위에서 그 의무를 이행할 때까지 분할의무자를 감치할 수 있는 등으로, 간접적으로 그 이행을 강제할 수 있는 방법도 있다. 그럼에도 연금수급권자인 배우자의 여명을 확정할 수 없다는 등의 이유만으로 공무원 퇴직연금수급권을 재산분할의 대상에서 제외하고 이를 재산분할의 내용과 방법을 정함에 있어서 참작되는 '기타 사정'에만 해당한다고 한다면, ① 공무원인 배우자가 퇴직급여를 연금이 아닌 일시금의 형태로 수령한 경우와 비교하여 현저히 불공평한 결과가 초래되고, ② '기타 사정'으로 참작한다고 하더라도 어느 정도로 참작하여야 하는지 명확한 기준이 없고, 분할할 다른 재산이 얼마나 있는지 등에 따라 기타 사정으로도 충분히 참작할 수 없거나 아예 참작할 수 없는 결과가 초래될 수 있으며, ③ 국민연금법 제64조가 혼인기간이 5년 이상인 경우 이혼한 배우자의 노령연금액 중 혼인기간에 해당하는 연금액의 절반을 지급받을 수 있도록 규정하고 있는 것과도 균형이 맞지 아니하므로, 혼인 중에 취득한 부부의 공동재산을 공평하게 청산·분배하기 위한 재산분할제도의 취지에 반하게 된다. 다만 위와 같은 정기금 방식의 재산분할에서 예상되는 이행 내지 집행의 어려움 등을 고려하여 보면, 분할권리자가 공무원 퇴직연금수급권에 대한 재산분할을 원하지 아니하거나, 혼인기간이 너무 단기간이어서 매월 지급할 금액이 극히 소액인 경우 등 퇴직연금 자체를 재산분할의 대상으로 하는 것이 적절하지 아니한 특별한 사정이 있는 경우에는 당사자들의 자력 등을 고려하여 이를 재산분할의 대상에서 제외하고 기타 사정으로만 고려하는 것도 허용될 수 있다고 할 것이다. 이와 달리 공무원 퇴직연금은 수급권자의 사망으로 그 지급이 종료되는데

4) 장래의 재산

'이혼 후' 받게 되는 '장래의 수익'도 혼인 중 부부의 협력의 결과로서 발생한 것이라면 분할의 대상이 된다고 보아야 한다. 예를 들어 의사, 변호사, 박사 등 자격증을 취득함으로써 장래에 발생하게 되는 수입 등이 이에 해당된다. 그러나 판례는 이러한 재산은 분할 대상은 아니고 분할 액수와 방법을 정하는데 있어 참작사유가 될 뿐이라고 한다.[127]

(5) 분할방법

1) 분할의 여부, 그 액수 및 분할방법은 먼저 당사자의 협의로 정한다(제839조의 2 제2항).[128] 당사자 사이에 분할의 합의가 있는 경우에는 가정법원에 분할청구를 할 수 없다.

2) 협의가 되지 않거나 협의할 수 없는 경우에는 당사자의 청구에 의하여 가정법원이 정한다. 가정법원은 당사자 쌍방의 협력으로 이룩한 재산의 액수 기타 사정을 참작하여 분할의 액수와 방법을 정하는데, 이때 참작할 '기타 사정'은 이혼 부부의 재산상태, 직업, 청구자의 재산형성에 대한 기여도, 가사노동의 대가, 혼인 기간, 당사자의 연령 등을 들 수 있다(제839조의 2 제2항).

수급권자의 여명을 확정할 수 없으므로 그 자체를 재산분할의 대상으로 할 수 없고, 다만 이를 분할액수와 방법을 정함에 있어서 참작되는 '기타의 사정'으로 삼는 것으로 족하다는 취지의 대법원 1997. 3. 14. 선고 96므1533, 1540 판결, 대법원 2006. 7. 13. 선고 2005므1245, 1252 판결 및 대법원 2009. 6. 9.자 2008스111 결정 등을 비롯하여 그러한 취지의 재판들은 이 판결의 견해에 배치되는 범위 내에서 이를 모두 변경하기로 한다."

127) **대판 1998. 6.12, 98므213** "박사학위를 소지한 경제학교수로서의 재산취득능력은 민법 제839조의2 제2항 소정의 재산분할의 액수와 방법을 정하는 데 필요한 '기타 사정'으로 참작함으로써 충분하다."; **서울가법 1991. 6.13, 91드1220** "이혼에 있어서의 재산분할제도는 부부가 혼인 중 상호협력에 의하여 이룩한 실질적인 공동재산의 정산과 나아가 이혼 후에 경제적으로 어려워지는 당사자에 대한 부양을 목적으로 하는 것이므로, 재산분할을 함에 있어서는 부부가 혼인 후 협력하여 형성한 부동산, 전세보증금 및 예금 등의 유형적 재산 외에도 처의 협조로 부가 취득한 전문의자격이라는 무형적 재산(또는 장래의 수입증가를 가져올 수 있게 하는 잠재적 재산)의 분배라는 정산적 요소, 결혼 후 현재까지 일정한 수입이 없던 처가 향후 생활을 유지할 수 있도록 하는 부양적 요소를 모두 고려하여야 한다."

128) **대판 1993.12.28, 93므409** "부부가 협의이혼하기로 하고 이혼에 따른 자녀양육, 위자료, 재산분할 등의 조건에 관하여 합의하여 공증까지 한 후 부가 그 합의 내용의 일부를 이행하지 아니하므로 처가 이혼, 위자료 및 재산분할 등을 구하는 소송을 제기하고 위 합의의 해제를 서면으로 통지하였다면 위 재산분할 합의는 적법하게 해제되어 더 이상 존속하지 아니하므로 처는 여전히 재산분할청구권을 가진다."

3) 분할의 비율은 균분을 원칙으로 하여야 한다. 처가 가사노동만 한 경우에도 가사노동의 가치를 인정하여 분할 비율은 균분으로 하여야 한다. 그러나 판례는 처가 가사노동만 한 경우 균분을 인정하는데 인색하다.[129)]

(6) 재산분할청구권의 행사기간

재산분할청구권은 이혼한 날부터 2년 내에 행사하여야 한다(제839조의 2 제3항). 2년의 기간은 제척기간으로서 그 기간이 경과하였는지의 여부는 당사자의 주장에 관계없이 법원이 당연히 조사하여 고려한다.[130)]

(7) 재산분할청구를 위한 가사소송법상 제도

권리자가 재산분할청구를 하기 위해서는 현실적으로 먼저 상대방의 재산상태를 알아야 한다. 그러나 권리자가 상대방의 재산상태를 직접 조사하는 것이 어렵기 때문에 가사소송법은 다음과 같은 재산명시제도와 제산조회제도를 규정하고 있다.

1) 재산명시제도

① 재산명시제도는 재산분할, 부양료 및 미성년 자녀의 양육비 청구사건을 위하여 특히 필요하다고 인정하는 경우에 가정법원이 직권 또는 당사자의 신청에 의하여 당사자에게 재산목록의 제출을 명하고, 재산명시명령을 받은 당사자가 정당한 사유 없이 재산목록의 제출을 거부하거나 거짓의 재산목록을 제출한 경우 과태료를 부과함으로써 성실한 재산목록의 제출을 유도하는 제도이다(가사소송법

---

129) **대판 1994.12. 2, 94므1072** "재산분할대상인 건물의 형성에 관한 처의 기여행위가 가사를 전담하는 뒷바라지에 불과하고 별다른 경제적 활동은 없었다는 사정 등을 함께 고려하면, 재산분할로 부에 대하여 처에게 그 건물의 2분의 1 지분 소유권이전등기를 명한 것은 과다한 것으로서 형평의 원칙에 현저하게 반한다."; **서울가법 1991. 6. 7, 89드58308** "처가 가사노동을 전담하는 한편 보험회사 외판원 등을 하여 얻는 수입으로 생활비에 충당하고 저축하는 등의 방법으로 분할대상 부동산을 취득함에 있어 직접, 간접으로 기여한 점, 혼인생활이 파탄될 것을 전혀 예상하지 못하여 자신을 위한 별도의 생활대책은 전혀 준비하지 못한 점 등의 사정을 고려하여 재산분할로서 남편 명의의 위 부동산에 대한 1/2지분을 취득하게 함이 상당하다."

130) **대판 1994. 9. 9, 94다17536** "재산분할청구권은 이혼한 날로부터 2년 내에 행사하여야 하고 그 기간이 경과하면 소멸되어 이를 청구할 수 없는바, 이때의 2년이라는 기간은 일반 소멸시효기간이 아니라 제척기간으로서 그 기간이 도과하였는지 여부는 당사자의 주장에 관계없이 법원이 당연히 조사하여 고려할 사항이다."

제48의 2).

② 재산명시명령의 신청은 재산분할, 부양료 및 미성년 자녀의 양육비 청구사건이 계속 중인 가정법원에 하여야 한다.

2) 재산조회제도

① 재산조회제도는 재산분할, 부양료 및 미성년 자녀의 양육비 청구사건에서 재산명시절차를 거쳤음에도 불구하고 당사자가 재산목록의 제출을 거부하거나 제출된 재산목록만으로는 사건의 해결이 곤란한 경우에, 당사자의 신청 또는 직권으로 가정법원이 개인의 재산과 신용정보에 관한 전산망을 관리하는 공공기관·금융기관·단체 등에 대한 당사자 명의의 재산의 조회할 수 있는 제도이다(가사소송법 제48조의 3).

② 이 제도는 당사자의 자발적 협조 없이도 당사자의 재산내역을 발견·확인할 수 있도록 함으로써 재산명시제도의 실효성을 확보함과 동시에 효율적인 심리를 할 수 있도록 하기 위한 것이다.

③ 재산조회의 신청은 재산분할, 부양료 및 미성년 자녀의 양육비 청구사건이 계속 중인 가정법원에 신청하여야 한다.

4. 손해배상청구권

(1) 이혼 시 배우자 일방이 유책의 상대방 배우자에게 정신상의 고통에 대한 손해배상을 청구할 수 있는 권리로서 위자료청구권이라고도 한다(제843조, 제806조 제1항 내지 제2항). 혼인할 때 주고받은 예물은 반환을 청구할 수 없다.

(2) 손해배상을 청구하기 위해서는 상대방에게 유책사유가 있어야 하는데 배우자 쌍방에게 유책사유가 있고 쌍방의 유책의 정도가 대등한 경우에는 상호간에 위자료청구는 인정되지 않는다.[131)]

(3) 위자료액수의 산정은 법원이 모든 사정을 참작하여 직권으로 정한다.[132)]

---

131) **대판** 1994. 4.26, 93므1273·1280 "혼인의 파탄에는 원고와 피고 쌍방에게 각각 그 설시와 같은 귀책사유가 있고 그 정도를 비교하여 볼 때 어느 쪽에게 더 무거운 책임이 있다고 하기 어려울 정도로 쌍방의 책임정도가 대등하다고 판단하여 피고의 위자료청구를 기각한 것은 정당한 것으로 수긍이 가고, 그 과정에 소론과 같이 채증법칙을 위반하여 사실을 잘못 인정한 위법이 있다고 볼 수 없다."

132) **대판** 1987.10.28, 87므55; **대판** 2004. 7. 9, 2003므2251·2268 "유책배우자에 대한 위자료

(4) 위자료청구권은 원칙적으로 일신전속권이므로 양도나 상속 등 승계가 되지 아니하나, 이는 행사상 일신전속권이고 귀속상 일신전속권은 아니어서 당사자간에 배상에 관한 계약이 성립되거나 위자료의 지급을 구하는 소송을 제기함으로써 청구권을 행사할 의사가 객관적으로 명백하게 된 이상 양도나 상속 등 승계가 가능하다.[133]

(5) 이혼부부 중 일방은 혼인의 파탄에 책임이 있는 제3자에 대해서도 손해배상을 청구할 수 있다(제750조). 따라서 심히 부당한 대우를 한 배우자의 직계존속, 배우자와 간통한 제3자,[134] 부(夫)와 부첩관계(夫妾關係)에 있는 자 등에 대해서 위자료청구권을 가진다.

수액을 산정함에 있어서는, 유책행위에 이르게 된 경위와 정도, 혼인관계파탄의 원인과 책임, 배우자의 연령과 재산상태 등 변론에 나타나는 모든 사정을 참작하여 법원이 직권으로 정한다."

133) **대판 1993. 5.27, 92므143** "이혼위자료청구권은 상대방 배우자의 유책불법한 행위에 의하여 혼인관계가 파탄상태에 이르러 이혼하게 된 경우 그로 인하여 입게 된 정신적 고통을 위자하기 위한 손해배상청구권으로서 이혼시점에서 확정, 평가되고 이혼에 의하여 비로소 창설되는 것이 아니며, 이혼위자료청구권의 양도 내지 승계의 가능 여부에 관하여 민법 제806조 제3항은 약혼해제로 인한 손해배상청구권에 관하여 정신상 고통에 대한 손해배상청구권은 양도 또는 승계하지 못하지만 당사자간에 배상에 관한 계약이 성립되거나 소를 제기한 후에는 그러하지 아니하다고 규정하고 같은 법 제843조가 위 규정을 재판상 이혼의 경우에 준용하고 있으므로 이혼위자료청구권은 원칙적으로 일신전속적 권리로서 양도나 상속 등 승계가 되지 아니하나 이는 행사상 일신전속권이고 귀속상 일신전속권은 아니라 할 것인바, 그 청구권자가 위자료의 지급을 구하는 소송을 제기함으로써 청구권을 행사할 의사가 외부적 객관적으로 명백하게 된 이상 양도나 상속 등 승계가 가능하다."

134) **대판 2005. 5.13, 2004다1899** "배우자 있는 부녀와 간통행위를 하고, 이로 인하여 그 부녀가 배우자와 별거하거나 이혼하는 등으로 혼인관계를 파탄에 이르게 한 경우 그 부녀와 간통행위를 한 제3자(상간자)는 그 부녀의 배우자에 대하여 불법행위를 구성하고, 따라서 그로 인하여 그 부녀의 배우자가 입은 정신상의 고통을 위자할 의무가 있다고 할 것이나, 이러한 경우라도 간통행위를 한 부녀 자체가 그 자녀에 대하여 불법행위책임을 부담한다고 할 수는 없고, 또한 간통행위를 한 제3자(상간자) 역시 해의(害意)를 가지고 부녀의 그 자녀에 대한 양육이나 보호 내지 교양을 적극적으로 저지하는 등의 특별한 사정이 없는 한 그 자녀에 대한 관계에서 불법행위책임을 부담한다고 할 수는 없다."

제6관 사 실 혼

Ⅰ. 사실혼의 의의

사실혼이란 주관적으로 혼인에 대한 합의가 있고 객관적으로 사회통념상 부부공동생활을 인정할 만한 혼인관계의 실체는 있으나 다만 혼인신고를 하지 않은 부부관계를 말한다. 따라서 사실혼은 장차 혼인을 하고자 하는 당사자의 합의만으로 성립하는 약혼, 법률상 배우자 있는 남성이 다른 여성에게 물질적·정신적 원조를 하면서 성적관계를 계속하는 첩관계, 혼인의 합의 없는 단순한 동거 등과는 다르다.

과거에 사실혼을 혼인의 예약으로 파악한 판례가 있었으나, 현재는 사실혼을 혼인에 준하는 이른바 준혼관계로 파악하는 것이 통설이고 판례[135]의 입장이다.

Ⅱ. 사실혼의 보호

1. 혼인의 실체는 있지만 사실혼은 법률혼이 아니기 때문에 사실혼배우자 일방의 사망 시 다른 일방은 상속과 유족연금을 받을 수 없고 그 출생자녀도 혼인 외의 자녀로 되는 등 문제가 되었다. 따라서 사실혼을 그대로 방치시킬 것이 아니라 혼인신고를 할 수 있는 길을 열어주자는 취지에서 사실상혼인관계존부확인제도를 도입하여 사실혼을 보호하게 되었다.[136]

2. 특별법령으로 유족연금을 받을 수 있는 배우자에 사실혼배우자를 포함시킴으로써 사실혼배우자의 보호를 확대하였고, 주택임대차보호법에서는 사실혼배우자 일방의 사망 시 다른 일방에게 주거권의 승계도 인정하고 있다.

---

135) **대판 1965. 7. 6, 65므12** “상대방이 내연의 처가 있고 그 사이에 4남매의 자녀를 둔 남자이어서 정식으로 혼인하기 어려운 사정임을 알고 있었다면 그 남자의 꾀임에 빠져 동거생활 중 그 사이에 아들을 분만하였다 하여도 진실한 혼인예약이 성립될 수 없다.” 참조.

136) 1963년 가사심판법에 사실상혼인관계존부확인제도가 도입되었고 현재는 가사소송법에 규정되어 있다(가사소송법 제2조 제1항 가사소송 나류사건)

Ⅲ. 사실혼의 성립요건

1. 당사자 간의 혼인의 합의가 있어야 함

사실혼의 주관적 성립요건으로서 당사자의 혼인의 합의가 있어야 한다. 따라서 혼인의 합의 없는 단순한 동거나 성적인 관계는 사실혼으로 보호 받을 수 없다.

2. 사회통념상 혼인으로서의 실체가 있어야 함

사실혼의 객관적 성립요건으로서 사회통념상 부부공동생활이라고 인정할 만한 혼인생활의 실체가 있어야 한다.[137)]

3. 선량한 풍속 기타 사회질서에 위반되지 않아야 함

사실혼은 선량한 풍속 기타 사회질서에 위반되지 않아야 하므로 첩관계는 사실혼이 아니다. 그러므로 법률상의 혼인을 한 부부의 어느 한 쪽이 집을 나가 장기간 돌아오지 아니하고 있는 상태에서 부부의 다른 한 쪽이 제3자와 혼인의 의사로 실질적인 혼인생활을 하고 있다고 하더라도, 특별한 사정이 없는 한 이를 사실혼으로 인정하여 법률혼에 준하는 보호를 허여할 수는 없다.[138)]

---

137) **대판** 2001. 4.13, 2000**다**52943 "사실혼이란 당사자 사이에 주관적으로 혼인의 의사가 있고, 객관적으로도 사회관념상 가족질서적인 면에서 부부공동생활을 인정할 만한 혼인생활의 실체가 있는 경우라야 하고, 법률상 혼인을 한 부부가 별거하고 있는 상태에서 그 다른 한 쪽이 제3자와 혼인의 의사로 실질적인 부부생활을 하고 있다고 하더라도, 특별한 사정이 없는 한, 이를 사실혼으로 인정하여 법률혼에 준하는 보호를 할 수는 없다."; **대판** 2010. 3.25, 2009**다**84141 "사실혼이란 당사자 사이에 주관적으로 혼인의 의사가 있고, 객관적으로도 사회관념상 가족질서적인 면에서 부부공동생활을 인정할 만한 혼인생활의 실체가 있는 경우라야 하고,법률상 혼인을 한 부부가 별거하고 있는 상태에서 그 다른 한쪽이 제3자와 혼인의 의사로 실질적인 부부생활을 하고 있다고 하더라도, 특별한 사정이 없는 한, 이를 사실혼으로 인정하여 법률혼에 준하는 보호를 할 수는 없는 것이다. 이러한 법리는 자동차종합보험의 부부운전자 한정운전 특별약관에서 규정하는 '사실혼 관계에 있는 배우자'의 해석에도 적용되고, 이 경우 특별한 사정이 있다는 사실은 이를 주장하는 보험계약자에게 증명책임이 있다고 할 것이다."

138) **대판** 1996. 9.20, 96**므**530 "[1] 법률상의 혼인을 한 부부의 어느 한 쪽이 집을 나가 장기간 돌아오지 아니하고 있는 상태에서 부부의 다른 한 쪽이 제3자와 혼인의 의사로 실질적인 혼인생활을 하고 있다고 하더라도, 특별한 사정이 없는 한 이를 사실혼으로 인정하여 법률혼에 준하는 보호를 허여할 수는 없다. [2] 남편 갑이 법률상의 처 을이 자식들을

4. 사실혼의 효과

(1) 인정되는 효과

1) 동거·부양·협조의무

사실혼관계에 있어서도 부부는 동거하며 서로 부양하고 협조하여야 할 의무가 있다.[139)]

2) 정조의무

사실혼 배우자도 서로 정조의 의무가 있다.[140)]

3) 부부재산제

① 부부별산제

사실혼 부부간에도 부부별산제가 유추적용 된다.[141)]

두고 가출하여 행방불명이 된 채 계속 귀가하지 아니한 상태에서 조만간 을과의 혼인관계를 정리할 의도로 병과 동거생활을 시작하였으나, 그 후 갑의 부정행위 및 폭행으로 혼인생활이 파탄에 이르게 될 때까지도 갑과 을 사이의 혼인이 해소되지 아니하였다면, 갑과 병 사이에는 법률상 보호받을 수 있는 적법한 사실혼관계가 성립되었다고 볼 수는 없고, 따라서 병의 갑에 대한 사실혼관계 해소에 따른 손해배상청구나 재산분할 청구는 허용될 수 없다고 한 사례."

139) **대판 1998. 8.21, 97므544·551** "사실혼관계에 있어서도 부부는 동거하며 서로 부양하고 협조하여야 할 의무가 있으므로 혼인생활을 함에 있어 부부는 서로 협조하고 애정과 인내로써 상대방을 이해하며 보호하여 혼인생활의 유지를 위한 최선의 노력을 기울여야 하는 것인바, 사실혼 배우자의 일방이 정당한 이유 없이 서로 동거, 부양, 협조하여야 할 부부로서의 의무를 포기한 경우에는 그 배우자는 악의의 유기에 의하여 사실혼관계를 부당하게 파기한 것이 된다고 할 것이므로 상대방 배우자에게 재판상 이혼원인에 상당하는 귀책사유 있음이 밝혀지지 아니하는 한 원칙적으로 사실혼관계 부당파기로 인한 손해배상 책임을 면할 수 없다."

140) **대판 1967. 1.24, 66므39** "사실혼관계에 있어서 그중 한쪽이 다른 남자 또는 여자와 연애를 하여 혼인관계를 더 계속할 수 없는 부도덕한 행위를 하여서 그것이 일단 객관적으로 사실화되었다면 이것은 그 행위시를 표준 하여 남편 또는 혼인으로서 지켜야 할 혼인의 순결성을 저버린 행위라 할 것이요 상대편은 이러한 사유를 들어 사실혼의 부당파기에 대한 책임을 묻고 나아가 그 부당파기로 하여 생한 위자료를 청구할 수 있다."

141) **대판 1994.12.22, 93다52068·52075** "사실혼관계에 있는 부부의 일방이 사실혼 중에 자기 명의로 취득한 재산은 그 명의자의 특유재산으로 추정되나 실질적으로 다른 일방 또는 쌍방이 그 재산의 대가를 부담하여 취득한 것이 증명된 때에는 특유재산의 추정은 번복되어 그 다른 일방의 소유이거나 쌍방의 공유라고 보아야 할 것이다."

② 일상가가대리권과 일상가사로 인한 채무의 연대책임

사실혼 부부간에도 일상가사대리권이 인정되며 일상가사에 관한 채무에 대하여 연대책임이 있다.[142)]

4) 기 타

① 연금수급권

각종 연급법, 근로기준법 등에서 사실혼배우자에게도 연금수급권은 인정된다. 그러나 이 경우에도 법률혼의 배우자가 있는 경우에는 원칙적으로 사실혼배우자에게 연금수급권을 인정하지 않는다.[143)]

② 주택임차권의 승계

주택임대차보호법상 주택임차권은 사실상 배우자에게도 승계된다. 즉 임차인이 상속인 없이 사망한 경우에는 그 주택에서 가정공동생활을 하던 사실혼배우자가 임차권을 승계하며, 임차인에게 상속인이 있으나 그 주택에서 가정공동생활을 하고 있지 아니한 경우에는 그 주택에서 가정공동생활을 하던 사실혼배우자와 2촌 이내의 친족이 공동으로 임차인을 승계한다.

③ 사실혼배우자를 보호하는 특별법령

국민연금법 제3조, 공무원연금법 제3조, 군인연금법 제3조, 근로기준법 제82조, 동시행령 제48조, 사립학교교원연금법 제2조, 산업재해보상보험법 제5조, 선원법 시행령 제29조, 국가유공자 등 예우 및 지원에 관한 법률 제5조, 독립유공자예우에 관한 법률 제5조 등에서 사실혼배우자를 보호하고 있다.

---

142) **대판 1980.12.23, 80다2077** "원고와 소외인이 동거를 하면서 사실상의 부부관계를 맺고 실질적인 가정을 이루어 대외적으로도 부부로 행세하여 왔다면 원고와 위 소외인 사이에 일상가사에 관한 사항에 관하여 상호대리권이 있다고 보아야 한다."

143) **대판 2007. 2.22, 2006두18584** "법률혼주의 및 중혼금지 원칙을 대전제로 하고 있는 우리 가족법 체계를 고려하여 보면, 군인연금법 제3조 제1항 제4호가 '사실상 혼인관계에 있던 자'를 유족연금을 받을 수 있는 배우자에 포함하고 있는 취지는, 사실상 혼인생활을 하여 혼인의 실체는 갖추고 있으면서도 단지 혼인신고가 없기 때문에 법률상 혼인으로 인정되지 아니하는 경우에 그 사실상 배우자를 보호하려는 것이지, 법률혼 관계와 경합하고 있는 사실상의 동거관계를 보호하려는 것은 아니다. 만약 사실상 배우자 외에 법률상 배우자가 따로 있는 경우라면, 이혼의사의 합치가 있었는데도 형식상의 절차미비 등으로 법률혼이 남아 있는 등의 예외적인 경우를 제외하고는, 그 사실상 배우자와의 관계는 군인연금법상의 '사실혼'에 해당한다고 볼 수 없다."

(2) 인정되지 않는 효과

1) 친족관계 불성립

사실혼에는 혼인신고를 전제로 하는 효과는 인정되지 않는다. 따라서 부부간에 배우자로서의 친족관계가 성립되지 않고, 타방 배우자의 혈족과의 사이에 인척관계도 성립되지 않는다.

2) 성년의제

성년의제도 인정되지 않는다(제826조의 2).

3) 사실혼에서 태어난 자녀의 지위

사실혼에서 출생한 자녀는 혼인 외의 출생자로 된다.

4) 부부재산계약

부부재산계약에 관한 규정은 사실혼배우자간에는 적용되지 않는다. 물론 계약자유이므로 사실혼배우자간에 부부재산계약을 체결할 수는 있지만 등기할 수 없으므로 제3자에게 대항할 수 없다.

5) 사실혼배우자 간의 상속

사실혼배우자 일방의 사망 시 타방 배우자의 상속권은 인정되지 않는다.[144] 다만 특별연고자로서 상속재산의 분여를 청구할 수 있다(제1057의 2). 이 경우에도 사망한 사실혼배우자에게 다른 상속인이 있다면 특별연고자에 대한 분여는 인정되지 않는다.

5. 사실혼의 해소

(1) 의 의

사실혼의 해소란 사실혼관계가 소멸되는 것으로서 배우자 일방의 사망이나 사실상 이혼의 합의에 의하여 해소된다. 또한 배우자 일방이 혼인생활을 부당하게

---

144) **대판 1999. 5.11, 99두1540** "구 상속세법(1993. 12. 31. 법률 제4662호로 개정되기 전의 것) 제11조 제1항 제1호는 피상속인에게 배우자가 있는 경우에는 상속세 과세가액에서 금 6,000,000원에 결혼년수를 곱하여 계산한 금액에 1억 원을 합한 금액을 공제하도록 규정하고 있는바, 여기서 말하는 배우자란 법률상의 배우자를 뜻하는 것이며, 사실혼 관계에 있는 사실상의 배우자는 이에 해당하지 아니한다."

파기하여 부부공동생활의 실체가 없게 되면 사실혼은 해소된다.[145)]

(2) 사실혼해소의 효과

1) 불 소 급

사실혼 해소의 효과는 기왕에 소급하지 않는다.

2) 손해배상청구권

① 당사자 일방이 정당한 이유 없이 사실혼관계를 부당하게 파기하는 경우에는 상대방은 그에게 재산적·정신적 손해배상을 청구할 수 있다.[146)]

---

145) **대결 2009. 2. 9, 2008스105** "사실혼관계는 사실상의 관계를 기초로 하여 존재하는 것으로서 당사자 일방의 의사에 의하여 해소될 수 있고 당사자 일방의 파기로 인하여 공동생활의 사실이 없게 되면 사실상의 혼인관계는 해소되는 것이며, 다만 정당한 사유 없이 해소된 때에는 유책자가 상대방에 대하여 손해배상의 책임을 지는 데 지나지 않는다. 사실혼관계의 당사자 중 일방이 의식불명이 된 상태에서 상대방이 사실혼관계의 해소를 주장하면서 재산분할심판청구를 한 사안에서, 위 사실혼관계는 상대방의 의사에 의하여 해소되었고 그에 따라 재산분할청구권이 인정된다고 본 사례."

146) **대판 1967. 1.24, 66므39** "사실혼관계에 있어서 그 중 한쪽이 다른 남자 또는 여자와 연애를 하여 혼인관계를 더 계속할 수 없는 부도덕한 행위를 하여서 그것이 일단 객관적으로 사실화되었다면 이것은 그 행위상대편은 이러한 사유를 들어 사실혼의 부당 파기에 대한 책임을 묻고 나아가 그 부당 파기로 하여 발생한 위자료를 청구할 수 있다."; **대판 1998. 8.21, 97므544·551** "사실혼관계에 있어서도 부부는 민법 제826조 제1항 소정의 동거하며 서로 부양하고 협조하여야 할 의무가 있으므로 혼인생활을 함에 있어 부부는 서로 협조하고 애정과 인내로써 상대방을 이해하며 보호하여 혼인생활의 유지를 위한 최선의 노력을 기울여야 하는 것인바, 사실혼 배우자의 일방이 정당한 이유 없이 서로 동거, 부양, 협조하여야 할 부부로서의 의무를 포기한 경우에는 그 배우자는 악의의 유기에 의하여 사실혼관계를 부당하게 파기한 것이 된다고 할 것이므로 상대방 배우자에게 재판상 이혼원인에 상당하는 귀책사유 있음이 밝혀지지 아니하는 한 원칙적으로 사실혼관계 부당파기로 인한 손해배상책임을 면할 수 없다."; **대판 1998.12. 8, 98므961** "일반적으로 결혼식(또는 혼례식)이라 함은 특별한 사정이 없는 한 혼인할 것을 전제로 한 남녀의 결합이 결혼으로서 사회적으로 공인되기 위하여 거치는 관습적인 의식이라고 할 것이므로, 당사자가 결혼식을 올린 후 신혼여행까지 다녀온 경우라면 단순히 장래에 결혼할 것을 약속한 정도인 약혼의 단계는 이미 지났다고 할 수 있으나, 이어 부부공동생활을 하기에까지 이르지 못하였다면 사실혼으로서도 아직 완성되지 않았다고 할 것이나, 이와 같이 사실혼으로 완성되지 못한 경우라고 하더라도 통상의 경우라면 부부공동생활로 이어지는 것이 보통이고, 또 그 단계에서의 남녀 간의 결합의 정도는 약혼 단계와는 확연히 구별되는 것으로서 사실혼에 이른 남녀 간의 결합과 크게 다를 바가 없다고 할 것이므로, 이러한 단계에서 일방 당사자에게 책임 있는 사유로 파탄에 이른 경우라면 다른 당사자는 사실혼의 부당 파기에 있어서와 마찬가지로 책임 있는 일방 당사자에 대하여 그로 인한 정신적인 손해의 배상을 구할 수 있다."; **대판 1984. 9.25, 84므77** "혼례식 내지 결혼식은 특별한 사정이 없는 한 혼인할 것을 전제로 남녀의 결합이 결혼으로서 사회적으로 공인되기

② 손해배상청구는 제3자에게도 할 수 있다. 즉 사실혼의 파탄에 부당하게 개입한 시부모 등 제3자에게도 손해배상을 청구할 수 있고, 사실혼의 처와 그 출생 자녀는 사실혼의 부를 살해한 자에게 손해배상을 청구할 수 있다.[147)]

③ 사실혼 부당파기로 인한 손해배상의 범위는 재산적 손해와 정신적 손해가 포함되고 그 재산적 손해에는 사실혼관계의 성립유지와 인과관계 있는 모든 손해가 포함된다.[148)]

3) 재산분할청구권

사실혼 해소 시 이혼시의 재산분할청구권에 관한 규정이 유추적용 된다.[149)]

위한 관습적인 의식이므로 당사자가 거식 후 부부공동체로서 실태를 갖추어 공동생활을 하는 것이라고 사회적으로 인정될 수 없는 단시일 내에 사실혼에 이르지 못하고 그 관계가 해소되어 그 결혼식이 무의미하게 되어 그에 소요된 비용도 무용의 지출이라고 보아지는 경우에는 그 비용을 지출한 당사자는 사실혼관계 파탄의 유책당사자에게 그 배상을 구할 수 있다."

147) **대판 1983. 9.27, 83므26** "남편인 피청구인의 학대, 폭행, 강제축출행위와 시모인 피청구인의 이에 대한 가담에 따라 사실혼 관계가 파탄된 것이라면 이 양인은 청구인에게 사실혼 파탄으로 인한 정신적 고통에 대한 위자료를 지급할 의무가 있다."; **대판 1966. 6.28, 66다493** "민법 제752조에서, 남의 생명을 해친 사람은, 피해자의 직계존속, 직계비속 및 배우자에 대하여, 재산상의 손해 이외의 손해에 관하여도, 배상할 책임이 있다고 규정하고 있는 바, 여기에서 말하는 친족관계는 반드시, 호적상의 친족관계만을 가리키는 것이 아니고, 이 사건에 있어서와 같은 위자료 청구에 있어서는, 사실상 위와 같은 친족관계(호적에 입적이 되지 않은 경우)가 있는 경우도, 포함하는 것이라고 해석함이 상당하다."

148) **대판 1996. 9.20, 96므530** "남편 갑이 법률상의 처 을이 자식들을 두고 가출하여 행방불명이 된 채 계속 귀가하지 아니한 상태에서 조만간 을과의 혼인관계를 정리할 의도로 병과 동거생활을 시작하였으나, 그 후 갑의 부정행위 및 폭행으로 혼인생활이 파탄에 이르게 될 때까지도 갑과 을 사이의 혼인이 해소되지 아니하였다면, 갑과 병 사이에는 법률상 보호받을 수 있는 적법한 사실혼관계가 성립되었다고 볼 수는 없고, 따라서 병의 갑에 대한 사실혼관계 해소에 따른 손해배상 청구나 재산분할 청구는 허용될 수 없다."; **대판 1989. 2.14, 88므146.**

149) **대판 2000. 8.18, 99므1855** "부부 사이에 13년 남짓 동안 법률혼과 사실혼이 3회에 걸쳐 계속 이어지다가 파탄되었고 그 각 협의이혼에 따른 별거기간이 6개월과 2개월 남짓에 불과한 경우에 마지막 사실혼의 해소에 따른 재산분할을 함에 있어서는 그에 앞서 이루어진 이혼에 따른 재산분할 문제를 정산하였다거나 이를 포기하였다고 볼 만한 특별한 사정이 없는 한 그 각 혼인 중에 쌍방의 협력에 의하여 이룩한 재산은 모두 청산의 대상이 될 수 있다고 보는 것이 상당하다."; **대판 1995. 3.28, 94므1584** "가. 사실혼이란 당사자 사이에 혼인의 의사가 있고, 객관적으로 사회관념상으로 가족질서적인 면에서 부부공동생활을 인정할 만한 혼인생활의 실체가 있는 경우이므로, 법률혼에 대한 민법의 규정 중 혼인신고를 전제로 하는 규정은 유추적용할 수 없으나, 부부재산의 청산의 의미를 갖는 재산분할에 관한 규정은 부부의 생활공동체라는 실질에 비추어 인정되는 것이므로, 사실혼

Ⅳ. 사실상혼인관계존부확인의 소

1. 의 의

사실혼관계에 있으면서 당사자 일방이 혼인신고를 원하지 않아 타방 당사자가 혼인신고를 할 수 없는 경우 소송을 통하여 사실혼관계에 있다는 확인을 받아 혼인신고를 함으로써 법률혼으로 하기 위해 인정된 제도이다(가사소송법 제2조 제1항 나류사건 1)).

2. 절 차

(1) 사실상혼인관계존부확인의 소를 제기하기 위해서는 조정을 신청하여야 하고 조정이 성립되면 조정을 신청한 자가 1개월 이내에 혼인신고를 하여야 한다(가족관계등록법 제72조).

(2) 조정이 성립하지 않으면 조정신청 시에 소가 제기된 것으로 본다(가사소송법 제49조, 민사조정법 제36조).

(3) 사실상 혼인관계 존재확인의 재판이 확정된 경우에는 소를 제기한 사람은 재판의 확정일로부터 1개월 이내에 재판서의 등본 및 확정증명서를 첨부하여 혼인신고를 하여야 한다(가족관계등록법 제72조). 판례는 이 신고를 창설적 신고라고 보는 것 같다.[150)]

관계에도 준용 또는 유추적용할 수 있다. 나. 퇴직금은 혼인 중에 제공한 근로에 대한 대가가 유예된 것이므로 부부의 혼인중 재산의 일부가 되며, 부부 중 일방이 직장에서 일하다가 이혼 당시에 이미 퇴직금 등의 금원을 수령하여 소지하고 있는 경우에는 이를 청산의 대상으로 삼을 수 있다."; **대결 1995. 7. 3, 94스30** "법률상 배우자 있는 자는 그 법률혼 관계가 사실상 이혼상태라는 등의 특별한 사정이 없는 한 사실혼 관계에 있는 상대방에게 그와의 사실혼 해소를 이유로 재산분할을 청구함은 허용되지 않는다."

150) **대판 1991. 8.13, 91스6** "[1] 우리 법상 사망자 간이나 생존한 자와 사망한 자 사이의 혼인은 인정되지 아니하므로 사망자와의 사실혼관계존재확인의 심판이 있다 하더라도, 이미 당사자의 일방이 사망한 경우에는 혼인신고특례법이 정하는 예외적인 경우와 같이 그 혼인신고의 효력을 소급하는 특별한 규정이 없는 한 이미 그 당사자 간에는 법률상의 혼인이 불가능하므로 이러한 혼인신고는 받아들여질 수 없다. [2] 혼인이 생존한 사람들 간에서만 이루어질 수 있는 것인 이상 호적공무원의 형식적 심사권의 대상에는 그 혼인의 당사자가 생존하였는지 여부를 조사하는 것도 당연히 포함된다."

3. 사실혼배우자 사망 후의 소제기 허용 여부

(1) 쟁 점

사실혼배우자 일방의 사망 후에 사실상혼인관계존부확인의 소를 제기할 수 있는지가 문제이다.

(2) 학설과 판례

학설은 긍정하는 견해[151]와 부정하는 견해[152]로 대립한다. 판례는 확인의 이익이 있다면 가능하다고 본다. 다만 확인을 받더라도 혼인신고를 할 수는 없다.[153]

---

151) 김주수·김상용, 앞의 책 259면.

152) 박병호, 가족법, 한국방송통신대학, 147면.

153) **대판 1995. 3.28, 94므1447** "가. 일반적으로 과거의 법률관계는 확인의 소의 대상이 될 수 없으나, 혼인, 입양과 같은 신분관계나 회사의 설립, 주주총회의 결의무효, 취소와 같은 사단적 관계, 행정처분과 같은 행정관계와 같이 그것을 전제로 하여 수많은 법률관계가 발생하고 그에 관하여 일일이 개별적으로 확인을 구하는 번잡한 절차를 반복하는 것보다 과거의 법률관계 그 자체의 확인을 구하는 편이 관련된 분쟁을 일거에 해결하는 유효 적절한 수단일 수 있는 경우에는 예외적으로 확인의 이익이 인정된다. 나. 사실혼관계에 있던 당사자 일방이 사망하였더라도, 현재적 또는 잠재적 법적 분쟁을 일거에 해결하는 유효 적절한 수단이 될 수 있는 한, 그 사실혼관계존부확인청구에는 확인의 이익이 인정되고, 이러한 경우 친생자관계존부확인청구에 관한 민법 제865조와 인지청구에 관한 민법 제863조의 규정을 유추적용하여, 생존 당사자는 그 사망을 안 날로부터 1년 내에 검사를 상대로 과거의 사실혼관계에 대한 존부확인청구를 할 수 있다고 보아야 한다."; **대결 1991. 8.13, 91스6** "가. 우리 법상 사망자 간이나 생존한 자와 사망한 자 사이의 혼인은 인정되지 아니하므로 사망자와의 사실혼관계존재확인의 심판이 있다 하더라도, 이미 당사자의 일방이 사망한 경우에는 혼인신고특례법이 정하는 예외적인 경우와 같이 그 혼인신고의 효력을 소급하는 특별한 규정이 없는 한 이미 그 당사자 간에는 법률상의 혼인이 불가능하므로 이러한 혼인신고는 받아들여질 수 없다. 나. 혼인이 생존한 사람들 간에서만 이루어질 수 있는 것인 이상 호적공무원의 형식적심사권의 대상에는 그 혼인의 당사자가 생존하였는지 여부를 조사하는 것도 당연히 포함된다."; **대판 1995.11.14, 95므694** "사망자 사이 또는 생존하는 자와 사망한 자 사이에서는 혼인이 인정될 수 없고, 혼인신고특례법과 같이 예외적으로 혼인신고의 효력의 소급을 인정하는 특별한 규정이 없는 한 그러한 혼인신고가 받아들여질 수도 없다. 사실혼 배우자의 일방이 사망한 경우 생존하는 당사자가 혼인신고를 하기 위한 목적으로서는 사망자와의 과거의 사실혼관계 존재확인을 구할 소의 이익이 있다고는 할 수 없고, 이러한 과거의 사실혼관계가 생존하는 당사자와 사망자와 제3자 사이의 현재적 또는 잠재적 분쟁의 전제가 되어 있어 그 존부확인 청구가 이들 수많은 분쟁을 일거에 해결하는 유효적절한 수단일 수 있는 경우에는 확인의 이익이 인정될 수 있는 것이지만, 그러한 유효적절한 수단이라고 할 수 없는 경우에는 확인의 이익이 부정되어야 한다."

제3절 부모와 자

제1관 친자관계

Ⅰ. 친자관계의 의의

친자관계란 부모와 자녀사이의 법률관계를 말한다. 이는 부부관계와 함께 친족적 공동생활의 기초가 된다.

Ⅱ. 친자관계의 유형

1. 자연적 친자관계

자연적 친자관계(친생친자관계)는 출생이라는 혈연에 의하여 인정되는 친자관계로서 혼인 중의 출생자와 부모사이, 혼인 외의 출생자와 부모사이의 친생자관계를 말한다. 그리고 혼인 외의 출생자는 인지를 받은 자와 인지를 받지 않은 자가 있다.

혼인 중의 출생자는 법률상의 부부사이에서 출생한 자이고, 혼인 외의 출생자는 혼인관계가 없는 부모사이에서 출생한 자이다.

2. 법정친자관계

법정친자관계는 자연적 혈연관계가 없음에도 불구하고 친자관계가 인정되는 경우로서 양친자관계가 이에 해당된다. 과거에는 적모서자관계와 계모자관계도 법정친자관계이었으나 1990년 민법개정으로 폐지되어서 이들 관계는 이제 법정친자관계가 아니고 인척관계일 뿐이다.

Ⅲ. 친자관계의 효과

친자관계가 인정되면 자연적 친자관계이든 법정친자관계이든 동일하게 미성년자녀에 대한 친권, 부모와 자녀 사이의 부양의무, 상속 등의 효과가 발생한다.

제2관 친 생 자

Ⅰ. 혼인 중의 출생자

1. 의 의

혼인중의 출생자란 법률상 혼인한 부부사이에서 출생한 자(子)이다. 이에는 출생 시부터 혼인 중의 출생자의 지위를 취득하는 생래적 혼인 중의 출생자와, 출생시에는 혼인 외의 출생자이었으나 후에 부모의 혼인에 의하여 혼인 중의 출생자의 지위를 취득하는 준정에 의한 혼인 중의 출생자가 있다.

2. 친생자추정을 받는 혼인 중의 출생자

(1) 의 의

친생자의 추정은 자(子)가 모의 부(夫)의 친생자로서 추정되는 것을 말한다. 모자관계는 모의 임신과 분만에 의하여 출생한 자와의 사이에 외형적 사실에 의하여 확정되지만 부(父)와의 관계에서는 처가 자(子)를 출산한 경우라고 하더라도 출생한 자(子)가 남편의 친생자인지 직접 확정하는 것은 곤란하다. 그러나 처가 혼인중인 경우에는 가정의 평화를 위하여 혼인 중에 임신한 자녀는 일단 남편의 자녀로 추정을 한다(제844조 제1항). 따라서 친생자추정의 문제는 출생한 자(子)와 부(父)와의 관계에서 문제된다.

(2) 친생자추정을 받기 위한 요건

1) 친생자추정을 받기위해서는 '혼인 중에 임신'해야 한다. 그러나 혼인 중에 임신한 것인지 여부도 명확하지 않으므로 민법은 혼인성립의 날로부터 200일 후,

혼인관계가 종료한 날로부터 300일 이내에 출생한 자녀는 혼인 중에 임신한 자녀로 추정하고 있다(제844조 제2항, 제3항).[154]

2) 따라서 모가 혼인성립의 날로부터 200일 후, 혼인관계가 종료한 날로부터 300일 이내에 출산하면 그 자녀는 모(母)의 부(夫)의 친생자로 추정을 받는 혼인 중의 출생자가 되고, 혼인성립의 날로부터 200일 전에 출생하면 그 자녀는 혼인 중의 출생자이기는 하지만 모(母)의 부(夫)의 친생자로 추정을 받지 않는 혼인 중의 출생자가 된다.

(3) 친생자추정의 효과

1) 친생추정과 친생자관계부존재확인의 소

친생자추정을 받는 혼인 중의 출생자는 친생부인의 소에 의해서만 부자관계를 다툴 수 있고, 친생자관계부존재확인의 소에 의하여 부자관계를 다툴 수 없다. 그리하여 친생부인의 소를 제기할 수 있는 기간이 지난 뒤에는 다시 친생자관계부존재확인의 소를 제기할 수 없는 것이다.[155]

---

154) 헌법재판소는 제844조 제2항의 "혼인관계 종료의 날로부터 300일 내에 출생한 자"에 관한 부분이 헌법에 합치되지 않는다고 결정하였다(헌재 2015. 4.30, 2013헌마623). 이에 따라 2017년 10.31일 법률 제14965호 일부개정에 의하여 제844조 제2항은 "혼인이 성립한 날부터 200일 후에 출생한 자녀는 혼인 중에 임신한 것으로 추정한다."로, 제3항은 "혼인관계가 종료된 날부터 300일 이내에 출생한 자녀는 혼인 중에 임신한 것으로 추정한다."로 개정되었다.

155) **대판 1997. 2.25, 96므1663** "민법 제844조 제1항의 친생추정은 다른 반증을 허용하지 않는 강한 추정이므로, 처가 혼인 중에 포태한 이상 그 부부의 한쪽이 장기간에 걸쳐 해외에 나가 있거나 사실상의 이혼으로 부부가 별거하고 있는 경우 등 동서의 결여로 처가 부의 자를 포태할 수 없는 것이 외관상 명백한 사정이 있는 경우에만 그러한 추정이 미치지 않을 뿐이고 이러한 예외적인 사유가 없는 한 아무도 그 자가 부의 친생자가 아님을 주장할 수 없는 것이어서, 이와 같은 추정을 번복하기 위하여는 부가 민법 제846조, 제847조에서 규정하는 친생부인의 소를 제기하여 그 확정판결을 받아야 하고, 이러한 친생부인의 소의 방법이 아닌 민법 제865조 소정의 친생자관계부존재확인의 소의 방법에 의하여 그 친생자관계의 부존재확인을 소구하는 것은 부적법하다."; **대판 2000. 8.22, 2000므292** "민법 제844조 제1항의 친생추정은 반증을 허용하지 않는 강한 추정이므로, 처가 혼인 중에 포태한 이상 그 부부의 한쪽이 장기간에 걸쳐 해외에 나가 있거나, 사실상의 이혼으로 부부가 별거하고 있는 경우 등 동거의 결여로 처가 부(부)의 자를 포태할 수 없는 것이 외관상 명백한 사정이 있는 경우에만 그 추정이 미치지 않을 뿐이고, 이러한 예외적인 사유가 없는 한 누구라도 그 자가 부의 친생자가 아님을 주장할 수 없는 것이어서, 이와 같은 추정을 번복하기 위하여는 부가 민법 제846조, 제847조에서 규정하는 친생부인의 소를 제기하여 그 확정판결을 받아야 하고, 이러한 친생부인의 소가 아닌 민법 제865조

2) 친생추정과 인지

① 친생자추정을 받으면 친생부인의 소로써 부자관계가 부인되지 않는 한, 설사 자(子)의 생부가 있다고 하더라도 생부는 그 자(子)를 인지할 수 없으며 그 생부에 대하여 인지청구를 할 수도 없다.[156)]

② 반면에 객관적으로 명백한 사실에 의하여 친생추정이 미치지 않는 경우에는 직접 생부모를 상대로 인지청구를 할 수 있다.[157)]

(4) 친생자의 추정이 미치지 않는 자

1) 문제의 제기

친생자추정을 받는 기간에 출산하였으나 예외적으로 부(夫)의 자(子)가 아닌 것이 명백한 경우 과거에는 이때에도 친생자추정이 미치는 것으로 해석하는 판례가 있었으나 현재에는 이를 변경하여 이러한 경우 친생자추정이 미치지 않는 것으로 해석하는 견해가 통설이고 판례의 입장이다.

2) 친생자추정이 미치지 않는 것으로 인정되는 범위

① 학 설

ⓐ 외 관 설

부부의 한쪽이 장기간에 걸쳐 해외에 나가 있거나 사실상의 이혼으로 부부가 별거하고 있는 경우와 같이 객관적으로 부부가 동거하지 않아서 처가 부의 자를 포태할 수 없음이 외관상 명백한 때에는 친생자추정이 미치지 않는 것으로 보는 견해이다.[158)]

소정의 친생자관계부존재확인의 소에 의하여 그 친생자관계의 부존재확인을 구하는 것은 부적법하다."

156) **대판 1968. 2.27, 67므34** "법률상 타인의 친생자로 추정되는 자에 대하여서는 그 부로부터 친생부인의 소의 판결이 확정되기 전에는 아무도 인지를 할 수 없다."

157) **대판 2000. 1.28, 99므1817** "민법 제844조의 친생추정을 받는 자는 친생부인의 소에 의하여 그 친생추정을 깨뜨리지 않고서는 다른 사람을 상대로 인지청구를 할 수 없으나, 호적상의 부모의 혼인중의 자로 등재되어 있는 자라 하더라도 그의 생부모가 호적상의 부모와 다른 사실이 객관적으로 명백한 경우에는 그 친생추정이 미치지 아니하므로, 그와 같은 경우에는 곧바로 생부모를 상대로 인지청구를 할 수 있다."

158) 지원림, 앞의 책, 1920면.

ⓑ 혈 연 설

객관적으로 동거가 결여되어 외관상 명백한 사정이 있는 경우 뿐 아니라 부의 생식불능이나 부자간의 혈액형이 다른 경우와 같은 사유가 있는 경우에도 친생자 추정이 미치지 않는 것으로 그 범위를 넓게 해석하는 견해이다.[159)]

ⓒ 무제한설

혼인 성립 후 200일 이후 혼인종료 시부터 300일 이내에 출생하면 언제나 친생자추정을 받게 하여 친생부인의 소로만 부자관계를 다투어야 한다는 견해이다.

② 판 례

판례는 외관설의 입장을 취하고 있다.[160)]

3) 친생자추정이 미치지 않는 효과

친생자추정이 미치지 않는 혼인 중의 출생자와 등록부 상의 부 사이의 부자관계를 부정하기 위해서는 친생부인의 소에 의하지 않고 친생자관계존부확인의 소를 제기할 수 있다.[161)]

---

159) 배경숙·최금숙, 앞의 책, 243면; 박동섭, 앞의 책, 244면.

160) **대판(전) 1983. 7.12, 82므59; 대판 1997. 2.25, 96므1663** "민법 제844조 제1항의 친생추정은 다른 반증을 허용하지 않는 강한 추정이므로, 처가 혼인 중에 포태한 이상 그 부부의 한쪽이 장기간에 걸쳐 해외에 나가 있거나 사실상의 이혼으로 부부가 별거하고 있는 경우 등 동서의 결여로 처가 부의 자를 포태할 수 없는 것이 외관상 명백한 사정이 있는 경우에만 그러한 추정이 미치지 않을 뿐이고 이러한 예외적인 사유가 없는 한 아무도 그 자가 부의 친생자가 아님을 주장할 수 없는 것이어서, 이와 같은 추정을 번복하기 위하여는 부가 민법 제846조, 제847조에서 규정하는 친생부인의 소를 제기하여 그 확정판결을 받아야 하고, 이러한 친생부인의 소의 방법이 아닌 민법 제865조 소정의 친생자관계부존재확인의 소의 방법에 의하여 그 친생자관계의 부존재확인을 소구하는 것은 부적법하다."; **대판 2000. 8.22, 2000므292** 참조.

161) **대판(전) 1983. 7.12, 82므59** "민법 제 844조는 부부가 동거하여 처가 부의 자를 포태할 수 있는 상태에서 자를 포태한 경우에 적용되는 것이고 부부의 한쪽이 장기간에 걸쳐 해외에 나가 있거나 사실상의 이혼으로 부부가 별거하고 있는 경우등 동서의 결여로 처가 부의 자를 포태할 수 없는 것이 외관상 명백한 사정이 있는 경우에는 그 추정이 미치지 아니하므로 이 사건에 있어서 처가 가출하여 부와 별거한지 약 2년 2개월 후에 자를 출산하였다면 이에는 동조의 추정이 미치지 아니하여 부는 친생부인의 소에 의하지 않고 친자관계부존재확인소송을 제기할 수 있다. (반대의견)민법 제844조는 제846조 이하의 친생부인의 소에 관한 규정과 더불어 혼인중에 포태한 자를 일률적으로 부의 자로 추정하는 일반원칙을 정하고 부가 이를 부인하는 예외적 경우에는 친생부인의 소에 의하여 사실을 입증하여 이를 번복할 수 있게 하고 있으므로 일반원칙에 어긋난 예외적 경우를 미리 상정하여 위 추정을 제한적으로 해석하는 것은 위 법조의 근본취지에 반하고,

3. 친생자추정을 받지 않는 혼인 중의 자

(1) 의 의

혼인성립일로부터 200일이 되기 전에 출생한 자는 친생자의 추정을 받지 못하며, 이때는 친생자관계부존재확인의 소에 의하여 부자관계를 부정할 수 있다(제865조 참조). 즉 혼인 중의 자이나 친생추정을 받지 않는 시기에 출생한 자가 이에 해당한다.

(2) 효 과

1) 친생자추정을 받지 않는 혼인 중의 출생자에 대해서는 친생자추정이 미치지 않는 자와 마찬가지로 친생부인의 소를 제기하지 않고 친생자관계존부확인의 소에 의하여 부자관계를 다툴 수 있다.

2) 친생부인의 소는 제척기간의 제한이 있고 소를 제기할 수 있는 자는 원칙적으로 부부일방으로 한정되어 있는 반면에, 친자관계존부확인의 소는 제척기간의 제한이 없고 소 제기권자의 범위도 넓어 부자관계를 다투기가 더 용이하다. 따라서 친생자추정이 미치지 않는 자나 친생자추정을 받지 않는 자의 지위는 친생자추정을 받는 자의 지위보다 불안하다고 할 수 있다.

4. 친생부인의 소

(1) 의 의

1) 친생부인의 소란 처가 혼인 중에 포태하여 혼인 중의 출생자로 추정을 받는 자에 대하여 부(夫)의 친생자가 아니라고 부 또는 처가 제기하는 소를 말한다(제846조 참조).

2) 이는 친생추정을 받는 자(子)의 부자관계가 진실과 다른 경우 이를 부인할 수 있는 친생부인권자와 제소기간을 제한하여 부자관계를 조기에 확정하고 그 이후에는 부자관계를 다투지 못하게 함으로써 혈연의 진실보다는 가정의 평화를 유

위 제844조 소정의 혼인은 모든 법률혼을 의미하므로 그 추정범위를 부부가 정상적인 혼인생활을 영위하는 경우로 제한함은 법조의 명문에 반하고, 나아가 친생부인의 소의 제기기간의 제한은 부자관계의 신속한 확정을 위한 것임에도 이를 이유로 오히려 친생추정의 규정을 제한적으로 해석하려고 하는 것은 본말을 전도한 것이다."

지하고자 하는 제도이다.

3) 친생부인의 소는 일단 성립한 부자관계를 자의 출생시에 소급하여 소멸시키는 형성의 소이다.

(2) 친생부인의 요건

1) 친생부인권자

① 부부의 일방

부(夫)나 처가 친생부인의 소를 제기할 수 있다(제846조). 종전에는 부(夫)에게만 친생부인권이 있었으나 2005년 민법개정으로 처에게도 친생부인권을 인정하고 있다.

② 부(夫)나 처가 피성년후견인인 경우

성년후견인이 성년후견감독인의 동의를 받아 친생부인의 소를 제기할 수 있다(제848조 제1항 제1문). 성년후견감독인이 없거나 동의할 수 없을 때에는 가정법원에 그 동의를 갈음하는 허가를 청구할 수 있고(제848조 제1항 제2문), 성년후견인이 친생부인의 소를 제기하지 아니하는 경우에는 피성년후견인은 성년후견종료의 심판이 있은 날부터 2년 내에 친생부인의 소를 제기할 수 있다(제848조 제2항).

③ 부(夫)나 처가 친생부인을 유언한 경우

부(夫) 또는 처가 유언으로 부인의 의사를 표시한 때에는 유언집행자는 친생부인의 소를 제기하여야 한다(제850조).

④ 부(夫)가 자(子)의 출생 전에 사망하거나 부나 처가 제소기간 내에 사망한 경우

부(夫)가 자(子)의 출생 전에 사망하거나 부(夫) 또는 처가 친생부인의 사유가 있음을 안 날부터 2년 내에 사망한 때에는, 부(夫) 또는 처의 직계존속이나 직계비속에 한하여 그 사망을 안 날부터 2년 내에 친생부인의 소를 제기할 수 있다(제851조).

2) 소의 상대방

① 부부의 다른 일방 또는 자(子)

부(夫) 또는 처가 다른 일방 또는 자(子)를 상대로 하여 소를 제기한다(제847조

제1항).

② **상대방이 될 자가 모두 사망한 때**

그 사망을 안 날부터 2년 내에 검사를 상대로 하여 친생부인의 소를 제기할 수 있다.

③ **자(子)가 사망한 경우 그 자에게 직계비속이 있는 때**

이 경우에는 자(子)의 모(母)가 있으면 그 모를 상대로, 모가 없으면 검사를 상대로 하여 부인의 소를 제기할 수 있다(제849조).

3) 제소기간을 경과하지 않을 것

① 친생부인을 하고자 하는 자는 그 사유가 있음을 안날로부터 2년 내에 소를 제기하여야 한다(제847조 제1항). '그 사유가 있음을 안날'이란 자의 출생을 안 날이 아니라 자(子)가 부(夫)의 친생자가 아님을 안 날을 말한다.

② 제소기간을 단기로 정한 것은 자의 지위를 조속히 확정하여 가정의 평화를 유지하고자 함이다.

4) 친생자임을 승인을 하지 않을 것

① 부(夫) 또는 처가 자의 출생 후에 친생자임을 승인한 자는 다시 부인의 소를 제기하지 못한다(제852조). 친생부인의 소를 제기하는 때에도 일단은 자에 대하여 출생신고를 하여야 하는데(가족관계등록법 제47조), 자의 출생신고를 한 것이 친생자임을 승인한 것으로 되는 것은 아니다.

② 다만 승인이 사기 또는 강박으로 인한 때에는 이를 취소할 수 있는데, 승인을 취소하면 친생부인의 소를 제기할 수 있다.

(3) 친생부인의 방법

1) 친생부인의 소는 형성의 소로서 가사소송 나류사건이므로 먼저 조정을 거쳐야 하지만, 친자관계는 임의로 처분할 수 있는 사항이 아니므로 조정의 성립만으로는 효력이 발생하지 않는다(가사소송법 제59조 제2항 단서).

판례도 '친생부인 조정조서는 당사자가 임의로 처분할 수 없는 사항에 관한 것이어서 그 효력이 없다'[162]고 판시하고 있다.

2) 친생부인의 소를 제기한 원고가 부(夫)와 자(子) 사이의 친자관계가 없음을

입증하여야 하는데 유전자감정 등이 유력한 증거가 될 수 있다.

3) 친생부인의 판결이 확정되면 소를 제기한 자는 판결확정일로부터 1개월 이내에 판결의 등본 및 그 확정증명서를 첨부하여 등록부의 정정을 신청하여야 한다(가족관계등록법 제107조).

4) 승인은 명시적·묵시적으로도 할 수 있다.

5) 친생부인의 허가청구를 어머니 또는 어머니의 전남편에게 할 수 있도록 하였다. 제854조의 2를 2017년 10월 31일 신설함으로써 친생부인의 소보다 더욱 간이한 방법으로 친생추정을 배제할 수 있도록 하고자 한 것이다. 이는 제844조 제2항 중 혼인관계종료의 날부터 300일 이내에 출생한 자는 혼인 중에 포태(胞胎)한 것으로 추정하는 부분에 대한 헌법재판소의 헌법불합치결정(2013헌마623, 2015. 4. 30. 결정)의 취지를 반영한 것이다. 즉 "어머니 또는 어머니의 전남편은 제844조 제3항의 경우에 가정법원에 친생부인의 허가를 청구할 수 있도록 하되, 다만 혼인 중의 자녀로 출생신고가 된 경우에는 그러하지 아니하는 것으로 하였다."(제854조의 2 제1항). 그리고 이러한 청구가 있는 경우에 가정법원은 혈액채취에 의한 혈액검사, 유전인자의 검사 등 과학적인 방법에 따른 검사결과 또는 장기간의 별거 등 그밖의 사정을 고려하여 허가 여부를 정하는 것으로 하였다(제854조의 2 제2항). 따라서 가정법원의 허가를 받은 경우에는 제844조 제1항 및 제3항의 추정이 미치지 아니한다.

(4) 친생부인의 효과

1) 친생부인이 되면 그 효과는 소급하므로 그 자(子)는 처음부터 그 부(夫)의 자(子)가 아닌 것으로 된다. 그 자(子)는 처의 혼인 외의 출생자로 된다.

2) 친생부인 후에야 생부는 그 자(子)를 인지할 수 있다. 판결이 확정되기 이전에는 제3자는 상속 등에 관한 다른 재판에서 선결문제로 부(夫)의 자(子)가 아님을 주장할 수 없다.

3) 친생부인판결은 제3자에게도 효력이 있다(가가소송법 제21조 제1항). 그리하여 이제는 그 생부가 자(子)를 인지할 수도 있다.

---

162) **대판 1968. 2.27, 67므34** "친생부인 조정조서는 당사자가 임의로 처분할 수 없는 사항에 관한 것이어서 그 효력이 없다."

5. 부(父)를 정하는 소

(1) 의 의

재혼한 여자가 재혼성립 시부터 200일 후이며 전혼이 종료한 때로부터 300일 이내에 자(子)를 출산한 경우에는 친생추정이 충돌하게 된다. 이 경우 그 자(子)가 제844조에 의하여 전혼의 부(夫)의 자(子)로도 추정되고 후혼의 부(夫)의 자(子)로도 추정되어 부를 정할 수 없을 때가 있다. 이 경우에는 당사자의 청구에 의하여 가정법원이 자(子)의 부(父)를 결정하게 되는데(제845조), 이 소를 "부(父)를 정하는 소(訴)"라고 한다.

(2) 소의 성질

부를 정하는 소는 형성의 소이며 먼저 조정을 거쳐야 한다(가사소송법 제2조 제1항 나류사건 5)·제50조). 다만 임의로 처분할 수 있는 사항이 아니므로 조정의 성립만으로는 부(父)를 정하는 효력이 발생하지 않는다(가사소송법 제59조 제2항 단서).

(3) 소의 당사자

1) 제소권자

부(父)를 정하는 소는 자녀, 어머니, 어머니의 배우자 또는 어머니의 전(前) 배우자가 제기할 수 있다(가사소송법 제27조 제1항).

2) 상 대 방

① 누가 소를 제기하느냐에 따라 다르다. 자녀가 제기하는 경우에는 어머니, 어머니의 배우자 및 어머니의 전 배우자를 상대방으로 하고, 어머니가 제기하는 경우에는 그 배우자 및 전 배우자를 상대방으로 한다(가사소송법 제27조 제2항).

② 어머니의 배우자가 제기하는 경우에는 어머니 및 어머니의 전 배우자를 상대방으로 하고, 어머니의 전 배우자가 제기하는 경우에는 어머니 및 어머니의 배우자를 상대방으로 한다(가사소송법 제27조 제3항).

③ 상대방이 될 사람 중에 사망한 사람이 있을 때에는 생존자를 상대방으로 하고, 생존자가 없을 때에는 검사를 상대방으로 하여 소를 제기할 수 있다(가사소송법 제27조 제4항).

3) 제소기간

이 소는 제소기간이 없다(제845조, 가사소송법 제27조 참조). 즉 부(父)를 확정할 필요가 있을 때에는 언제든지 제소할 수 있다.

6. 판결의 효력

부(父)를 정하는 소가 확정되면 그 후에는 다시 친생부인의 소를 제기할 수 없다. 판결의 효력은 제3자에게도 미친다(가사소송법 제21조 제1항).

Ⅱ. 혼인 외의 출생자

1. 의 의

혼인 외의 출생자는 혼인관계가 없는 남녀사이에서 출생한 자(子)이다.

(1) 사실혼관계에서 출생한 자도 혼인 외의 자이다.

(2) 친생부인의 소에 의해 부자관계가 부정되면 혼인 외의 자로 된다.

(3) 무효혼인에서 출생한 자도 혼인 외의 자이다. 그러나 혼인취소로 혼인관계가 해소된 경우에 그 자는 혼인 중의 자의 신분을 유지하며 혼인 외의 자로 되지 않는다.

(4) 혼인 중에 자가 출생한 후 부모가 이혼하더라도 그 자는 혼인 중의 자의 신분을 유지한다.

(5) 혼인 외의 자는 그 부모가 나중에 혼인하게 되면 그 때부터 혼인 중의 출생자로 보게 되는데(제855조 제2항) 이를 준정(準正)이라고 한다.

2. 인지(認知)

(1) 의 의

1) 인지란 혼인 외의 자에 대하여 그 생부나 생모가 자기의 자라고 임의로 인정하거나 재판이나 조정에 의해 인정하는 것이다.

2) 혼인 외의 자(子)와 그 부(父)와의 법률상 부자관계는 오로지 인지에 의해서만 생긴다.[163] 따라서 부(父)의 인지가 없는 한 혼인 외의 자는 법률상의 부(父)를

가질 수 없다.[164)]

3) 혼인 외의 자(子)와 그 모(母)와의 법률상 모자관계는 분만이라는 사실에 의하여 당연히 생기므로 별다른 인지가 필요하지 않으나, 기아와 같은 경우는 모의 인지가 필요한 경우도 있다.[165)]

4) 인지는 의사표시이면서 동시에 상대방 없는 단독행위이다. 그런데 관청의 수령을 요하는 행위이며 요식행위이다(제859조 제1항). 강제인지는 인지자의 의사표시가 없을 때 그의 의사표시에 갈음하는 판결을 얻어 인지의 효력이 생기게 하는 경우라고 할 수 있다.

(2) 임의인지

1) 의 의

임의인지란 생부나 생모가 혼인 외의 자(子)를 임의로 인지하는 것을 말한다.

2) 인지권자

① 인지할 수 있는 자는 그 자(子)의 생부나 생모이다(제855조 제1항). 조부는 인지권자가 아니므로 인지신고를 할 수 없으며 인지를 하여도 무효이다.[166)]

---

163) **대판 1997. 2.13, 96므738** "혼인외 출생자의 경우에 있어서 모자관계는 인지를 요하지 아니하고 법률상의 친자관계가 인정될 수 있지만, 부자관계는 부(父)의 인지에 의하여서만 발생하는 것이므로, 부(父)가 사망한 경우에는 그 사망을 안 날로부터 1년 이내에 검사를 상대로 인지청구의 소를 제기하여야 하고, 생모가 혼인외 출생자를 상대로 혼인외 출생자와 사망한 부(父) 사이의 친생자관계존재확인을 구하는 소는 허용될 수 없다."

164) **대판 1984. 9.25, 84므73** "혼인외의 자와 부와의 친생자관계는 부의 인지에 의하여서만 발생하는 것이므로 혼인외의 출생자인 피청구인이 청구인의 친생자로서의 신분을 취득하려면 청구인의 인지가 있어야 하고 그 인지가 있었다는 자료가 없는 한 법률상 청구인과 피청구인 사이의 친생자관계는 생기지 않는 것이다."

165) **대판 1992. 7.10, 92누3199** "생모와 자 간의 친자관계는 자연의 혈연으로 정해지므로, 반드시 호적부의 기재나 법원의 친생자관계존재확인판결로써만 이를 인정하여야 한다고 단정할 수 없다."; **대판 1967.10. 4, 67다1791** "민법 제855조 제1항 본문, 같은 법 제859조의 규정에 의하면 혼인 외의 출생자는 그 생부나 생모가 이를 인지할 수 있고 인지는 호적법에 정하는 바에 의하여 신고함으로써 효력이 생긴다고 되어 있기는 하나 기아와 같은 특수한 경우를 제외하고는 혼인의 생모자 관계는 분만하였다는 사실로써 명백한 것이며 생부의 혼인 외의 출생자에 대한 인지가 형성적인 것에 대하여 생모의 혼인 외의 출생자에 대한 인지는 확인적인 것인 점을 고려하면 혼인 외의 출생자와 생모 간에는 그 생모의 인지나 출생신고를 기다리지 아니하고 자의출생으로 당연히 법률상의 친족관계가 생긴다고 해석하는 것이 타당하다."

166) **대판 1976. 4.13, 75다948** "민법 855조 소정 인지는 혼인 외 출생자에 대하여 법률상의

② 인지는 부(父) 또는 모(母)라는 사실에 대한 승인이므로 인지를 하기 위해서는 의사능력이 있어야 하고, 의사능력만 있으면 미성년자나 피한정후견인은 누구의 동의 없이 단독으로 인지할 수 있다. 그러나 부(父)가 피성년후견인인 경우에는 성년후견인의 동의를 얻어야 한다(제856조).

3) 피인지자

① 인지를 받는 자(子)는 혼인 외의 자(子)이다.

② 피인지자의 연령에 제한이 없으므로 미성년자이든 성년자이든 불문하고 인지될 수 있다.

③ 타인의 친생자로 추정받는 자(子)로서 그의 혼인 중의 자(子)로 출생신고 되어 있는 경우에는 등록부상의 부(父)로부터 친생부인의 소에 의하여 친자관계가 부인된 후가 아니면 이 자(子)를 인지할 수 없다.[167)]

④ 부(父)는 포태 중인 태아에 대하여도 인지할 수 있다(제858조). 태아를 인지할 때에는 신고서에 그 취지, 모의 성명 및 등록기준지를 기재하여야 한다(가족관계등록법 제56조). 가족관계등록부에의 기록은 출생신고 후에 행해진다(가족규칙 제69조 참조).

⑤ 자(子)가 사망한 후에도 그 직계비속이 있는 때에는 그 사망한 자(子)를 인지할 수 있다(제857조).

(3) 인지신고

1) 인지는 「가족관계의 등록 등에 관한 법률」의 정하는 바에 의하여 신고하여야 효력이 생긴다(제859조 제1항). 이 경우 인지신고는 창설적 신고이다.

2) 유언에 의하여도 인지할 수 있는데 이 경우에는 유언집행자가 이를 신고하여야 한다(제859조 제2항). 유언에 의한 인지신고는 보고적 신고이어서 신고가 없더라도 인지의 효력이 생긴다. 그런데 유언에 의한 인지의 효력은 유언자가 사망한 때에 발생한다(제1073조 제1항).

부 또는 모를 정하는 친자관계를 창설하는 제도로서 사실상의 부 또는 모 즉 인지자 자신의 의사에 의하여야 하고 그외의 타인은 어떠한 방법으로도 인지할 수 없다 할 것이므로 조부(조부)가 그의 친자의 혼인 외 출생자에 대하여 출생신고를 하였다 하여도 혼인 외 출생자에 대한 인지의 효력이 없고 법률상 당연무효라 할 것이다."

167) **대판 1987.10.13, 86므129** "제3자는 친생부인의 소에 의한 확정판결에 의하여 그 친생관계의 추정이 깨어지기 전에는 타인의 자를 인지할 수 없다."

3) 부(父)가 혼인 외의 자에 대하여 혼인 중의 자로서 출생신고를 한 때에는 그 신고는 허위신고로서 무효이나, 그 자(子)를 자기의 자(子)로 인정하는 의사를 표시한 것으로 볼 수 있으므로 출생신고에 대하여 인지신고로서의 효력을 인정하고 있다(가족관계등록법 제57조).[168] 이는 무효행위의 전환을 인정한 것이다.

(4) 임의인지에 관련된 소송

1) 인지무효의 소

① 의 의

민법에는 이 규정이 없다. 그러나 가사소송법은 임의인지의 무효를 주장하는 소가 규정되어 있다(가사소송법 제2조 제1항 가류사건 3), 제26조 제1항, 제23조, 제24조, 제28조).

② 인지무효의 사유

의사무능력자에 의한 인지, 친생자가 아닌 자에게 한 인지, 조부에 의한 인지, 생부의 사망 후 생모에 의한 인지신고 등은 무효이다.[169]

③ 제소권자

인지자, 자, 법정대리인 또는 4촌 이내의 친족은 인지무효의 소를 제기할 수 있다(가사소송법 제28조, 제23조).

④ 인지무효소의 효력

인지의 무효는 당연무효이므로 소 기타의 절차에 의하지 않고도 또 누구라도 그 무효를 주장할 수 있으며, 다른 소에서 선결문제로서 주장할 수 있다고 한다. 그러나 인지의 무효는 혼인의 무효와 마찬가지로 무효의 판결에 의하여 비로소 무효로 된다고 할 것이다.[170] 인지무효판결은 소급효가 있으므로, 그 판결이 확정되면 친자관계도 소급해서 소멸한 것으로 된다. 그 결과 부양·상속 등의 효과도

---

168) 이 신고는 인지신고가 아니고 출생신고이다. 그러므로 그러한 신고로 인한 친자관계의 외관을 배제하고자 하는 때에는 인지에 관련된 소송이 아니라 친생자관계 부존재확인의 소를 제기하여야 한다(대판 1993. 7.27, 91므306).

169) **대판 1992.10.23, 92다29399** "친생자가 아닌 자에 대하여 한 인지신고는 당연무효이며 이런 인지는 무효를 확정하기 위한 판결 기타의 절차에 의하지 아니하고도, 또 누구에 의하여도 그 무효를 주장할 수 있는 것이다."

170) **대판 1992.10.23, 92다29399** 참조.

소급하여 소멸한다. 그리고 인지무효판결은 제3자에게도 효력이 있다(가사소송법 제21조 제1항).[171]

2) 인지이의의 소

① 의 의

혼인 외의 자(子)를 그 생부가 아닌 사람이 인지한 경우에는 인지된 자 기타 이해관계인이 타인의 인지신고에 대해 그 효력을 다투는 소이다.[172] 이의의 소를 제기하려는 사람은 먼저 가정법원에 조정을 신청하여야 하고(가사소송법 제2조 제1항 나류사건 8), 제50조), 조정의 성립만으로 가족관계등록부를 정정할 수는 없다(가사소송법 제59조 제2항 단서).

② 제소권자

자(子) 기타 이해관계인(실질적인 부 등)이 제기할 수 있다.

③ 제소기간

인지의 신고가 있음을 안 날로부터 1년 내에 소를 제기해야 한다. 부 또는 모가 사망한 때에는 그 사망을 안 날로부터 2년 내에 검사를 상대로 하여 소를 제기하여야 한다(제864조).

3) 인지취소의 소

① 의 의

사기, 강박 또는 중대한 착오로 인하여 인지를 한 때에는 인지취소의 소를 제기할 수 있다(제861조). 이때에도 조정전치주의가 적용되지만(가사소송법 제2조 제1

---

171) **대판 1999.10. 8, 98므1698** "생부의 인지 없이 생모에 의해 임의로 생부의 친생자로 출생신고 되었다는 것을 이유로 한 인지무효확인의 확정심판은 생부 스스로 자(子)를 그의 친생자로 인정하여 출생신고를 한 바 없는데도 생모에 의해 그러한 행위를 한 것처럼 호적상 기재가 되어 있으니 그 출생신고에 의한 임의 인지가 무효임을 확인한다는 것이 심판대상임이 명백하고, 따라서 그 기판력 역시 생부의 출생신고에 의한 임의 인지가 무효라는 점에 한하여 발생할 뿐이며, 나아가 생부와 자(子) 사이에 친생자관계가 존재하는지의 여부에 대해서까지 그 확정심판의 효력이 미치는 것은 아니므로, 그 확정심판의 효력은 자(子)와 생부 사이에 친생자관계가 존재함을 전제로 하여 재판상 인지를 구하는 청구에는 미치지 아니한다."

172) **대판 1969. 1.21, 68므41** "호적상 인지자로 기재된 자가 그 인지를 자신의 의사에 반한 것이라고 하여 인지무효를 청구하는 소는 본조의 소에 포함되지 않는다고 한다."

항 나류사건 7), 제50조), 조정의 성립만으로 인지취소의 효력이 생기지는 않는다(가사소송법 제59조 제2항 단서).

② 당 사 자

이 소를 제기할 수 있는 원고는 사기 등을 당하여 인지한 사람이며, 그리고 상대방(피고)은 누가 사기 등을 행하였든 인지된 자녀가 된다(가사소송법 제28조, 제24조 제1항). 다만 자녀가 사망한 경우에는 검사가 상대방이 된다(가사소송법 제28조, 제24조 제3항).

③ 제소기간

사기나 착오를 안 날 또는 강박을 면한 날로부터 6월 내에 가정법원에 그 취소를 청구해야 한다(제861조).

④ 취소의 효과

인지취소판결이 확정되면 인지는 소급효가 있으며 따라서 취소가 되면 인지는 처음부터 무효가 되어 친자관계는 처음부터 발생하지 않는다. 그 결과 부양·상속 등의 효과도 소급해서 소멸한다. 그리고 그 판결은 제3자에게도 효력이 있다(가사소송법 제21조 제1항). 인지취소의 확정판결에 의하여 인지의 효력을 소급적으로 소멸시키는 형성의 소이다.

(5) 강제인지(재판상 인지)

1) 의 의

강제인지란 생부나 생모가 임의로 인지하지 않는 경우에 그 생부나 생모의 의사와 관계없이 재판에 의하여 부자관계나 모자관계의 존재에 대한 확인을 청구하여 인지되는 것을 말한다(제863조). 이 경우 생부 또는 생모가 사망한 경우에는 그 사망을 안 날부터 2년 내에 검사를 상대로 인지청구의 소를 제기할 수 있는데 이에 의한 인지를 강제인지 또는 재판상 인지라고 한다. 이 판결은 제3자에게도 효력이 있으므로 인지청구의 소는 형성의 소라고 하여야 하나, 모에 대한 인지청구의 소는 확인의 소이다.[173)]

---

173) **대판 1967.10. 4, 67다1791** "혼인외의 출생자와 생모간에는 그 생모의 인지나 출생신고를 기다리지 않고 자의 출생으로 당연히 법률상의 친족관계가 생긴다고 해석하는 것이

2) 인지청구의 제소권자

인지청구의 소를 제기할 수 있는 사람은 자(子)와 그 직계비속 또는 그 법정대리인이다(제863조). 태아에게는 인지청구권이 없으며, 그 모도 태아를 대리하여 소를 제기할 수 없다.

인지청구권은 일신전속권이므로 인지청구권자는 이를 포기할 수 없으며 포기의 의사표시를 하더라도 이는 무효이다.[174)]

3) 인지청구의 상대방

소의 상대방(피고)은 부 또는 모이며(제863조), 부 또는 모가 사망한 경우에는 검사가 상대방이 된다(제864조). 만약 상대방이 의사무능력자인 경우에는 법정대리인의 대리를 인정하여야 하며, 그 경우 법정대리인이 없거나 대리권을 행사할 수 없는 때에는 민사소송법 제62조에 의하여 특별대리인의 선임을 신청할 수 있다.[175)]

4) 제소기간

① 부나 모가 생존하고 있는 동안에는 제소기간에 제한은 없다. 인지청구권을 장기간 행사하지 않았다 하여 신의성실의 원칙에 반하는 것도 아니다.[176)]

② 부 또는 모가 사망한 때에는 그 사망을 안 날로부터 2년 내에 검사를 상대로 하여 소를 제기하여야 한다.[177)]

타당하다."

174) **대판 1987. 1.20, 85므70** "인지청구권은 본인의 일신 전속적인 신분관계상의 권리로서 포기할 수 없고 포기하였다 하더라도 그 효력이 발생할 수 없는 것이므로 비록 인지청구권을 포기하기로 하는 화해가 재판상 이루어지고 그것이 화해조항에 표시되었다 할지라도 동 화해는 그 효력이 없다."; **대판 2001.11.27, 2001므1353** "가. 인지청구권은 본인의 일신전속적인 신분관계상의 권리로서 포기할 수도 없으며 포기하였더라도 그 효력이 발생할 수 없는 것이고, 이와 같이 인지청구권의 포기가 허용되지 않는 이상 거기에 실효의 법리가 적용될 여지도 없다. 나. 인지청구권의 행사가 상속재산에 대한 이해관계에서 비롯되었다 하더라도 정당한 신분관계를 확정하기 위해서라면 신의칙에 반하는 것이라 하여 막을 수 없다."; **대판 1999.10. 8, 98므1698.**

175) **대결 1984. 5.30, 84스12** "신분상의 법률행위는 본인의 의사결정을 존중하여 대리를 허용하지 않으나 인지청구의 소송에 있어서 상대방이 의사무능력자이기 때문에 법정대리인이 대리하지 않는 한 소송을 할 수 없는 경우에는 법정대리인의 대리를 인정하여야 할 것이며, 이 같은 경우에 법정대리인이 없거나 대리권을 행할 수 없는 때에는 당사자는 민사소송법 제58조의 규정에 의해 특별대리인을 신청할 수 있다 할 것이다."

176) **대판 2001.11.27, 2001므1353** 참조.

③ 부(父)가 사망한 경우에는 제소권자가 이 기간 내에 검사를 상대로 인지청구의 소를 제기하여야 하고, 생모가 혼인 외의 출생자를 상대로 혼인 외 출생자와 사망한 부(父) 사이의 친생자관계 존재확인을 구하는 소를 제기할 수는 없다고 한다.[178]

5) 소의 절차와 인지신고

① 인지청구의 소를 제기하기 위해서는 먼저 조정을 신청하여야 한다(가사소송법 제2조 제1항 나류사건 9)·제50조). 조정이 성립하면 조정을 신청한 자는 조정조서를 첨부하여 인지신고를 하여야 한다(가족관계등록법 제58조).

② 조정이 성립하지 않으면 조정을 신청한 때에 소가 제기된 것으로 본다(가사소송법 제49조, 민사조정법 제36조 제1항). 인지의 재판이 확정된 경우에 소를 제기한 사람은 재판의 확정일로부터 1개월 이내에 재판서의 등본 및 확정증명서를 첨부하여 인지신고를 하여야 한다(가족관계등록법 제58조 제1항). 소의 상대방도 인지신고를 할 수 있다(동법 제73조 제3항). 이 경우의 인지신고는 보고적 신고이다.

③ 인지판결의 효력은 제3자에게도 미친다.

(6) 인지의 허가청구

2017년 10월 31일에 민법 일부개정에 의하여 인지의 허가를 청구할 수 있는 길을 열어놓았다. 즉 제855조의 2를 신설하여 제1항 "생부는 제844조 제3항의 경

177) **대판 1977. 5.24, 77므7** "민법 제864조의 부모의 사망을 안 날로부터 1년 내에 인지청구 등의 소를 제기할 수 있다라는 것은 그 청구인이 아들인 경우 그 연령이나 능력여하를 불문하는 것이 아니고 사망사실을 알고서 인지청구 등 자기의 신분행위를 할 수 있는 의사능력이 있는 자가 사망사실을 안 때로부터 1년 내에 인지청구 등의 소를 제기할 수 있는 뜻으로 해석함이 타당하다."; **대판 1997. 2.14, 96므738** "혼인외 출생자의 경우에 있어서 모자관계는 인지를 요하지 아니하고 법률상의 친자관계가 인정될 수 있지만, 부자관계는 부(부)의 인지에 의하여서만 발생하는 것이므로, 부(부)가 사망한 경우에는 그 사망을 안 날로부터 1년 이내에 검사를 상대로 인지청구의 소를 제기하여야 하고, 생모가 혼인외 출생자를 상대로 혼인외 출생자와 사망한 부(부) 사이의 친생자관계존재확인을 구하는 소는 허용될 수 없다."

178) **대판 1997. 2.14, 96므738** "혼인외 출생자의 경우에 있어서 모자관계는 인지를 요하지 아니하고 법률상의 친자관계가 인정될 수 있지만, 부자관계는 부(父)의 인지에 의하여서만 발생하는 것이므로, 부(父)가 사망한 경우에는 그 사망을 안 날로부터 1년 이내에 검사를 상대로 인지청구의 소를 제기하여야 하고, 생모가 혼인외 출생자를 상대로 혼인외 출생자와 사망한 부(父) 사이의 친생자관계존재확인을 구하는 소는 허용될 수 없다."

우에 가정법원에 인지의 허가를 청구할 수 있다. 다만, 혼인 중의 자녀로 출생신고가 된 경우에는 그러하지 아니하다."라고 하고, 제2항 "제1항의 청구가 있는 경우에 가정법원은 혈액채취에 의한 혈액형 검사, 유전인자의 검사 등 과학적 방법에 따른 검사결과 또는 장기간의 별거 등 그 밖의 사정을 고려하여 허가 여부를 정한다."고 하면서, 제3항에서는 "제1항 및 제2항에 따라 허가를 받은 생부가 「가족관계의 등록 등에 관한 법률」 제57조 제1항에 따른 신고를 하는 경우에는 제844조 제1항 및 제3항의 추정이 미치지 아니한다."라고 하였다.

(7) 인지의 효과

1) 소 급 효

① 인지에 의하여 혼인 외의 자(子)와 부(父) 사이에 법률상 친자관계는 그 자의 출생 시에 소급하여 발생한다(제860조 본문). 그러므로 부는 자가 출생한 때부터 자에 대하여 부양의무를 지게 되며 부와 자는 출생 시부터 상호간에 상속권을 갖게 된다. 그 결과 부(父)는 자(子)의 출생 시부터 자에 대한 부양의무를 분담하여야 하므로, 인지 전에 모(母)가 자(子)를 혼자서 양육한 경우에는 부(父)에 대하여 과거의 양육비의 상환도 청구할 수 있다.[179] 그러나 인지의 소급효는 이미 취득한 제3

179) **대결(전) 1994. 5.13, 92스21** "[다수의견] [1] 어떠한 사정으로 인하여 부모 중 어느 한쪽만이 자녀를 양육하게 된 경우에, 그와 같은 일방에 의한 양육이 그 양육자의 일방적이고 이기적인 목적이나 동기에서 비롯한 것이라거나 자녀의 이익을 위하여 도움이 되지 아니하거나 그 양육비를 상대방에게 부담시키는 것이 오히려 형평에 어긋나게 되는 등 특별한 사정이 있는 경우를 제외하고는, 양육하는 일방은 상대방에 대하여 현재 및 장래에 있어서의 양육비 중 적정 금액의 분담을 청구할 수 있음은 물론이고, 부모의 자녀양육의무는 특별한 사정이 없는 한 자녀의 출생과 동시에 발생하는 것이므로 과거의 양육비에 대하여도 상대방이 분담함이 상당하다고 인정되는 경우에는 그 비용의 상환을 청구할 수 있다. [2] 한쪽의 양육자가 양육비를 청구하기 이전의 과거의 양육비 모두를 상대방에게 부담시키게 되면 상대방은 예상하지 못하였던 양육비를 일시에 부담하게 되어 지나치고 가혹하며 신의성실의 원칙이나 형평의 원칙에 어긋날 수도 있으므로, 이와 같은 경우에는 반드시 이행청구 이후의 양육비와 동일한 기준에서 정할 필요는 없고, 부모 중 한쪽이 자녀를 양육하게 된 경위와 그에 소요된 비용의 액수, 그 상대방이 부양의무를 인식한 것인지 여부와 그 시기, 그것이 양육에 소요된 통상의 생활비인지 아니면 이례적이고 불가피하게 소요된 다액의 특별한 비용(치료비 등)인지 여부와 당사자들의 재산 상황이나 경제적 능력과 부담의 형평성 등 여러 사정을 고려하여 적절하다고 인정되는 분담의 범위를 정할 수 있다. [반대의견]양육에 관한 법원의 심판절차는 거의 예외 없이 상당한 시일을 필요로 하므로 양육에 관한 법원의 심판이 고지되기 전의 것이라도 양육에 관한 협의의 요청이 있었던 때부터 또는 심판청구서의 부본이 상대방에게 송달된 때부터 그 후의

자의 권리를 해하지 못한다(제860조 단서).[180]

② 인지 전에 후순위 상속인(피상속인의 직계존속이나 형제자매)이 이미 상속을 받았다면 이들은 인지를 받은 피상속인의 직계비속에게 이를 반환하여야 하며, 이 경우 피상속인의 직계존속이나 형제자매는 민법 제860조 단서에서 보호하고 있는 '제3자'에 해당하지 않는다.[181] 그러나 공동상속인들로부터 재산을 양수한 제3자는 그 규정 단서의 제3자에 해당한다.

2) 자의 성과 본

자(子)가 인지되면 자(子)는 원칙적으로 부의 성과 본을 따른다. 그러나 혼인 외의 출생자가 인지된 경우 자는 부모의 협의에 따라 종전의 성과 본을 계속 사용할 수 있다(제781조조 제5항 본문). 다만, 부모가 협의할 수 없거나 협의가 이루어지지 아니한 경우에는 자는 법원의 허가를 받아 종전의 성과 본을 계속 사용할 수

것은 이를 상대방에게 부담하게 하여도 좋을 것이지만, 협의의 요청이나 심판청구가 있기 전의 기간에 지출한 양육비에 대하여는 이를 법원의 심판으로서 상대방에게 그 부담을 명할 수는 없다. 왜냐하면 민법 제837조 제1항, 제2항, 가사소송법 제2조 제1항 (나)목 (2)마류 제3호, 같은법 제3편(가사비송)의 여러 규정을 종합하면, 이혼한 당사자의 아이의 양육에 관하여 가정법원이 비송사건으로서 행하는 심판은 어디까지나 아이의 현재와 장래의 양육에 관한 사항을 정하거나 이미 정하여진 사항을 변경하는 절차이지, 지나간 과거에 마땅히 이행되었어야 할 부양에 관한 사항을 다시 정하거나 이미 지출된 비용의 분담에 관한 사항을 결정하는 절차가 아니기 때문이다. [보충의견]가사소송법은 제2조 제1항 (나)목 (2)마류 제3호에서 민법 제837조의 규정에 의한 자의 양육에 관한 처분을 가사비송사건으로 규정하면서 그 처분의 대상이 되는 양육에 관한 사항을 장래의 것만으로 한정하고 있지 아니하고, 민법이 이혼한 부부의 일방만이 자를 양육하여 온 경우에 다른 일방과 사이에 과거의 양육비를 분담하는 비율을 정하는 데 관하여 달리 규정하고 있지도 아니하므로, 이혼한 부부 각자가 분담하여야 할 과거의 양육비의 비율이나 금액을 장래에 대한 것과 함께 정하는 것도 민법 제837조 제2항에 규정된 자의 양육에 관한 처분에 해당하는 것으로 보아, 가정법원이 자의 연령 및 부모의 재산상황 등 기타 사정을 참작하여 심판으로 정하여야 할 것이지 지방법원이 민사소송절차에 따라 판정할 것은 아니라고 해석함이 상당하다."

180) **대판 1997. 1.24, 96도1731** "형법 제344조, 제328조 제1항 소정의 친족간의 범행에 관한 규정이 적용되기 위한 친족관계는 원칙적으로 범행 당시에 존재하여야 하는 것이지만, 부가 혼인 외의 출생자를 인지하는 경우에 있어서는 민법 제860조에 의하여 그 자의 출생시에 소급하여 인지의 효력이 생기는 것이며, 이와 같은 인지의 소급효는 친족상도례에 관한 규정의 적용에도 미친다고 보아야 할 것이므로, 인지가 범행 후에 이루어진 경우라고 하더라도 그 소급효에 따라 형성되는 친족관계를 기초로 하여 친족상도례의 규정이 적용된다."

181) **대판 1974. 2.26, 72다1739** "피인지자보다 후순위 상속인(피상속인의 직계존속이나 형제자매)이 취득한 상속권은 민법 제860조 단서의 제3자의 취득한 권리에 포함시킬 수 없다."

있다(제781조 제5항 단서).[182]

3) 자의 친권자

혼인 외의 자가 인지된 경우에는 부모의 협의로 자(子)가 미성년자인 경우 그의 친권자지정에는 이혼 시의 자(子)의 친권자지정과 동일하다. 즉 임의인지의 경우에는 부모의 협의로 친권자를 정하여야 하고, 모의 협의가 자(子)의 복리에 반하는 경우에는 가정법원은 보정을 명하거나 직권으로 친권자를 정한다(제909조 제4항 단서). 그리고 부모가 협의할 수 없거나 협의가 이루어지지 아니하는 경우에는 가정법원은 직권으로 또는 당사자의 청구에 따라 친권자를 지정하여야 한다(제909조 제4항 본문). 재판상 인지의 경우에는 가정법원이 직권으로 친권자를 정한다.

4) 자의 양육에 관한 사항과 면접교섭권

이혼 시 자(子)의 양육책임과 면접교섭권에 관한 규정은 자가 인지된 경우에 자의 양육책임과 면접교섭권에 관하여 이를 준용하도록 하였다(제864조의 2).

5) 친족관계

자(子)는 인지한 부(父) 또는 모(母)의 8촌 이내의 혈족과 4촌 이내의 인척과의 사이에 친족관계가 발생한다.

3. 준정(準正)

(1) 혼인관계가 없는 부모 사이에서 출생한 혼인 외의 출생자가 그 부모의 혼인으로 인하여 그 때부터 혼인 중의 자의 신분을 취득하는 것을 준정이라고 한다.

(2) 준정이 되려면 인지와 혼인의 두 가지 요건이 필요하다. 따라서 부모가 인지를 하지 않고 혼인을 한다고 하여 준정의 효력이 생기는 것은 아니다.

(3) 혼인 외의 자는 출생 시부터가 아니라 부모의 혼인 시부터 혼인 중의 자가가 된다. 따라서 준정에 의한 혼인 중의 출생자는 친생추정을 받지 않는다.

민법은 혼인에 의한 준정만을 규정하고 있다(제855조 제2항). 그러나 학자들은 혼인 중의 준정, 혼인 해소 후의 준정, 사망한 자에 대한 준정도 인정하고 있다.

---

182) 이는 2005년에 개정되어 2008년 1월 1일부터 시행되고 있다.

혼인에 의한 준정은 부모의 혼인 전에 출생하여 부(父)로부터 인지를 받고 있던 자(子)가 부모의 혼인에 의하여 혼인 중의 출생자가 되는 것이고, 혼인 중의 준정이란 부모의 혼인 전에 출생하여 인지를 받지 못하고 있던 혼인 외의 출생자가 그 부모의 혼인 후 인지 또는 출생신고에 의하여 준정이 되는 것이며, 혼인 해소 후의 준정이란 혼인 전에 출행한 혼인 외의 출생자가 부모의 혼인이 사망 또는 이혼으로 해소되거나 취소된 후에 인지됨으로써 준정이 되는 것이다. 그리고 사망한 자에 대한 준정은 사망한 자(子)가 준정되는 것이다.

혼인에 의한 준정의 경우 혼인 외의 출생자는 그 부모가 혼인한 때부터 혼인 중의 출생자로 의제된다(제855조 제2항). 인지에서와 달리 준정의 경우에는 소급효가 없다. 준정에 의한 혼인 중의 출생자는 친생자추정을 받지 못하므로 그에 대하여 친자관계를 다툴 때에는 친생부인의 소가 아니고 친생자관계부존재확인의 소를 제기하면 된다.

Ⅲ. 친생자관계존부확인의 소

1. 서 설

(1) 의 의

친생자관계존부확인의 소는 특정인 사이에 친생자관계의 존부가 명확하지 않은 경우에 그에 대한 확인을 구하는 소이다. 부(父)를 정하는 소, 친생부인의 소, 인지청구의 소, 인지에 대한 이의의 소에 해당하지 않는 '다른 사유'를 원인으로 하여 특정인 사이의 친생자관계의 존부의 확인을 구하는 소이다.

(2) 친생부인의 소와 친생자관계부존재확인의 소와의 차이점

1) 자의 신분상의 차이

친생부인의 소는 혼인 중의 출생자로 추정되는 자와의 친자관계를 부인하는 것이지만, 친생자관계부존재확인의 소는 친생의 추정을 받는 자 이외의 자, 즉 친생의 추정이 미치지 못하는 자, 친생의 추정을 받지 않는 자, 혼인 외의 자와의 친자관계를 부인하는 것이다.

2) 소제기권자의 범위

친생부인의 소는 원칙적으로 부 또는 처만 소를 제기할 수 있지만, 친생자관계부존재확인의 소는 후술하는 바와 같이 소제기를 할 수 있는 자의 범위가 상당히 넓다.

3) 제소기간의 유무

친생부인의 소는 그 사유가 있음을 안날로부터 2년 내에 소를 제기하여야 하지만, 친생자관계부존재확인의 소는 제소기간의 제한이 없다.

(3) 친생자관계존부확인의 소의 구체적인 사례

친생자관계존부확인의 소의 구체적인 사례는 ① 등록부상 모가 진정하지 않는 경우, ② 등록부상 부모 모두가 진정하지 않는 경우이다. ①의 경우는 부(父)의 혼인 외의 자를 본처와의 친생자로 허위의 출생신고를 한 경우 등이고, ②의 경우는 부부 쌍방의 친생자가 아닌데 어떤 이유로 등록부상에 부부사이의 자로 출생신고를 한 경우 등이다.

1) 입양 시 허위의 친생자출생신고를 한 경우의 친자관계 다툼

입양 시 입양신고를 하지 않고 허위의 출생신고를 한 경우 출생신고로서는 효력이 없으나 무효행위의 전환에 의하여 입양신고로서의 효력을 인정한다. 따라서 파양 사유가 없는 한 친생자관계 부존재 확인청구는 인정되지 않는다.[183]

2) 인지 시 허위의 친생자출생신고를 한 경우의 친자관계 다툼

① 혼인 외의 출생자를 부의 혼인중의 출생자로 허위의 출생신고를 한 경우 무효행위의 전환에 의하여 인지의 효력이 있다(가족관계등록법 제57조).

---

183) **대판 1991.12.13, 91므153** "계부가 재혼한 처의 자를 입양하기로 그 대낙권자인 생모(처)와 합의하여 그 입양신고의 방편으로 친생자로서의 출생신고를 한 경우에는 출생신고에 의하여 입양의 효력이 있게 되고, 그 양친자관계를 해소하여야 하는 등의 특단의 사정이 없는 한 친생자관계의 부존재확인을 구할 이익이 없다."; **대판 1993. 2.23, 92다51969** "가. 당사자 사이에 양친자관계를 창설하려는 명백한 의사가 있고 기타 입양의 실질적 성립요건이 모두 구비된 경우 입양신고 대신 친생자출생신고가 있다면 형식에 다소 잘못이 있더라도 입양의 효력이 있다. 나. 위 "가"항과 같이 입양의 효력이 인정되더라도 그 후 당사자 간에 친생자관계부존재확인의 확정판결이 있는 경우에는 그 확정일 이후부터는 양친자관계의 존재를 주장할 수 없다."

② 이 자(子)가 실제로 그 부의 친자가 아닌 경우 친자관계를 다투는 방법이 문제된다. 학설은 이 경우 인지의 효력이 발생하므로 인지에 대한 이의의 소로써 다투어야 한다는 견해가 있으나 판례는 친생자관계 부존재 확인의 소로써 다투어야 한다고 한다.[184)]

3) 혼인 중의 자로 출생신고가 되었으나 친생추정이 인정되지 않는 경우의 친자관계 다툼

이미 위에서 설명한 바와 같이 친생추정을 받지 않는 자나 친생추정을 할 수 없는 명백한 사정이 있어 친생추정이 미치지 않는 자(子)에 대하여는 친생부인의 소가 아니라 친생자관계 부존재 확인의 소에 의하여 친자관계를 다툴 수 있다.

4) 혼인 외의 출생자에 대한 부자관계의 인정

혼인 외의 자에 대하여 부(父)가 인지를 하지 않고 있던 중 부가 사망한 경우에 부자관계를 인정하기 위해서는 인지청구의 소를 제기하여야 하고 친생자관계 존재확인의 소를 제기할 수 없다.[185)]

2. 소의 당사자

(1) 소의 제기권자

1) 친생자관계존부확인의 소를 제기할 수 있는 사람은 부(父)를 정하는 소(제845조), 친생부인의 소(제846조·제848조·제850조·제851조), 인지에 대한 이의의 소(제

184) **대판 1993. 7.27, 91므306** "인지에 대한 이의의 소 또는 인지무효의 소는 민법 제855조 제1항, 호적법제60조의 규정에 의하여 생부 또는 생모가 인지신고를 함으로써 혼인외의 자를 인지한 경우에 그 효력을 다투기 위한 소송이며, 위 각 법조에 의한 인지신고에 의함이 없이 일반 출생신고에 의하여 호적부상 등재된 친자관계를 다투기 위하여는 위의 각 소송과는 별도로 민법 제865조가 규정하고 있는 친생자관계부존재확인의 소에 의하여야 할 것인바, 호적법 제62조에 부가 혼인외의 자에 대하여 친생자 출생신고를 한 때에는 그 신고는 인지의 효력이 있는 것으로 규정되어 있으나, 그 신고가 인지신고가 아니라 출생신고인 이상 그와 같은 신고로 인한 친자관계의 외관을 배제하고자 하는 때에도 인지에 관련된 소송이 아니라 친생자관계부존재확인의 소를 제기하여야 한다."

185) **대판 1997. 2.14, 96므738** "혼인 외 출생자의 경우에 있어서 모자관계는 인지를 요하지 아니하고 법률상의 친자관계가 인정될 수 있지만, 부자관계는 부(부)의 인지에 의하여서만 발생하는 것이므로, 부(부)가 사망한 경우에는 그 사망을 안 날로부터 1년 이내에 검사를 상대로 인지청구의 소를 제기하여야 하고, 생모가 혼인외 출생자를 상대로 혼인 외 출생자와 사망한 부(부) 사이의 친생자관계존재확인을 구하는 소는 허용될 수 없다."

862조), 인지청구의 소(제863조)를 제기할 수 있는 모든 사람이다. 즉 ① 부(父), 부(父)의 후견인 또는 유언집행자, 부(父)의 직계존속 또는 직계비속, ② 모(母)의 배우자 및 전(前) 배우자, ③ 모(母)의 후견인 또는 유언집행자, 모(母)의 직계존속이나 직계비속, ④ 자(子), 자(子)의 직계비속 또는 법정대리인, 기타 이해관계인 등이 소를 제기할 수 있다.

2) 이해관계인에는 제777조의 친족관계에 있는 자가 포함되며 친족관계에 있다는 이유만으로 청구적격을 인정하는 것이 판례의 입장이다.[186)]

(2) 소의 상대방

친생자관계가 있는 당사자 중 어느 한 쪽(부 또는 모)이 소를 제기하는 경우에는 다른 한 쪽(子)이 상대방이 된다(가사소송법 제28조, 제24조 제1항). 그리고 자(子)가 부모 모두를 상대방으로 하여 소를 제기하는 경우에 부모 중 하나와 친자관계가 있으면 나머지의 자만이 상대방으로 된다고 할 것이다. 그리고 제3자가 소를 제기하는 경우에는 부모와 자(子) 쌍방이 상대방으로 된다(가사소송법 제28조, 제24조 제2항).[187)] 이 경우 부모 중 한사람이 사망한 경우는 남은 생존자를 상대방으로 할 수 있다. 이들 모두가 사망한 경우에는 검사를 상대방으로 하게 된다(가사소송법 제28조, 제24조 제3항).[188)]

3. 제소기간

(1) 친생자관계 존부 확인의 제소기간은 원칙적으로 제한이 없다.

---

186) **대판(전) 1981.10.13, 80므60** "민법 제777조 소정의 친족은 특단의 사정이 없는 한, 그와 같은 신분관계를 가졌다는 사실만으로써 당연히 친자관계존부 확인의 소를 제기할 소송상의 이익이 있다."; **대판 2004. 2.12, 2003므2503** "친생자관계존부확인의 소의 경우 민법 제777조 소정의 친족은 이해관계인으로서 친생자관계존부의 확인이 필요한 당사자 쌍방을 상대로 친생자관계존부확인의 소를 구할 수 있다."

187) 필수적 공동소송이다(대결 1983. 9.15, 83즈2).

188) **대판 1971. 7.27, 71므13** "본조에 의한 친생자관계존부확인 청구소송에 있어 친.자중의 일방이 지방을 상대로 확인청구를 하는 것이 아니고 이해관계있는 제3자로서 확인을 청구하는 경우 같이 친생자관계가 없음에도 불구하고 친생자관계가 있는 것처럼 소적상 기재되어 있음을 전제로 한 때에는 그 친.자 쌍방이 피청구인으로서의 적격이 있다 할 것이고 그 친.자중의 어느 한편의 사망하였을 때에는 생존자만을 상대로 친생자관계 부존재 확인의 소를 제기할 수 있으며 친자가 모두 사망하였을 경우에는 검사를 상대로 위의 소를 제기할 수 있다."

(2) 피고가 사망한 때에는 그 사망을 안 날로부터 2년 내에 검사를 상대로 하여 소를 제기하여야 한다(제865조 제2항). 제3자가 당사자 쌍방을 상대로 소를 제기하는 경우에는 당사자 쌍방 모두가 사망한 사실을 안 날로부터 기산하여 2년 내에 소를 제기하여야 한다.[189)]

4. 판결의 효력

(1) 확인판결의 확정에 의하여 친자관계의 '존재'와 '부존재'가 확정되며 판결의 효력은 제3자에게도 미친다(가사소송법 제21조 제1항).

(2) 판결이 확정되면 소를 제기한 자는 확정일로부터 1월 이내에 등록부의 정정을 신청하여야 한다(가족관계등록법 제107조).

(3) 친자관계의 존부에 대하여는 당사자가 임의로 처분할 수 없는 사항이므로 조정이나 재판상 화해가 성립되더라도 그 효력이 없다.[190)] 따라서 당사자 사이에 친생자관계가 없음을 확인한다는 조정이나 재판상 화해가 성립되어도 후에 인지청구의 소를 제기하는 데 아무런 지장도 없다.

Ⅳ. 인공수정자

1. 의 의

(1) 인공수정이란 남녀 간의 자연적인 성교섭에 의하지 않고 인공적인 특수방

---

189) **대판 2004. 2.12, 2003므2503** "친생자관계존부확인의 소의 경우 민법 제777조 소정의 친족은 이해관계인으로서 친생자관계존부의 확인이 필요한 당사자 쌍방을 상대로 친생자관계존부확인의 소를 구할 수 있고, 상대방이 될 당사자 쌍방이 사망한 때에는 검사를 상대로 친생자관계존부확인의 소를 구할 수 있으며, 이 경우 민법 제865조 제2항을 유추적용하여 그 제소기간을 준수하여야 한다고 할 것이어서 결국 민법 제865조 제2항에서 규정하고 있는 '당사자 일방이 사망한 때에는 그 사망을 안 날로부터 1년 내에'라고 함은 제3자가 친생자관계존부확인의 소를 제기하는 경우는 당사자 일방이 사망하는 경우 남은 생존자를 상대로 친생자관계존부확인의 소를 제기할 수 있고, 그 생존자도 사망하여 상대방 될 자 모두가 사망한 경우는 검사를 상대로 할 수 있다는 가사소송법 제24조의 규정에 비추어, 친생자관계존부확인의 대상이 되는 당사자 쌍방이 모두 사망한 경우에는 '당사자 쌍방 모두가 사망한 사실을 안 날로부터 1년 내에'라는 의미라고 하여야 한다."

190) **대판 1999.10. 8, 98므1698** "친생자관계의 존부확인과 같이 현행 가사소송법상의 가류 가사소송사건에 해당하는 청구는 성질상 당사자가 임의로 처분할 수 없는 사항을 대상으로 하는 것으로서 이에 관하여 조정이나 재판상 화해가 성립되더라도 효력이 있을 수 없다."

법에 의하여 정액을 여성의 체내에 주입함으로써 정자와 난자를 결합시켜 수태를 하게 하는 것을 말한다. 이러한 인공수정의 시술에 의하여 포태되어 출생한 자가 인공수정자이다.

(2) 인공수정은 부 또는 처에게 불임의 원인이 있는 경우에 이를 이용하는 것으로 오늘날 우리나라에서도 인공수정으로 태어나는 자가 많이 증가하고 있어 법적인 문제를 일으킬 소지가 많으나 이에 대한 규제가 없는 실정이다.

2. 인공수정의 방법

(1) 남편의 정자를 사용하여 인공수정 하는 방법, 즉 AIH(Artificial Insemination by the Husband's Semen)

(2) 제3자의 정자를 사용하여 인공수정 하는 방법, 즉 AID(Artificial Insemination by a Donor's Semen)

(3) 처가 불임인 경우 대리모를 통한 인공수정 등 여러 가지 방법이 있다.

3. 인공수정자의 지위

(1) AIH에 의한 인공수정자

1) 처가 남편의 정자로 인공수정을 하여 태어난 자(子)는 부(夫)와 자연적 혈연관계가 존재하므로 혼인 중의 자(子)와 동일하게 다루어야 한다. 따라서 인공수정자의 출생시기가 언제냐에 따라서 친생추정을 혼인 중의 자(子)와 친생추정을 받지 않는 혼인 중의 자(子)로 된다.

2) 그러나 부(夫)의 사망 후 300일 이상이 지난 후에 출생한 인공수정자가 혼인 중의 자(子)가 될 수 있는지 문제가 된다. 예를 들어 부(夫)의 동의하에 부(夫)의 정자를 냉동 보관해 두었다가 부(夫)의 사망 후 냉동 보관되어 있던 부(夫)의 정액을 사용하여 출생한 인공수정자는 어떤 신분을 갖는지 명문의 규정이 없어 문제이다.

(2) AID에 의한 인공수정자

1) 부(夫)의 동의가 있는 경우

① 부(夫)의 동의를 받아 타인의 정자로 인공수정을 하여 출생한 인공수정자는

'모(母)의 법률상 부(夫)'의 자로 추정 받는 혼인중의 자로 보아야 한다.

② '모(母)의 법률상 부(夫)'가 이 자에 대하여 친생부인의 소를 제기할 수 있는지 문제가 된다. 그러나 시술에 동의한 부(夫)가 나중에 변심하여 친생부인권을 행사한다는 것은 신의성실의 원칙인 금반언의 원칙에 반하고, 자의 복리에도 반하므로 이를 부정해야 할 것이다.

③ 인공수정자는 '모(母)의 법률상 부(夫)'의 혼인중의 자로 추정받기 때문에 이해관계인 등이 인공수정자에 대하여 친생자관계부존재확인의 소를 제기할 수도 없다.

④ 정자제공자에 대하여 인지청구를 할 수 없으며 정자제공자가 인공수정자를 인지할 수 없다고 보아야 한다.

2) 부(夫)의 동의가 없는 경우

① 부의 동의 없이 타인의 정자로 인공수정을 하여 출생한 인공수정자는 친생자추정을 받지 않거나 친생자추정이 미치지 않는 혼인중의 자로 보아야 할 것이다. 따라서 부는 친생부인권을 행사할 수 있고 이해관계인도 친생자관계부존재확인의 소를 제기할 수 있다.

② 이외에 인공수정자가 정자제공자에 대하여 인지청구를 할 수 있는지 또는 정자제공자가 인공수정자를 인지할 수 있는지 문제가 된다.

이 경우 ⓐ 인지를 허용하는 것은 자, 모, 모의 부 모두의 보호가 되지 못한다는 점, ⓑ 정자제공자가 다수의 인공수정자로부터 예기하지 않는 인지청구를 받는 것은 불합리하다는 점, ⓒ 시술 시 정액을 혼합할 경우 과학적으로 부를 결정할 수 없다는 점, ⓓ 정자제공자는 보수를 받고 정자를 제공하므로 혈액의 제공자와 비슷하여 이러한 자가 부라고 주장하는 것은 도의에 반한다는 점을 이유로 부인하여야 할 것이다.

4. 체외수정·대리모

(1) 체외수정에 의해 출생한 자

체외수정은 처에게 불임의 원인이 있는 경우에 그 치료법으로서 처의 난자와 부의 정자를 체외에서 수정시켜 처의 자궁에 착상시킴으로써 출산하게 하는 것이고, 이러한 시술로 출생한 자가 시험관아기이다. 체외수정에는 부(夫)의 정자+처의 난자, 부(夫)의 정자 + 제공자의 난자, 제공자의 정자 + 처의 난자, 제공자의 정자+제공자의 난자 등이 경우가 있다.

(2) 시험관아기의 법적 지위

배우자간의 체외수정은 AIH와 같으므로 시험관아기는 혼인중의 출생자의 지위를 갖는다. 그러나 수정란을 냉동 보존해 놓은 상태에서 부부가 사망하든지 이혼한 경우 수정란은 어떤 지위를 갖는지 문제가 된다.

(3) 대리모를 둘러싼 문제점

1) 배우자 사이의 체외수정란을 제3자의 여성(대리모)의 체내에 착상하게 하는 경우, 모자관계를 둘러싸고 어려운 문제가 발생하게 된다. 즉 대리모가 모자관계를 주장할 경우 난자제공자와 자궁제공자 중 어느 쪽을 모라고 볼 것인지 문제가 된다. 또한 출생한 자녀가 기형아일 경우 자의 인도문제를 둘러싸고 분쟁의 소지가 있다.

2) 그 외에 포태 중에 모체의 건강상의 이유로 임신중절을 해야 할 경우 그 결정권은 누구에게 있는지, 대리모가 일방적으로 임신중절을 시킨 경우 난자제공자가 대리모에게 법적책임을 물을 수 있는지 문제가 된다.

(4) 대리모계약의 효력

우리나라에서 대리모계약은 선량한 풍속 기타 시회질서에 반하는 법률행위로서 무효가 될 가능성이 크다.

제3관 양 자

Ⅰ. 서 설

1. 양자제도는 자연혈연적 친자관계가 없는 사람들 사이에 입양에 의하여 인위적으로 친자관계를 맺는 제도로서 고대사회로부터 오늘에 이르기까지 대다수

의 국가에서 인정되고 있다.

2. 양자제도는 본래 조상의 제사를 비롯하여 혈통의 승계를 위한 양자제도 즉 「가(家)를 위한 양자제도」로부터 발달하여 양친의 자식욕이나 노후부양을 위한 양자제도 즉 「어버이를 위한 양자제도」를 거쳐 오늘날에는 중요한 사회문제가 된 고아나 사생아 등 교육할 사람이 없는 자녀의 복리를 위한 양자제도 즉 「자(子)를 위한 양제제도」로 변천해 왔다.

3. 서구의 양자제도는 양자가 생가부모와 단절하고 양가에서 완전친생자화 하는 완전양자제도를 취하고 있다.

4. 기존의 민법상 양자제도는 입양 후에도 친생부모와의 법률관계가 그대로 존속되므로 양친과 친생부모와의 이중의 친자관계가 형성된다. 따라서 양친자관계가 불완전하게 되고 양친과 친생부모로부터 상속을 받는 반면 양쪽에 대해 부양의무를 지게 되어서 많은 분쟁을 발생시킨다. 따라서 자의 이익을 위해서는 친생부모와의 친자관계를 완전히 단절시키고 양친과의 친자관계만을 유지하게 함으로써 친자관계를 안정시킬 필요가 있었기에 2005년 민법개정으로 친양자제도가 신설되었다. 친양자제도는 친부모와 친자관계를 단절시키고 양자를 양친의 친자와 동일하게 취급하는 양자제도이다.

5. 현행 우리나라의 입양제도는 민법상의 입양제도와 '요보호아동'을 그 대상으로 "입양특례법"상의 입양제도가 있다. 따라서 현행 입양제도로는 민법상의 일반 입양제도와 친양자 입양제도, "입양특례법"상의 입양제도 세 가지가 시행되고 있는데 입양제도의 법 정비가 요구된다.

이하에서는 먼저 일반 입양제도에 대하여 설명하고 친양자제도에 대하여는 별도의 항목으로 설명하고자 한다.

Ⅱ. 입양의 성립요건

입양이란 양친자관계를 창설할 목적으로 하는 양자와 양친 사이의 합의이다. 입양은 광의로 계약이지만 친족법상의 것이기 때문에 채권계약과는 다르다. 입양은 가족관계법에 의하여 일정한 방식으로 신고하여야 성립하는 요식행위이다(제878조).

1. 실질적 요건

(1) 입양의 합의

1) 당사자 사이에 입양의 합의가 있어야 함

양부모와 양자 사이에 입양의 합의가 있어야 하며 조건부나 기한부로 합의할 수 없다. 그러한 의사표시와 그것들의 일치인 합의는 입양신고가 있을 때 그 신고에 포함되어서 행해진다. 따라서 입양이 성립하기 위해서 합의가 따로 행해질 필요는 없다. 입양의 합의 없이 입양신고를 하거나 어떤 방편을 위해서 하는 가장입양은 무효이다. 기한부나 조건부 합의도 무효이다.[191]

2) 입양의 의사표시에 대한 보충

① 양자될 자가 13세 미만인 경우

ⓐ 양자가 될 사람이 13세 미만인 경우에는 법정대리인이 그를 갈음하여 입양을 승낙한다. 이를 대락입양(代諾入養)이라고 한다.

ⓑ 대락입양에서 대락이 없으면 무효이지만 양자가 13세 지난 후에 양부모를 계속 부모로 생각하고 있었다면 무효행위가 추인된 것으로 보아 입양의 유효를 인정하여야할 것이다.[192]

---

191) **대판 2004. 4. 9, 2003므2411** "입양무효사유인 '당사자 간에 입양의 합의가 없는 때'라 함은 당사자 간에 실제로 양친자로서의 신분적 생활관계를 형성할 의사를 가지고 있지 아니한 경우를 말하므로, 입양신고가 호적상 형식적으로만 입양한 것처럼 가장하기로 하여 이루어진 것일 뿐 당사자 사이에 실제로 양친자로서의 신분적 생활관계를 형성한다는 의사의 합치가 없었던 것이라면 이는 당사자 간에 입양의 합의가 없는 때에 해당하여 무효라고 보아야 한다."; **대판 1995. 9.29, 94므1553·1556** "입양신고가 고소사건으로 인한 처벌 등을 모면하게 할 목적으로 호적상 형식적으로만 입양한 것처럼 가장하기로 하여 이루어진 것일 뿐 당사자 사이에 실제로 양친자로서의 신분적 생활관계를 형성한다는 의사의 합치는 없었던 것이라면, 이는 당사자 간에 입양의 합의가 없는 때에 해당하여 무효라고 보아야 할 것이다."; **대판 1984. 5.15, 84므4** "청구인(갑)이 소외 망인과 동거하면서 소외 망인이 다른 남자와의 사이에 출산하여 데리고 들어온 딸인 피청구인이 취학적령에 이르게 되자 호적을 만들어 입학시키고자 본처인 청구인(을)과의 사이에서 출생한 것처럼 신고한 것만으로써는, 청구인들이 피청구인을 입양하려는 의사가 있었고 출생신고당시 15세 미만의 미성년이었던 피청구인의 생모인 소외 망인의 승락등 입양에 관한 요건이 갖추어졌다고 할 수 없다."

ⓒ 또한 대락의 의사표시가 있었으나 입양신고를 하지 않고 양부모의 친생자로 출생신고를 하더라도 대락의 효력은 있고 그 입양은 유효하다.[193)]

② **양자로 될 자가 13세 이상의 미성년자인 경우**

양자가 될 사람이 13세 이상의 미성년자인 경우에는 법정대리인(친권자 또는 미성년후견인)의 동의를 받아 입양을 승낙하여야 한다(제869조 제1항). 양자가 될 미성년자는 부모의 동의를 받아야 하지만 법정대리인의 동의를 받아 입양을 승낙 한 경우는 별도로 부모의 동의를 받을 필요가 없다. 법정대리인의 동의는 가정법원의 입양허가(제867조 제1항)가 있기 전까지는 철회할 수 있다(제869조 제5항). 법정대리인의 동의가 없는 13세 이상의 미성년자 입양의 신고는 수리되지 않으나(제881조 참조), 잘못하여 수리된 경우 가정법원에 입양의 취소를 청구할 수 있다(제884조 제1항 제1호). 법정대리인의 소재를 알 수 없는 등의 사유가 있음에도 불구하고 가정법원으로부터 입양의 허가를 받은 경우에도 입양의 취소를 청구 할 수 있다(제884조 제1항 제1호, 제869조 제3항 제2호).

③ **부모의 동의를 받아야 한다.**

ⓐ 양자로 될 미성년자는 부모[194)]의 동의를 받아야 한다. 그러나 첫째, 부모가 제869조 제1항에 따른 동의를 하거나 같은 조 제2항에 따른 승낙을 한 경우 둘째, 부모가 친권상실의 선고를 받은 경우(제870조 제1항 제2호) 셋째, 부모의 소재를 알 수 없는 등의 사유로 동의를 받을 수 없는 경우에는 동의를 받을 필요가 없다(제870조 제1항 제3호).

ⓑ 그런데 부모가 동의를 거부하더라도 가정법원은 첫째, 부모가 3년 이상 자

---

192) **대판 1997. 7.11, 96므1151** "구 민법(1990. 1. 13. 법률 제4199호로 개정되기 전의 것) 제869조 소정의 입양승낙 없이 친생자로서의 출생신고 방법으로 입양된 15세 미만의 자인 갑이 입양의 승낙능력이 생긴 15세 이후에도 계속하여 자신을 입양한 을을 어머니로 여기고 생활하는 등 입양의 실질적인 요건을 갖춘 이상, 갑은 그가 15세가 된 이후에 을이 한 입양에 갈음하는 출생신고를 묵시적으로 추인하였다고 봄이 상당하고, 일단 추인에 의하여 형성된 양친자관계는 파양에 의하지 않고는 이를 해소시킬 수 없다."

193) **대판 1989.10.27, 89므440** "갑의 생부모와 조부, 백부모 다섯 사람이 갑을 장손으로 삼기 위하여 백부모의 아들로 삼기로 합의가 되어 조부가 그 합의에 따라 갑이 백부모 사이에 출생한 것처럼 출생신고를 한 경우에는 갑을 양자로 하려는 의사와 생부모의 입양승낙 등 입양의 실질적 요건을 갖추었다고 할 것이므로 입양의 효력이 있다."

194) 여기의 부모는 친권자에 한정되지 않는다. 그런데 친권자는 대부분 제869조 제1항에 따라 친권자로서 동의를 할 것이고, 그러한 경우에는 여기의 동의가 필요하지 않다.

녀에 대한 부양의무를 이행하지 아니한 경우(제870조 제1항 제1호) 둘째, 부모가 자녀를 학대 또는 유기하거나 그 밖에 자녀의 복리를 현저히 해친 경우에는 입양을 허가할 수 있다(제870조 제2항 제1문). 이때 가정법원은 부모를 심문하여야 한다(제870조 제2항 제2호).

ⓒ 이를 위반 한 경우 입양을 취소할 수 있다(제884조 제1항 제1호).

④ 양자로 될 자가 성년자인 경우

ⓐ 양자가 될 자가 성년인 경우에도 부모의 동의를 받아야 한다(제871조 제1항 본문). 다만, 부모의 소재를 알 수 없는 등의 사유로 동의를 받을 수 없는 경우에는 그러하지 아니하다(제871조 제1항 단서).

ⓑ 가정법원은 부모가 정당한 이유 없이 동의를 거부하는 경우에 양부모가 될 사람이나 양자가 될 사람의 청구에 따라 부모의 동의를 갈음하는 심판을 할 수 있는데, 이 경우 가정법원은 부모를 심문하여야 한다(제871조 제2항).

ⓒ 부모의 동의를 얻지 못한 입양은 입양취소의 사유가 된다(제884조).

⑤ 피성년후견인의 경우

양부모가 될 자나 양자로 될 자가 피성년후견인인 경우 성년후견인의 동의를 얻어야 한다(제873조 제1항). 이 경우 피성년후견인이 입양을 하거나 양자가 되는 경우에는 가정법원의 허가를 받아야 하며(제873조 제2항, 제867조 제1항), 이 때 가정법원은 양자가 될 피성년후견인의 복리를 위하여 그 양육상황, 입양동기, 양부모의 양육능력, 그 밖의 사정을 고려하여 입양허가를 하지 않을 수 있다(제873조 제2항, 제867조 제2항).

(2) 양부모는 성년자이어야 함

성년자이기만 하면 기혼이든 미혼이든 무방하다(제866조). 독신여성도 양부모가 될 수 있다. 미성년자가 혼인하여 성년으로 의제되는 경우(제826조의 2)에는 입양을 할 수 있다.

(3) 양자는 존속이나 연장자가 아니어야 함

양자는 양부모의 존속이나 연장자가 아니어야 한다. 이를 위반한 입양은 무효이다.

(4) 가정법원의 허가를 받아야 함

양자로 될 자가 미성년자인 경우에는 가정법원의 허가를 받아야 한다(제867조 제1항). 가정법원은 양자가 될 미성년자의 복리를 위하여 그 양육 상황, 입양의 동기, 양부모의 양육능력, 그 밖의 사정을 고려하여 입양의 허가를 하지 아니할 수 있다(제867조 제2항). 이 허가는 양자가 될 사람이 13세미만 또는 그 이상이든 모든 미성년자의 경우에 요구된다. 만약 이에 위반한 신고는 수리되지 않지만(제881조 참조), 수리되어도 입양은 무효이다(제883조 제2호).

(5) 배우자 있는 자의 입양은 부부가 공동으로 하여야 함

1) 배우자있는 자가 입양을 할 때에는 배우자와 공동으로 하여야 한다(제874조 제1항). 이것을 부부공동입양이라고 한다. 그리고 배우자있는 자가 양자가 될 때에는 공동으로 할 필요는 없고 다른 일방의 배우자의 동의만 얻으면 된다(제874조 제2항).

법률상 부부가 아닌 사람들이 공동으로 양부모가 되는 것은 허용되지 않는다.[195]

2) 부(夫)가 입양에 관하여 부부의 공동의사에 의하지 않고 단독으로 출생신고하는 방식으로 입양을 한 경우 부(夫)와 양자 사이에 입양의 효력을 인정한 사례가 있다. 부부공동입양에 위반한 경우 취소사유가 되는데 이 사건에서는 처가 취소를 하지 않았기 때문에 입양의 효력을 인정한 것이다.[196]

---

195) **대판 1995. 1.24, 93므1242** "호적상 모로 기재되어 있는 자가 자신의 호적에 호적상의 자를 친생자로 출생신고를 한 것이 아니라 자신과 내연관계에 있는 남자로 하여금 그의 호적에 자신을 생모로 하는 혼인외의 자로 출생신고를 하게 한 때에는, 설사 호적상의 모와 호적상의 자 사이에 다른 입양의 실질적 요건이 구비되었다 하더라도 이로써 호적상의 모와 호적상의 자 사이에 양친자관계가 성립된 것이라고는 볼 수 없다. 왜냐하면, 이러한 경우 호적상의 부와 호적상의 자사이에 입양의 실질적 요건이 갖추어지지 않았다면 호적상 부가 호적상 자를 혼인외의 자로 출생신고를 한 것은 아무런 효력이 없는 것이어서 그 출생신고에 관한 호적상의 기재는 두 사람 사이의 친생자관계부존재를 확인하는 판결에 의하여 말소되어야 하므로, 이처럼 무효인 호적상 부의 출생신고에 기하여 호적상의 모와 호적상의 자 사이에서만 양친자관계를 인정할 수는 없고, 호적상의 부와 호적상의 자 사이에 입양의 실질적 요건이 갖추어진 경우라 하더라도 우리 민법이 부부공동입양의 원칙을 채택하고 있는 점에 비추어 보면, 법률상 부부가 아닌 사람들이 공동으로 양부모가 되는 것은 허용될 수 없다고 보아야 하기 때문이다."

196) **대판 1998. 5.26, 97므25** "입양이 개인 간의 법률행위임에 비추어 보면 부부의 공동입양이라고 하여도 부부 각자에 대하여 별개의 입양행위가 존재하여 부부 각자와 양자 사이에

3) 부부의 공동입양에 위반한 신고는 수리되지 않으나(제881조 참조), 잘못 수리된 경우 가정법원에 입양의 취소를 청구할 수 있다(제884조 제1항 제1호).

2. 형식적 요건

(1) 입양신고

입양은 「가족관계등록 등에 관한 법률」에 정한 바에 의하여 입양신고를 함으로써 그 효력이 생긴다(제878조). 입양신고는 당사자쌍방과 성년자인 증인 2인의 연서한 서면으로 하여야 한다. 양자가 될 사람이 13세 미만인 때에는 그를 갈음하여 입양의 승낙을 한 법정대리인(제869조 제2항 참조)이 신고하여야 한다(가족관계등

각각 양친자관계가 성립한다고 할 것이므로, 부부의 공동입양에 있어서도 부부 각자가 양자와의 사이에 민법이 규정한 입양의 일반 요건을 갖추는 외에 나아가 위와 같은 부부 공동입양의 요건을 갖추어야 하는 것으로 풀이함이 상당하므로, 처가 있는 자가 입양을 함에 있어서 혼자만의 의사로 부부 쌍방 명의의 입양신고를 하여 수리된 경우, 처의 부재 기타 사유로 인하여 공동으로 할 수 없는 때에 해당하는 경우를 제외하고는, 처와 양자가 될 자 사이에서는 입양의 일반요건 중 하나인 당사자 간의 입양합의가 없으므로 입양이 무효가 되고, 한편 처가 있는 자와 양자가 될 자 사이에서는 입양의 일반 요건을 모두 갖추었어도 부부 공동입양의 요건을 갖추지 못하였으므로 처가 그 입양의 취소를 청구할 수 있으나, 그 취소가 이루어지지 않는 한 그들 사이의 입양은 유효하게 존속한다."; **대판(전) 2001. 5.24, 2000므1493** "[1] 당사자가 양친자관계를 창설할 의사로 친생자출생신고를 하고 거기에 입양의 실질적 요건이 모두 구비되어 있다면 그 형식에 다소 잘못이 있더라도 입양의 효력이 발생하고, 양친자관계는 파양에 의하여 해소될 수 있는 점을 제외하고는 법률적으로 친생자관계와 똑같은 내용을 갖게 되므로 이 경우의 허위의 친생자출생신고는 법률상의 친자관계인 양친자관계를 공시하는 입양신고의 기능을 발휘하게 되는 것이며, 이와 같은 경우 파양에 의하여 그 양친자관계를 해소할 필요가 있는 등 특별한 사정이 없는 한 그 호적기재 자체를 말소하여 법률상 친자관계의 존재를 부인하게 하는 친생자관계부존재확인청구는 허용될 수 없는 것이다. [2] 민법 제776조는 "입양으로 인한 친족관계는 입양의 취소 또는 파양으로 인하여 종료한다."라고 규정하고 있을 뿐 '양부모의 이혼'을 입양으로 인한 친족관계의 종료사유로 들고 있지 않고, 구관습시대에는 오로지 가계계승을 위하여만 양자가 인정되었기 때문에 입양을 할 때 처는 전혀 입양당사자가 되지 못하였으므로 양부모가 이혼하여 양모가 夫의 家를 떠났을 때에는 입양당사자가 아니었던 양모와 양자의 친족관계가 소멸하는 것은 논리상 가능하였으나, 처를 부와 함께 입양당사자로 하는 현행 민법 아래에서는 (1990.1.13. 개정 전 민법 제874조 제1항은 "처가 있는 자는 공동으로 함이 아니면 양자를 할 수 없고 양자가 되지 못한다."고 규정하였고, 개정 후 현행 민법 제874조 제1항은 "배우자 있는 자가 양자를 할 때에는 배우자와 공동으로 하여야 한다."고 규정하고 있다) 부부공동입양제가 되어 처도 부와 마찬가지로 입양당사자가 되기 때문에 양부모가 이혼하였다고 하여 양모를 양부와 다르게 취급하여 양모자관계만 소멸한다고 볼 수는 없는 것이다."

록법 제62조). 제867조에 따라 미성년자를 입양하는 경우 또는 제873조에 따라 피성년후견인이 입양을 하거나 양자가 되는 경우에는 가정법원의 허가서를 첨부하여야 하고(가족관계등록법 제62조 제2항), 제871조 제2항에 따라 부모의 동의를 갈음하는 심판이 있는 경우에는 가정법원의 심판서를 첨부하여야 한다(가족관계등록법 제62조 제3항).

입양신고는 말로도 할 수 있고(가족관계등록법 제23조 제1항), 서면으로 신고하는 경우에는 우송을 하거나(가족관계등록법 제41조) 타인에게 제출하게 하여도 무방하나(가족관계등록법 제23조 제2항), 구술신고는 타인이 대신할 수 없다(가족관계등록법 제31조 제3항 단서, 제61조).

(2) 친생자로서 허위의 출생신고와 입양신고

1) 입양을 하면서 입양신고를 하지 않고 양부모의 친생자로 출생신고 하는 경우 허위의 출생신고는 입양신고가 아니므로 입양의 효력 여부가 문제된다. 주로 양부모 사망 후 재산상속과 관련하여 다른 상속인들이 양자를 상대로 입양무효의 소를 제기하는 것이다.

2) 이러한 허위의 출생신고에 대해 무효행위의 전환의 법리를 적용하여 일정한 요건 하에 입양의 효력을 인정하는 것이 일반적인 견해이다.[197)]

3) 허위의 출생신고에 의하여 입양의 효력이 인정되기 위해서는 입양의 실직적인 요건이 구비되어 있어야 하며, 입양의 실질적 요건이 구비되어 있다고 하기 위해서는 입양의 무효사유가 없어야 함은 물론 양친자로서의 신분적 생활사실이 실제로 존재하여야 한다.[198)]

---

197) **대판 1993. 2.23, 92다51969** "당사자 사이에 양친자관계를 창설하려는 명백한 의사가 있고 기타 입양의 실질적 성립요건이 모두 구비된 경우 입양신고 대신 친생자출생신고가 있다면 형식에 다소 잘못이 있더라도 입양의 효력이 있다."; **대판(전) 1977. 7.26, 77다492** "당사자 사이에 양친자 관계를 창설하려는 명백한 의사가 있고 기타 입양의 성립요건이 모두 구비된 경우에는 요식성을 갖춘 입양신고 대신 친생자 출생신고가 있다 하더라도 입양의 효력이 있다."

198) **대판 2000. 6. 9, 99므1633·1640** "[1] 당사자가 입양의 의사로 친생자 출생신고를 하고 거기에 입양의 실질적 요건이 구비되어 있다면 그 형식에 다소 잘못이 있더라도 입양의 효력이 발생하고, 이 경우의 허위의 친생자 출생신고는 법률상의 친자관계인 양친자관계를 공시하는 입양신고의 기능을 하게 되는 것인데, 여기서 입양의 실질적 요건이 구비되어 있다고 하기 위하여는 입양의 합의가 있을 것, 15세 미만자는 법정대리인의 대낙이 있을 것, 양자는 양부모의 존속 또는 연장자가 아닐 것 등 민법 제883조 각 호 소정의 입양의

4) 허위의 출생신고가 입양신고로서의 효력이 인정되면 친생자관계부존재확인의 소는 확인의 이익이 없어 각하된다.[199]

Ⅲ. 입양의 무효와 취소

1. 입양의 무효

(1) 입양무효의 원인(제883조)

1) 입양의 합의가 없는 경우(제883조 제1호)

① 입양의 합의에서 입양의사란 실질적으로 양친자로서의 신분적 생활관계를 형성하려는 의사이다. 그러한 의사의 합치가 없는 경우에는 입양은 무효이다. 당사자가 의사무능력자인 경우, 가장입양의 경우,[200] 조건부 또는 기한부로 입양의

무효사유가 없어야 함은 물론 감호·양육 등 양친자로서의 신분적 생활사실이 반드시 수반되어야 하는 것으로서, 입양의 의사로 친생자 출생신고를 하였다 하더라도 위와 같은 요건을 갖추지 못한 경우에는 입양신고로서의 효력이 생기지 아니한다. [2] 친생자 출생신고 당시 입양의 실질적 요건을 갖추지 못하여 입양신고로서의 효력이 생기지 아니하였더라도 그 후에 입양의 실질적 요건을 갖추게 된 경우에는 무효인 친생자 출생신고는 소급적으로 입양신고로서의 효력을 갖게 된다고 할 것이나 민법 제139조 본문이 무효인 법률행위는 추인하여도 그 효력이 생기지 않는다고 규정하고 있음에도 불구하고 입양 등의 신분행위에 관하여 이 규정을 적용하지 아니하고 추인에 의하여 소급적 효력을 인정하는 것은 무효인 신분행위 후 그 내용에 맞는 신분관계가 실질적으로 형성되어 쌍방 당사자가 이의 없이 그 신분관계를 계속하여 왔다면, 그 신고가 부적법하다는 이유로 이미 형성되어 있는 신분관계의 효력을 부인하는 것은 당사자의 의사에 반하고 그 이익을 해칠 뿐만 아니라, 그 실질적 신분관계의 외형과 호적의 기재를 믿은 제3자의 이익도 침해할 우려가 있기 때문에 추인에 의하여 소급적으로 신분행위의 효력을 인정함으로써 신분관계의 형성이라는 신분관계의 본질적 요소를 보호하는 것이 타당하다는 데에 그 근거가 있다고 할 것이므로, 당사자 간에 무효인 신고행위에 상응하는 신분관계가 실질적으로 형성되어 있지 아니한 경우에는 무효인 신분행위에 대한 추인의 의사표시만으로 그 무효행위의 효력을 인정할 수 없다."

199) **대판(전) 1994. 5.24, 93므119** "친생자로 출생신고를 한 것이 입양신고로서의 기능을 발휘하여 입양의 효력이 발생하였다면 파양에 의하여 양친자관계를 해소할 필요가 있는 등의 특별한 사정이 없는 한, 호적의 기재를 말소하여 법률상 친자관계의 존재를 부정하게 되는 친생자관계부존재확인의 소는 확인의 이익이 없는 것으로서 부적법하다."

200) **대판 1995. 9.29, 94므1553·1556** "입양신고가 고소사건으로 인한 처벌 등을 모면하게 할 목적으로 호적상 형식적으로만 입양한 것처럼 가장하기로 하여 이루어진 것일 뿐 당사자 사이에 실제로 양친자로서의 신분적 생활관계를 형성한다는 의사의 합치는 없었던 것이라면, 이는 당사자 간에 입양의 합의가 없는 때에 해당하여 무효라고 보아야 할 것이다."; **대판 2004. 4. 9, 2003므2411** " 입양의 실질적 요건이 구비되어 있다고 하기

합의를 한 경우 등이 그 예이다.

② 가정법원의 허가를 받지 않고 미성년자를 입양한 경우(제883조 제2호, 제867조 제1항)와 가정법원의 허가를 받지 않고 피성년후견인이 입양을 하거나 양자가 된 경우(제883조 2호, 제873조 제2항, 제867조 제1항)에 입양은 무효이다.

③ 양자가 될 사람이 13세 미만인 때 법정대리인의 입양승낙(대락)이 없는 경우에 입양은 무효이다(제883조 제2호, 제869조 제2항).

④ 양자가 양친의 존속이거나 연장자인 경우의 입양은 무효이다(제883조 제2호, 제877조).

(2) 입양무효의 소

1) 입양에 무효사유가 존재하는 경우 입양은 당연무효가 아니다. 입양무효판결에 의하여 비로소 무효로 되기 때문에 이 소는 형성의 소라고 할 것이다.

2) 입양무효의 소는 당사자·법정대리인 또는 4촌 이내의 친족이 제기할 수 있다(가사소송법 제31조 제23조). 입양무효의 소의 상대방(피고)은, 양친과 양자는 서로를 상대방으로 하여 소를 제기한다(가사소송법 제28조, 제24조 제1항). 제3자가 소를 제기할 때에는 양친과 양자 모두를 상대방으로 하고, 그 중 어느 한쪽이 사망한 경우에는 그 생존자를 상대방으로 한다(가사소송법 제28조, 제24조 제2항). 상대방이 될 사람이 모두 사망한 경우에는 검사를 상대방으로 한다(가사소송법 제28조, 제24조 제3항).

위하여는 입양의 합의가 있을 것, 15세 미만자는 법정대리인의 대낙이 있을 것, 양자가 양부모의 존속 또는 연장자가 아닐 것 등 민법 제883조 각 호 소정의 입양의 무효사유가 없어야 하며, 민법 제883조 제1호의 입양무효사유인 '당사자 간에 입양의 합의가 없는 때'라 함은 당사자 간에 실제로 양친자로서의 신분적 생활관계를 형성할 의사를 가지고 있지 아니한 경우를 말하므로, 입양신고가 호적상 형식적으로만 입양한 것처럼 가장하기로 하여 이루어진 것일 뿐 당사자 사이에 실제로 양친자로서의 신분적 생활관계를 형성한다는 의사의 합치가 없었던 것이라면 이는 당사자 간에 입양의 합의가 없는 때에 해당하여 무효라고 보아야 한다(대법원 1995. 9. 29. 선고 94므1553, 1560 판결, 2000. 6. 9. 선고 99므1633, 1640 판결 등 참조)."; **대판 2014. 7.24, 2012므806** "2013. 7. 1. 민법 개정으로 입양허가제도가 도입되기 전에는 성년에 달한 사람은 성별, 혼인 여부 등을 불문하고 당사자들의 입양 합의와 부모의 동의 등만 있으면 입양을 할 수 있었으므로, 당시의 민법 규정에 따라 적법하게 입양신고를 마친 사람이던지 동성애자로서 동성과 동거하면서 자신의 성과 다른 성 역할을 하는 사람이라는 이유만으로는 입양이 선량한 풍속에 반하여 무효라고 할 수 없고, 이는 그가 입양의 의사로 친생자 출생신고를 한 경우에도 마찬가지이다."

(3) 입양무효의 효과

1) 입양무효판결은 제3자에게도 효력이 있다(가사소송법 제21조 제1항).

2) 입양무효판결이 확정되면 당사자 사이에 처음부터 입양이 없었던 것으로 된다. 입양으로 인하여 발생한 친족관계가 소멸한다(제776조 참조).

3) 입양이 무효로 된 경우 당사자 일방은 과실 있는 상대방에 대하여 이로 인한 재산적·정신적 손해의 배상을 청구할 수 있다(제897조, 제806조).

(4) 무효행위의 추인

1) 판례는 무효인 입양에 대해 후에 명시적 또는 묵시적 의사표시를 하는 등의 일정한 요건 하에 추인을 인정한다.[201)]

2) 위에서 설명한 바와 같이 무효인 입양을 추인하는 경우에도 추인의 의사표시만으로는 추인이 인정되지 않고 양친자로서의 실질적인 신분관계의 실체가 있어야 한다.[202)]

---

201) **대판 1997. 7.11, 96므1151** "구 민법(1990. 1. 13. 법률 제4199호로 개정되기 전의 것) 제869조 소정의 입양승낙 없이 친생자로서의 출생신고 방법으로 입양된 15세 미만의 자인 갑이 입양의 승낙능력이 생긴 15세 이후에도 계속하여 자신을 입양한 을을 어머니로 여기고 생활하는 등 입양의 실질적인 요건을 갖춘 이상, 갑은 그가 15세가 된 이후에 을이 한 입양에 갈음하는 출생신고를 묵시적으로 추인하였다고 봄이 상당하고, 일단 추인에 의하여 형성된 양친자관계는 파양에 의하지 않고는 이를 해소시킬 수 없다."

202) **대판 2000. 6. 9, 99므1633·1640** "친생자 출생신고 당시 입양의 실질적 요건을 갖추지 못하여 입양신고로서의 효력이 생기지 아니하였더라도 그 후에 입양의 실질적 요건을 갖추게 된 경우에는 무효인 친생자 출생신고는 소급적으로 입양신고로서의 효력을 갖게 된다고 할 것이나 민법 제139조 본문이 무효인 법률행위는 추인하여도 그 효력이 생기지 않는다고 규정하고 있음에도 불구하고 입양 등의 신분행위에 관하여 이 규정을 적용하지 아니하고 추인에 의하여 소급적 효력을 인정하는 것은 무효인 신분행위 후 그 내용에 맞는 신분관계가 실질적으로 형성되어 쌍방 당사자가 이의 없이 그 신분관계를 계속하여 왔다면, 그 신고가 부적법하다는 이유로 이미 형성되어 있는 신분관계의 효력을 부인하는 것은 당사자의 의사에 반하고 그 이익을 해칠 뿐만 아니라, 그 실질적 신분관계의 외형과 호적의 기재를 믿은 제3자의 이익도 침해할 우려가 있기 때문에 추인에 의하여 소급적으로 신분행위의 효력을 인정함으로써 신분관계의 형성이라는 신분관계의 본질적 요소를 보호하는 것이 타당하다는 데에 그 근거가 있다고 할 것이므로, 당사자 간에 무효인 신고행위에 상응하는 신분관계가 실질적으로 형성되어 있지 아니한 경우에는 무효인 신분행위에 대한 추인의 의사표시만으로 그 무효행위의 효력을 인정할 수 없다."

2. 입양의 취소

입양의 취소란 일정한 사유가 있는 경우에 취소청구권자가 일방적으로 입양의 효력을 소멸하게 하는 제도를 말한다. 입양의 취소는 취소청구권자의 일방적인 의사표시만 있으면 취소되는 것이 아니고 취소청구권자가 가정법원에 취소를 청구하여야 하며(제884조 제1항 본문), 취소판결이 확정되어야 입양이 취소된다. 입양 취소의 효력은 장래에 향해서만 발생한다(제897조, 제824조).

(1) 입양취소의 원인(제884조)

1) 미성년자가 양부모가 되어 입양을 한 경우(제884조 제1항 제1호, 제866조)에는 양자나 동의권자가 취소를 청구할 수 있다(제886조). 그러나 양자가 성년이 된 후 3개월이 지나거나 사망하면 취소를 청구하지 못하고(제891조 제1항), 또 그 사유가 있음을 안 날부터 6개월, 그 사유가 있었던 날부터 1년이 지나면 취소를 청구하지 못한다(제894조).

2) 양자로 될 자가 미성년자인 경우 법정대리인의 동의 또는 승낙을 받을 수 있음에도 불구하고 법정대리인의 동의 또는 승낙 없이 가정법원이 입양을 허가한 경우(제884조 제1항 1호, 제869조 제3항 제2호)에는 양자나 동의권자가 취소를 청구할 수 있다(제886조). 그러나 양자가 성년이 된 후 3개월이 지나거나 사망하면 취소를 청구하지 못하고(제891조 제1항), 또 그 사유가 있음을 안 날부터 6개월, 그 사유가 있었던 날부터 1년이 지나면 취소를 청구하지 못한다(제894조).

3) 양자로 될 자가 미성년자인 경우 ① 부모가 제869조 제1항에 따른 동의를 하거나 같은 조 제2항에 따른 승낙을 한 경우, ② 부모가 친권상실의 선고를 받은 경우, ③ 부모의 소재를 알 수 없는 등의 사유로 동의를 받을 수 없는 경우를 제외하고 부모의 동의를 받아야 하나 이에 위반한 경우 등이다.

4) 양자로 될 자가 성년인 경우에도 부모의 소재를 알 수 없는 등의 사유로 동의를 받을 수 없는 경우를 제외하고 부모의 동의를 받아야 하나 이에 위반한 경우(제884조 제1항 제1호, 제871조 제1항)에는 동의권자가 취소를 청구할 수 있다(제886조).

5) 성년후견인의 동의 없이 피성년후견인이 입양을 하거나 양자가 된 경우(제884조 제1항 제1호, 제873조 제1항)에는 피성년후견인이나 성년후견인이 취소를 청구

할 수 있다(제887조). 그러나 성년후견개시의 심판이 취소된 후 3개월이 지나면 취소를 청구하지 못하고(제893조), 그 사유가 있음을 안 날부터 6개월, 그 사유가 있었던 날부터 1년이 지나면 취소를 청구하지 못한다(제894조).

6) 부부가 공동 아닌 단독으로 입양하거나 배우자 있는 자가 배우자의 동의 없이 양자가 된 경우(제884조 제1항 제1호, 제874조)에는 배우자가 취소를 청구할 수 있으나(제888조), 그 사유가 있음을 안 날부터 6개월, 그 사유가 있었던 날부터 1년이 지나면 취소를 청구하지 못한다(제894조).

7) 입양 당시 양부모와 양자 중 어느 한쪽에게 악질이나 그 밖에 중대한 사유가 있음을 알지 못한 경우(제884조 제1항 제2호)에는 중대한 사유가 있음을 알지 못했던 양부모나 양자가 취소를 청구할 수 있으나, 그 사유가 있음을 안 날부터 6개월이 지나면 취소를 청구하지 못한다(제896조).

8) 사기 또는 강박으로 인하여 입양의 의사표시를 한 경우(제884조 제1항 제3호)에는 사기 또는 강박으로 인하여 의사표시를 한 자가 취소를 청구할 수 있으나, 사기를 안 날 또는 강박을 면한 날부터 3개월이 경과하면 취소를 청구하지 못한다(제897조, 제823조).

(2) 입양취소의 방법

입양을 취소하려면 입양취소의 소를 제기하여야 한다. 이는 형성의 소로서 먼저 조정을 거쳐야 한다(가사소송법 제2조 제1항 나류사건 10)·제50조). 조정의 성립만으로 입양이 취소되지 않고 판결이 있어야 취소의 효력이 생긴다. 가정법원은 입양의 취소원인이 존재할 경우에도 양자가 된 미성년자의 복리를 위하여 여러 사정을 고려하여 입양을 취소하지 않을 수 있다(제884조 제2항, 제867조 제2항).

(3) 입양취소의 효과

입양취소의 효력은 소급하지 않는다(제897조, 제824조). 따라서 취소 시까지의 양친자관계는 인정되고 취소판결이 확정된 때부터 입양이 무효로 된다. 그리고 입양으로 인하여 발생한 친족관계도 종료한다(제776조).

입양이 취소된 경우 당사자 일방은 과실있는 상대방에 대하여 이로 인한 재산적·정신적 손해배상을 청구할 수 있다(제897조, 제806조).

Ⅳ. 입양의 효과

1. 일반적 효과

(1) 양자의 지위

1) 양자와 양친 사이에 법정혈족관계가 성립하고 양자는 입양신고일(제878조)부터 양친의 혼인 중의 출생자와 동일한 신분을 취득한다(제882조의 2 제1항). 따라서 양친과 양자 사이에 부양관계, 상속관계, 법정대리인이 되는 관계가 발생한다.

2) 양자는 양부모의 혈족 및 인척과의 사이에도 친족관계가 성립한다(제772조 제1항).

3) 양자는 양친의 친권에 따른다(제909조 제2항). 따라서 친생부모의 친권은 소멸한다.

4) 양자는 양부모의 가족관계등록부에 양자로 기재되고, 양자의 가족관계등록부에도 친생부모와 함께 양부모가 기재된다.

5) 양부모가 이혼하더라도 양부자관계는 물론 양부모관계도 존속한다.[203)]

(2) 생가친족과의 관계

양자와 생가의 친족관계는 존속된다. 따라서 양자와 친생부모 및 그 혈족이나 인척과의 친족관계는 유지되고 그에 따른 부양관계, 상속관계도 종전대로 존속한다. 그러나 친양자 입양의 경우에는 양자와 생가와의 친족관계는 종료된다.

---

203) **대판(전) 2001. 5.24, 2000므1493** "민법 제776조는 "입양으로 인한 친족관계는 입양의 취소 또는 파양으로 인하여 종료한다."라고 규정하고 있을 뿐 '양부모의 이혼'을 입양으로 인한 친족관계의 종료사유로 들고 있지 않고, 구관습시대에는 오로지 가계계승(家系繼承)을 위하여만 양자가 인정되었기 때문에 입양을 할 때 처는 전혀 입양당사자가 되지 못하였으므로 양부모가 이혼하여 양모가 부(夫)의 가(家)를 떠났을 때에는 입양당사자가 아니었던 양모와 양자의 친족관계가 소멸하는 것은 논리상 가능하였으나, 처를 부와 함께 입양당사자로 하는 현행 민법 아래에서는(1990. 1. 13. 개정 전 민법 제874조 제1항은 "처가 있는 자는 공동으로 함이 아니면 양자를 할 수 없고 양자가 되지 못한다."고 규정하였고, 개정 후 현행 민법 제874조 제1항은 "배우자 있는 자가 양자를 할 때에는 배우자와 공동으로 하여야 한다."고 규정하고 있다) 부부공동입양제가 되어 처도 부와 마찬가지로 입양당사자가 되기 때문에 양부모가 이혼하였다고 하여 양모를 양부와 다르게 취급하여 양모자관계만 소멸한다고 볼 수는 없는 것이다."

2. 양자의 성(姓)

(1) 일반양자의 경우

1) 민법은 이성양자를 인정하고 있으나 입양 시 양자의 성에 관하여는 명문의 규정을 두고 있지 않으므로 이성양자의 경우 종전의 성을 유지하는 것이 원칙이다.

2) 그러나 자의 복리를 위하여 자의 성과 본을 변경할 필요가 있을 때에는 부, 모 또는 자의 청구에 의하여 법원의 허가를 받아 이를 변경할 수 있으므로 양자의 성과 본을 양부나 양모의 성으로 변경할 수 있을 것이다(제781조 제6항).

(2) 친양자 입양과 입양특례법에 의한 입양의 경우

1) 친양자 입양의 경우 양자는 양부모의 친생자로 기재되므로 친양자는 양부모의 성을 따르게 된다(제781조 제1항).

2) "입양특례법"에 따라 입양된 아동은 민법상 친양자와 동일한 지위를 가진다(입양특례법 제14조). 따라서 양자는 양부모의 성을 따르게 된다(제781조 제1항).

3) 그런데 입양특례법에 따라 양자가 될 사람이 제한되어 있어서(동법 제9조 참조) 모든 사람에 대하여 그 법에 따른 입양을 할 수는 없다. 따라서 부(夫)가 처의 친생자를 입양하려는 경우에는 민법에 따라 입양할 수밖에 없고 입양특례법을 이용할 수는 없다고 하다.[204]

Ⅴ. 파양(罷養)

1. 파양의 의의

파양이란 양친자관계의 해소이다. 파양에는 협의상 파양과 재판상 파양이 있다.

2. 파양의 요건

(1) 일반적 요건

1) 양부모가 부부인 경우 파양도 부부공동으로 해야 한다.

---

204) 김주수·김상용, 앞의 책, 355면.

2) 파양은 당사자의 생존 중에만 가능하며 사망한 당사자와의 파양은 불가능하다.[205]

(2) 협의상 파양

1) 실질적 요건

① 파양의사의 합치가 있어야 한다.

② 양자가 미성년자이거나 피성년후견인인 경우 협의상 파양을 하지 못한다(제898조 단서).

③ 양부모가 피성년후견인인 경우 성년후견인의 동의를 받아 파양을 협의할 수 있다(제902조).

2) 형식적 요건

협의상 파양은 가족관계등록법에 정한 바에 따라 파양신고를 함으로써 그 효력이 생긴다(제904조, 제878조). 협의상 파양신고는 창설적 신고이다. 파양신고가 제898조, 제902조 그 밖의 법령을 위반하지 않으면 그것을 수리하여야 한다(제903조).

3) 협의상 파양의 무효와 취소

① 파양의 합의가 없거나 가장파양, 조건부파양 등은 협의상 파양의 무효원인

---

205) **대판 2001. 8.21, 99므2230** "민법 제874조 제1항은 "배우자 있는 자가 양자를 할 때에는 배우자와 공동으로 하여야 한다."고 규정함으로써 부부의 공동입양원칙을 선언하고 있는 바, 파양에 관하여는 별도의 규정을 두고 있지는 않고 있으나 부부의 공동입양원칙의 규정 취지에 비추어 보면 양친이 부부인 경우 파양을 할 때에도 부부가 공동으로 하여야 한다고 해석할 여지가 없지 아니하나(양자가 미성년자인 경우에는 양자제도를 둔 취지에 비추어 그와 같이 해석하여야 할 필요성이 크다), 그렇게 해석한다고 하더라도 양친 부부 중 일방이 사망하거나 또는 양친이 이혼한 때에는 부부의 공동파양의 원칙이 적용될 여지가 없다고 할 것이고, 따라서 양부가 사망한 때에는 양모는 단독으로 양자와 협의상 또는 재판상 파양을 할 수 있으되 이는 양부와 양자 사이의 양친자관계에 영향을 미칠 수 없는 것이고, 또 양모가 사망한 양부에 갈음하거나 또는 양부를 위하여 파양을 할 수는 없다고 할 것이며, 이는 친생자부존재확인을 구하는 청구에 있어서 입양의 효력은 있으나 재판상 파양 사유가 있어 양친자관계를 해소할 필요성이 있는 이른바 재판상 파양에 갈음하는 친생자관계부존재확인청구에 관하여도 마찬가지라고 할 것이다. 왜냐하면 양친자관계는 파양에 의하여 해소될 수 있는 점을 제외하고는 친생자관계와 똑같은 내용을 갖게 되는데, 진실에 부합하지 않는 친생자로서의 호적기재가 법률상의 친자관계인 양친자관계를 공시하는 효력을 갖게 되었고 사망한 양부와 양자 사이의 이러한 양친자관계는 해소할 방법이 없으므로 그 호적기재 자체를 말소하여 법률상 친자관계를 부인하게 하는 친생자관계존부확인청구는 허용될 수 없는 것이기 때문이다."

이다. 즉 의사무능력자의 파양, 조건부 파양, 일방당사자가 파양의사를 철회하였는데 상대방이 일방적으로 신고한 경우, 어떤 목적을 위한 수단으로 한 가장파양, 양자가 미성년자 또는 피성년후견인인 경우(제898조 단서)에는 파양이 무효라고 하여야 한다.

② 협의상 파양이 사기나 강박에 의한 경우에는 협의상 파양의 취소원인이 된다. 즉 사기 또는 강박으로 인하여 파양의 의사표시를 한 자는 사기를 안 날 또는 강박을 면한 날부터 3개월 이내에 가정법원에 파양의 취소를 청구할 수 있다(제904조, 제823조).

③ 협의상 파양의 취소는 가정법원에 소를 제기하여 청구하여야 한다(가사소송법 제2조 제1항 나류사건 11). 협의상 파양의 취소를 청구할 때에는 먼저 조정을 신청해야 한다(가사소송법 제2조 제1항 나류사건 11)·제50조). 파양 취소의 소는 형성의 소이고 파양취소의 효과는 소급한다.

(3) 재판상 파양

1) 재판상 파양원인

① 양부모가 양자를 학대 또는 유기하거나 그밖에 양자의 복리를 현저히 해친 경우(제905조 제1호)

② 양부모가 양자로부터 심히 부당한 대우를 받은 경우(제905조 제2호)

③ 양부모나 양자의 생사가 3년 이상 분명하지 아니한 경우(제905조 제3호)

④ 그밖에 양친자관계를 계속하기 어려운 중대한 사유가 있는 경우(제905조 제4호)

2) 청구권자

① 양부모 또는 양자이며, 양자가 13세 미만인 경우에는 대락권자가 양자를 갈음하여 파양을 청구할 수 있다(제906조 제1항 본문). 다만, 파양을 청구할 수 있는 사람이 없는 경우에는 제777조에 따른 양자의 친족이나 이해관계인이 가정법원의 허가를 받아 파양을 청구할 수 있다(제906조 제1항 단서).

② 양자가 13세 이상의 미성년자인 경우에는 제870조제1항에 따른 동의를 한 부모의 동의를 받아 파양을 청구할 수 있다(제906조 제2항 본문). 다만, 부모가 사망하거나 그 밖의 사유로 동의할 수 없는 경우에는 동의 없이 파양을 청구할 수 있다(제906조 제2항 단서).

③ 양부모나 양자가 피성년후견인인 경우에는 성년후견인의 동의를 받아 파양을 청구할 수 있다(제906조 제3항).

④ 검사는 미성년자나 피성년후견인인 양자를 위하여 파양을 청구할 수 있다(제906조 제4항).

3) 파양신고

파양의 재판이 확정된 경우에 소를 제기한 사람은 재판의 확정일부터 1개월 이내에 재판서의 등본 및 확정증명서를 첨부하여 그 취지를 신고하여야 하며(가족관계법 제66조, 제58조 제1항), 그 소의 상대방도 재판서의 등본 및 확정증명서를 첨부하여 파양의 재판이 확정된 취지를 신고할 수 있다(가족관계법 제73조, 제58조 제3항). 이 신고는 보고적 신고이다.

4) 파양청구권의 소멸

생사불명을 제외하고 사유 있음을 안 날로부터 6월, 그 사유 있은 날로부터 3년을 경과하면 파양을 청구하지 못한다.

3. 파양의 효과

(1) 양친자관계의 소멸

양자와 양부모 사이의 친자관계뿐 아니라 양자와 양가와의 친족관계는 소멸한다(제776조). 따라서 양친자관계에서 발생하는 부양의무, 상속권, 친권 등의 효력이 소멸한다.

(2) 친생부모와의 관계

양자가 미성년자인 경우 파양이 되면 친생부모의 친권이 당연히 부활하는 것은 아니다. 이 경우에는 친생부모의 일방 또는 쌍방, 미성년자, 미성년자의 친족이 일정한 기간 내에 가정법원에 친생부모의 일방 또는 쌍방을 친권자로 지정할 것을 청구할 수 있다(제909조의 2 제2항).

(3) 손해배상청구

재판상 파양을 한 때에는 당사자 일방은 파양에 대해 과실 있는 상대방에 대하여 이로 인한 손해의 배상을 청구할 수 있다(제908조, 제806조). 이 경우 재산상 손해 외에 정신상 고통에 대한 손해배상을 포함한다. 이 경우 먼저 조정을 거쳐야 한다(가사소송법 제2조 제1항 다류사건 3)·제50조).

Ⅵ. 친양자제도

1. 의 의

친양자제도는 입양과 더불어 양자가 친생부모나 친가와의 법적인 관계를 단절하고 양부모와의 관계에서만 친자관계가 인정되는 양자제도이다. 따라서 양자는 양부모의 성과 본을 따르고 가족관계등록부에도 양부모의 친생자로 기재하고 파양을 엄격히 제한함으로써 양자를 친생자화하는 양자제도이다,

친가와의 관계가 단절되고 양부모의 친생자처럼 된다는 점에서 서구의 완전양자제도와 같으나 입양이 취소되거나 파양된 때 친양자관계가 소멸하고 종전의 친자관계가 부활한다는 점에서 완전양자제도와는 거리가 있다.

2. 친양자입양의 성립요건

(1) 양부모 및 양자의 요건

친양자 입양이 성립하려면 친양자를 입양하려는 사람이 일정한 요건을 갖추어 가정법원에 친양자 입양을 청구하여야 하고(제908조의 2), 가정법원이 그 청구를 인용하는 재판을 하여야 한다. 그 요건은 다음과 같다.

1) 3년 이상 혼인 중인 부부로서 공동으로 입양하여야 한다(제908조의 2 제1항 제1호 본문).

3년 이상의 혼인을 유지하고 있는 부부이어야 한다. 이는 일정기간 이상의 혼인관계를 유지한 부부이어야 양자를 위한 안정된 가정생활을 제공할 수 있다는 판단에 따른 것이다. 다만, 1년 이상 혼인 중인 부부의 일방이 그 배우자의 친생자를 친양자로 하는 경우에는 그러하지 아니하다(제908조의 2 제1항 제1호 단서).

2) 친양자로 될 사람이 미성년자이어야 한다(제908조의 2 제1항 제2호).

민법개정(2012.2.10.) 전에는 15세 미만의 자만 친양자로 입양할 수 있었으나, 민법개정 시에 그 대상을 미성년자 전체로 확대하였다.

(2) 동의와 승낙

1) 친양자로 될 자의 친생부모가 친양자 입양에 동의하여야 한다(제908조의 2 제1항 제3호 본문).

다만, 부모가 친권상실의 선고를 받거나 소재를 알 수 없거나 그 밖의 사유로 동의할 수 없는 경우에는 그러하지 아니하다.

2) 친양자가 될 사람이 13세 이상인 경우에는 법정대리인의 동의를 받아 입양을 승낙하여야 한다(제908조의 2 제1항 제4호).

3) 친양자가 될 사람이 13세 미만인 경우에는 법정대리인이 그를 갈음하여 입양을 승낙하여야 한다(제908조의 2 제1항 제5호).

(3) 가정법원에의 청구

친양자 입양을 하려는 자는 위의 요건을 구비하여 가정법원에 친양자입양을 청구하여야 한다. 가정법원은 친양자의 복리의 관점에서 입양의 허용여부를 결정하여야 한다. 따라서 친양자가 될 사람의 복리를 위하여 그 양육상황, 친양자 입양의 동기, 양부모의 양육능력, 그 밖의 사정을 고려하여 친양자 입양이 적당하지 아니하다고 인정하는 경우에는 입양의 청구를 기각할 수 있다(제908조의 2 제3항).

(4) 친양자의 입양신고

친양자를 입양하고자 하는 사람은 친양자입양재판의 확정일부터 1개월 이내에 재판서의 등본 및 확정증명서를 첨부하여 입양의 신고를 하여야 하며 그 신고서에는 재판확정일을 기재하여야 한다(가족관계등록법 제67조).

3. 친양자 입양의 효력

(1) 혼인 중의 출생자로 의제됨

친양자는 양부모의 혼인 중의 출생자로 되며 혼인 중의 출생자와 동일한 효력이 생긴다(제908조의 3 제1항). 따라서 양부모는 친양자의 친권자가 되며, 양부모와 친양자 사이에 부양의 권리의무와 상속권 등이 인정된다.

(2) 친양자의 성과 본

친양자는 혼인 중의 출생자로 되므로 양부의 성과 본을 따르며, 양부모의 혼인신고 시 자가 양모의 성과 본을 따르기로 협의한 경우에는 양모의 성과 본을 따른다.

(3) 친양자 입양의 효력발생시기와 입양 전의 친족관계의 종료

친양자 입양의 효력발생시기는 친양자입양이 확정된 때이다(제908조의 3 제2항). 따라서 친양자의 출생시로 소급하지 않는다. 친양자의 입양 전의 친족관계도 친양자입양이 확정된 때에 종료된다.

4. 친양자입양의 취소

(1) 의 의

친양자 입양은 양자가 양부모의 친생자와 동일한 신분을 취득하고 가정법원의 심판에 의하여 입양이 성립하기 때문에 일반입양의 경우에 적용되는 무효(제883조)와 취소(제884조)의 규정이 적용되지 않는다(제908조의 4 제2항). 다만 친양자 입양의 특성에 의한 취소를 인정하고 있다(제908조의 4 제1항).

(2) 요 건

친양자로 될 사람의 친생의 아버지 또는 어머니는 자신에게 책임이 없는 사유로 인하여 제908조의 2 제1항 제3호 단서에 따른 동의를 할 수 없었던 경우에 친양자 입양의 사실을 안 날부터 6개월 안에 가정법원에 친양자 입양의 취소를 청구할 수 있다(제908조의 4 제1항). 이는 자가 미아가 되거나 유괴된 경우 또는 친생부모의 심신상실 등의 사유로 부모가 입양에 동의를 할 수 없었던 경우에 친생부모에게 취소권을 주기 위함이다.

친양자 입양 취소의 소를 제기할 수 있는 사람(원고)은 친양자 입양 당시에 동의를 할 수 없었던 친생의 아버지 또는 어머니이다(제908조의 4 제1항). 소의 상대방(피고)은 양부모와 친양자가 되는데, 그 3인 중 일부가 사망한 경우에는 생존자가 상대방이 되고(가사소송법 제31조, 제24조 제2항), 3인이 모두 사망한 경우에는 검사가 상대방이 된다(가사소송법 제31조, 제24조 제3항).

(3) 취소의 효과

입양취소의 판결이 확정된 때에는 친양자 관계는 소멸하고 입양 전의 친족관계는 부활한다(제908조의 7 제1항). 따라서 자는 친생부모의 성을 따르게 된다. 이러한 입양취소의 효력은 취소의 재판이 확정되는 때 생기고 소급하지 아니한다(제908조의 7 제2항). 그리고 입양취소의 사유가 존재하더라도 가정법원은 친양자가 될 사람의 복리를 위하여 그 양육상황, 친양자 입양의 동기, 양부모의 양육능력, 그 밖의 사정을 고려하여 친양자 입양이 적당하지 아니하다고 인정하는 경우에는 입양취소의 청구를 기각할 수 있다(제908조의 6, 제908조의 2 제3항).

5. 친양자의 파양

(1) 의 의

친양자 입양은 양자를 친생자화하는 것이므로 원칙적으로 파양은 인정되지 않아야 한다. 따라서 일반입양에 적용되는 파양의 규정은 적용되지 않는다. 다만 도저히 친자관계를 유지하기 어려운 경우를 한정하여 파양을 인정하고 있다.

(2) 친양자 파양원인

친양자나 양부모를 위하여 한 가지씩 파양원인을 규정하고 있다. ① 양친이 친양자를 학대 또는 유기하거나 그 밖에 친양자의 복리를 현저히 해하는 때(제908조의 5 제1항 제1호), ② 친양자의 양친에 대한 패륜행위로 인하여 친양자관계를 유지시킬 수 없게 된 때(제908조의 5 제1항 제2호)이다. ①은 친양자를 위한 파양원인이고 ②는 양부모를 위한 파양원인이다.

(3) 재판상 파양

친양자 파양은 협의상 파양은 인정되지 않고 재판상 파양만 인정된다. 즉 양친, 친양자, 친생의 부 또는 모나 검사는 위의 파양원인이 있는 경우에는 가정법원에 친양자의 파양을 청구할 수 있다(제908조의 5 제1항).

그러나 파양원인 중 친양자의 패륜행위가 있더라도 가정법원은 친양자가 될 사람의 복리를 위하여 그 양육상황, 친양자 입양의 동기, 양부모의 양육능력, 그 밖의 사정을 고려하여 친양자 파양이 적당하지 아니하다고 인정하는 경우에는 파양청구를 기각할 수 있다(제908조의 2 제3항 준용, 제908조의 6).

(4) 파양의 효력

파양판결이 된 때에는 친양자 관계는 소멸하고 입양 전의 친족관계는 부활한다(제908조의 7 제1항). 따라서 자의 성과 본은 친생부모의 성과 본으로 변경되고 미성년자인 경우 친생부모의 친권이 부활한다.[206] 파양을 하더라도 파양은 소급효가 없으므로 양가의 친족과의 근친혼금지의 효력은 여전히 유지된다.

6. 기 타

일반입양에 관한 입양무효와 입양취소, 협의상 파양과 재판상 파양에 관한 규정은 친양자 입양에 적용되지 않는다는 명문의 규정을 두고 있고, 친양자 입양취소와 친양자 파양에 관하여 별도의 규정을 두고 있으므로 일반입양에 관한 규정이 친양자 입양에 준용될 수 있는 경우는 많지 않다.

206) 이에 반대견해로 송덕수, 앞의 책, 195면.

제4절 친권과 후견

제1관 친 권

Ⅰ. 서 설

1. 의 의

친권이란 부모가 미성년인 자녀를 보호하고 교양하기 위하여 행사하는 권리와 의무를 말한다(제913조).

2. 성 질

(1) 친권은 미성년의 자녀에 대한 부모의 권리로서 표현되어 있지만 의무적인 성격이 훨씬 더 강한 특수한 권리이다.

(2) 친권은 미성년의 자녀에 대한 재산에 관한 것과 신상에 관한 것을 포함하는데, 재산에 관한 것은 부모의 권리이고 지배권적인 성질이 있으나 신상에 관한 것은 자녀가 건전한 사회구성원으로서 성장하도록 보호하고 교양하는 의무적인 성질이 강하다. 따라서 친권을 남용하면 친권행사의 효력이 부인될 수 있고 친권상실사유가 될 수도 있다.

(3) 친권에 따르는 사람은 미성년의 자(子)이다(제909조 제1항). 미성년자가 혼인한 때에는 성년자로 의제되어(제826조의 2) 친권에 따르지 않는다.

Ⅱ. 친 권 자

1. 부모가 혼인 중의 출생자인 경우

(1) 공동친권의 원칙

부모가 혼인 중인 경우 부모는 공동으로 친권자가 된다(제909조 제1항 1문). 따라서 친권행사도 공동으로 해야 하며 부모 중 일방이 친권을 행사해서는 안 된다(제909조 제2항 본문). 여기서 "친권을 공동으로 행사한다"는 의미는 친권행사를 부모의 공동의사에 따라 해야 한다는 의미이며, 행위 자체를 반드시 부모가 공동으로 하거나 공동의 명의로 해야 한다는 것은 아니라고 하는 것이 통설이다.[207] 다만 부모의 의견이 일치하지 않는 경우에는 당사자의 청구에 의하여 가정법원이 친권행사의 방법을 정한다(제909조 제2항 단서).

(2) 부모의 일방이 친권을 행사할 수 없을 때

부모 중 일방이 친권을 행사할 수 없을 때에는 다른 일방이 이를 행사한다(제909조 제3항). 여기서 "친권을 행사할 수 없을 때"란 사실상 행사할 수 없는 경우와 법률상 행사할 수 없는 때를 포함한다. 전자의 예로는 심신상실, 행방불명, 친권상실 등의 사유로 친권을 행사할 수 없는 때에는 다른 일방이 단독으로 친권을 행사한다. 부모 중 일방이 사망한 경우에도 다른 일방이 친권을 행사한다. 후자의 예로는 성년후견개시의 심판을 받은 경우, 친권상실선고를 받은 경우, 친권행사 금지 가처분결정을 받은 경우를 들 수 있다.

2. 양자인 경우

(1) 양자인 경우에는 양부모가 친권자가 된다(제909조 제1항 제2문). 따라서 친생부모의 친권은 소멸한다. 친권행사의 방법은 혼인 중의 출생자의 경우와 같다(제909조 제2항, 제3항). 따라서 양부모가 혼인 중인 때에는 양부모가 친권을 공동으로 행사하고, 양부모의 일방이 사망하거나 친권을 행사할 수 없을 때에는 다른 일방이 행사한다.

---

207) 소수설로, "부모가 의사결정도 공동으로 하고 나아가 표시행위까지 공동으로 해야 한다고 새겨야 한다."는 견해도 있다(송덕수, 앞의 책, 197면 이하 참조).

(2) 부부의 일방의 친생자를 타방이 입양하는 경우처럼 부부일방의 친생자가 타방의 양자인 경우에는 부부(친생친과 양친)가 공동으로 친권자가 된다고 보아야 한다.

3. 부모의 혼인해소의 경우

(1) 협의상 이혼의 경우

1) 먼저 부모의 협의로 친권자를 정하여야 한다. 그러나 그 부모의 협의가 자의 복리에 반하는 경우에는 가정법원은 보정을 명하거나 직권으로 친권자를 정한다(제909조 제4항 단서). 이는 자의 복리를 위하여 당사자의 협의로 정한 것도 법원이 개입하여 보정을 명하거나 직권으로 친권자를 정하게 한 것이다.

2) 부모가 협의할 수 없거나 협의가 이루어지지 아니하는 경우에는 가정법원은 직권으로 또는 당사자의 청구에 따라 친권자를 지정하여야 한다(제909조 제4항 본문).

3) 가정법원의 심판으로 친권자를 정하는 경우 자가 13세 이상인 때에는, 가정법원은 심판에 앞서 그 자의 의견을 들어야 한다. 다만, 자의 의견을 들을 수 없거나 자의 의견을 듣는 것이 오히려 자의 복리를 해할만한 특별한 사정이 있다고 인정되는 때에는 그러하지 아니하다(가사소송규칙 제100조)

(2) 재판상 이혼의 경우

재판상 이혼의 경우에는 가정법원이 직권으로 친권자를 정한다(제909조 제5항).[208]

(3) 부모의 혼인이 취소된 경우

부모의 혼인이 취소된 경우에는 가정법원이 직권으로 친권자를 정한다(제909조

---

208) **대판 2012. 4.13, 2011므4719** "민법 제837조, 제909조 제4항, 가사소송법 제2조 제1항 제2호 나목의3) 및5) 등이 부부의 이혼 후 그 자의 친권자와 그 양육에 관한 사항을 각기 다른 조항에서 규정하고 있는 점 등에 비추어 보면, 이혼 후 부모와 자녀의 관계에 있어서 친권과 양육권이 항상 같은 사람에게 돌아가야 하는 것은 아니며, 이혼 후 자에 대한 양육권이 부모 중 어느 일방에, 친권이 다른 일방에 또는 부모에 공동으로 귀속되는 것으로 정하는 것은, 비록 신중한 판단이 필요하다고 하더라도, 일정한 기준을 충족하는 한 허용된다고 할 것이다."

제5항). 혼인이 무효인 경우에 대해서는 민법에는 규정이 없으나, 가사소송법상 혼인이 취소된 경우와 동일하다고 해석된다(가사소송법 제2조 참조).

4. 혼인 외의 자인 경우

(1) 혼인 외의 출생자가 인지되지 않은 경우에는 일단 모가 단독으로 친권자가 된다.

(2) 이후에 부가 임의인지를 하면 먼저 부모의 협의로 친권자를 정하여야 한다(제909조 제4항 본문). 그 부모의 협의가 자의 복리에 반하는 경우에는 가정법원은 보정을 명하거나 직권으로 친권자를 정한다(제909조 제4항 단서).

(3) 부모가 협의할 수 없거나 협의가 이루어지지 아니하는 경우에는 가정법원은 직권으로 또는 당사자의 청구에 따라 친권자를 지정하여야 한다(제909조 제4항 본문).

가정법원의 심판으로 친권자를 정하는 경우 자가 13세 이상인 때에는, 가정법원은 심판에 앞서 그 자의 의견을 들어야 한다. 다만, 자의 의견을 들을 수 없거나 자의 의견을 듣는 것이 오히려 자의 복리를 해할만한 특별한 사정이 있다고 인정되는 때에는 그러하지 아니하다(가사소송규칙 제100조).

(4) 재판상 인지의 경우, 즉 인지청구의 소가 제기된 경우에는 가정법원이 직권으로 친권자를 정한다(제909조 제5항).

5. 친권자의 변경

(1) 부모 중 일방이 친권자로 정해졌더라도 자의 복리를 위하여 필요하다고 인정되는 때에는 친권자를 변경할 수 있다(제909조 제6항, 가사소송법 제2조 제1항 마류사건 5)).

(2) 친권자의 변경은 당사자의 협의로는 할 수 없고 반드시 가정법원의 심판에 의해서만 변경할 수 있다.

(3) 변경을 청구할 수 있는 자는 자의 4촌 이내의 친족이고 미성년자 본인은 친권자변경을 청구할 수 없다(제909조 제6항).

6. 부모 일방으로 정해진 단독 친권자가 사망한 경우 (친권자의 지정 ; 제909조의 2 제1항)

(1) 명문의 규정 신설

1) 부모의 이혼이나 혼인취소 시, 그리고 혼인 외의 자의 인지 시에 부모 중 일방이 친권자로 결정되었으나 그 친권자가 사망한 경우 생존하고 있는 타방이 당연히 친권자가 되느냐 아니면 후견이 개시되느냐에 관하여 종래 논란이 있었다. 즉 ① 부모 중 일방이 친권자로 지정되면 타방은 친권자가 아니며 따라서 단독친권자가 사망하면 친권자가 없는 것으로 보아 후견이 개시된다고 보는 견해와, ② 단독친권자가 사망하면 생존하고 있는 부모가 당연히 친권자가 된다는 견해의 대립이 있었으며, 판례는 ②의 견해를 취하고 있었다.

2) 이에 관하여 2011년에 민법 제909조의 2를 신설하여 생존하고 있는 부모 중 일방이 당연히 친권자가 되는 것을 금지하고 일정한 자의 청구에 의하여 가정법원에서 친권자를 지정하도록 하였다.

3) 입양의 취소나 파양 또는 양부모 모두가 사망한 경우에도 당연히 친생부모의 친권이 부활하는 것을 금지하고 친권자 지정을 받도록 하고 있다.

(2) 친권자 지정의 내용

1) 친권자 지정이 필요한 경우

① 부모의 이혼이나 혼인취소 시, 혼인 외의 자의 인지 시에 부모 중 일방이 친권자로 결정되었으나 그 친권자가 사망한 경우, ② 가정법원이 자의 복리를 위하여 친권자를 다른 일방으로 변경하였으나 그 친권자가 사망한 경우, ③ 입양이 취소되거나 파양된 경우 또는 양부모가 모두 사망한 경우(친양자의 양부모가 사망한 경우는 제외됨)에는 새로이 친권자를 지정하여야 한다.

2) 일정한 자가 가정법원에 청구하여야 함

위의 ①과 ②의 경우에는 생존하는 부 또는 모, 미성년자, 미성년자의 친족이 생존하는 부 또는 모를 친권자로 지정해 줄 것을 가정법원에 청구하여야 한다. ③의 경우에는 친생부모 일방 또는 쌍방, 미성년자, 미성년자의 친족이 친생부모 일방 또는 쌍방을 친권자로 지정해 줄 것을 가정법원에 청구해야 한다.

3) 제척기간의 제한

청구권자는 ①과 ②의 경우에는 친권자 사망의 사실과 그로 인하여 친권자를 지정해야 한다는 사실을 안 날부터 1개월, 친권자가 사망한 날부터 6개월 내에 청구하여야 하고, ③의 경우에는 입양의 취소나 파양 또는 양부모가 모두 사망한 사실과 그로 인하여 친권자를 지정해야 한다는 사실을 안 날부터 1개월, 입양이 취소되거나 파양된 날 또는 양부모가 모두 사망한 날부터 6개월 내에 청구하여야 한다.

4) 친권자 지정의 청구가 없는 경우의 미성년후견인 임무 대행자의 선임

제척기간 내에 친권자 지정의 청구가 없을 때에는 가정법원은 직권으로 또는 미성년자, 미성년자의 친족, 이해관계인, 검사, 지방자치단체의 장의 청구에 의하여 미성년후견인을 선임할 수 있다(제909조의 2 제5항 제1문). 이 경우 생존하는 부 또는 모, 친생부모 일방 또는 쌍방의 소재를 모르거나 그가 정당한 사유 없이 소환에 응하지 아니하는 경우를 제외하고 그에게 의견을 진술할 기회를 주어야 한다. 그리고 이 경우 그 임무를 대행할 사람에 대하여는 부재자의 재산관리인에 관한 제25조 및 가정법원의 후견사무에 관한 처분을 규정한 제954조를 준용한다(제909조의 2 제5항 제2문).

5) 가정법원의 청구기각

가정법원은 친권자 지정 청구나 후견인 선임 청구가 생존하는 부 또는 모, 친생부모 일방 또는 쌍방의 양육의사 및 양육능력, 청구 동기, 미성년자의 의사, 그 밖의 사정을 고려하여 미성년자의 복리를 위하여 적절하지 아니하다고 인정하면 청구를 기각할 수 있다(제909조의 2 제4항 제1문). 이 경우 가정법원은 직권으로 미성년후견인을 선임하거나 생존하는 부 또는 모, 친생부모 일방 또는 쌍방을 친권자로 지정하여야 한다(제909조의 2 제4항 제2문).

6) 미성년후견인 선임 후 친권자 지정

가정법원은 미성년후견인이 선임된 경우라도 미성년후견인 선임 후 양육상황이나 양육능력의 변동, 미성년자의 의사, 그 밖의 사정을 고려하여 미성년자의 복리를 위하여 필요하면 생존하는 부 또는 모, 친생부모 일방 또는 쌍방, 미성년자의 청구에 의하여 후견을 종료하고 생존하는 부 또는 모, 친생부모 일방 또는 쌍

방을 친권자로 지정할 수 있다(제909조의 2 제6항).

7) 입양취소·파양·양부모가 모두 사망한 경우

이 경우에는 친생부모 일방 또는 쌍방, 미성년자, 미성년자의 친족은 그 사실을 안 날부터 1개월, 입양이 취소되거나 파양된 날 또는 양부모가 모두 사망한 날부터 6개월 내에 가정법원에 친생부모 일방 또는 쌍방을 친권자로 지정할 것을 청구할 수 있다(제909조의 2 제2항 본문). 다만 친양자의 양부모가 사망한 경우에는 그러한 청구가 인정되지 않는다(제909조의 2 제2항 단서). 그 결과 친양자의 경우에는 미성년자 후견이 개시될 것이다(제928조 참조).

Ⅲ. 친권의 효력

1. 친권의 행사

(1) 친권행사의 능력

친권자가 친권을 행사하기 위해서는 행위능력이 있어야 한다. 부모가 제한능력자인 경우에는 친권을 행사할 수 없다.

1) 친권자가 미성년자인 경우

혼인한 미성년자가 자를 출산하면 성년의제에 의하여 부모는 성년자로 보게 되므로 그 자에 대한 친권을 행사할 수 있다. 그러나 혼인하지 않은 미성년자가 자를 출산하면 모가 친권자가 되는데 모는 친권자이기는 하지만 미성년자로서 친권을 행사할 수 없고 그 모의 친권자가 그 친권을 대행한다.

2) 친권자가 피성년후견인이거나 피한정후견인인 경우

부모 중 일방이 피성년후견인이거나 피한정후견인인 경우 친권을 행사할 수 없는 사유가 되므로 다른 일방이 친권자가 되며, 부모 모두 피성년후견인이거나 피한정후견인인 경우에는 후견이 개시된다.

(2) 친권행사의 기준

친권을 행사함에 있어서는 자의 복리를 우선적으로 고려하여야 한다(제912조 제1항). 친권은 의무적인 성격을 갖는 권리이므로 이를 강조한 규정이다. 그리고 가정법원이 친권자를 지정함에 있어서도 자의 복리를 우선적으로 고려하여야 한다. 이를 위하여 가정법원은 관련 분야의 전문가나 사회복지기관으로부터 자문을 받을 수 있다(제912조 제2항).

2. 친권의 내용

친권의 내용으로는 자(子)의 신분에 관한 권리·의무와 자(子)의 재산에 관한 권리·의무의 두 가지가 있다.

(1) 자(子)의 신분에 관한 권리·의무

1) 자의 보호·교양에 관한 권리·의무

친권자는 자를 보호하고 교양할 권리의무가 있다(제913조). 그러나 보호·교양에 필요한 비용의 부담은 부양의 문제이므로 부모의 일방이 친권자로 지정된 경우에도 그 친권자만이 비용을 부담하는 것이 아니라 부모는 공동으로 그 비용을 부담하여야 한다(제833조). 책임능력 없는 미성년자가 타인에게 불법행위를 한 경우에는 친권자는 감독의무자로서 손해배상책임을 진다(제755조 제1항, 제753조).[209]

2) 거소지정권

자는 친권자의 지정한 장소에 거주하여야 한다(제914조). 이는 보호·교양을 위함이며 보호·교양을 위한 구체적인 내용 중의 하나에 해당하는 것이다. 자가 친권자의 거소지정에 불응하는 경우 법적으로 강제할 방법은 없다. 단지 용돈을 줄이거나 그 밖의 사회통념상 허용되는 간접적인 방법을 사용할 수 있을 뿐이다.

3) 징 계 권

친권자는 그 자를 보호 또는 교양하기 위하여 필요한 징계를 할 수 있고 가정법원의 허가를 얻어 감화 또는 교정기관에 위탁할 수 있다(제915조, 가사소송법 제2조 제1항 라류사건 14)). 징계권의 행사는 자를 '보호 또는 교양하기 위하여 필요한'

---

209) **대판(전) 1994. 2. 8, 93다13605** "미성년자가 책임능력이 있어 그 스스로 불법행위책임을 지는 경우에도 그 손해가 당해 미성년자의 감독의무자의 의무 위반과 상당인과관계가 있으면 감독의무자는 일반불법행위자로서 손해배상책임이 있고 이 경우에 그러한 감독의무 위반 사실 및 손해발생과의 상당인과관계의 존재는 이를 주장하는 자가 입증하여야 한다." 참조.

한도 내에서 행사하여야 하고 그 정도를 넘으면 '친권남용'이 되어 친권상실선고의 원인이 될 수 있고(제924조 제1항), 불법행위 또는 범죄를 구성할 수도 있다.

4) 자의 친권의 대행

친권자는 그 친권에 따르는 자(子)에 갈음하여 그 자(子 : 미성년인 자(子)가 낳은 혼인 외의 자(子))에 대한 친권을 행사한다(제910조). 친권대행을 하는 경우는 미성년자가 혼인하지 않은 상태에서 혼인 외의 자를 출산한 경우이다.

5) 자의 신분행위에 대한 동의권·대리권 등

미성년자의 혼인 등 신분행위에 대해 동의를 요하는 경우 부모로서의 권리로 규정되어 있는 경우가 많아 친권자가 되지 못하는 부모가 동의권을 행사할 수 있는지 문제가 있다. 그러나 13세 이상의 미성년자가 입양되는 경우 법정대리인의 동의를 요하므로 입양동의는 친권자인 부모가 하는 것이며 친권이 없는 부모는 입양동의를 하지 못한다. 또한 친권자는 13세 미만의 자가 입양되는 경우 법정대리인의 대락을 요하므로 입양대락은 친권자가 하는 것이며 친권이 없는 부모는 입양대락권이 없다. 그러나 미성년의 자의 법정대리인으로서 법률(민법, 가사소송법)에 특별규정이 있는 경우에 한하여 자의 신분상의 행위를 대리할 수 있다.

6) 자의 인도청구권

제3자가 자를 부당하게 억류하고 있어 친권행사가 방해받고 있는 경우에는 친권자는 자의 인도를 청구할 수 있다. 자가 의사능력이 없는 경우이거나 자가 자유의사에 반하여 억류되고 있는 경우에 가능하다. 반면에 의사능력을 가진 자가 자유로운 의사로 제3자의 거주지에 머무르는 경우에는 이 권리는 인정되지 않는다. 그리고 인도청구의 재판이 있는 경우의 강제집행은 직접강제에 의하여야 한다.

(2) 자(子)의 재산에 관한 권리의무

1) 재산관리권

자가 자기의 명의로 취득한 재산은 그 특유재산으로 하고 법정대리인인 친권자가 이를 관리한다(제916조). 재산관리권을 행사함에는 자기의 재산에 관한 행위와 동일한 주의를 하여야 한다(제922조). 이는 부모와 자사이의 애정을 기초로 하여 선량한 관리자의 주의의무보다 주의의 정도를 낮게 한 것이다. 친권자가 이

주의의무를 위반하여 부적절하게 관리하면 대리권과 재산관리권의 상실원인이 되고(제925조 참조), 부적절한 관리로 인하여 손해가 발생하면 불법행위책임이 발생할 수 있다.

2) 재산상의 행위에 대한 동의권·취소권·대리권

① 친권자는 미성년인 자의 재산상의 법률행위에 대하여 법정대리인으로서 동의권을 갖는다(제5조 제1항 본문). 또한 친권자는 미성년인 자가 법정대리인의 동의를 요하는 재산상의 법률행위를 동의 없이 한 경우에 그 법률행위를 취소할 수 있다(제5조 제2항).

② 법정대리인(제911조)인 친권자는 자의 재산에 관한 법률행위에 대하여 그 자를 대리할 권한을 갖는다(제920조 본문). 그러나 허락받은 영업에 관한 재산(제8조), 처분을 허락받은 재산(제6조), 제3자가 친권자의 관리에 반대하면서 무상으로 자(子)에게 수여한 재산(제918조 제1항) 등에 관한 행위, 근로계약의 체결(근로기준법 제67조 제1항), 임금청구(근로기준법 제68조)는 대리할 수 없다.

3. 친권의 제한

(1) 대리권과 관리권의 배제

1) 제3자가 미성년인 자에게 재산을 증여하면서 친권자의 재산관리를 반대한 경우에 친권자는 그 재산을 관리하거나 그 재산에 관한 법률행위에 대하여 그 자를 대리하지 못한다.

2) 이 경우에 제3자가 재산관리인을 지정할 수 있고, 제3자가 재산관리인을 지정하지 아니한 때에는 재산의 수여를 받은 자나 그 친족의 청구에 의하여 가정법원이 선임한 관리인이 그 재산을 관리한다.

(2) 공동친권에 의한 제한

1) 의 의

부모가 혼인 중인 때에는 부모는 공동으로 친권을 행사하여야 한다. 따라서 부나 모 각자의 친권은 제한을 받는다. 여기서 '공동으로 행사한다'는 것은 공동의 의사에 의하여야 한다는 것을 의미하며 행위 자체를 공동으로 해야 하는 것을 의미하지 않는다(통설).

2) 공동친권행사 위반의 효과

① 친권자 일방이 단독명의로 한 대리행위는 무권대리가 되며, 타방의 추인이 없으면 무효이다. 다만 표현대리에 해당될 수 있다.

② 친권자 일방이 공동명의로 자를 대리하거나 자의 행위에 동의를 한 경우에는 타방의 의사에 반하더라도 상대방의 보호를 위하여 상대방이 악의가 아닌 한 유효한 것으로 하고 있다(제920조의 2).

(3) 이해상반행위에서의 친권제한

1) 의 의

친권자가 자신과 자신의 친권에 따르는 자(子) 사이에 이익이 충돌되는 행위를 하거나 동일한 친권에 따르는 수인의 子(子) 사이에 이익이 충돌하는 행위를 하는 경우에는 친권자가 자신의 이익을 위하거나 자녀 일방의 이익을 위하여 친권을 행사할 위험이 있으므로, 공정한 친권행사를 기대할 수 없는 이해상반행위를 함에는 친권자의 친권행사를 제한하고 특별대리인을 선임하여 특별대리인을 통해 하도록 하고 있다.

2) 이해상반행위의 유형

① 친권자와 그 친권에 따르는 자(子) 사이의 이해상반행위

미성년인 자의 재산을 미성년자녀를 대리하여 매도하면서 친권자 자신이 이를 매수하는 경우, 친권자가 제3자에게 부담하는 채무의 담보를 위하여 친권자가 자의 재산에 대해 저당권을 설정하는 행위, 친권자와 미성년자녀가 공동상속인이 되는데 친권자가 상속재산분할의 합의를 하거나 미성년자녀의 상속을 포기하는 것 등이 이에 해당한다.[210]

---

210) **대판 1971. 7.27, 71다1113** "민법 제921조 제1항 소정의 이해상반되는 행위라 함은 친권자인 자와 미성년자인 자가 각각 당사자의 일방이 되어서 하는 법률행위 뿐만 아니라 친권자가 자기를 위하여 타인으로 부터 금전을 차입함에 있어 미성년자인 자의 소유부동산에 저당권을 설정하는 행위와 같이 친권자를 위해서는 이익이 되고 미성년자를 위해서는 불이익되는 경우도 이에 포함된다고 해석함이 상당할 것으로서 본건과 같이 친권자가 자기의 영업자금을 마련하기 위하여 미성년자인 자를 대리하여 그 소유부동산을 담보로 제공 저당권을 설정한 행위는 바로 위의 이해상반된 행위에 포함된다."; **대판 1993. 3. 9, 92다18481**

② **동일한 친권에 따르는 수인의 자(子) 사이의 이해상반행위**

ⓐ 친권자가 미성년자녀 일방을 위해서는 이익이 되고 다른 일방을 위해서는 불이익이 되는 경우, 예를 들어 친권자가 미성년인 장남의 재산을 차남에게 증여하는 행위, 친권자가 미성년자녀의 명의로 금전을 차용하면서 그 채무를 담보하기 위하여 다른 미성년자녀의 재산에 담보를 설정하는 행위, 미성년자녀들이 공동상속인이 되는데 친권자가 자녀들 사이의 상속재산분할의 합의를 하거나 미성년자녀의 상속을 포기하는 것 등이 이에 해당한다.

ⓑ 친권에 따르는 자녀 쌍방이 모두 미성년자인 것을 전제로 하므로 자녀 일방이 이미 성년자이면 이들 사이의 행위는 이해상반행위에 해당하지 않는다.[211)]

"피상속인의 처가 미성년자인 자와 동순위로 공동상속인이 된 경우에 미성년자인 자의 친권자로서 상속재산을 분할하는 협의를 하는 행위는 민법 제921조 소정의 "이해상반되는 행위"에 해당하므로 특별대리인을 선임받아 미성년자를 대리하게 하여야 한다."; **대판 2002. 1.11, 2001다65960** "친권자인 모가 자신이 연대보증한 차용금 채무의 담보로 자신과 자의 공유인 토지 중 자신의 공유지분에 관하여는 공유지분권자로서, 자의 공유지분에 관하여는 그 법정대리인의 자격으로 각각 근저당권설정계약을 체결한 경우, 위 채권의 만족을 얻기 위하여 채권자가 위 토지 중 자의 공유지분에 관한 저당권의 실행을 선택한 때에는, 그 경매대금이 변제에 충당되는 한도에 있어서 모의 책임이 경감되고, 또한 채권자가 모에 대한 연대보증책임의 추구를 선택하여 변제를 받은 때에는, 모는 채권자를 대위하여 위 토지 중 자의 공유지분에 대한 저당권을 실행할 수 있는 것으로 되는바, 위와 같이 친권자인 모와 자 사이에 이해의 충돌이 발생할 수 있는 것이, 친권자인 모가 한 행위 자체의 외형상 객관적으로 당연히 예상되는 것이어서, 모가 자를 대리하여 위 토지 중 자의 공유지분에 관하여 위 근저당권설정계약을 체결한 행위는 이해상반행위로서 무효라고 보아야 한다."; **대판 1998. 4.10, 97다4005** "법정대리인인 친권자가 부동산을 미성년자인 자에게 명의신탁하는 행위는 친권자와 사이에 이해상반되는 행위에 속한다고 볼 수 없으므로, 이를 특별대리인에 의하여 하지 아니하였다고 하여 무효라고 볼 수 없다."; **대판 1996.11.22, 96다10270** "친권자인 모가 자신이 대표이사로 있는 주식회사의 채무 담보를 위하여 자신과 미성년인 자(자)의 공유재산에 대하여 자의 법정대리인 겸 본인의 자격으로 근저당권을 설정한 행위는, 친권자가 채무자 회사의 대표이사로서 그 주식의 66%를 소유하는 대주주이고 미성년인 자에게는 불이익만을 주는 것이라는 점을 감안하더라도, 그 행위의 객관적 성질상 채무자 회사의 채무를 담보하기 위한 것에 불과하므로 친권자와 그 자 사이에 이해의 대립이 생길 우려가 있는 이해상반행위라고 볼 수 없다."; **대판 1991.11.26, 91다32466** "미성년자의 친권자인 모가 자기 오빠의 제3자에 대한 채무의 담보로 미성년자 소유의 부동산에 근저당권을 설정하는 행위가, 채무자를 위한 것으로서 미성년자에게는 불이익만을 주는 것이라고 하더라도, 민법 제921조 제1항에 규정된 "법정대리인인 친권자와 그 자 사이에 이해상반되는 행위"라고 볼 수는 없다."; **대판 1981.10.13, 81다649** "법정대리인인 친권자가 부동산을 매수하여 이를 그 자에게 증여하는 행위는 미성년자인 자에게 이익만을 주는 행위이므로 친권자와 자 사이의 이해상반행위에 속하지 아니하고, 또 자기계약이지만 유효하다."

211) **대판 1989. 9.12, 88다카28044** "민법 제921조 제2항의 경우 이해상반행위의 당사자는

3) 이해상반행위를 특별대리인에 의하지 않고 한 경우

이해상반행위에 대하여는 가정법원에 청구하여 특별대리인을 선임하여야 하며, 특별대리인의 선임 없이 친권자가 법률행위를 대리하면 무권대리가 되어 무효이다. 다만 본인이 성년이 된 후에 추인할 수 있고 표현대리가 적용될 수 있다.

Ⅳ. 친권의 소멸·일시정지·일부제한 및 회복

1. 의 의

친권의 소멸이란 일정한 사유가 있는 경우에 친권을 상실하게 되는 것을 말하나, 넓은 의미로는 친권의 일시정지나 친권의 일부제한을 포함한다. 친권의 소멸에는 절대적 소멸과 상대적 소멸이 있다.

2. 친권소멸사유

(1) 친권소멸의 유형

1) 절대적 소멸

그 자녀에 대한 친권이나 후견이 더 이상 존재하지 않는 경우이다.

① 미성년인 자(子)가 사망한 때

② 미성년인 자(子)가 성년이 된 때

③ 미성년인 자(子)가 혼인한 때(제826조의 2)

2) 상대적 소멸

다른 사람이 친권자가 되거나 후견이 개시되는 경우이다.

① 자의 입양으로 양부모가 친권자가 되거나(제909조 제1항 제2문), 입양의 무효·취소 또는 파양으로 친생부모의 친권이 부활한 때

쌍방이 모두 친권에 복종하는 미성년자일 경우이어야 하고, 이 때에는 친권자가 미성년자 쌍방을 대리할 수는 없는 것이므로 그 어느 미성년자를 위하여 특별대리인을 선임하여야 한다는 것이지 성년이 되어 친권자의 친권에 복종하지 아니하는 자와 친권에 복종하는 미성년자인 자 사이에 이해상반이 되는 경우가 있다 하여도 친권자는 미성년자를 위한 법정대리인으로서 그 고유의 권리를 행사할 수 있으므로 그러한 친권자의 법률행위는 같은 조항 소정의 이해상반행위에 해당한다 할 수 없다."

② 혼인 외의 자가 인지된 후 부가 친권자로 된 경우(제909조 제4항), 혼인의 무효·취소·이혼으로 인하여 부모 일방을 친권자로 정함으로써 친권자의 변경이 있거나, 그 후에 자의 복리를 위하여 가정법원이 친권자를 변경한 때

③ 친권자의 사망(실종선고 포함)으로 다른 일방이 친권자가 되거나 후견이 개시된 때

④ 친권상실의 선고가 있는 때(제924조 제1항)

⑤ 친권의 일시정지 선고 또는 일부제한 선고가 있는 때

⑥ 친권자가 성년후견개시나 한정후견개시의 심판을 받아 법률상 친권을 행사할 수 없거나, 친권자가 심신상실이나 행방불명 등으로 사실상 친권을 행사할 수 없을 때

(2) 친권의 상실선고

1) 의 의

친권은 권리이면서 자의 복리를 위하여 의무적인 성격이 강하므로 친권자가 친권을 소홀히 행사하거나 남용하여 자녀의 복리를 현저히 해치거나 해칠 우려가 있는 경우에는 친권자의 친권을 강제로 박탈할 필요가 있다. 이러한 경우에 가정법원은 자녀, 자녀의 친족, 검사 또는 지방자치단체의 장의 청구에 의하여 그 친권의 상실을 선고할 수 있다(제924조 제1항). 이를 친권상실선고제도라고 한다.

2) 친권상실선고의 사유

① 친권남용

ⓐ 친권의 남용이라 함은 친권자가 친권을 자(子)의 복리실현에 현저하게 반하는 방법으로 행사하는 것을 말한다. 즉 친권자가 미성년자녀에 대한 신체적·정신적 학대나, 자녀의 취학 거부, 가혹한 징계행위를 하는 등 신상에 관하여 부당하게 친권을 행사하는 경우뿐 아니라 미성년자녀의 재산을 불이익하게 처분하는 등 재산에 관하여 부당하게 친권을 행사하는 경우도 이에 해당한다.[212)]

212) **대판 1979. 7.10, 79므5** "부와 생모 사이에 유아가 출생된 후 부가 생모와 유아를 유기하여 생모가 부를 상대로 혼인빙자간음죄로 고소를 제기하자 그 부가 생모와 혼인하기로 약속하였음에도 불구하고 생모가 고소를 취소한 후에는 유아만 혼인 외 자로 입적시키고 다른 여자와 혼인신고를 하여, 계속 생모와 유아를 유기하면서 그 처와 미국으로 이민을 가려고 하다가 생모의 진정으로 인하여 이주허가신청이 보류되고, 생모가 부를 상대로 위자료

ⓑ 친권자가 미성년자녀의 재산에 대하여 대리행위를 하면서 자(子)의 이익을 위해서가 아니라 친권자 자신이나 제3자의 이익을 위해서 대리행위를 한 때에는 대리권남용의 이론이 적용될 수 있다. 따라서 이는 친권남용으로서 친권상실의 사유가 될 뿐 아니라 대리행위의 상대방이 이러한 사정을 알았거나 알 수 있었을 경우에는 대리행위는 무효가 된다.[213)]

② **현저한 비행**

현저한 비행이란 친권자의 소행이 심히 불량한 경우로서, 친권자의 방탕, 도박, 범죄행위나 친권자의 간통 등이 이에 해당할 수 있다. 그러나 판례는 단순한 간통만으로는 친권상실사유가 되지 않는다고 한다.[214)]

③ **기타 중대한 사유**

기타 친권을 행사시킬 수 없는 중대한 사유란 친권자의 행방불명, 정신병, 심신상실, 복역 등이 이에 해당할 수 있다.[215)]

및 양육비 청구를 하자 이에 대항하기 위하여 부가 유아인도 청구를 하는 경우에는 친권남용이라고 볼 수 있다."; **서울고법 1981. 2.23, 80나487** "원고의 법정대리인이 피고에게 부동산을 증여할 당시 원고는 이미 19년 5개월 남짓하여 수개월이 지나면 성년이 될 나이에 있었고 원고가 위 처분행위를 강력히 반대하였으며 위 처분행위도 원고를 위한 것이 아니라 법정대리인의 큰아들인 피고만을 위한 것으로서 위 처분행위로 원고가 아무런 대가도 지급받지 못한 경우에는 위 증여행위는 친권의 남용으로서 그 행위의 효력이 원고에게 미치지 아니한다." 참조.

213) **대판 1997. 1.24, 96다43928** "친권자인 모가 미성년자인 자의 법정대리인으로서 자의 유일한 재산을 아무런 대가도 받지 않고 증여하였고 상대방이 그 사실을 알고 있었던 경우, 그 증여행위는 친권의 남용에 의한 것이므로 그 효과는 자에게 미치지 않는다."

214) **대결 1993. 3. 4, 93스3** "가. 친권은 미성년인 자의 양육과 감호 및 재산관리를 적절히 함으로써 그의 복리를 확보하도록 하기 위한 부모의 권리이자 의무의 성격을 갖는 것으로서, 민법 제924조에 의한 친권상실선고사유의 해당 여부를 판단함에 있어서도 친권의 목적이 자녀의 복리보호에 있다는 점이 판단의 기초가 되어야 하고, 설사 친권자에게 간통 등의 비행이 있어 자녀들의 정서나 교육 등에 악영향을 줄 여지가 있다 하더라도 친권의 대상인 자녀의 나이나 건강상태를 비롯하여 관계인들이 처해 있는 여러 구체적 사정을 고려하여 비행을 저지른 친권자를 대신하여 다른 사람으로 하여금 친권을 행사하거나 후견을 하게 하는 것이 자녀의 복리를 위하여 보다 낫다고 인정되는 경우가 아니라면 섣불리 친권상실을 인정하여서는 안 된다. 나. 자녀들의 양육과 보호에 관한 의무를 소홀히 하지 아니한 모의 간통행위로 말미암아 부가 사망하는 결과가 초래된 사실만으로써는 모에 대한 친권상실선고사유에 해당한다고 볼 수 없다."; **대판 1963. 9.12, 63다197** "남편이 행방불명이 되어 극심한 생활난으로 인하여 타인과 결혼한 경우에는 본조 소정의 친권상실의 사유에 해당하지 않는다."

215) **대판 1991.12.10. 91므641** "모가 남편 및 그 시부모들과의 불화로 남편과 자식들을 남겨두고

3) 친권상실선고의 보충성과 최후성

친권의 상실선고는 제924조에 따른 친권의 일시정지선고, 제924조의 2에 따른 친권의 일부 제한선고, 제925조에 따른 대리권 · 재산관리권의 상실선고 또는 그 밖의 다른 조치에 의해서는 자녀의 복리를 충분히 보호할 수 없는 경우에만 할 수 있다(제925조의 2 제1항). 이와 같이 친권의 상실선고는 보충적인 제도이면서 다른 제도로는 목적달성이 불가능한 경우에 최후로 사용할 수 있는 제도이다.

4) 친권상실선고의 절차

① 자의 친족이나 검사가 가정법원에 친권상실을 청구하여야 한다.

② 친권상실선고의 재판이 확정된 때에는 그 재판을 청구한 사람이 그 내용을 신고하여야 한다(가족관계등록법 제79 제2항).

③ 친권상실선고를 받은 부모는 친권을 행사할 수 없고 법정대리인이 될 수 없다.

④ 혼인 외의 자의 인지, 부모의 혼인취소나 이혼 등으로 단독친권자가 된 부나 모가 친권상실선고를 받은 경우에는 생존하는 다른 친권자가 당연히 친권자가 되는 것이 아니라 제909조의 2의 규정을 준용하여 가정법원이 친권자를 지정하게 된다(제927의 2 제1항).

5) 친권상실선고의 효과

친권상실선고 심판이 확정되면 친권자는 친권을 상실한다. 공동친권자인 부모 중 일방이 친권상실선고를 받은 때에는 다른 일방이 친권자로 되고, 공동친권자인 부모 모두가 친권상실선고를 받거나 단독친권자가 친권상실선고를 받은 때에는 후견이 개시된다(제928조). 이혼시에 친권자로 지정된 부(父) 또는 모(母)가 친권상실선고를 받은 경우에는 부모의 다른 일방이 생존해 있는 경우에는 일정한 자가 일정한 기간 내에 생존하는 부나 모를 친권자로 지정할 것을 청구할 수 있고

집을 나가 별거한 이후에는 전혀 자녀들을 돌보지 않았을 뿐 아니라 남편이 교통사고로 사망하게 되었는데도 그 장례식에 참석하지도 않았고 장래문제를 의논하러 자녀들이 찾아가도 만나주지도 않으면서 남편의 교통사고에 대한 보상금을 전부 수령하여 거의 다 소비하여 버리는 등 자녀들의 부양에 대하여 전혀 노력하지 않고 있고, 자녀들도 동거시 자신들에게 가혹하게 대하였던 모를 불신하며 현재와 같이 할아버지 밑에서 보호양육되기를 희망하고 있다면, 모에게 자식들에 대한 친권을 행사시킬 수 없는 중대한 사유가 있다."

(제927조의 2 제1항, 제909조의 2 제1항), 그 기간 내에 친권자가 지정청구가 없을 때에는 가정법원은 직권으로 또는 자의 청구에 의하여 미성년후견인을 선임할 수 있다(제927조의 2 제1항, 제909조의 2 제3항).

친권을 상실하더라도 부모 또는 직계혈족으로서 가지는 그 밖의 권리와 의무는 변경되지 않는다(제925조의 3).

(3) 친권의 일시정지선고

1) 의 의

부모가 친권을 남용하여 자녀의 복리를 현저히 해치거나 해칠 우려가 있는 경우에는 가정법원은 자녀 또는 검사 또는 지방자치단체의 장의 청구에 의하여 그 친권의 일시정지를 선고할 수 있는데(제924조 제1항), 이것이 2014년에 새로 도입된 친권의 일시정지제도이다. 이 제도는 굳이 친권자의 친권을 영원히 박탈할 필요는 없고 일시적으로 친권을 행사할 수 없게 하면 충분한 경우에 이용될 수 있는 제도이다.

2) 친권의 일시정지선고의 보충성

제924조에 따른 친권의 일시정지선고는 제922조의 2에 따른 동의를 갈음하는 재판 또는 그 밖의 다른 조치에 의해서는 자녀의 복리를 충분히 보호할 수 없는 경우에만 할 수 있다(제925조의 2 제2항).

3) 친권일시정지의 기간

친권일시정지의 선고는 친권제한 사유가 단기간 내에 소멸할 개연성이 있는 경우에 자녀의 생명 등을 보호하기 위한 필요 최소한도의 친권제한 조치이므로, 가정법원이 친권의 일시정지를 선고할 때에는 자녀의 상태, 양육상황, 그 밖의 사정을 고려하여 그 기간을 정하여야 하고, 이 경우 그 기간은 2년을 넘을 수 없다.

자녀의 복리를 위하여 친권의 일시정지기간의 연장이 필요하다고 인정하는 경우에는 자녀, 자녀의 친족, 검사, 지방자치단체의 장, 미성년후견인 또는 미성년후견감독인의 청구에 의하여 2년의 범위에서 그 기간을 한 차례만 연장할 수 있다.

4) 친권의 일시정지선고의 효과

친권의 일시정지선고가 있으면 친권자는 정지된 기간 동안 친권을 행사하지 못하며, 친권 전부가 포괄적으로 정지된다.

(4) 친권의 일부제한선고

1) 의 의

거소의 지정이나 징계, 그 밖의 신상에 관한 결정 등 특정한 사항에 관하여 친권자가 친권을 행사하는 것이 곤란하거나 부적당한 사유가 있어 자녀의 복리를 해치거나 해칠 우려가 있는 경우에는 가정법원은 자녀 또는 검사 등의 청구에 의하여 구체적인 범위를 정하여 친권의 일부제한을 선고할 수 있는데, 이것이 2014년에 새로 도입된 친권의 일부제한제도이다.

특정한 사항에 관한 친권의 일부제한제도를 마련함으로써 친권자의 동의를 갈음하는 재판제도로는 해결할 수 없는 사안이지만 친권을 전부 상실시킬 필요가 없는 경우에 자녀의 생명 등을 보호하기 위한 필요 최소한도의 친권 제한조치이다.

2) 친권의 일부제한선고의 보충성

제924조의 2에 따른 친권의 일부제한선고는 제922조의 2에 따른 동의를 갈음하는 재판 또는 그 밖의 다른 조치에 의해서는 자녀의 복리를 충분히 보호할 수 없는 경우에만 할 수 있다.

3) 친권의 일부제한선고의 효과

가정법원이 친권의 일부제한선고를 할 때에는 구체적인 범위를 정해서 해야 하고, 친권자는 그 범위에서 친권을 행사하지 못한다. 친권의 일부제한선고가 된 경우에도 부모의 자녀에 대한 그 밖의 권리와 의무는 변경되지 않는다.

(5) 대리권과 관리권의 상실(친권의 일부상실)선고

1) 법정대리인인 친권자가 부적당한 관리로 인하여 자녀의 재산을 위태롭게 한 경우에 가정법원은 자녀의 친족이나 검사의 청구에 의하여 자녀의 재산상 법률행위의 대리권과 재산관리권만의 상실을 선고할 수 있다(제925조).

2) 제925조에 따른 대리권·재산관리권의 상실선고는 제922조의 2에 따른 동의를 갈음하는 재판 또는 그 밖의 다른 조치에 의해서는 자녀의 복리를 충분히 보호할 수 없는 경우에만 할 수 있다(제925조의 2 제2항).

3) 이 경우 신상에 대한 보호·교양에 관한 권리의무, 신분행위의 동의권 등은

그대로 존속한다(제925조의 3).

4) 혼인 외의 자의 인지, 부모의 혼인취소나 이혼 등으로 단독친권자가 된 부나 모가 친권의 일부상실선고를 받은 경우에도 생존하는 다른 친권자가 당연히 친권자가 되는 것이 아니라 제909조의 2의 규정을 준용하여 가정법원이 친권자를 지정하게 된다(제927조의 2 제1항).

(6) 친권의 회복과 친권자 지정

1) 친권상실, 친권의 일시정지, 친권의 일부제한 또는 친권의 일부상실의 원인이 소멸한 때에는 가정법원은 본인, 자녀, 자녀의 친족, 검사 또는 지방자치단체의 장의 청구에 의하여 실권의 회복을 선고할 수 있다(제926조).

2) 친권상실, 친권의 일시정지, 친권의 일부제한 또는 친권의 일부상실선고를 받아 가정법원에서 친권자가 지정되거나 미성년후견인이 선임됨 후 단독친권자이었던 부나 모의 친권이 회복된 경우에는 가정법원은 새로 친권자를 지정할 수 있다(제927조의 2 제2항).

(7) 친권사퇴와 회복과 친권자 지정

1) 법정대리인인 친권자는 정당한 사유가 있는 때에는 친권을 사퇴할 수 있다(제927조 제1항). 다만 신상에 관한 친권은 사퇴할 수 없고 재산상의 대리권과 관리권만 사퇴할 수 있다.

2) 친권을 사퇴하기 위해서는 가정법원의 허가를 얻어야 한다.

3) 사퇴이후에 사퇴사유가 소멸한 때에는 그 친권자는 법원의 허가를 얻어 사퇴한 권리를 회복할 수 있다(제927조 제2항).

4) 친권자가 사퇴한 권리를 회복한 경우에도 친권상실이나 친권의 일부상실선고로 인하여 잃었던 권리를 회복한 경우와 같이 가정법원은 새로 친권자를 지정할 수 있다.

3. 친권소멸의 효과

(1) 재산관리의 계산

법정대리인인 친권자의 권한이 소멸한 때에는 그 자의 재산에 대한 관리의 계산을 하여야 한다(제923조 제1항).

(2) 수취한 과실의 상계

그 자의 재산으로부터 수취한 과실은 그 자의 양육, 재산관리의 비용과 상계한 것으로 본다. 그러나 무상으로 자에게 재산을 수여한 제삼자가 반대의 의사를 표시한 때에는 그 재산에 관하여는 그러하지 아니하다(제923조 제2항).

제2관 후 견

Ⅰ. 서 설

후견(後見)이란 친권자가 없거나 친권자가 친권을 행사할 수 없는 미성년자, 성년후견개시의 심판에 의하여 심판을 받은 사람 즉 피성년후견인, 한정후견개시의 심판에 의하여 심판을 받은 사람 즉 피한정후견인, 피특정후견인 등에 대하여 신상을 보호하고 재산상의 권한을 행사하는 것을 말한다. 이로써 제한능력자나 그 밖에 보호가 필요한 사람을 보호하는 제도이다. 후견제도는 2011.3.7. 민법개정 시(2013.7.1. 시행) 크게 바뀌었다. 이에 따르면 후견에는 법정후견과 임의후견 두 가지가 있다. 그리고 법정후견에는 미성년후견, 성년후견, 한정후견, 특정후견이 있으며, 후견계약에 의한 후견이 임의후견이다. 그리고 친족회를 폐지하고 후견감독제도를 신설하였다.

Ⅱ. 후견의 개시

1. 후견개시의 원인

(1) 미성년후견의 경우

1) 미성년자에게 친권자가 없거나 친권자가 법률행위의 대리권과 재산관리권을 행사할 수 없는 경우에는 후견이 개시된다.

2) 친권자가 없는 경우란 단독친권자의 사망, 심신상실, 행방불명 등 사실상 친권을 행사할 수 없는 경우와 단독친권자가 성년후견개시의 심판, 친권상실선고 등으로 법률상 친권을 행사할 수 없는 경우를 포함한다(제924조, 제924조의 2, 제925조 제1항).

3) 양자의 경우 양부모가 모두 사망하면 친생부모의 친권이 부활하는 것이 아니라 일정한 자의 청구에 의하여 가정법원이 친생부모의 일방 또는 쌍방을 친권자로 지정할 수 있고, 친권자지정의 청구가 없는 경우에는 후견이 개시된다. 다만 양자가 친양자인 경우에 양부모가 모두 사망하면 후견이 개시된다.

4) 이혼, 인지, 혼인의 취소 시 정해진 단독 친권자가 사망한 경우, 또는 입양의 취소, 파양, 양부모(친양자의 경우는 제외)가 모두 사망한 경우 등에는 일정한 때(기간 내에 친권자가 지정청구가 없거나 지정청구를 기각한 때)에는 가정법원이 직권으로 또는 일정한 자의 청구에 의하여 미성년후견인을 선임할 수 있는데(제909조의 2 제3항, 제4항), 이때에도 미성년자 후견이 개시된다.

(2) 성년후견의 경우

1) 가정법원에서 성년후견개시의 심판이 있는 경우에 그 심판을 받은 사람(피성년후견인)의 성년후견인을 두어야 한다(제929조).

2) 질병, 장애, 노령, 그 밖의 사유로 인한 정신적 제약으로 사무를 처리할 능력이 지속적으로 결여된 사람에 대하여 일정한 자의 청구에 의하여 가정법원이 성년후견개시의 심판을 한다.

(3) 한정후견의 경우

1) 가정법원에서 한정후견개시의 심판이 있는 경우에 그 심판을 받은 사람(피한정후견인)의 한정후견이 개시된다(제959조의 3 제2항, 제936조 제3항).

2) 질병, 장애, 노령, 그 밖의 사유로 인한 정신적 제약으로 사무를 처리할 능력이 부족한 사람에 대하여 일정한 자의 청구에 의하여 가정법원이 한정후견개시의 심판을 한다.

(4) 특정후견의 경우

1) 특정후견의 심판이 있는 경우 가정법원은 피특정후견인을 후원하거나 대리하기 위해 필요한 처분을 명할 수 있는데, 이때 후견이 개시된다(제959조의 8). 그 처분은 피특정후견인의 재산관리에 관한 것일 수도 있고 신상보호에 관한 것일 수도 있다. 또한 피특정후견인을 위하여 관계인에게 특정 행위를 명하는 것일 수도 있고, 부작위를 명하는 것일 수도 있다.

2) 가정법원은 질병, 장애, 노령, 그 밖의 사유로 인한 정신적 제약으로 일시적 후원 또는 특정한 사무에 관한 후원이 필요한 사람에 대하여 일정한 자의 청구에 의하여 가정법원이 특정후견의 심판을 한다.

(5) 임의후견의 경우(후견계약에 의한 경우)

1) 후견계약의 체결과 효력 발생에 의하여 후견이 개시된다. 이러한 후견을 임의후견이라고 한다.

2) 후견계약이란 질병, 장애, 노령, 그 밖의 사유로 인한 정신적 제약으로 사무를 처리할 능력이 부족한 상황에 있거나 부족하게 될 상황에 대비하여 자신의 재산관리 및 신상보호에 관한 사무의 전부 또는 일부를 다른 자에게 위탁하고 그 위탁사무에 관하여 대리권을 수여하는 것을 내용으로 하는 계약을 말한다(제959조의 14 제1항).

3) 후견계약은 가정법원이 임의후견감독인을 선임한 때부터 효력이 발생한다.

2. 후견개시의 신고

(1) 후견이 개시되면 후견인은 그 취임일부터 1개월 이내에 후견개시의 신고를 하여야 한다(가족관계등록법 제80조). 후견인이 경질된 경우에도 후임자는 취임일부터 1개월 이내에 그 취지를 신고하여야 한다(가족관계등록법 제81조).

(2) 유언에 의하여 후견인을 지정한 경우에는 지정에 관한 유언서 그 등본 또는 유언녹음을 기재한 서면을 신고서에 첨부하여야 하고, 후견인선임의 재판이 있는 경우에는 재판서의 등본을 신고서에 첨부하여야 한다(가족관계등록법 제82조).

Ⅲ. 후 견 인

1. 후견인이 되는 자

(1) 미성년후견인

1) 지정후견인

① 미성년자에게 친권을 행사하는 부모는 유언으로 미성년자의 후견인을 지정할 수 있는데 이 사람이 지정후견인이다(제931조 제1항 본문).

② 지정후견인은 친권자가 지정하며 유언으로만 지정할 수 있다. 다만, 법률행위의 대리권과 재산관리권이 없는 친권자는 후견인을 지정하지 못한다. 이 경우는 단독 친권자가 사망한 때에 지정후견인이 후견인으로 된다.

2) 선임 미성년후견인

① 선임후견인은 지정후견인이 없는 경우에는 가정법원은 직권으로 또는 미성년자, 친족, 이해관계인, 검사, 지방자치단체의 장의 청구에 의하여 선임된 후견인이다.

② 친권상실의 선고, 일시정지선고, 일부제한선고 또는 대리권 및 재산관리권 상실의 선고에 따라 미성년후견인을 선임할 필요가 있는 경우에는 가정법원이 직권으로 미성년후견인을 선임한다(제932조 제2항).

③ 친권자가 대리권 및 재산관리권을 사퇴한 경우에는 지체 없이 가정법원에 미성년후견인의 선임을 청구하여야 한다(제932조 제3항).

(2) **성년후견인·한정후견인·특정후견인**

1) 성년후견인에는 미성년후견인과 달리 지정후견인은 없고 가정법원이 후견인을 선임한다.

2) 성년후견개시와 한정후견개시의 심판이 있는 경우에는 가정법원이 직권으로 성년후견인과 한정후견인을 선임한다. 그리고 피특정후견인을 후원하기 위한 처분으로 가정법원은 특정후견인을 선임할 수 있다.

3) 성년후견인·한정후견인·특정후견인이 사망, 결격, 그 밖의 사유로 없게 된 경우에는 직권으로 또는 피성년후견인·피한정후견인·피특정후견인, 친족, 이해관계인, 검사, 지방자치단체의 장의 청구에 의하여 가정법원이 성년후견인·한정후견인·특정후견인을 선임한다.

4) 가정법원이 성년후견인 등을 선임할 때에는 피성년후견인 등의 의사를 존중하여야 하며, 그 밖에 피성년후견인 등의 건강, 생활관계, 재산상황, 성년후견인 등이 될 사람의 직업과 경험, 피성년후견인 등과의 이해관계의 유무(법인이 성년후견인 등이 될 때에는 사업의 종류와 내용, 법인이나 그 대표자와 피성년후견인 등 사이의 이해관계의 유무를 말한다) 등의 사정도 고려하여야 한다.

2. 후견인의 수와 자격

(1) 후견인의 수

1) 미성년후견인의 수는 한 명으로 한다.

2) 성년후견인·한정후견인·특정후견인은 피성년후견인·피한정후견인·피특정후견인의 신상과 재산에 관한 모든 사정을 고려하여 여러 명을 둘 수 있다.

3) 성년후견인·한정후견인·특정후견인이 여러 명인 경우 가정법원은 직권으로 여러 명의 성년후견인 등이 공동으로 또는 사무를 분장하여 그 권한을 행사하도록 정할 수 있고(제949조의 2 제1항), 그 결정을 변경하거나 취소할 수 있다(제949조의 2 제2항).

(2) 후견인의 자격

1) 미성년후견인은 반드시 친족이어야 할 필요는 없지만 자연인이어야 한다.

2) 성년후견인·한정후견인·특정후견인은 친족일 필요도 없고, 자연인일 필요도 없다. 즉 법인도 성년후견인 등이 될 수 있다.

3. 후견인의 결격

(1) 의 의

일정한 사유가 있는 경우에는 후견인의 임무를 수행하기에 적절하지 않다고 판단하여 후견인이 될 수 있는 자격을 부인하고 있는데, 이를 후견인의 결격이라고 한다.

(2) 결격사유

1) 제한능력자, 즉 미성년자, 피성년후견인, 피한정후견인, 피특정후견인, 피임의후견인은 후견인이 될 수 없다.

2) 그 이외에 회생절차개시결정 또는 파산선고를 받은 자, 자격정지 이상의 형의 선고를 받고 그 형기 중에 있는 사람, 법원에서 해임된 법정대리인, 법원에서 해임된 성년후견인·한정후견인·특정후견인·임의후견인과 그 감독인, 행방이 불분명한 사람, 피후견인을 상대로 소송을 하였거나 하고 있는 자 또는 그 배우자와

직계혈족은 후견인이 될 수 없다.

4. 후견인의 사임과 변경

(1) 후견인의 사임

후견인은 후견인의 임무를 수행하기 어려운 정당한 사정이 있는 경우에는 가정법원의 허가를 얻어 사임할 수 있다. 예를 들어 장기간의 해외거주, 중병, 형의 복역 등이 이에 해당될 수 있다.

(2) 후견인의 변경

1) 가정법원은 피후견인의 복리를 위하여 후견인을 변경할 필요가 있다고 인정하면 직권으로 또는 피후견인, 친족, 후견감독인, 검사, 지방자치단체의 장의 청구에 의하여 후견인을 변경할 수 있다.

2) 종래에는 현저한 비행, 임무에 관한 부정행위 등의 사유가 있는 경우에 후견인을 해임할 수 있도록 규정하였던 것을 피후견인의 복리를 위하여 후견인을 변경할 수 있도록 함으로써 후견인 변경사유를 완화하였고 법원이 직권으로도 후견인을 변경할 수 있도록 하였다.

Ⅳ. 후견인의 임무

1. 후견임무의 주된 내용

(1) 미성년후견인의 임무

1) 신상에 관한 권리의무

① 미성년후견인은 기본적으로 미성년자에 대한 법정대리인으로서 친권자와 동일하게 미성년자의 신상에 관한 보호·교양의 권리의무(제913조)가 있고, 거소지정권(제914조), 징계권(제915조) 등이 있다. 또한 미성년후견인은 미성년자를 갈음하여 미성년자의 자녀에 대한 친권을 행사한다.

② 그러나 후견인이 ⓐ 친권자가 정한 교육방법, 양육방법 또는 거소를 변경하는 경우, ⓑ 미성년자를 감화기관이나 교정기관에 위탁하는 경우, ⓒ 친권자가 허락한 영업을 취소하거나 제한하는 경우에는 미성년후견감독인이 있으면 그의

동의를 받아야 한다(제945조 단서).

2) 재산에 관한 권리의무

① 재산관리권

ⓐ 후견인은 미성년자의 재산에 대한 관리권이 있고, 그 재산에 대한 법률행위에 대하여 미성년자를 대리한다(제949조 제2항).

ⓑ 후견인이 재산관리권을 행사함에는 선량한 관리자의 주의의무를 가지고 하여야 한다. 이는 친권자가 자기 재산과 동일한 주의를 가지고 재산관리를 하는 것과 차이가 있다.

② 동의권·취소권·대리권

ⓐ 후견인은 미성년자에 대한 법정대리인으로서 미성년자의 재산상의 법률행위에 대한 동의권, 취소권, 대리권이 있다.

ⓑ 그러나 후견인은 친권자와 달리 ㉠ 영업에 관한 행위 ㉡ 금전을 빌리는 행위 ㉢ 의무만을 부담하는 행위 ㉣ 부동산 또는 중요한 재산에 관한 권리의 득실변경을 목적으로 하는 행위 ㉤ 소송행위 ㉥ 상속의 승인, 한정승인 또는 포기 및 상속재산의 분할에 관한 협의 등 미성년자의 중요한 재산상의 법률행위에 대한 동의권과 대리권을 행사함에는 후견감독인이 있는 경우 그 동의를 받아야 한다(제950조 제1항 제1호 내지 제6호).

(2) 성년후견인의 임무

1) 피성년후견인의 복리와 의사존중

성년후견인은 그 임무를 수행하면서 여러 사정을 고려하여 피성년후견인의 복리에 부합하는 방법으로 사무를 처리하여야 한다(제947조 제1문). 이 경우 성년후견인은 피성년후견인의 복리에 반하지 않으면 그의 의사를 존중하여야 한다(제947조 제2문). 성년후견인이 피성년후견인의 복리와 의사를 존중하지 않으면, 가정법원은 후견인을 변경할 수 있고(제940조), 또 후견인의 임무수행에 관하여 필요한 처분을 할 수 있을 것이다(제954조 참조).

2) 피성년후견인의 신상보호

① 피성년후견인은 자신의 신상에 관하여 그의 상태가 허락하는 범위에서 단

독으로 결정한다(제947조의 2 제1항). 신상에 관한 결정에서는 피성년후견인이 그러한 결정을 내릴 수 있는 상태에 있는 한 그의 의사가 가장 중요한 요소이며 그에 따라 그의 신상에 관한 관계가 형성되어야 하기 때문이다.

② 성년후견인이 피성년후견인을 치료 등의 목적으로 정신병원이나 그 밖의 다른 장소에 격리하려는 경우에는 가정법원의 허가를 받아야 한다(제947조의 2 제2항).

③ 피성년후견인의 신체를 침해하는 의료행위에 대하여는 제1차적으로 피성년 후견인이 동의를 하여야 하나, 피성년후견인이 동의할 수 없는 경우에는 성년후견인이 그를 대신하여 동의할 수 있다(제947조의 2 제3항).

④ 피성년후견인이 의료행위의 직접적인 결과로 사망하거나 상당한 장애를 입을 위험이 있을 때에는 가정법원의 허가를 받아야 한다. 다만, 허가절차로 의료행위가 지체되어 피성년후견인의 생명에 위험을 초래하거나 심신상의 중대한 장애를 초래할 때에는 사후에 허가를 청구할 수 있다(제947조의 2 제4항).

⑤ 성년후견인이 피성년후견인을 대리하여 피성년후견인이 거주하고 있는 건물 또는 그 대지에 대하여 매도, 임대, 전세권 설정, 저당권 설정, 임대차의 해지, 전세권의 소멸, 그밖에 이에 준하는 행위를 하는 경우에는 가정법원의 허가를 받아야 한다(제947조의 2 제5항). 이는 엄밀한 의미에서 신상결정과는 관계가 없고 피성년후견인의 주거와 관련된 성년후견인의 대리권행사의 제한이지만, 피성년후견인의 주거의 안정을 보호한다는 것은 신상에 관한 측면과도 관련이 있어 신상보호규정과 함께 규정한 것이다.

3) 피성년후견인의 재산보호

① 성년후견인은 피성년후견인의 재산을 관리하고 그 재산에 관한 법률행위에 대하여 피성년후견인을 대리한다(제949조 제1항). 성년후견인은 기본적으로 포괄적인 재산관리권과 법정대리권을 가진다(제938조 제1항).

② 그러나 피성년후견인의 행위를 목적으로 하는 채무를 부담할 경우에는 본인의 동의를 얻어야 한다(제949조 제2항).

③ 가정법원은 피성년후견인의 재산에 관한 제반사정을 고려하여 법정대리권의 범위를 정할 수 있고(제938조 제2항), 법정대리인의 권한의 범위가 적절하지 아니하게 된 경우에 가정법원은 일정한 자의 청구에 의하여 그 범위를 변경할 수

있다(제938조 제4항).

(3) 한정후견인의 임무

1) 피한정후견인의 복리와 의사존중

한정후견인은 성년후견인과 마찬가지로 그 임무를 수행하면서 피한정후견인의 복리를 우선적인 기준으로 하면서 그의 의사를 존중하여야 한다. 즉 한정후견인은 피한정후견인의 재산관리와 신상보호를 할 때 여러 사정을 고려하여 그의 복리에 부합하는 방법으로 사무를 처리하여야 하고, 이 경우 한정후견인은 피한정후견인의 복리에 반하지 아니하면 피한정후견인의 의사를 존중하여야 한다(제947조).

2) 피한정후견인의 신상보호

① 피한정후견인의 신상보호에 대해서는 기본적으로 성년후견과 동일하다.

② 피한정후견인의 신상에 대한 결정은 피한정후견인의 상태가 이를 허락하는 한에서 피한정후견인이 단독으로 결정하지만, 그가 결정할 수 없는 경우에 대비하여 가정법원은 한정후견인이 피한정후견인의 신상에 관하여 결정할 수 있는 범위를 정할 수 있고 변경할 수 있다.

③ 중요한 신상결정에 대해서는 가정법원의 허가에 의한 감독이 요구된다.

3) 피한정후견인의 재산보호

① 한정후견에서 피한정후견인은 원칙적으로 유효한 법률행위를 할 수 있다. 즉 피한정후견인은 행위능력을 보유한다. 그러나 가정법원은 한정후견의 심판에서 일정한 법률행위를 할 때에는 한정후견인의 동의를 받도록 정할 수 있할 수 있는데, 이를 동의권의 유보라고 한다. 한정후견인의 동의가 필요한 법률행위를 피한정후견인이 한정후견인의 동의 없이 하였을 때에는 그 법률행위를 취소할 수 있다.

② 따라서 한정후견인은 가정법원에서 동의권을 부여받은 한도에서 피한정후견인의 법률행위에 대하여 동의권을 갖는다.

③ 가정법원은 한정후견인에게 대리권을 수여하는 심판을 할 수 있고(제959조의 4 제1항), 그 대리권의 범위가 적절하지 않게 된 경우에는 본인·배우자·4촌 이내의 친족·성년후견인·성년후견감독인·검사 또는 지방자치단체의 장의 청구에

의하여 그 범위를 변경할 수 있다(제959조의 4 제2항, 제938조 제4항).

④ 따라서 한정후견인은 법정대리권을 부여받은 한도에서 피한정후견인의 법정대리인이 된다. 그러나 피성년후견인의 행위를 목적으로 하는 채무를 부담할 경우에는 본인의 동의를 얻어야 한다(제949조 제2항). 한정후견인의 법정대리권의 제한에 대해서는 기본적으로 성년후견인의 법정대리권과 동일하다.

(4) 특정후견인의 임무

1) 피특정후견인의 복리와 의사존중

특정후견인도 성년후견인과 마찬가지로 그 임무를 수행하면서 피특정후견인의 복리를 우선적인 기준으로 하면서 그의 의사를 존중하여야 한다.

2) 피특정후견인의 특정사무를 후원

① 피특정후견인의 일시적인 사무나 특정사무를 후원하기 위하여 필요하다고 인정하면 가정법원은 기간이나 범위를 정하여 특정후견인에게 대리권을 수여하는 심판을 할 수 있는데(제959조의 11 제1항), 이러한 경우 가정법원은 특정후견인의 대리권 행사에 가정법원이나 특정후견감독인의 동의를 받도록 명할 수 있다(제959조의 11 제2항). 이 한도에서 특정후견인은 피특정후견인의 법정대리인이 된다.

② 그러나 특정후견인이 피특정후견인의 행위를 목적으로 하는 채무를 부담하는 법률행위를 대리할 경우에는 본인의 동의를 얻어야 한다(제959조의 12, 제920조 단서)

③ 그 외의 특정후견인의 임무는 성년후견인의 규정을 준용한다(제959조의 12, 제949조의 2).

2. 후견인의 기타의 권리의무

(1) 재산조사와 재산목록작성의무

1) 후견인은 지체 없이 피후견인의 재산을 조사하여 2개월 내에 그 목록을 작성하여야 하며(제941조 제1항 본문), 정당한 사유가 있는 경우에는 법원의 허가를 받아 그 기간을 연장할 수 있다(제941조 제2항).

2) 후견감독인이 있는 경우 재산조사와 목록작성은 후견감독인의 참여가 없으면 효력이 없다.

3) 후견인은 재산조사와 목록작성을 완료하기까지는 긴급필요한 경우가 아니면 그 재산에 관한 권한을 행사하지 못한다(제943조 본문). 이에 위반한 후견인의 행위는 무권대리행위로 되어 효력이 생기지 않는다.[216] 그러나 이로써 선의의 제3자에게 대항하지 못한다(제943조 단서).

4) 재산조사와 재산목록작성의무는 후견인의 취임 후에 피후견인이 포괄적 재산을 취득한 경우에도 준용된다(제944조).

(2) 후견인의 채권·채무의 제시의무

1) 후견인과 피후견인 사이에 채권·채무의 관계가 있고 후견감독인이 있는 경우에는 후견인은 재산목록의 작성을 완료하기 전에 그 내용을 후견감독인에게 제시하여야 한다(제942조 제1항). 그러나 후견인이 피후견인에 대한 채권이 있음을 알고도 그 제시를 게을리한 경우에는 그 채권을 포기한 것으로 본다(제942조 제2항).

2) 후견인의 채권·채무의 제시의무도 후견인의 취임 후에 피후견인이 포괄적 재산을 취득한 경우에 준용한다(제944조).

(3) 후견인의 비용지출과 보수청구권

1) 후견인이 후견사무를 수행하는 데 필요한 비용은 피후견인의 재산 중에서 지출한다(제955조의 2).

2) 법원은 후견인의 청구에 의하여 피후견인의 재산상태 기타 사정을 참작하여 피후견인의 재산 중에서 상당한 보수를 후견인에게 수여할 수 있다(제955조).

3. 후견인의 권한 제한

(1) 이해상반행위의 금지

후견인에 대해서도 친권자와 마찬가지로 이해상반행위를 대리할 경우에는 후

---

216) **대판 1997.11.28, 97도1368** "후견인은 후견개시원인사실이 발생한 때부터 당연히 피후견인에 대한 재산관리권과 법률행위대리권을 가지게 되나, 민법 제943조에 의하면 후견인은 재산조사와 목록작성을 완료하기까지는 긴급 필요한 경우가 아니면 그 재산에 관한 권한을 행사하지 못한다고 규정하고 있는바, 이는 재산목록의 작성이 끝날 때까지 후견인의 권한 행사를 제한하는 규정으로서 이에 위반한 후견인의 행위는 무권대리 행위에 해당한다고 할 것이고, 위 조문에서의 긴급 필요한 경우란 재산목록의 작성 전에 이를 하지 않으면 피후견인의 신상 또는 재산에 관하여 후일 이를 회복하기 어려운 불이익을 가져오게 할 경우를 말하는 것이다."

견인은 법원에 피후견인의 특별대리인을 선임을 청구하여야 한다(제921조 제1항 참조). 다만, 후견감독인이 있는 경우에는 그가 피후견인을 대리하여 특별대리인의 역할을 수행하므로(제940조의 6 제3항), 특별대리인을 선임을 청구할 필요가 없다(제949조의 3 단서).

(2) 피후견인에 대한 제3자의 권리를 양수하는 경우

후견인이 피후견인에 대한 제3자의 권리를 양수하는 경우에는 후견감독인이 있으면 후견인은 후견감독인의 동의를 받아야 하고, 후견감독인의 동의가 없는 경우에는 피후견인 또는 후견감독인이 이를 취소할 수 있다(제951조).

(3) 대리권과 관리권의 배제

1) 제3자가 미성년인 자에게 재산을 증여하면서 친권자의 재산관리를 반대한 경우에 친권자는 그 재산을 관리하거나 그 재산에 관한 법률행위에 대하여 그 자를 대리하지 못한다(제956조, 제918조 제1항).

2) 이 경우에 제3자가 재산관리인을 지정할 수 있고, 제3자가 재산관리인을 지정하지 아니한 때에는 재산의 수여를 받은 자나 그 친족의 청구에 의하여 가정법원이 선임한 관리인이 그 재산을 관리한다(제956조, 제918조 제1항).

Ⅴ. 후견감독기관

후견감독기관으로는 후견감독인과 가정법원이 있다. 후견감독인은 2011년 민법 개정에 의하여 친족회를 폐지하고 대신에 신설한 감독기관이다.

1. 후견감독인

(1) 후견감독인의 선임 등

1) 미성년후견감독인의 지정과 선임

미성년후견인을 지정할 수 있는 사람은 유언으로 미성년후견감독인을 지정할 수 있고, 지정된 미성년후견감독인이 없는 경우에 필요하다고 인정하면 직권으로 또는 미성년자, 친족, 미성년후견인, 검사, 지방자치단체의 장의 청구에 의하여 미성년후견감독인을 선임할 수 있다.

2) 성년후견감독인·한정후견감독인·특정후견감독인의 선임

가정법원은 필요하다고 인정하면 직권으로 또는 피성년후견인 등, 친족, 성년후견인 등, 검사, 지방자치단체의 장의 청구에 의하여 성년후견감독인 등을 선임할 수 있다.

(2) 후견감독인의 수와 자격

성년후견인의 수와 자격에 관한 규정을 준용한다.

(3) 후견감독인의 결격사유

후견인의 결격사유 이외에 후견인의 가족은 후견감독인이 될 수 없다.

(4) 후견감독인의 임무

1) 후견감독인은 후견인의 사무를 감독하며, 후견인이 없는 경우 지체 없이 가정법원에 후견인의 선임을 청구하여야 한다.

2) 후견감독인은 피후견인의 신상이나 재산에 대하여 급박한 사정이 있는 경우 그의 보호를 위하여 필요한 행위 또는 처분을 할 수 있다.

3) 후견인과 피후견인 사이에 이해가 상반되는 행위에 관하여는 후견감독인이 피후견인을 대리한다.

4) 후견감독인에 대한 기타 사항은 위임과 후견인에 관한 규정을 준용한다(제940조의 7).

5) 후견감독인은 언제든지 후견인에게 그의 임무 수행에 관한 보고와 재산목록의 제출을 요구할 수 있고 피후견인의 재산상황을 조사할 수 있다.

2. 가정법원

(1) 가정법원은 직권으로 또는 피후견인, 후견감독인, 제777조에 따른 친족, 그 밖의 이해관계인, 검사, 지방자치단체의 장의 청구에 의하여 피후견인의 재산상황을 조사하고, 후견인에게 재산관리 등 후견임무 수행에 관하여 필요한 처분을 명할 수 있다.

(2) 이외에 후견인의 선임, 후견인의 법정대리권의 범위의 결정과 변경, 후견인의 변경, 후견감독인의 선임, 후견인과 후견감독인의 사임허가, 후견인과 후견

감독인에 대한 보수결정 등으로 후견사무를 감독한다.

Ⅵ. 후견의 종료

1. 후견종료사유

(1) 미성년후견의 경우

1) 미성년자의 사망, 미성년자의 성년도달 또는 혼인, 친권자의 친권상실 및 대리권과 관리권의 상실선고에 대한 회복, 친권자가 사퇴한 대리권과 관리권의 회복, 부모를 알지 못하여 후견이 개시되었으나 후에 부나 모의 인지가 있는 경우, 미성년자가 양자가 되어 양부모의 친권에 따르게 된 경우 등에 의해 후견은 절대적으로 종료된다.

2) 후견인의 사망, 후견인의 결격·사임·변경 등에 의해 후견은 상대적으로 종료하나 다른 사람이 후견인이 된다.

(2) 성년후견 등의 경우

1) 성년후견종료 또는 한정후견종료의 심판에 의해 성년후견 또는 한정후견은 종료한다.

2) 특정후견은 지속적이 아닌 특정적 보호제도이므로 개시와 종료의 심판을 별도로 할 필요는 없고, 특정후견으로 처리되어야 할 사무의 성질에 따라 그 존속기간이 정해지므로, 그 기간의 도과 또는 사무처리의 종결에 의하여 특정후견은 자연히 종료한다.

3) 상대적 종료사유는 미성년후견과 동일하다.

2. 후견의 종료와 계산

(1) 관리의 계산

1) 후견인의 임무가 종료된 때에는 후견인 또는 그 상속인은 1개월 내에 피후견인의 재산에 관한 계산을 하여야 한다(제957조 제1항 본문). 다만, 정당한 사유가 있는 경우에는 법원의 허가를 받아 그 기간을 연장할 수 있다(제957조 제1항 단서).

2) 그 계산은 후견감독인이 있는 경우에는 그가 참여하지 아니하면 효력이 없

다(제957조 제2항).

(2) 이자의 지급과 금전소비에 대한 책임

1) 후견인이 피후견인에게 지급할 금액이나 피후견인이 후견인에게 지급할 금액에는 계산종료의 날로부터 이자를 부가하여야 한다(제958조 제1항).

2) 후견인이 자기를 위하여 피후견인의 금전을 소비한 때에는 그 소비한 날로부터 이자를 부가하고 피후견인에게 손해가 있으면 이를 배상하여야 한다(제958조 제2항).

Ⅶ. 임의후견제도

1. 서 설

(1) 우리 민법은 법정후견제도 이외에 임의후견제도를 도입하였는데, 임의후견이란 후견계약에 의해서 행해지는 후견제도를 말한다.

(2) 임의후견제도를 도입한 이유는 요보호자가 스스로 자기 자신을 위한 후견제도를 설계해 놓은 때에는 본인의 의사를 최대한 존중하고자 함이다. 물론 요보호자는 기존의 임의대리제도를 이용함으로써 자신의 재산관리사무를 타인에게 위임할 수도 있다. 그러나 이 경우 위임인의 의사능력 상실로 인해 위임계약 또는 대리권 수여가 당연히 효력을 잃는다는 견해가 있을 뿐 아니라, 설령 그렇지 않다고 할지라도 위임인을 위해 법정후견이 개시될 경우 후견인이 위임인과 수임인 사이에 체결된 위임계약을 해지할 위험이 있다. 또한 임의대리로서는 신상에 관한 결정권한을 제3자에게 위임할 수 없다. 따라서 요보호상태의 발생에도 불구하고 지속적으로 효력을 가질 뿐만 아니라 재산관리와 신상보호 양 영역에 걸쳐 사무처리의 위탁이 가능한 임의후견제도를 도입한 것이다.[217]

2. 후견계약

(1) 후견계약의 의의와 성질

1) 후견계약이란 질병, 장애, 노령, 그 밖의 사유로 인한 정신적 제약으로 사무

217) 윤진수·현소혜, 「2013년 개정민법해설」, 법무부, 2013, 146면.

를 처리할 능력이 부족한 상황에 있거나 부족하게 될 상황에 대비하여 자신의 재산관리 및 신상보호에 관한 사무의 전부 또는 일부를 다른 자에게 위탁하고 그 위탁사무에 관하여 대리권을 수여하는 것을 내용으로 하는 계약이다.

2) 후견계약은 기본적으로 자기의 사무를 타인에게 위탁하는 유형의 계약이므로 위임계약의 성질을 가지며, 다만 그 사무처리의 내용을 후견으로 한다는 점에 특징이 있다. 따라서 후견계약에 관하여 달리 정함이 없다면 민법의 위임계약에 관한 규정을 적용하여야 할 것이다.

3) 후견계약은 원칙적으로 무상·편무계약이지만 보수의 약정이 있는 경우에는 유상·쌍무계약이다.

(2) 후견계약의 성립과 방식

1) 후견계약은 임의후견을 받을 본인과 임의후견인이 될 상대방사이의 계약에 의하여 성립한다.

2) 후견계약을 체결하기 위해서 당사자 특히 본인은 의사능력을 가지고 있어야 한다.

3) 후견계약은 공정증서에 의해 체결해야 한다. 후견계약은 본인의 생활에 미치는 영향이 크기 때문에 계약을 체결함에 있어 신중을 기하도록 하고 이후 발생할 수 있는 분쟁에 대비하여 계약의 내용을 명확히 할 필요가 있기 때문이다.

4) 후견계약을 대리에 의해서 체결할 수 있는지에 대해서 명문의 규정이 없지만 원칙적으로 후견계약도 대리에 의해서 체결할 수 있다고 보아야 할 것이다.[218]

5) 후견계약은 후견등기부에 공시하여야 한다(후견등기법 제1조, 제2조). 후견계약에 관한 등기는 촉탁이나 임의후견인이 신청하여야 한다(후견등기법 제20조 제1항, 제2항). 등기부에 기록할 사항은 후견등기법 제26조가 규정한다.

(3) 후견계약의 효력발생

1) 후견계약은 가정법원이 임의후견감독인을 선임한 때부터 효력이 발생한다(제959조의 14 제3항). 임의후견의 개시를 확보하고 공적으로 확인하는 한편, 임의후견이 개시되는 경우 반드시 임의후견감독인을 선임하도록 함으로써 후견인에

---

218) 법무부 민법개정자료발간팀 편, 「2013년 개정민법자료집」, 법무부, 2012, 117면.

의한 적절한 임무수행을 담보하기 위한 것이다. 따라서 법정후견의 경우와 달리 임의후견에 있어 후견감독인은 필수기관으로서의 성격을 갖는다.[219)]

2) 임의후견인이 제937조 각 호에 해당하는 자 또는 그밖에 현저한 비행을 하거나 후견계약에서 정한 임무에 적합하지 아니한 사유가 있는 자인 경우에는 가정법원은 임의후견감독인을 선임하지 않음으로써(제959조의 17 제1항) 후견계약의 효력발생을 제한 할 수 있다. 이는 본인의 보호를 위해 부적절한 임의후견인의 후견사무 개시를 허용하지 않겠다는 취지이다.

(4) 후견계약의 철회

임의후견감독인의 선임 전에는 본인 또는 임의후견인은 언제든지 후견계약의 의사표시를 철회할 수 있다. 다만 신중한 방법으로 행하여지고 그 내용을 명확히 할 필요가 있으므로 철회의 의사표시는 공증인의 인증을 받은 서면으로 하여야 한다(제959조의 18 제1항).

(5) 후견계약의 해지

1) 정당한 사유로 인한 해지

후견계약이 효력을 발생한 후에는 계약의 구속력을 인정하여 계약의 해지를 제한한다. 즉 임의후견감독인의 선임 이후에는 본인 또는 임의후견인은 ① 정당한 사유가 있는 경우에만, 그리고 ② 가정법원의 허가를 받아서만 후견계약을 종료 즉 해지할 수 있다(제959조의 18 제2항).

2) 임의후견인의 비행 등을 이유로 한 해지

임의후견감독인을 선임한 이후 임의후견인이 현저한 비행을 하거나 그 밖에 그 임무에 적합하지 아니한 사유가 있게 된 경우에는 가정법원은 임의후견감독인, 본인, 친족, 검사 또는 지방자치단체의 장의 청구에 의하여 임의후견인을 해임할 수 있다(제959조의 17 제2항).

3) 해지의 효과

후견계약이 해지되면 본인과 임의후견인의 권리와 의무는 장래에 향하여 소멸

---

219) 윤진수·현소혜, 「2013년 개정민법해설」, 154면.

한다. 그리고 후견계약에 기초하여 본인이 임의후견인에게 수여한 대리권은 소멸한다. 다만 임의후견인의 대리권 소멸은 등기하지 아니하면 선의의 제3자에게 대항할 수 없다(제959조의 19).

3. 임의후견의 내용

(1) 임의후견의 내용은 후견계약에 따라 당사자들이 정한 바에 따른다. 본인의 재산관리에 관한 사무만을 처리할 수도 있고 신상보호에 관한 사무만을 처리할 수도 있으며, 양 영역의 사무를 모두 또는 일부 범위를 정하여 처리 할 수도 있다. 임의후견인의 권한을 정한 경우에는 그 범위를 후견등기부에 기록한다(후견등기법 제26조 제1항 제4호).

(2) 임의후견인 후견사무를 처리할 때 본인의 의사를 최대한 존중하여야 하며, 위임계약상의 수임인과 동일하게 선량한 관리자의 주의의무를 부담한다(제959조의 14 제4항).

4. 임의후견감독인

(1) 임의후견감독인의 선임

1) 가정법원은 후견계약이 등기되어 있고, 본인이 사무를 처리할 능력이 부족한 상황에 있다고 인정할 때에는 본인, 배우자, 4촌 이내의 친족, 임의후견인, 검사 또는 지방자치단체의 장의 청구에 의하여 임의후견감독인을 선임한다. 이때 본인이 아닌 자의 청구에 의하여 가정법원이 임의후견감독인을 선임할 때에는 본인이 의사를 표시할 수 없는 경우를 제외하고 본인의 동의를 받아야 한다(제959조의 15 제1항, 제2항).

2) 가정법원은 임의후견감독인이 없게 된 경우에는 직권으로 또는 본인, 친족, 임의후견인, 검사 또는 지방자치단체의 장의 청구에 의하여 임의후견감독인을 선임한다. 가정법원은 임의후견임감독인이 선임된 경우에도 필요하다고 인정하면 직권으로 또는 제3항의 청구권자의 청구에 의하여 임의후견감독인을 추가로 선임할 수 있다(제959조의 15 제3항, 제4항).

3) 임의후견인의 가족은 임의후견감독인이 될 수 없다(제959조의 15 제5항, 제940조의 5).

(2) 임의후견감독인의 임무

1) 임의후견감독인은 임의후견인의 사무를 감독하며 그 사무에 관하여 가정법원에 정기적으로 보고하여야 한다(제959조의 16 제1항). 이와 관련하여 가정법원은 필요하다고 인정하면 임의후견감독인에게 감독사무에 관한 보고를 요구할 수 있고 임의후견인의 사무 또는 본인의 재산상황에 대한 조사할 수 있다(제959조의 16 제3항). 또한 필요하다고 인정하면, 임의후견감독인에게 감독사무에 관한 보고를 요구할 수 있고, 임의후견인의 사무 또는 본인의 재산상황에 대한 조사를 명하거나 그 밖에 임의후견감독인의 직무에 관하여 필요한 처분을 명할 수 있다(제959조의 16 제2항).

2) 후견감독인은 언제든지 후견인에게 그의 임무 수행에 관한 보고와 재산목록의 제출을 요구할 수 있고 본인의 재산상황을 조사할 수 있다(제959조의 16 제3항, 제953조).

3) 임의후견감독인은 성년후견감독인과 마찬가지로 본인의 신상이나 재산에 대하여 급박한 사정이 있는 경우 필요한 행위나 처분을 할 수 있고, 이해가 상반되는 행위에 관하여는 후견감독인이 본인을 대리한다(제959조의 16 제3항, 제940조의 6 제2항, 제3항).

5. 임의후견의 우선성(법정후견의 보충성)

(1) 임의 후견은 본인이 자신의 후견사무를 처리하기 위하여 본인이 후견계약을 체결하였다면 사적자치에 비추어 이를 존중하는 것이 타당하다. 법정후견이 아무리 훌륭한 보호조치를 포함하고 있더라도 자신의 사무는 자신이 가장 잘 처리할 수 있기 때문이다. 따라서 임의후견이 있는 경우 원칙적으로 법정후견은 개시하지 않는데, 이를 임의 후견의 우선성 또는 법정후견의 보충성이라고 한다.

(2) 임의후견계약에 체결되어 등기되어 있는 경우에는 가정법원은 원칙적으로 법정후견을 개시하지 않는다(제959조의 20 제1항). 그리고 후견계약의 본인이 피성년후견인, 피한정후견인, 피특정후견인인 경우, 가정법원은 임의후견감독인의 선임을 하면서 성년후견, 한정후견, 특정후견 종료의 심판을 하여 임의후견의 효력발생과 함께 법정후견을 종료시킨다(제959조의 20 제2항).

(3) 그러나 본인의 복리를 고려할 때 임의후견에 의한 보호보다 법정후견에 의

한 보호가 압도적으로 요청되는 경우에는 법정후견의 보충성을 포기하고, 법정후견을 개시하도록 하거나 이미 개시한 법정후견을 유지하도록 하고 있다. 즉 후견계약이 등기되어 있는 경우에도 가정법원은 본인의 이익을 위하여 특별히 필요한 경우에 한하여 임의후견인 또는 임의후견감독인의 청구에 의하여 성년후견, 한정후견 또는 특정후견의 심판을 할 수 있다. 이 경우 후견계약은 본인이 성년후견 또는 한정후견 개시의 심판을 받은 때 종료된다(제959조의 20 제1항).

(4) 그리고 피성년후견인, 피한정후견인, 피특정후견인이 후견계약의 본인인 경우, 임의후견감독인의 선임청구가 있어도 가정법원은 성년후견 또는 한정후견 조치의 계속이 본인의 이익을 위하여 특별히 필요하다고 인정할 때에는 임의후견감독인을 선임하지 않는다(제959조의 20 제2항).

제5절 부 양

Ⅰ. 서 설

1. 부양제도의 의의

부양제도는 사적 부양과 공적 부양으로 구분되는데 전자는 일정한 범위에 있는 친족이 상호간에 부조하여 생활을 유지시켜주는 것을 말하고, 후자는 사적인 부양이 이루어 질 수 없는 경우에 국가의 사회보장제도에 의하여 부양이 이루어지는 것을 말한다.

여기서의 부양은 민법상의 사적인 부양을 말한다.

2. 부양의 성질

민법상의 부양은 부양의 성질상 1차적 부양과 2차적 부양으로 나누어 보는 것이 일반적이다.

(1) 제1차적 부양

1) 제1차적 부양은 부모의 미성년자녀에 대한 부양과 부부 사이의 부양이 이에 해당한다.

2) 제1차적 부양은 부부관계나 친자관계 등 기초적인 가족공동생활을 기초로 하여 인정되는 의무이며, 빵 한 조각이라도 나누어 먹어야 하는 부양, 즉 부양능력이 부족하더라도 부족한 범위 내에서 부양해야 한다는 성질이 있다.

(2) 제2차적 부양

1) 제2차적 부양은 부모와 성년자녀 사이와 같이 직계혈족 및 그 배우자 사이, 생계를 같이하는 친족 사이의 부양이 이에 해당한다.

2) 제2차적 부양은 부양의 여력이 있는 자가 부양능력이 없는 자에게 부양하

는 것이며, 따라서 자기를 희생하지 않고 여력이 있는 범위 내에서만 부양의무가 있다는 성질이 있다.

Ⅱ. 부양당사자

1. 직계혈족 및 그 배우자 사이

(1) 직계혈족 사이

직계혈족 사이 중에서 부모의 미성년자녀에 대한 부양은 제1차적 부양으로서 민법 제913조가 그 근거규정이 되며, 부모와 성년자녀간의 부양은 2차적 부양으로서 민법 제974조 제1호에 해당하는 부양이다.

(2) 직계혈족 및 그 배우자 사이

직계혈족 및 그 배우자간의 부양은 며느리와 시부모 사이, 사위와 장인·장모 사이, 계모자 사이, 계부자 사이, 적모서자 사이 등이 이에 해당한다.

2. 기타 친족 사이의 부양

일반 친족 사이의 부양은 생계를 같이하는 경우에 한하므로 형제자매 사이라고 하더라도 생계를 같이 하지 않는 이상 서로 부양의무가 없다.

Ⅲ. 부양의 내용

1. 부양을 받을 권리(부양청구권)

(1) 의 의

자기의 자력이나 근로에 의하여 생활을 유지할 수 없는 자는 부양의무자에게 부양을 청구할 수 있는데 이를 부양청구권이라고 한다(제975조).

(2) 성 질

1) 부양청구권(친족간의 부양청구권)은 일정한 친족 사이에서 부양을 받을 자가 자기의 자력(資力) 또는 근로에 의하여 생활을 유지할 수 없는 경우에 한하여 인정

되는 권리이다(제975조). 부양청구권은 행사상·귀속상 일신전속적인 권리로서 양도, 담보나 질권의 설정 등에 의한 처분을 하지 못하고, 상속의 대상이 되지 못한다(제1005조 단서).[220]

2) 부양청구권은 민사집행법상 압류나 강제집행의 대상이 되지 않는다(민사집행법 제246조 제1항 1호). 또한 압류가 금지되는 채권은 상계의 대상이 되지 못한다(제497조).

3) 부양청구권은 파산재단에 속하지 않는다(채무자회생법 제383조 제1항).

4) 부양청구권이 제3자에 의하여 침해된 경우에는 제4자에게 불법행위책임이 생긴다(제750조).

2. 부양의무

부양의무자는 부양을 받을 자가 자기의 자력 또는 근로에 의하여 생활을 유지할 수 없는 경우에 한하여, 그리고 부양의무자가 부양의 능력이 있는 경우에 한하여 부양의무를 부담한다.

3. 부양당사자의 순위

(1) 부양의무자의 순위

부양의 의무 있는 자가 수인인 경우에 부양의무자의 순위에 관하여는 우선 당사자 사이의 협의로 정하고, 당사자 사이에 협정이 없는 때에는 가정법원이 당사자의 청구에 의하여 이를 정한다(제976조 제1항 제1문, 가사소송법 제2조 제1항 마류사건 8)). 이 경우에 법원은 수인의 부양의무자를 선정할 수 있다(제976조 제2항).

---

220) **대판 2006. 7. 4, 2006므751** "이혼한 부부 사이에서 자(자)에 대한 양육비의 지급을 구할 권리는 당사자의 협의 또는 가정법원의 심판에 의하여 구체적인 청구권의 내용과 범위가 확정되기 전에는 '상대방에 대하여 양육비의 분담액을 구할 권리를 가진다'라는 추상적인 청구권에 불과하고 당사자의 협의나 가정법원이 당해 양육비의 범위 등을 재량적·형성적으로 정하는 심판에 의하여 비로소 구체적인 액수만큼의 지급청구권이 발생한다고 보아야 하므로, 당사자의 협의 또는 가정법원의 심판에 의하여 구체적인 청구권의 내용과 범위가 확정되기 전에는 그 내용이 극히 불확정하여 상계할 수 없지만, 가정법원의 심판에 의하여 구체적인 청구권의 내용과 범위가 확정된 후의 양육비채권 중 이미 이행기에 도달한 후의 양육비채권은 완전한 재산권(손해배상청구권)으로서 친족법상의 신분으로부터 독립하여 처분이 가능하고, 권리자의 의사에 따라 포기, 양도 또는 상계의 자동채권으로 하는 것도 가능하다."

(2) 부양권리자의 순위

부양을 받을 권리자가 수인인 경우에 부양의무자의 자력이 그 전원을 부양할 수 없는 때에도 당사자의 협정으로 정하고 당사자 사이에 협정이 없는 때에는 법원은 당사자의 청구에 의하여 정한다. 이 경우에 법원은 수인의 권리자를 선정할 수 있다.

(3) 순위의 변경

부양을 할 자 또는 부양을 받을 자의 순위에 관한 당사자의 협정이나 법원의 판결이 있은 후 이에 관한 사정변경이 있는 때에는 법원은 당사자의 청구에 의하여 그 협정이나 판결을 취소 또는 변경할 수 있다(제978조, 가사소송법 제2조 제1항 마류사건 8)·제50조).

4. 부양의 정도와 방법

(1) 당사자 사이의 협정

부양의 정도와 방법은 먼저 당사자 사이의 협정에 의한다.

(2) 법원의 결정

당사자 사이에 협정이 없는 때에는 법원은 당사자의 청구에 의하여 부양을 받을 자의 생활정도와 부양의무자의 자력 기타 제반사정을 참작하여 이를 정한다(제977조, 가사소송법 제2조 제1항 마류사건 8)·제50조).

(3) 부양의 정도와 방법의 변경

부양의 정도 또는 방법에 관한 당사자의 협정이나 법원의 판결이 있은 후 이에 관한 사정변경이 있는 때에는 법원은 당사자의 청구에 의하여 그 협정이나 판결을 취소 또는 변경할 수 있다(제978조, 가사소송법 제2조 제1항 마류사건 8·제50조).

Ⅳ. 과거의 부양료 청구

과거의 부양료 청구와 관련하여 세 가지가 문제된다. ① 부양권리자가 부양을 받지 못한 경우 부양의무자에게 과거의 부양료를 청구할 수 있는지, ② 부양의무자 중 일부만이 부양의무를 이행한 경우 다른 부양의무불이행자를 상대로 과거의 부양료의 상환을 청구할 수 있는지, ③ 부양의무 없는 자가 부양을 한 경우 부양의무자에게 상환을 청구할 수 있는지가 문제이다.

1. 부양권리자의 부양의무자에 대한 과거의 부양료청구

(1) 학 설

이에 대하여 학설은 긍정설과 부정설이 대립하나, 다수설은 부양의 요건이 발생할 당시부터 부양청구권이 발생하며 과거의 부양을 받지 못함으로써 채무를 부담하게 되었거나 건강을 해친 것과 같이 현재에도 과거의 부양료를 청구할 필요가 있으므로 과거의 부양료를 청구할 수 있다고 본다.

(2) 판 례

판례는 부부간의 부양의무와 관련하여 부양의무의 이행을 청구하기 이전의 부양료의 지급을 청구할 수 없다고 본다.[221)]

---

221) **대판** 1991.11.26, 91므375 "민법 제826조 제1항에 규정된 부부간의 상호부양의무는 부부의 일방에게 부양을 받을 필요가 생겼을 때 당연히 발생되는 것이기는 하지만, 과거의 부양료에 관하여는 특별한 사정이 없는 한, 부양을 받을 자가 부양의무자에게 부양의무의 이행을 청구하였음에도 불구하고 부양의무자가 부양의무를 이행하지 아니함으로써 이행지체에 빠진 이후의 것에 대하여만 부양료의 지급을 청구할 수 있을 뿐, 부양의무자가 부양의무의 이행을 청구받기 이전의 부양료의 지급은 청구할 수 없다고 보는 것이 부양의무의 성질이나 형평의 관념에 합치된다고 할 것이므로, 부양료지급을 구하는 심판청구서가 피고에게 송달된 다음날부터의 부양료만의 지급을 명한 원심판결은 적법하다."; **대결** 2008. 6.12, 2005스50; **대판** 2012.12.27, 2011다96932 "부부간의 부양의무 중 과거의 부양료에 관하여는 특별한 사정이 없는 한 부양을 받을 사람이 부양의무자에게 부양의무의 이행을 청구하였음에도 불구하고 부양의무자가 부양의무를 이행하지 아니함으로써 이행지체에 빠진 후의 것에 관하여만 부양료의지급을 청구할 수 있을 뿐이므로, 부양의무자인 부부의 일방에 대한 부양의무 이행청구에도 불구하고 배우자가 부양의무를 이행하지 아니함으로써 이행지체에 빠진 후의 것이거나, 그렇지 않은 경우에는 부양의무의 성질이나 형평의 관념상 이를 허용해야 할 특별한 사정이 있는 경우에 한하여 이행청구 이전의 과거 부양료를 지급하여야 한다. 그리고 부부 사이의 부양료 액수는 당사자 쌍방의 재산 상태와 수입액, 생활정도 및 경제적 능력, 사회적 지위 등에 따라 부양이 필요한 정도, 그에 따른 부양의무의 이행정도, 혼인생활 파탄의 경위와 정도 등을 종합적으로 고려하여 판단하여야 한다. 따라서 상대방의 친족이 부부의 일방을 상대로 한 과거의 부양료 상환청구를 심리·판단함에 있어서도 이러한 점을 모두 고려하여 상환의무의 존부 및 범위를 정하여야한다."; **대결** 2017. 8.25, 2014스26 "민법 제826조 제1항에 규정된 부부간의 상호부양의무는 부부의 일방에게 부양을 받을 필요가 생겼을 때 당연히 발생되는 것이기는 하지만, 과거의 부양료

2. 부양의무자의 다른 부양의무자에 대한 과거의 부양료 상환청구

(1) 과거의 판례

과거의 양육비의 상환청구를 부인하였다.[222)]

(2) 현재의 판례

한 자녀의 출생과 동시에 자녀양육의무가 발생하므로 과거의 양육비에 대하여도 상대방이 분담함이 상당하다는 판례도 있다.[223)]

3. 부양의무 없는 자의 부양의무자에 대한 부양료 상환청구

부양의무 없는 제3자가 부양이 필요한 사람을 부양한 경우에는 여러 모습으로 나타날 수 있다. 그런데 그러한 경우에 부양한 제3자에게 구상권이 있는지, 그 근거가 무엇인지에 대하여는 일종의 사무관리나 부당이득에 해당되므로 부양의무자에게 부양료의 상환을 청구할 수 있다는 견해가 통설과 판례이다.[224)]

에 관하여는 특별한 사정이 없는 한, 부양을 받을 자가 부양의무자에게 부양의무의 이행을 청구하였음에도 불구하고 부양의무자가 부양의무를 이행하지 아니함으로써 이행지체에 빠진 이후의 것에 대하여만 부양료의 지급을 청구할 수 있을 뿐, 부양의무자가 부양의무의 이행을 청구받기 이전의 부양료의 지급은 청구할 수 없다고 보는 것이 부양의무의 성질이나 형평의 관념에 합치된다."

222) **대판 1967. 2. 2, 65므5** "인지의 효력은 그 자식의 출생시에 소급하므로 혼인외의 자식의 아버지가 인지를 한 때에는 아버지의 부양의무도 역시 그 자식의 출생시부터 있는 것이기는 하나 부모는 모두 자식을 부양할 의무가 있는 것이므로 그 생모 또한 부양의무가 있는 것이니 부양능력이 있는 생모가 그 혼인외의 자식을 부양하였다 하더라도 자기의 부양의무를 이행한 데 불과하다 할 것이고 따라서 자기의 부양의무를 이행한 데 불과한 생모가 그 과실의 양육비를 그 아이의 아버지에게 청구함은 부당하다."; **대판 1979. 5. 8, 79므3** "생모도 혼인외 출생자에 대한 고유의 부양의무자이므로 생모가 그 자를 자진부양하여 왔고 또 부양하려 한다면 생부에게 과거 또는 장래의 양육비 청구를 할 수 없다."

223) **대결(전) 1994. 5.13, 92스21** "어떠한 사정으로 인하여 부모 중 어느 한 쪽만이 자녀를 양육하게 된 경우에, 그와 같은 일방에 의한 양육이 그 양육자의 일방적이고 이기적인 목적이나 동기에서 비롯한 것이라거나 자녀의 이익을 위하여 도움이 되지 아니하거나 그 양육비를 상대방에게 부담시키는 것이 오히려 형평에 어긋나게 되는 등 특별한 사정이 있는 경우를 제외하고는, 양육하는 일방은 상대방에 대하여 현재 및 장래에 있어서의 양육비 중 적정 금액의 분담을 청구할 수 있음은 물론이고, 부모의 자녀양육의무는 특별한 사정이 없는 한 자녀의 출생과 동시에 발생하는 것이므로 과거의 양육비에 대하여도 상대방이 분담함이 상당하다고 인정되는 경우에는 그 비용의 상환을 청구할 수 있다."

224) **대판 1981. 5.26, 80다2515** "제3자인 원고가 피고의 혼인외 출생자를 양육 및 교육하면서 그 비용을 지출하였다고 하여도 피고가 동 혼인외 출생자를 인지하거나 부모의 결혼으로

그 혼인중의 출생자로 간주되지 않는 한 실부인 피고는 동 혼인외 출생자를 부양할 법률상 의무는 없으므로 피고가 원고의 위 행위로 인하여 부당이득을 하였다거나 원고가 피고의 사무를 관리하였다고 볼 수 없다."

제 3 장
상 속 법

제1절 상속제도
제2절 유 언
제3절 유 류 분

제1절 상속제도

제1관 서 설

Ⅰ. 상속과 상속권의 의의

1. 상속의 의의

상속이란 피상속인의 사망으로 인하여 그의 재산상의 권리와 의무가 법률의 규정에 의하여 상속인에게 포괄적으로 승계되는 것을 말한다(제1005조 본문). 이 경우 사망에 의하여 그의 재산상의 지위를 승계해주는 자(승계당하는 자)를 피상속인이라고 하고, 그 지위를 승계받는 자(승계하는 자)를 상속인이라고 한다.

2. 상속권의 의의

상속권은 두 가지 의미를 가지고 있는데, ① 상속개시 전에 상속인이 기대권으로서 가지는 상속권과, ② 상속개시 후에 상속인으로서 상속의 효과를 받을 수 있는 지위로서의 권리를 말한다.[225)]

Ⅱ. 상속의 유형

1. 신분상속(호주상속)·제사상속·재산상속

종전에는 호주승계를 신분상속으로 보아 호주 내지 가장의 지위를 승계하는 것이고, 제사상속은 조상의 제사를 주재하는 지위를 승계하는 것이며, 재산상속

---

225) 다수설이다(김용한, 앞의 책, 269면; 김주수·김상용, 앞의 책, 551면; 박동섭, 앞의 책, 455면; 배경숙·최금숙, 앞의 책, 482면). 그러나 우리 민법에서는 상속권이라는 용어를 '상속개시 후 상속인이 가지는 권리'라고 표현할 수도 있다고 보는 설도 있다(송덕수, 앞의 책, 281-282면).

은 피상속인의 재산을 상송하는 것이다. 이 제도는 그동안 관습법에서 모두 인정되었으나, 민법에서는 호주상속과 재산상속이 인정되다가 1990년에 호주상속이 호주승계로 명칭이 변경되어 친족편으로 옮겨졌으며 2005년 개정시에 호주제도가 폐지되면서 호주승계제도도 삭제되었다. 현행 민법은 재산상속만 인정한다.

2. 생전상속·사후상속

피상속인의 생존 중에 상속이 개시되는 경우가 생전상속이고, 피상속인의 사망시에 상속이 개시되는 경우가 사후상속(사망상속)이다. 재산상속은 사망에 의해서만 개시되며 생전상속은 인정되지 않는다.

3. 법정상속·유언상속

법정상속은 상속인이 되는 자를 법률로 정하고 피상속인이 상속인을 자유로이 정할 수 없는 것을 말하며, 유언상속은 피상속인이 유언에 의하여 상속인을 정할 수 있는 것을 말한다. 현행 민법은 법정상속만을 인정하나 포괄적 유증을 통하여 유언상속과 동일한 효과를 얻을 수 있도록 하고 있다.

4. 단독상속·공동상속

단독상속은 상속인이 1인으로 한정되어 상속되는 것이고, 공동상속은 복수의 상속인이 공동으로 상속하는 것이다. 민법은 재산상속을 공동상속으로 하고 있다(제1000조 제2항 참조).

5. 강제상속·임의상속

상속포기가 인정되지 않는 상속이 강제상속이고, 상속포기가 허용되는 상속이 임의상속이다. 현행 민법상 강제상속은 인정되지 않고 임의상속을 인정하고 있다(제1019조 이하 참조).

6. 균분상속·불균분상속

공동상속에서 각 상속인에게 귀속하는 상속재산의 비율이 평등한 경우를 균분상속이라하고 그렇지 못한 경우를 불균분상속이라고 한다. 우리 민법은 경우에 따라 달리 정하고 있다.

Ⅲ. 상속제도의 존재이유

오늘날 거의 모든 나라에서 상속제도를 인정하고 있는데 이를 인정하는 이유로 종래 두 가지를 들고 있다.[226]

1. 가족에 대한 사후부양

가족을 부양하고 있던 자가 사망한 경우 그 가족은 더 이상 부양을 받을 수 없어 생존이 불가능하게 될 수 있지만 부양자의 사후에도 그가 남긴 재산에 의해 부양을 받음으로써 생존할 수 있기 때문에 상속이 인정된다는 것이다.

2. 유산에 대한 기여분의 청산

사망한 자가 남긴 유산은 사망한 자의 소유이더라도 실제로는 그 재산을 형성하는데 그 가족의 기여가 있었다고 인정되고 기여자에게 그 기여분을 돌려주는 것이 형평의 원칙상 타당하기 때문에 상속이 인정된다는 것이다.

Ⅳ. 상속의 개시

1. 상속개시의 원인

상속은 피상속인의 사망에 의해서만 개시된다(제997조). 여기의 사망에는 자연적 사망과 실종선고나 인정사망을 모두 포함한다.

2. 상속개시의 시기

상속개시의 시기는 피상속인이 사망한 때이다. 사망신고시가 아니라 실제 사망 시를 기준으로 한다. 실종선고인 경우에는 실종기간이 만료한 때이다. 인정사

---

226) 두 학설 이외에 더 많은 학설들이 주장되고 있다. 그 중에 '죽은 자의 의사를 추정하여 법정상속이 이루어진다는 견해도 있다(곽윤직, 상속법, 개정판, 2004, 17면).

망인 경우에는 등록부에 기재된 사망일시를 기준으로 상속이 개시된다.

상속개시의 시기는 여러 측면에서 법적으로 중요한 것이다. 즉 첫째, 상속인의 자격·범위·순위를 결정하는 기준이 된다. 둘째, 상속에 관한 권리의 행사기간의 기산점이 된다. 셋째, 상속의 효력발생, 상속재산·상속분·유류분의 기준시기가 된다.

3. 상속개시의 장소

상속은 피상속인의 주소지에서 개시된다(제998조). 우리 민법은 주소에 관하여 복수주의를 취하고 있다(제18조 제2항). 따라서 피상속인의 주소가 두 곳 이상인 경우 어느 곳을 상속개시의 장소로 할 것인가에 관하여는 관할법원이 복수라고 하여야 한다(통설). 따라서 민사소송사건은 그들 복수의 관할법원 중 먼저 소가 제기된 법원이 관할법원이 된다. 다만, 특별규정이 있는 때에는 예외이어서 가사비송사건은 '최초의 사건의 신청을 받은 법원'이 관할법원이 된다(가사소송법 제34조).

피상속인의 주소를 알 수 없는 때에는 거소를 주소로 본다(제19조). 국내에 주소가 없는 자에 대하여는 국내에 있는 거소를 주소로 본다(제20조). 주소도 거소도 알 수 없는 때에는 사망지를 상속개시의 장소로 본다(통설).

4. 상속비용

상속에 관한 비용이라 함은 상속재산의 관리 및 청산에 필요한 비용을 의미하며, 재산관리비용(제1022조 참조), 상속채무에 관한 공고·최고 또는 변제비용(제1032조 이하 참조), 상속재산의 경매비용(제1022조 참조), 소송비용, 재산목록 작성비용, 상속재산에 대한 조세 및 공과금 등이 포함된다. 상속세(상속재산 자체에 대한 조세와 별도이다), 장례비용[227]도 이에 포함된다.

227) **대판 2003.11.14, 2003다30968** "상속에 관한 비용은 상속재산 중에서 지급하는 것이고, 상속에 관한 비용이라 함은 상속재산의 관리 및 청산에 필요한 비용을 의미하는바, 장례비용도 피상속인이나 상속인의 사회적 지위와 그 지역의 풍속 등에 비추어 합리적인 금액 범위 내라면 이를 상속비용으로 보아야 한다."

제2관 상속회복청구권

Ⅰ. 서 설

1. 의 의

상속회복청구권이란 상속이 개시되었으나 상속인이 아닌 자나 후순위 상속인(참칭상속인)이 사실상 상속의 효과를 보유하고 있음으로 인하여 진정한 상속인의 상속권이 침해되고 있는 경우에 진정한 상속인 또는 그 법정대리인이 상속회복을 청구할 수 있는 권리이다. 상속비용은 상속재산 중에서 지급한다(제990조의 2).

2. 제도의 취지

상속재산을 권원 없는 자가 점유하고 있다면 상속재산에 속하는 물건 각각을 대상물로 하여 개별적으로 소유물반환청구권 등 물권적청구권을 행사하여 상속재산을 회복할 수 있다. 그러나 물권적청구권과 별도로 상속회복청구권을 인정하는 이유는 상속재산의 회복을 '포괄적'으로 청구할 수 있도록 하기 위함이다.

Ⅱ. 성 질

1. 학 설

(1) 상속자격확정설

상속회복청구권은 참칭상속인의 지위를 부정하고 진정한 상속인의 상속권을 확인하는 것을 목적으로 하는 것이라는 견해이다. 이 견해에 의하면 상속회복청구는 상속재산의 귀속에 관한 다툼이 아니라 상속권이 자신에게 있음을 확인하기 위한 것이며, 따라서 상속회복청구의 소를 '확인의 소'로 본다. 그리고 상속회복청구에 의해 상속권을 확인받은 후에 개별적으로 상속재산의 반환을 청구할 수 있으며, 상속회복청구권의 제척기간이 지난 후에도 개별적인 물권적 청구가 가능하다고 본다.[228]

---

228) 박영식, "상속회복청구권의 성질", 민사판례연구(3), 114면 이하 참조.

(2) 독립권리설

상속회복청구권은 물권적청구권 등 개별적인 권리와는 다른 독립된 별개의 권리라고 보는 견해이다. 즉 상속회복청구권의 기초는 상속권이며 이 권리를 침해하면 상속인의 법적 지위의 침해이며 이를 포괄적으로 회복하는 것을 목적으로 하는 독립된 권리가 상속회복청구권이라는 것이다. 이 견해에 의하면 상속회복청구권은 개별적인 권리에 기초한 물권적청구권과는 다른 독립된 권리이지만, 상속회복청구권과 개별적인 물권적청구권과의 경합을 인정하며, 따라서 상속회복청구권의 제척기간이 경과한 경우에도 개별적인 물권적청구권을 행사할 수 있다고 본다.[229)]

(3) 집합권리설

상속회복청구권이란 독립된 청구권이 아니라 상속재산을 구성하는 개별적 청구권의 집합에 불과하다고 보는 견해이다. 이 견해에 의하면 진정상속인이 참칭상속인을 상대로 상속을 원인으로 하여 반환을 청구하는 한 그 청구원인을 물권적청구로 하든지 부당이득반환청구로 하든지 모두 상속회복청구권으로 보고 상속회복청구권의 제척기간을 적용하며, 그 기간이 지난 후에는 개별적인 물권적청구권의 행사도 할 수 없다는 견해이다.[230)]

2. 판 례

(1) 판례는 집합권리설의 입장을 취하고 있다. 즉 "민법(1990.1.13. 법률 제4199호로 개정되기 전의 것)이 규정하는 상속회복의 소는 호주상속권이나 재산상속권이 참칭호주나 참칭재산상속인으로 인하여 침해된 때에 진정한 상속권자가 그 회복을 청구하는 소를 가리키는 것이나, 재산상속에 관하여 진정한 상속인임을 전제로 그 상속으로 인한 소유권 또는 지분권 등 재산권의 귀속을 주장하고, 참칭상속인 또는 자기들만이 재산상속을 하였다는 일부 공동상속인들을 상대로 상속재산인 부동산에 관한 등기의 말소 등을 청구하는 경우에도, 그 소유권 또는 지분권이 귀속되었다는 주장이 상속을 원인으로 하는 것인 이상 그 청구원인 여하에 불구

---

229) 곽윤직, 앞의 책, 164면; 김용한, 앞의 책, 293면 참조.
230) 김주수·김상용, 앞의 책, 514면 참조.

하고 이는 민법 제999조 소정의 상속회복청구의 소라고 해석함이 상당하다."[231]고 한다.

(2) 또한 개별적인 청구권의 행사에도 상속회복청구권의 제척기간을 적용함으로써 상속회복청구권의 제척기간이 경과한 경우에는 소유권에 기한 물권적반환청구권 등 개별적인 청구권의 행사도 부정한다.[232]

Ⅲ. 당 사 자

1. 청구권자

(1) 진정상속인 또는 그 법정대리인

상속권이 침해된 진정한 상속인 또는 그 법정대리인이 상속회복청구권자이다.

(2) 상속재산의 포괄승계인

상속분을 양도받은 양수인이나 포괄적 수증자 등과 같이 상속재산에 대한 포괄적 승계인도 상속인에 준하여 상속회복청구권자가 된다. 즉 상속인의 상속회복청구권 및 그 제척기간은 포괄적 유증의 경우에도 유추 적용된다.[233]

---

231) **대판(전) 1991.12.24, 90다5740; 대판 2006. 7.27, 2005다45452.**

232) **대판(전)** 1981. 1.27, 79다854 "가. 진정상속인이 참칭상속인을 상대로 상속재산인 부동산에 관한 등기의 말소 등을 구하는 경우에 그 소유권 또는 지분권 등의 귀속원인을 상속으로 주장하고 있는 이상 청구원인 여하에 불구하고 이는 민법 제999조 소정의 상속회복청구의 소라고 해석하여야 할 것이므로 동법 제982조 제2항 소정의 제척기간의 적용이 있다. 나. 진정상속인이 참칭상속인으로 부터 상속재산을 양수한 제3자를 상대로 등기말소청구를 하는 경우에도 상속회복청구권의 단기의 제척기간이 적용된다."; **대판 1981. 6. 9, 80므84·85·86·87** "1. 참칭상속인 또는 일부 공동상속인들을 상대로 상속재산인 부동산에 관한 등기의 말소기타 지분권의 반환 등을 구하는 경우에는 그 주장이 상속을 원인으로 하는 것인 이상 그 청구원인 여하를 불구하고 재산상속회복청구의 소이다. 2. 상속재산의 일부에 대한 상속회복청구의 제소기간을 준수하였다고 하여 그로써 다른 상속재산에 대한 소송에 그 기간준수의 효력이 생기지 아니한다."

233) **대판 2001.10.12, 2000다22942** "포괄적 수증자의 법적 지위 내지 권리의무에 관하여 구 민법(1990. 1. 13. 법률 제4199호로 개정되기 전의 것) 제1078조는 "포괄적 유증은 받은 자는 재산상속인과 동일한 권리의무가 있다."고 규정하고 있어 포괄적 수증자는 그 수증분에 따라서 유증자의 일신전속적인 권리를 제외한 모든 권리 및 의무를 법률상 당연히 포괄적으로 승계하기 때문에 포괄적 유증은 실질적으로는 수증분을 상속분으로 하는

(3) 상속회복청구권의 상속인

1) 진정상속인이 상속회복청구권을 행사하지 못한 채 사망한 경우 진정상속인의 상속인이 상속회복청구권을 상속받을 수 있는지가 문제된다.

2) 이에 대하여는 상속회복청구권의 상속을 인정하는 견해(상속설)가 있으나, 상속회복청구권은 일신전속권이어서 상속회복청구권자의 사망에 의하여 소멸하고, 다만 사망자의 상속인 자신의 상속권침해를 이유로 상속회복청구권을 행사할 수 있다고 보는 견해(비상속설)가 다수설이다.

3) 양 학설 모두 상소회복청구권자의 상속인이 상속회복청구권을 행사할 수 있다는 점에서는 차이가 없다. 다만 제척기간의 기산점은 상속설에 의하면 원래의 상속회복청구권자를 중심으로 정해지지만, 비상속설에 의하면 상속회복청구권자의 상속인을 기준으로 새롭게 정해지므로 비상속설이 상속인에게 더 유리하게 된다.

2. 상 대 방

(1) 참칭상속인

1) 상속인인 것을 믿게 하는 외관을 지닌 자나 상속인이라고 참칭하여 상속재산의 전부나 일부를 점유하고 있는 자이다.

2) 상속재산을 점유하지 않고 상속권만을 다투는 자는 상속회복청구의 상대방이 되지 못한다.[234]

피상속인(유증자)에 의한 상속인 및 상속분의 지정과 같은 기능을 하고 있으므로, 상속인의 상속회복청구권에 관한 규정은 포괄적 수증의 경우에 유추 적용되고, 상속회복청구권의 제척기간에 관한 규정도 상속에 관한 법률관계의 신속한 확정을 위한 상속회복청구권의 제척기간의 제도적 취지에 비추어 볼 때 포괄적 수증의 경우에 유추 적용된다고 할 것인데, 원고의 피고들에 대한 이 사건 소는 소외인의 의 사망일로서 상속개시일인 1972. 7. 29.부터 제척기간인 10년이 이미 경과한 뒤인 1997. 7. 6.에야 제기된 것임이 역수상 명백하므로 부적법하다."

234) **대판 1992. 5.22, 92다7955** "상속회복청구의 소에 있어 상대방이 되는 참칭상속인이라 함은, 재산상속인인 것을 신뢰케 하는 외관을 갖추고 있는 자나 상속인이라고 참칭하여 상속재산의 전부 또는 일부를 점유하는 자 등을 가리키는 것이므로 상속인으로 오인될 만한 외관을 갖추고 있지 않거나 상속재산을 점유하고 있지도 않은 자가 스스로 상속인이라는 주장만을 하였다 하여 이를 상속회복청구의 소에서 말하는 참칭상속인이라고는 할 수 없다."; **대판 1998. 3.27, 96다37398** "상속재산인 미등기 부동산을 임의로 매도한

자가 아무 근거 없이 피상속인의 호적에 호주상속신고를 한 것으로 기재되어 있으나, 상속재산인 미등기 부동산에 관하여 상속인이라고 참칭하면서 등기를 마치거나 점유를 한 바가 없고, 또한 피상속인의 호적에 의하더라도 피상속인의 시동생의 손자로서 피상속인의 법정상속인에 해당할 여지가 없어 그 유산에 대하여 상속권이 없음이 명백한 경우, 그 자를 상속회복청구의 상대방이 되는 참칭상속인에 해당한다고 볼 수 없다."; **대판 1994.11.18, 92다33701** "재산상속회복청구의 소에 있어서 그 상대방이 되는 참칭상속인이라 함은 재산상속인임을 신뢰하게 하는 외관을 갖추고 있거나 상속인이라고 참칭하여 상속재산의 전부 또는 일부를 점유하는 등의 방법에 의하여 진정한 상속인의 상속권을 침해하는 자를 가리키는 것으로서, 상속인 아닌 자가 자신이 상속인이라고 주장하거나 또는 공동상속인 중 1인이 자신이 단독상속인이라고 주장하였다 하더라도 달리 상속권의 침해가 없다면 그러한 자를 가리켜 상속회복청구의 소에서 말하는 참칭상속인이라고 할 수는 없는 것이다."; **대판 1997. 1.21, 96다4688** "상속회복청구의 상대방이 되는 참칭상속인이라 함은 정당한 상속권이 없음에도 재산상속인임을 신뢰케 하는 외관을 갖추고 있는 자나 상속인이라고 참칭하여 상속재산의 전부 또는 일부를 점유하고 있는 자를 가리키는 것으로서, 상속재산인 부동산에 관하여 공동상속인 중 1인 명의로 소유권이전등기가 경료된 경우 그 등기가 상속을 원인으로 경료된 것이라면 등기명의인의 의사와 무관하게 경료된 것이라는 등의 특별한 사정이 없는 한 그 등기명의인은 재산상속인임을 신뢰케 하는 외관을 갖추고 있는 자로서 참칭상속인에 해당된다."; **대판 1994. 3.11, 93다24490** "상속회복청구의 상대방이 되는 참칭상속인이라 함은, 재산상속인인 것을 신뢰케 하는 외관을 갖추고 있는 자나 상속인이라고 참칭하여 상속재산의 전부 또는 일부를 점유하는 자를 가리키는 것으로서, 공동상속인의 한 사람이 다른 상속인의 상속권을 부정하고 자기만이 상속권이 있다고 참칭하는 경우도 여기에 해당한다 할 것이나, 부동산에 관하여 공동상속인의 한 사람인 갑 단독 명의로 경료된 소유권보존등기가 갑이 다른 상속인인 을의 상속권을 부정하고 자기만이 상속권이 있다고 참칭하여 경료한 것이 아니라 제3자가 갑의 의사와는 아무런 상관없이 관계서류를 위조하여 경료한 것이고, 달리 갑이 자기만이 상속한 것이라고 주장하였다고 볼만한 아무런 자료도 없다면, 갑을 상속회복청구의 소에서 말하는 참칭상속인이라고는 할 수 없다."; **대판 1991.10.22, 91다21671** "청구원인으로 주장하는 바가 피상속인이 사망하자 그 공동상속인 중의 1인이 함부로 망인의 인감증명서와 망인 명의의 등기소요서류를 위조하여 아무런 원인도 없이 제3자 앞으로 불법등기를 경료하였다고 하여 위 제3자에게 그 등기의 말소를 구하고 있는 것이라면 그 소는 상속회복청구의 소에 해당하지 아니한다."; **대판 1998.10.27, 97다38176** "상속인인 원고가 소외인이 피상속인의 생전에 그로부터 토지를 매수한 사실이 없는데도 그러한 사유가 있는 것처럼 등기서류를 위조하여 그 앞으로 소유권이전등기를 경료하였음을 이유로 그로부터 토지를 전전매수한 피고 명의의 소유권이전등기가 원인무효라고 주장하면서 피고를 상대로 진정 명의의 회복을 원인으로 한 소유권이전등기절차의 이행을 구하는 경우, 이는 상속회복청구의 소에 해당하지 않는다."; **대판 1997. 1.21, 96다4688** "소유권이전등기에 의하여 재산상속인임을 신뢰케 하는 외관을 갖추었는지의 여부는 권리관계를 외부에 공시하는 등기부의 기재에 의하여 판단하여야 하므로, 비록 등기의 기초가 된 보증서 및 확인서에 취득원인이 상속으로 기재되어 있다 하더라도 등기부상 등기원인이 매매로 기재된 이상 재산상속인임을 신뢰케 하는 외관을 갖추었다고 볼 수 없다."

(2) 다른 상속인의 상속분을 침해하는 공동상속인

1) 공동상속인의 1인이 다른 공동상속인의 상속분을 침해한 경우, 즉 공동상속인의 1인이 다른 상속인을 배제하고 상속재산을 자기명의로 상속등기를 한 경우에 그 상속분을 초과하는 부분의 등기말소를 구하는 소가 상속회복청구의 소인지가 문제된다.

2) 이 경우의 공동상속인은 상속권이 없는 것은 아니므로 엄격히 말하면 참칭상속인은 아니지만, 공동상속인의 1인이 다른 공동상속인의 상속분을 침해하여 상속재산 전부를 자기명의로 등기하거나 점유하고 있는 경우에는 그 초과부분에 한해서는 참칭상속인의 지위에 있다고 볼 수 있다. 따라서 이 경우 등기말소를 구하는 소는 상속회복청구의 소에 해당하며 제척기간을 적용해야 할 것이다.[235]

3) 판례는 그 상속분을 초과한 부분에 대하여 다른 공동상속인의 상속권을 침해한 것이므로 그 말소를 구하는 소는 청구원인 여하를 불구하고 상속회복청구의 소에 해당한다고 본다.[236]

(3) 참칭상속인 등으로부터 상속재산을 전득한 제3자

1) 상속권이 없는 참칭상속인, 상속분을 침해한 공동상속인으로부터 상속재산을 전득한 제3자에게 반환을 구하는 경우에도 상속회복청구권을 행사할 수 있을 것인지 문제가 된다.

2) 이를 긍정하는 것이 다수설이고, 판례도 참칭상속인 등으로부터 상속재산을 전득한 제3자를 상대로 반환을 구하는 것도 상속회복청구로 보아 제척기간을

---

235) **대판(전) 1991.12.24, 90다5740** "재산상속에 관하여 진정한 상속인임을 전제로 그 상속으로 인한 소유권 또는 지분권 등 재산권의 귀속을 주장하고, 참칭상속인 또는 자기들만이 재산상속을 하였다는 일부 공동상속인들을 상대로 상속재산인 부동산에 관한 등기의 말소 등을 청구하는 경우에도, 그 소유권 또는 지분권이 귀속되었다는 주장이 상속을 원인으로 하는 것인 이상 그 청구원인 여하에 불구하고 이는 민법 제999조 소정의 상속회복청구의 소라고 해석함이 상당하다."

236) **대판 1991. 2.22, 90다카19470** "상속회복청구의 상대방이 되는 참칭상속인이라 함은 재산상속인인 것을 신뢰케하는 외관을 갖추고 있는 자나 상속인이라고 참칭하여 상속재산의 전부 또는 일부를 점유하는 자를 가리키는 것으로서, 공동상속인의 한 사람이 다른 상속인의 상속권을 부정하고 자기만이 상속권이 있다고 참칭하는 경우도 여기에 해당한다 할 것이고, 이와 같은 요건을 충족하면서 진정한 상속인의 상속권(또는 상속분)을 침해하기만 하면 참칭상속인은 별다른 요건을 필요로 하지 아니하고 상속회복청구의 상대방이 될 수 있는 것이다."

적용한다.[237)]

(4) 혼인 외의 자가 피상속인의 사망 후 인지를 받아 상속권을 취득한 경우

1) 혼인 외의 자가 상속개시 후 상속권을 취득했는데 다른 공동상속인이 상속재산을 분할하거나 처분하기 전이라면 상속권을 주장하여 상속재산분할에 참가할 수 있다.[238)]

2) 분할이나 처분을 한 후에 인지된 자는 분할의 무효를 주장할 수 없고 가액반환만을 청구할 수 있다. 이 가액반환청구권의 성질에 대하여 ① 상속회복청구권으로 보는 견해, ② 상속재산분할청구권으로 보는 견해가 있는데, 판례는 상속회복청구권으로 본다. 따라서 제척기간이 적용된다.

Ⅳ. 상속회복청구권의 행사

1. 행사의 방법

상속회복청구권의 행사방법에 대하여 특별한 제한이 없으므로 재판상 행사할 수도 있고 재판 외에서 행사할 수도 있다.

2. 행사의 내용

청구권자가 상대방에 대하여 상속인으로서 승계한 재산의 반환을 청구하는 것이다.

---

237) **대판(전) 1981. 1.27, 79다854** "진정상속인이 참칭상속인으로 부터 상속재산을 양수한 제3자를 상대로 등기말소청구를 하는 경우에도 상속회복청구권의 단기의 제척기간이 적용된다."; **대판 1989. 1.17, 87다카2311** "상속재산에 관하여 진정한 상속인임을 전제로 그 상속으로 인한 소유권 또는 지분권등 재산권의 귀속을 주장하고 참칭상속인 또는 자기만이 재산상속을 하였다는 일부 공동상속인이나 그로부터 양수한 제3자를 상대로 상속재산인 부동산에 관한 등기의 말소등을 청구하는 경우에 그 소유권 또는 지분권이 귀속되었다는 주장이 상속을 원인으로 하는 것이라면 그 청구원인에 불구하고 이 소송은 민법 제999조의 상속회복의 소라고 보아야 한다."

238) **대판 1993. 8.24, 93다12** "민법 제1014조에 의하여, 상속개시 후의 인지 또는 재판의 확정에 의하여 공동상속인이 된 자가 분할을 청구할 경우에 다른 공동상속인이 이미 분할 기타 처분을 한 때에는 그 상속분에 상당한 가액의 지급을 청구할 권리가 있는바, 이 가액청구권은 상속회복청구권의 일종이다."

3. 반환의 범위

반환의 범위에 대하여는 명문의 규정이 없어 견해가 대립하는데, 점유자와 회복자에 관한 규정(제201조 내지 제203조)을 유추적용하여 참칭상속인이 선의인 경우에는 그 받은 이익이 현존하는 한도에서 반환하면 되고 악의인 경우에는 취득한 재산 전부를 반환하여야 하며 과실과 사용이득에 대해서도 반환하여야 할 것이다.

V. 상속회복청구권의 소멸

1. 제척기간의 경과

(1) 의 의

상속회복청구권은 그 침해를 안 날부터 3년, 상속권의 침해행위가 있은 날부터 10년을 경과하면 소멸된다.

(2) 기간의 성질

3년 또는 10년의 기간은 소멸시효기간이 아니라 제척기간이다. 판례는 이 기간을 제소기간으로 본다.[239)]

(3) 기 산 점

1) 상속권의 침해를 안 날로부터 3년

'상속권의 침해를 안 날'이란 자기가 진정한 상속인임을 알고 또 자기가 상속에서 제외된 사실을 안 때를 말한다.[240)]

---

239) **대판 1993. 2. 2, 92다3083** "상속회복의 소는 상속권의 침해를 안 날로부터 3년, 상속개시된 날로부터 10년 내에 제기하도록 제척기간을 정하고 있는바, 이 기간은 제소기간으로 볼 것이므로, 상속회복청구의 소에 있어서는 법원이 제척기간의 준수 여부에 관하여 직권으로 조사한 후 기간도과 후에 제기된 소는 부적법한 소로서 흠결을 보정할 수 없으므로 각하하여야 할 것이다."

240) **대판 2007.10.25, 2007다36223** "상속회복청구권의 제척기간 기산점이 되는 민법 제999조 제2항 소정의 '상속권의 침해를 안 날'이라 함은 자기가 진정한 상속인임을 알고 또 자기가 상속에서 제외된 사실을 안 때를 가리키는 것으로서, 단순히 상속권 침해의 추정이나 의문만으로는 충분하지 않으며, 언제 상속권의 침해를 알았다고 볼 것인지는 개별적

2) 상속권의 침해행위가 있은 날로부터 10년

① '상속권의 침해해위가 있은 날'이란 예를 들어 참칭상속인이 상속재산을 자기명의로 등기를 한 날이 된다. 상속인이 그 침해행위를 알았는지 여부는 묻지 않는다.

② 참칭상속인으로부터 상속재산을 양수한 제3자를 상대로 한 상속회복청구권의 제척기간의 기산점도 참칭상속인의 최초의 침해행위시를 기준으로 한다.[241]

(4) 제척기간 경과의 효과

제척기간이 경과하면 진정상속인은 더 이상 이 권리를 주장하지 못하며 상속개시일로 소급하여 참칭상속인의 소유로 확정된다.

2. 상속회복청구권의 포기

상속회복청구권은 포기할 수 있다. 그러나 이 권리의 포기는 상속개시 후에만 가능하며, 상속개시 전에는 포기할 수 없다.

사건에 있어서 여러 객관적 사정을 참작하고 상속회복청구가 사실상 가능하게 된 상황을 고려하여 합리적으로 인정하여야 한다."; **대판 2007.10.25, 2007다36223** "공동상속인 중 1인이 나머지 공동상속인들을 상대로 제기한 상속재산분할심판 사건에서 공동상속인 일부의 소송대리권이 흠결된 채로 소송대리인 사이에 재판상 화해나 조정이 성립하여 화해조서 또는 조정조서가 작성되고, 그 조서에 기하여 공동상속인 중 1인 명의로 상속재산 협의분할을 원인으로 한 소유권이전등기가 경료된 경우, 위와 같은 화해나 조정은 무효라 할 것이나, 그 조서에 확정판결과 같은 효력이 있는 이상 그 조서가 준재심에 의해 취소되기 전에는 당사자들로서는 위 화해나 조정의 무효를 확신할 수 없는 상태에 있다고 할 것이고, 그 후 소송대리권의 흠결 여부가 다투어진 끝에 준재심에 의해 화해조서나 조정조서가 취소되었다면, 나머지 공동상속인들은 그 준재심의 재판이 확정된 때에 비로소 공동상속인 중 1인에 의해 자신들의 상속권이 침해된 사실을 알게 되었다고 봄이 상당하므로, 상속회복청구권의 제척기간은 그때부터 기산된다."

241) **대판 1998. 3.27, 96다37398** "상속회복청구권이 제척기간의 경과로 소멸하게 되면 상속인은 상속인으로서의 지위 즉 상속에 따라 승계한 개개의 권리의무 또한 총괄적으로 상실하게 되고, 그 반사적 효과로서 참칭상속인의 지위는 확정되어 참칭상속인이 상속개시의 시로부터 소급하여 상속인으로서의 지위를 취득한 것으로 봄이 상당하므로, 상속재산은 상속개시일로 소급하여 참칭상속인의 소유로 된다."; **대판 2006. 9. 8, 2006다26694** "진정상속인이 참칭상속인의 최초 침해행위가 있은 날로부터 10년의 제척기간이 경과하기 전에 참칭상속인에 대한 상속회복청구 소송에서 승소의 확정판결을 받았다고 하더라도 위 제척기간이 경과한 후에는 제3자를 상대로 상속회복청구 소송을 제기하여 상속재산에 관한 등기의 말소 등을 구할 수 없다."

제3관 상 속 인

Ⅰ. 서 설

1. 상속인의 의의

상속인이란 피상속인이 사망하였을 때 그의 재산상 권리와 의무를 승계할 수 있는 법적 자격을 가진 자를 말한다. 상속인은 혈족과 배우자이다.

2. 상속능력

(1) 의 의

상속능력에 대하여 별도의 규정이 없으나 상속은 재산권의 승계이므로 권리능력이 있는 자는 상속능력이 있다고 본다. 민법은 상속인을 피상속인의 일정한 친족에 한정하고 있으므로(제1000조, 제1003조 참조), 자연인만 상속인이 될 수 있고 법인은 상속인이 되지 못한다. 그러나 법인은 포괄적 유증을 받아 실질적으로 상속을 받은 것과 같이 될 수 있다(제1078조 참조).

(2) 동시존재의 원칙

상속인으로서 상속을 받을 수 있으려면 피상속인이 사망할 당시에 짧은 시간이라도 동시에 권리능력자로서 생존하고 있어야 한다. 상속인이 피상속인보다 먼저 사망하거나 동시에 사망하면 그들 사이에는 상속이 인정되지 않는다. 이를 동시존재의 원칙이라 한다.

상속인이 피상속인보다 먼저 사망하면 상속인의 상속인이 대습상속을 받을 수는 있다.

(3) 태아의 상속능력

상속인이 되기 위해서는 피상속인의 사망 시 생존하고 있어야 하므로 당시에 출생하였어야 한다. 그러나 태아는 상속순위에 관하여 이미 출생한 것으로 본다(제1000조 제3조). 이는 태아를 보호하기 위해서 동시존재의 원칙에 대한 예외를 인정한 것이다.

Ⅱ. 상속인의 순위

누가 상속인이 되는지는 법률에 정해져 있으며(법정상속), 이들은 정해진 순위에 따라서 상속을 받는다. 선순위상속인이 한 사람이라도 있다면 후순위상속인은 상속권이 없다. 다만 동순위상속인이 여럿인 경우 공동상속을 한다.

1. 혈 족

(1) 제1순위 : 피상속인의 직계비속(제1000조 제1항 제1호)

1) 직계비속이기만 하면 부계·모계, 친생자·양자, 혼인중의 자·혼인 외의 자, 미혼·기혼, 성별, 연령 등에 의한 차별은 없다.

2) 직계비속이 여럿인 경우 촌수가 같으면 그 직계비속들은 동순위로 상속인이 되고, 촌수가 다르면 가까운 직계비속이 먼저 상속인이 된다. 따라서 자와 손자가 있는 경우 손자는 상속권이 없다.

3) 그런데 피상속인의 자녀가 상속개시 전에 전부 사망 또는 결격으로 상속권을 잃은 한 경우 손자가 본위상속을 하는지 대습상속을 하는지 문제가 있다. 이에 대하여 본위상속설과 대습상속설의 대립이 있는데 판례는 대습상속을 인정한다.[242)]

4) 그러나 피상속인의 자가 모두 상속을 포기한 경우에는 상속포기는 대습상속사유가 아니므로 다음순위인 손자가 본위상속을 하게 된다.[243)]

5) 태아는 상속순위에 관하여는 이미 출생한 것으로 본다.

(2) 제2순위 : 피상속인의 직계존속(제1000조 제1항 제2호)

1) 직계존속은 부계·모계, 남자·여자, 미혼·기혼을 불문하고 모두 해당된다.

2) 직계존속이 여럿인 경우 촌수가 같으면 그 직계존속들은 동순위로 상속인

---

242) **대판 2001. 3. 9, 99다13157** "피상속인의 자녀가 상속개시 전에 전부 사망한 경우 피상속인의 손자녀는 본위상속이 아니라 대습상속을 한다."

243) **대판 1995. 9.26, 95다27769** "채무자인 피상속인이 그의 처와 동시에 사망하고 제1순위 상속인인 자 전원이 상속을 포기한 경우, 상속을 포기한 자는 상속 개시 시부터 상속인이 아니었던 것과 같은 지위에 놓이게 되므로 같은 순위의 다른 상속인이 없어 그 다음 근친 직계비속인 피상속인의 손들이 차순위의 본위 상속인으로서 피상속인의 채무를 상속하게 된다."

이 되고, 촌수가 다르면 가까운 직계존속이 먼저 상속인이 된다. 따라서 부모와 조부모가 있는 경우 조부모는 상속권이 없다.

3) 일반양자가 사망한 경우 친부모와 양부모가 있을 때 함께 동순위로 상속인이 된다.[244)]

(3) 제3순위 : 피상속인의 형제자매(제1000조 제1항 제3호)

1) 피상속인의 형제자매에는 남자·여자, 미혼·기혼, 친생자·양자 모두 포함된다. 2) 부계·모계, 즉 동복·이복에 대한 차별은 없다.[245)]

(4) 제4순위 : 피상속인의 4촌 이내의 방계혈족(제1000조 제1항 제4호)

1) 피상속인의 직계비속, 직계존속, 배우자, 형제자매가 없는 경우에는 3촌부터 4촌 이내의 혈족이 상속인이 된다.

2) 4촌 이내의 방계혈족이기만 하면 부계·모계, 미혼·기혼, 성별, 연령 등에 의한 차별은 없다.

3) 4촌 이내의 방계혈족이 여럿인 경우 촌수가 같으면 그 방계혈족들은 동순위로 상속인이 되고, 촌수가 다르면 가까운 방계혈족이 먼저 상속인이 된다. 따라서 3촌과 4촌이 있는 경우 3촌이 우선한다.

2. 배 우 자

1) 피상속인의 배우자는 언제나 상속인이 된다.

2) 배우자는 그 직계비속과 동순위(제1순위)로 공동상속인이 된다.

3) 직계비속이 없는 경우 피상속인의 직계존속과 동순위로 공동상속인이 된다.

---

244) **대결 1995. 1.20, 94마535** "신민법 시행 후 양자가 직계비속 없이 사망한 경우 그가 미혼인 경우 제2순위 상속권자인 직계존속이, 그에게 유처가 있는 경우 직계존속과 처가 동순위로 각 상속인이 되는바, 이 경우 양자를 상속할 직계존속에 대하여 아무런 제한을 두고 있지 않으므로 양자의 상속인에는 양부모뿐 아니라 친부모도 포함된다고 보아야 한다."

245) **대판 1997.11.28, 96다5421** "민법 제1000조 제1항 제3호 소정의 '피상속인의 형제자매'라 함은, 민법 개정시 친족의 범위에서 부계와 모계의 차별을 없애고, 상속의 순위나 상속분에 관하여도 남녀 간 또는 부계와 모계 간의 차별을 없앤 점 등에 비추어 볼 때, 부계 및 모계의 형제자매를 모두 포함하는 것으로 해석하는 것이 상당하다."

4) 직계존속도 없는 경우 단독상속인이 된다.

5) 법률상 배우자를 의미하며 사실혼의 배우자는 상속권이 없다는 것이 다수설이다.

Ⅲ. 대습상속

1. 의의 및 성질

(1) 의 의

상속인이 될 직계비속 또는 형제자매가 상속개시 전에 사망하거나 결격사유로 인하여 상속권을 상실한 경우에 그 자에게 직계비속 또는 배우자가 있으면 그 직계비속과 배우자가 사망 또는 결격된 자(피대습자)에 갈음하여 동순위로 상속인이 되는데, 이것을 대습상속이라 한다.

(2) 성 질

대습상속이란 ① 대습자의 고유의 상속권에 의한 것이라는 고유권리설과, ② 원래의 상속인의 지위를 대위하여 상속하는 것이라는 대위상속설이 있으나 고유권리설이 우리나라의 통설이다.

2. 대습상속의 요건

(1) 대습상속의 사유

상속인이 될 직계비속 또는 형제자매가 상속개시 전에 사망하거나 결격자가 된 경우이다.

1) 상속인이 상속개시 전에 사망한 경우

① 상속인이 피상속인보다 먼저 사망한 경우에 대습상속사유가 된다. 피상속인의 자녀가 상속개시 전에 전부 사망한 경우에도 피상속인의 손자녀는 본위상속이 아니라 대습상속을 한다.[246)]

---

246) **대판 2001. 3. 9, 99다13157.** "원래 대습상속제도는 대습자의 상속에 대한 기대를 보호함으로써 공평을 꾀하고 생존 배우자의 생계를 보장하여 주려는 것이고, 또한 동시사망 추정규정도 자연과학적으로 엄밀한 의미의 동시사망은 상상하기 어려운 것이나 사망의 선후를

② 동시사망인 경우는 명문의 규정이 없지만 판례는 대습상속을 인정한다.[247)]

2) 상속인이 결격자가 된 경우

① 상속인이 결격자가 된 경우 결격자 자신은 상속받을 수 없으나 그 직계비속과 배우자가 대습상속을 받을 수 있다.

② 상속개시 전에 결격자가 된 경우뿐 아니라 상속개시 후에 결격자가 된 경우에도 대습상속사유가 된다.

3) 상속인이 상속을 포기한 경우

상속포기는 대습상속사유가 아니므로 상속포기자의 직계비속이나 배우자가 대습상속을 할 수 없다. 다만 자녀들이 모두 상속을 포기한 경우 손자녀들이 상속을 하는 것은 가능하나, 이 경우 손자녀들이 대습상속을 하는 것이 아니라 본위상속을 하는 것이다.[248)]

(2) 대습상속인

1) 피상속인의 직계비속(피대습자)의 직계비속 및 배우자[249)]

입증할 수 없는 경우 동시에 사망한 것으로 다루는 것이 결과에 있어 가장 공평하고 합리적이라는 데에 그 입법 취지가 있는 것인바, 상속인이 될 직계비속이나 형제자매(피대습자)의 직계비속 또는 배우자(대습자)는 피대습자가 상속개시 전에 사망한 경우에는 대습상속을 하고, 피대습자가 상속개시 후에 사망한 경우에는 피대습자를 거쳐 피상속인의 재산을 본위상속을 하므로 두 경우 모두 상속을 하는데, 만일 피대습자가 피상속인의 사망, 즉 상속개시와 동시에 사망한 것으로 추정되는 경우에만 그 직계비속 또는 배우자가 본위상속과 대습상속의 어느 쪽도 하지 못하게 된다면 동시사망 추정 이외의 경우에 비하여 현저히 불공평하고 불합리한 것이라 할 것이고, 이는 앞서 본 대습상속제도 및 동시사망 추정규정의 입법 취지에도 반하는 것이므로, 민법 제1001조의 '상속인이 될 직계비속이 상속개시 전에 사망한 경우'에는 '상속인이 될 직계비속이 상속개시와 동시에 사망한 것으로 추정되는 경우'도 포함하는 것으로 합목적적으로 해석함이 상당하다."

247) **대판 2001. 3. 9, 99다13157** 참조.

248) **대판 1995. 9.26, 95다27769** "채무자인 피상속인이 그의 처와 동시에 사망하고 제1순위 상속인인 자 전원이 상속을 포기한 경우, 상속을 포기한 자는 상속 개시시부터 상속인이 아니었던 것과 같은 지위에 놓이게 되므로 같은 순위의 다른 상속인이 없어 그다음 근친 직계비속인 피상속인의 손들이 차순위의 본위 상속인으로서 피상속인의 채무를 상속하게 된다."

249) **대판 2001. 3. 9, 99다13157** "우리나라에서는 전통적으로 오랫동안 며느리의 대습상속이 인정되어 왔고, 1958. 2. 22. 제정된 민법에서도 며느리의 대습상속을 인정하였으며, 1990. 1. 13. 개정된 민법에서 며느리에게만 대습상속을 인정하는 것은 남녀평등·부부평등에 반한다는 것을 근거로 하여 사위에게도 대습상속을 인정하는 것으로 개정한 점, ② 헌법

2) 피상속인의 형제자매(피대습자)의 직계비속 및 배우자

3) 대습상속인인 직계비속에는 태아도 포함된다.

4) 대습상속인인 배우자가 피대습자의 사망 후에 타인과 재혼한 때에는 인척관계가 소멸하므로 대습상속권이 없다.

(3) 대습상속인에게 결격사유가 없을 것

대습상속인도 상속인이므로 결격사유가 없어야 한다. 대습상속인에게 결격사유가 있으면 다시 그를 피대습자로 하여 재대습상속이 있게 되고 대습상속인은 상속을 받을 수 없다.

3. 대습상속의 효과

대습자는 피대습자가 받았을 상속분을 상속하고 대습자가 여럿인 경우 그 상속분의 한도에서 법정상속분의 비율에 따라 상속을 받게 된다.

제11조 제1항이 누구든지 성별에 의하여 정치적·경제적·사회적·문화적 생활의 모든 영역에 있어서 차별을 받지 아니한다고 규정하고 있고, 헌법 제36조 제1항이 혼인과 가족생활은 양성의 평등을 기초로 성립되고 유지되어야 하며 국가는 이를 보장한다고 규정하고 있는 점, ③ 현대 사회에서 딸이나 사위가 친정 부모 내지 장인장모를 봉양, 간호하거나 경제적으로 지원하는 경우가 드물지 아니한 점, ④ 배우자의 대습상속은 혈족상속과 배우자상속이 충돌하는 부분인데 이와 관련한 상속순위와 상속분은 입법자가 입법정책적으로 결정할 사항으로서 원칙적으로 입법자의 입법형성의 재량에 속한다고 할 것인 점, ⑤ 상속순위와 상속분은 그 나라 고유의 전통과 문화에 따라 결정될 사항이지 다른 나라의 입법례에 크게 좌우될 것은 아닌 점, ⑥ 피상속인의 방계혈족에 불과한 피상속인의 형제자매가 피상속인의 재산을 상속받을 것을 기대하는 지위는 피상속인의 직계혈족의 그러한 지위만큼 입법적으로 보호하여야 할 당위성이 강하지 않은 점 등을 종합하여 볼 때, 외국에서 사위의 대습상속권을 인정한 입법례를 찾기 어렵고, 피상속인의 사위가 피상속인의 형제자매보다 우선하여 단독으로 대습상속하는 것이 반드시 공평한 것인지 의문을 가져볼 수는 있다 하더라도, 이를 이유로 곧바로 피상속인의 사위가 피상속인의 형제자매보다 우선하여 단독으로 대습상속할 수 있음이 규정된 민법 제1003조 제2항이 입법형성의 재량의 범위를 일탈하여 행복추구권이나 재산권보장 등에 관한 헌법규정에 위배되는 것이라고 할 수 없다."

Ⅳ. 상속의 결격

1. 의 의

상속의 결격(缺格)이란 상속인에게 일정한 법정의 사유가 발생한 경우에 당연히 상속인의 자격을 상실하는 것을 말한다.

2. 상속결격의 사유

민법은 결격사유로 다음의 5가지를 규정하고 있다(제1004조). 이에는 피상속인 등에 대한 부도덕행위와 피상속인의 유언에 대한 부정행위로 대별된다.

(1) 피상속인에 대한 부도덕한 행위

1) 고의로 직계존속, 피상속인, 그 배우자 또는 상속의 선순위나 동순위에 있는 자를 살해하거나 살해하려한 경우(제1004조 제1호)

① 태아도 상속에 있어서는 이미 출생한 것으로 보므로, 모가 고의로 태아를 낙태한 경우에는 공동상속인을 살해한 것이 되어 상속결격이 된다.[250)]

② 상속결격이 되기 위해서는 '살해의 고의' 이외에 '상속에 유리하다는 인식'

250) **대판 1992. 5.22, 92다2127** "가. 태아가 호주상속의 선순위 또는 재산상속의 선순위나 동순위에 있는 경우에 그를 낙태하면 구 민법(1990. 1. 13. 법률 제4199호로 개정되기 전의 것) 제992조 제1호 및 제1004조 제1호 소정의 상속결격사유에 해당한다. 나. 위 "가"항의 규정들 소정의 상속결격사유로서 '살해의 고의' 이외에 '상속에 유리하다는 인식'을 필요로 하는지 여부에 관하여는, (1) 우선 같은 법 제992조 제1호 및 제1004조 제1호는 그 규정에 정한 자를 고의로 살해하면 상속결격자에 해당한다고만 규정하고 있을 뿐, 더 나아가 '상속에 유리하다는 인식'이 있어야 한다고까지는 규정하고 있지 아니하고, (2) 위 법은 "피상속인 또는 호주상속의 선순위자"(제992조 제1호)와 "피상속인 또는 재산상속의 선순위나 동순위에 있는 자"(제1004조 제1호) 이외에 "직계존속"도 피해자에 포함하고 있고, 위 "직계존속"은 가해자보다도 상속순위가 후순위일 경우가 있는바, 같은 법이 굳이 동인을 살해한 경우에도 그 가해자를 상속결격자에 해당한다고 규정한 이유는, 상속결격요건으로서 "살해의 고의" 이외에 '상속에 유리하다는 인식'을 요구하지 아니한다는 데에 있다고 해석할 수밖에 없으며, (3) 같은 법 제992조 제2호 및 이를 준용하는 제1004조 제2호는 "고의로 직계존속, 피상속인과 그 배우자에게 상해를 가하여 사망에 이르게 한 자"도 상속결격자로 규정하고 있는데, 이 경우에는 '상해의 고의'만 있으면 되고, 이 '고의'에 '상속에 유리하다는 인식'이 필요 없음은 당연하므로, 이 규정들의 취지에 비추어 보아도 그 각 제1호의 요건으로서 '살해의 고의' 이외에 '상속에 유리하다는 인식'은 필요로 하지 아니한다고 할 것이다."

이 있어야 하는지 논의가 있으나, 판례는 '살해의 고의' 이외에 '상속에 유리하다는 인식'은 필요하지 않다고 본다.[251)]

2) 고의로 직계존속, 피상속인과 그 배우자에게 상해를 가하여 사망에 이르게 한 경우(제1004조 제2호)

살인의 고의는 없는데 사망의 결과가 발생한 상해치사의 경우를 말한다. 그런데 상속의 선순위자나 동순위자의 상해치사는 포함되지 않는다. 이 때에도 상해의 고의만 있으면 되고, 이 고의에 상속에 유리하다는 인식은 필요하지 않다.[252)]

(2) 피상속인의 유언에 관한 부정행위(不正行爲)

1) 사기 또는 강박으로 피상속인의 상속에 관한 유언 또는 유언의 철회를 방해한 경우(제1004조 제3호)

여기의 사기·강박을 행한 자는 2중의 고의를 가지고 있어야 한다. 그리고 여기의 '상속에 관한 유언'이란 상속재산 분할방법의 지정 또는 지정의 위탁(1012조)과 같이 상속 자체에 관한 것은 물론이고, 상속재산의 범위에 영향을 미치는 유증을 포함하는 유언(제1074조), 상속인의 범위에 영향을 미치는 친생부인(제850조) 또는 인지(제859조)를 포함하는 유언, 재단법인을 설립하는 내용의 유언(제47조 제2항)도 포함된다.

---

251) **대판 1992. 5.22, 92다2127** "상속결격사유로서 "살해의 고의" 이외에"상속에 유리하다는 인식"을 필요로 하는지 여부에 관하여는, (1) 우선 같은법 제992조 제1호 및 제1004조 제1호는 그 규정에 정한 자를 고의로 살해하면 상속결격자에 해당한다고만 규정하고 있을 뿐, 더 나아가 "상속에 유리하다는인식"이 있어야 한다고 까지는 규정하고 있지 아니하고, (2) 위 법은 "피상속인 또는 호주상속의 선순위자"(제992조 제1호)와 "피상속인 또는 재산상속의선순위나 동순위에 있는 자"(제1004조 제1호) 이외에 "직계존속"도 피해자에 포함하고 있고, 위 "직계존속"은 가해자보다도 상속순위가 후순위일 경우가 있는바, 같은 법이 굳이 동인을 살해한 경우에도 그 가해자를 상속결격자에 해당한다고 규정한 이유는, 상속결격요건으로서 "살해의 고의" 이외에 "상속에 유리하다는 인식"을 요구하지 아니한다는 데에 있다고 해석할 수밖에 없으며, (3) 같은 법 제992조 제2호 및 이를 준용하는 제1004조 제2호는 "고의로 직계존속, 피상속인과 그 배우자에게 상해를 가하여 사망에 이르게 한 자"도 상속결격자로 규정하고 있는데, 이 경우에는 "상해의 고의"만 있으면 되고, 이 "고의"에 "상속에 유리하다는 인식"이 필요 없음은 당연하므로, 이 규정들의 취지에 비추어 보아도 그 각 제1호의 요건으로서 "살해의 고의" 이외에"상속에 유리하다는 인식"은 필요로 하지 아니한다고 할 것이다."

252) **대판 1992. 5.22, 92다2127** 참조.

2) 사기 또는 강박으로 피상속인의 상속에 관한 유언을 하게 한 경우(제1004조 제4호)

여기에도 사기·강박을 행한 자에게 2중의 고의가 필요한 것은 위의 1)에서와 같다. 그 외에 사기나 강박으로 인한 유언은 제110조 제1항에 따라 취소할 수 있는데 유언이 취소되더라도 사기·강박을 한 자는 상속자격을 잃는다.

3) 피상속인의 상속에 관한 유언서를 위조·변조·파기 또는 은닉한 경우(제1004조 제5호)

여기의 행위는 고의에 의한 것이어야 한다. 따라서 과실로 인한 파기는 결격사유가 아니다.[253)]

3. 상속결격의 효과

(1) 상속인의 자격 상실

결격사유가 발생하면 상속인의 자격이 상실되며(제1004조), 상속개시 후에 결격사유가 발생한 경우에는 일단 유효하게 개시된 상속도 그 개시 시에 소급하여 무효로 된다. 따라서 이미 상속받은 재산은 반환하여야 하며 그 재산의 처분행위는 무효이다. 단, 선의취득을 하는 경우에는 예외가 될 것이다. 진정상속인은 상속회복청구권을 행사할 수 있다.

(2) 수증결격

상속결격자는 유증의 수증결격자도 되므로(제1064조) 상속결격자에게 한 유증은 무효이다.[254)]

(3) 대습상속사유

결격의 효과는 결격자 일신에 한정되고 대습상속의 사유가 되므로 그의 직계비속이나 배우자는 대습상속을 할 수 있다.

---

253) **대판 1998. 6.12, 97다38510** "상속인의 결격사유의 하나로 규정하고 있는 민법 제1004조 제5호 소정의 '상속에 관한 유언서를 은닉한 자'라 함은 유언서의 소재를 불명하게 하여 그 발견을 방해하는 일체의 행위를 한 자를 의미하는 것이므로, 단지 공동상속인들 사이에 그 내용이 널리 알려진 유언서에 관하여 피상속인이 사망한지 6개월이 경과한 시점에서 비로소 그 존재를 주장하였다고 하여 이를 두고 유언서의 은닉에 해당한다고 볼 수 없다." 참조.

254) 이에 반대의 견해도 있다(송덕수, 앞의 책, 295-296).

Ⅴ. 상속인의 부존재

1. 서 설

(1) 의 의

상속인의 부존재란 상속인의 존부가 분명하지 않은 상태를 말하고(제1053조 제1항), 상속인의 존재는 확실하나 부재중이거나 소재가 불명한 경우와는 다르다. 상속인의 존부가 분명하지 않은 때에는 법원은 일정한 자의 청구에 의하여 상속재산관리인을 선임하여 재산관리를 하게 하면서 상속재산의 청산과 상속인수색 등을 하게 된다(제1053조 내지 제1059조).

(2) 제도의 내용

상속인의 부존재 제도는 상속인을 수색하는 동시에 상속인이 나타날 때까지 상속재산을 관리시키면서 채권을 추심하고 채무를 변제하는 등 청산을 목적으로 하는 제도이다. 상속인이 나타나지 않으면 청산 후 남은 상속재산에 대해서 특별연고자가 분여를 청구할 수 있고 그래도 남는 상속재산은 국가에 귀속된다.

2. 상속재산의 관리

(1) 관리인의 선임 및 공고(제1차 공고)

상속인의 존부가 분명하지 아니한 때에는, 가정법원은 제777조의 규정에 의한 피상속인의 친족 기타 이해관계인 또는 검사의 청구에 의하여 상속재산관리인을 선임하고 지체 없이 이를 공고하여야 한다(제1053조 제1항). 그러나 관리할 재산이 없을 때에는 관리인을 선임할 필요가 없다. 재산상속인의 존재가 분명하지 않는 상속재산에 관한 소송에서는 정당한 피고는 법원에서 선임된 상속재산관리인이라고 한다.[255)]

---

255) **대판 1976.12.28, 76다797; 대판 2007. 6.28, 2005다55879** "재산상속인의 존재가 분명하지 아니한 상속재산에 관한 소송에 있어서 정당한 피고는 법원에서 선임된 상속재산관리인이라 할 것이다(대법원 1976. 12. 28. 선고 76다797 판결 참조). 그런데 기록에 의하면, 피고들 보조참가인(이하 '보조참가인'이라 한다)이 이해관계인으로서 1998년 9월경 서울가정법원 98느8714호로 계모인 망 소외인(이하 '망인'이라 한다)의 상속인 존부가 분명하지 아니하다는 이유로 상속재산관리인 선임신청을 한 사실, 위 법원은 1999. 6. 16. 망인의

(2) 관리인의 권리의무

상속재산관리인은 부재자의 재산관리인과 동일한 권리와 의무를 가진다(제1053조 제2항). 상속인이 나타나면 상속재산관리인의 임무가 종료하나 바로 임무가 종료하는 것이 아니고 상속인이 상속의 승인을 하여야 상속재산관리인의 임무가 종료한다(제1055조 제1항). 이 경우 관리인은 지체 없이 그 상속인에 대하여 관리의 계산을 하여야 한다(제1055조 제2항).

(3) 상속재산의 청산 및 상속인의 수색

1) 청산공고(제2차 공고)

① 관리인 선임의 공고 있은 날로부터 3월 내에 상속인의 존부를 알 수 없는 때에는 관리인은 지체 없이 일반상속채권자와 유증 받은 자에 대하여 일정한 기간 내에 그 채권 또는 수증을 신고할 것을 공고하여야 한다(제1056조 제1항 1문). 그 기간은 2월 이상이어야 한다(제1056조 제1항 2문).

② 관리인을 알고 있는 채권자와 유증 받은 자에 대해서는 각각 그 채권과 수증액을 신고할 것을 최고하여야 하며, 알고 있는 채권자와 유증 받은 자는 청산에서 제외하지 못한다.

③ 변제절차에 대하여는 한정승인에서의 청산절차에 관한 제1033조 내지 제1039조가 준용된다(제1056조 제2항).

2) 상속인 수색 공고(제3차 공고)

제2차 공고 기간이 경과하여도 상속인의 존부를 알 수 없는 때에는, 법원은 관리인의 청구에 의하여 상속인이 있으면 일정한 기간 내에 그 권리를 주장할 것을 공고하여야 한다(제1057조 제1문). 그 기간은 1년 이상이어야 한다(제1057조 제2문).

이 공고에서 정한 기간이 경과하여도 상속인이 나타나지 않으면 '상속인의 부존재'가 확정된다.

상속재산관리인으로 변호사 유언을 선임하는 결정을 하였고, 같은 해 8. 27. 이를 관보에 게재하여 공고한 사실을 인정할 수 있으므로, 원고가 망인의 상속재산인 이 사건 아파트에 관하여 소유권이전등기청구를 하는 이 사건에 있어서는 오직 망인의 상속재산관리인만이 피고적격이 있다고 할 것이다."

3. 특별연고자에 대한 상속재산의 분여(分與)

(1) 의 의

상속인수색공고절차를 거쳐 상속권을 주장하는 자가 없는 때에는 가정법원은 피상속인과 생계를 같이 하고 있던 자, 피상속인의 요양간호를 한 자 기타 피상속인과 특별한 연고가 있던 자의 청구에 의하여 상속재산의 전부 또는 일부를 분여받을 수 있는 제도이다.

이 제도는 1990년 민법개정 전에는 상속인 수색공고로 정한 기간 내에 상속권을 주장하는 자가 없으면 상속재산을 국가에 귀속조치를 함으로써 피상속인의 사실상의 배우자와 같이 피상속인과 매우 가까우면서도 상속권이 없는 자는 상속인이 없는데도 상속재산으로부터 아무것도 받을 수 없어 부당하다는 여론을 반영하여 1990년 민법개정시 특별연고자에 대하여 재산을 나눠주는 제도를 신설하게 되었다(제1057조의 2).

(2) 재산분여의 법적 성질

특별연고자가 분여 받는 것은 상속이 아니다. 상속재산이 남아 있고 특별연고자가 가정법원에 재산분여청구를 한 때에는 재산분여심판을 하지 않을 수 없으므로 특별연고자에게 인정된 일종의 기대권이라고 볼 수 있다.[256] 이 기대권은 일종의 일신전속권으로 보아야 하고 그 지위를 양도하거나 상속할 수 없다. 그런데 특별연고자가 재산분여청구를 하고 나서 사망한 경우에는 그의 지위가 상속된다고 볼 수 있다.

(3) 재산분여의 요건

1) 상속인의 부존재

상속인의 수색 공고기간 후에도 상속인이 없어야 한다.

2) 특별연고자의 청구

① 특별연고자란 ① 피상속인과 생계를 같이 하고 있던 자(제1057조의 2 제1항), 예를 들어 사실혼배우자, 사실상 양자 등, ② 피상속인을 요양간호한 자, 예를 들

256) 박동섭, 앞의 책, 686면; 김주수·김상용, 앞의 책, 729면.

어 가정부, 간호사 등, ③ 기타 피상속인과 특별한 연고가 있던 자, 예를 들어 자연인 이외에 양로원, 요양소, 노인병원 등도 이에 해당한다. 특별연고자의 여부는 친족관계의 원근으로 판단하는 것이 아니고, 실질적·구체적으로 피상상속인과의 특별한 관계에 의하여 결정되는 것이다.

② 특별연고자가 당연히 분여를 받는 것이 아니라 특별연고자가 상속개시지의 가정법원에 분여를 청구하여야 하고(가사소송법 제2조 제1항 라류사건 39)·제44조 제6호) 가정법원이 여러 가지 사정을 고려하여 특별연고자로 결정한다. 가정법원의 재산분여 결정은 심판으로 한다(가사소송법 제39조).

3) 청구기간

상속인의 수색 공고기간 만료 후 2월 내에 법원에 청구하여야 한다.

(4) 재산분여의 효과

1) 특별연고자는 상속재산 전부를 받을 수도 있고 일부를 받을 수도 있지만(제1057조의 2 제1항) 상속은 아니므로 분여 받은 재산만 취득할 뿐 상속채무를 승계하지 않는다.

2) 상속재산이 공유재산인 경우 공유지분도 분여의 대상이 된다고 본다.[257]

3) 특별연고자가 분여 받은 재산은 원시취득으로 보아야 할 것이다.

4. 상속재산의 국가귀속

1) 상속인 수색공고기간이 경과하여도 상속인이 나타나지 않고 특별연고자에게 분여되지 않은 재산은 국가에 귀속된다(제1058조 제1항). 이 경우 관리인의 임무도 종료하여 관리인은 지체 없이 관할 국가기관에 관리의 계산을 하여야 한다(제1058조 제2항, 제1055조 제2항).

2) 잔여재산의 국가귀속은 상속이 아니고 법률의 규정에 의한 원시취득이므로[258] 상속채무는 승계하지 않고 적극재산만 취득한다.

3) 상속재산이 국가에 귀속된 후에는 상속재산으로 변제를 받지 못한 상속채

---

257) 곽윤직, 앞의 책, 212면; 박동섭, 앞의 책, 690면도 같은 견해이다.

258) 김용한, 앞의 책, 379면; 박동섭, 앞의 책, 691면; 신영호, 로스쿨 가족법강의, 제2판, 2013, 454면; 청산 후에 남은 상속재산을 법률규정에 의하여 국가가 포괄승계하는 것이라는 견해도 있다(곽윤직, 앞의 책, 215면; 송덕수, 앞의 책, 249-240).

권자나 유증을 받은 자가 있는 때에도 국가에 대하여 그 변제를 청구하지 못한다.

제4관 상 속 분

Ⅰ. 서 설

1. 상속분의 의의

상속분이란 여러 사람이 공동으로 상속하는 경우 상속재산에 대한 각 공동상속인의 배당비율을 말한다(제1007조, 제1009조 참조). 따라서 각 상속인은 각각의 상속분에 따라 피상속인의 권리의무를 승계한다.

2. 상속분의 종류

(1) 지정상속분

지정상속분은 피상속인이 유언에 의하여 지정한 상속분을 말한다. 이에 관하여는 명문의 규정이 없기 때문에 그 인정여부에 대하여 학설의 대립이 있다.[259) 그러나 상속분지정과 동일한 효과가 있는 포괄적 유증이 인정되므로, 포괄적 유증에 의하여 상속분지정과 유사한 효과를 얻을 수 있다.

(2) 법정상속분

피상속인이 공동상속인의 상속분을 지정하지 않았을 때 법률의 규정에 의하여 상속분이 정해지는데, 이를 법정상속분이라고 한다. 피상속인이 상속분을 지정하는 경우가 많지 않으므로 대개는 법정상속분을 따르게 된다.

---

259) 긍정설로 김용한, 앞의 책, 329면; 김주수·김상용, 앞의 책, 631면; 부정설로는 곽윤직, 앞의 책, 86면; 송덕수, 앞의 책, 317면.

Ⅱ. 법정상속분

1. 동순위상속인 사이의 상속분

동순위의 상속인이 여러 사람인 경우 그 상속분은 균분이다(제1009조 제1항). 성별, 연령, 혼인 중의 자와 혼인 외의 자, 기혼·미혼에 따른 차별이 없다.

2. 배우자의 상속분

직계비속과 공동으로 상속하는 때에는 직계비속의 상속분의 5할을 가산하고, 직계존속과 공동으로 상속하는 때에는 직계존속의 상속분의 5할을 가산한다(제1009조 제2항). 피상속인에게 배우자만 있고 직계비속·직계존속이 없는 경우에는 배우자가 단독으로 상속한다(제1003조 제1항).

3. 대습상속인의 상속분

대습상속인의 상속분은 피대습상속인(사망 또는 상속권을 상실한 자)의 직계비속과 배우자가 있을 때에 그들의 상속분은 피대습상속인의 상속분의 한도에서 앞에서 설명한 바에 따라 결정된다(제1010조 제1항). 그리고 대습상속의 경우에 대습상속하는 직계비속이 수인인 때, 대습상속하는 배우자(피대습자의 배우자)가 있는 때에는 피대습자의 상속분을 상속재산으로 하여 법정상속분의 방법으로 상속분을 정한다(제1010조 제2항).

Ⅲ. 특별수익자의 상속분

1. 특별수익의 의의 및 제도의 취지

(1) 특별수익의 의의

공동상속인 중에 피상속인으로부터 사업자금이나 주택구입비 등 증여나 유증을 받은 자가 있는 경우에 그 공동상속인이 받은 증여나 유증을 특별수익이라 한다.

(2) 특별수익제도의 취지

공동상속인 중에 피상속인으로부터 재산의 증여 또는 유증을 받은 자가 있는 경우에 그 상속인(특별수익자)의 상속분 산정은 그 수익만큼 감하게 된다. 즉 특별수익자는 그 수증재산(특별수익)이 자기의 상속분에 달하지 못한 때에 그 부족한 부분의 한도에서 상속분이 있다(제1008조).

피상속인으로부터 상속분의 선급(先給)의 의미가 있는 증여나 유증을 이미 받고 있는 경우에 이를 제외하고 상속분을 산정하게 되면 특별수익을 받은 상속인은 이중의 이득을 얻게 되어 불공평한 결과가 발생하므로 특별수익을 받은 상속인과 받지 않은 상속인 사이에 공평을 기하기 위하여 인정된 제도이다.

2. 특별수익의 요건

(1) 특별수익자는 공동상속인이어야 함

1) 특별수익자의 상속분 산정의 문제는 공동상속인 사이의 문제이므로 공동상속인이 아닌 자, 즉 공동상속인의 직계비속이나 배우자 등이 피상속인으로부터 증여나 유증을 받은 경우에는 원칙적으로 이 문제가 발생하지 않는다.

2) 다만 예외적으로 공동상속인의 직계비속이나 배우자 등에게 한 증여나 유증이 실질적으로 피상속인으로부터 상속인에게 직접 증여된 것과 다르지 않다고 인정되는 경우에는 특별수익으로 이를 고려할 수 있다.[260)]

(2) 증여 또는 유증에 의한 특별수익이 있어야 함

1) 증여나 유증이 피상속인의 의무이행으로서, 즉 부양료나 생활비를 부담하

---

260) **대판 2007. 8.28, 2006스3·4** "민법 제1008조는 '공동상속인 중에 피상속인으로부터 재산의 증여 또는 유증을 받은 자가 있는 경우에 그 수증재산이 자기의 상속분에 달하지 못한 때에는 그 부족한 부분의 한도에서 상속분이 있다.'고 규정하고 있는바, 이와 같이 상속분의 산정에서 증여 또는 유증을 참작하게 되는 것은 원칙적으로 상속인이 유증 또는 증여를 받은 경우에만 발생하고, 그 상속인의 직계비속, 배우자, 직계존속이 유증 또는 증여를 받은 경우에는 그 상속인이 반환의무를 지지 않는다고 할 것이나, 증여 또는 유증의 경위, 증여나 유증된 물건의 가치, 성질, 수증자와 관계된 상속인이 실제 받은 이익 등을 고려하여 실질적으로 피상속인으로부터 상속인에게 직접 증여된 것과 다르지 않다고 인정되는 경우에는 상속인의 직계비속, 배우자, 직계존속 등에게 이루어진 증여나 유증도 특별수익으로서 이를 고려할 수 있다고 함이 상당하다."

는 의미로 행해졌다면 이는 특별수익이 아니다. 사전 상속의 의미가 있는 주택구입 자금, 사업 자금, 혼수 자금 등이 특별수익에 해당될 것이다.

2) 어떠한 증여나 유증이 특별수익에 해당하는지는 피상속인의 생전의 자산, 수입, 생활수준, 가정상황 등을 참작하고 공동상속인들 사이의 형평을 고려하여야 한다.[261)]

3. 특별수익의 산정

(1) 특별수익의 산정시기

1) 특별수익재산의 가액을 평가하는 기준시기에 관하여 ① 상속재산의 평가는 상속개시시를 기준으로 하므로 증여의 평가도 상속개시시를 기준으로 하는 것이 타당하다는 상속개시시설과, ② 증여재산의 평가는 상속재산분할시를 기준으로 해야 한다는 상속재산분할시설이 있다.

2) 판례는 원칙적으로 상속개시시설을 취하고 상속재산을 대상분할하는 경우에는 분할시를 기준으로 재평가해야 한다는 입장이다.[262)]

---

261) **대판 1998.12. 8, 97므513·520·97스12** "민법 제1008조는 공동상속인 중에 피상속인으로부터 재산의 증여 또는 유증을 받은 자가 있는 경우에 그 수증재산이 자기의 상속분에 달하지 못한 때에는 그 부족한 부분의 한도에서 상속분이 있다고 규정하고 있는바, 이는 공동상속인 중에 피상속인으로부터 재산의 증여 또는 유증을 받은 특별 수익자가 있는 경우에 공동상속인들 사이의 공평을 기하기 위하여 그 수증재산을 상속분의 선급으로 다루어 구체적인 상속분을 산정함에 있어 이를 참작하도록 하려는 데 그 취지가 있는 것이므로, 어떠한 생전 증여가 특별수익에 해당하는지는 피상속인의 생전의 자산, 수입, 생활수준, 가정상황 등을 참작하고 공동상속인들 사이의 형평을 고려하여 당해 생전 증여가 장차 상속인으로 될 자에게 돌아갈 상속재산 중의 그의 몫의 일부를 미리 주는 것이라고 볼 수 있는지에 의하여 결정하여야 할 것이다."

262) **대판 1997. 3.21, 96스62** "공동상속인 중에 피상속인으로부터 재산의 증여 또는 유증 등의 특별수익을 받은 자가 있는 경우에는 이러한 특별수익을 고려하여 상속인별로 고유의 법정상속분을 수정하여 구체적인 상속분을 산정하게 되는데, 이러한 구체적 상속분을 산정함에 있어서는 상속개시시를 기준으로 상속재산과 특별수익재산을 평가하여 이를 기초로 하여야 할 것이고, 다만 법원이 실제로 상속재산분할을 함에 있어 분할의 대상이 된 상속재산 중 특정의 재산을 1인 및 수인의 상속인의 소유로 하고 그의 상속분과 그 특정의 재산의 가액과의 차액을 현금으로 정산할 것을 명하는 방법(소위 대상분할의 방법)을 취하는 경우에는, 분할의 대상이 되는 재산을 그 분할시를 기준으로 하여 재평가하여 그 평가액에 의하여 정산을 하여야 한다."

(2) 특별수익이 있는 경우 상속분의 산정방법

1) 피상속인이 상속개시 당시에 가지고 있던 상속재산의 가액에 특별수익자의 증여의 가액을 가산한 후, 이 가액에 각 공동상속인 각자의 법정상속분의 비율을 곱하여 산출한다.

2) 특별수익이 상속분 산정에 영향을 미치는 것은 피상속인의 적극재산이고 피상속인의 채무 등 소극재산에 대하여는 특별수익을 고려함이 없이 법정상속분의 비율로 부담하게 된다.[263)]

(3) 특별수익이 본래의 법정상속분에 부족한 경우

특별수익이 본래의 법정상속분에 부족한 경우 특별수익자는 그 부족한 부분의 한도에서 상속을 받게 된다. 이렇게 하면 이미 받은 특별수익을 반환하여 상속분을 계산하는 결과가 되므로 이를 특별수익자의 반환의무라고 한다.

(4) 특별수익이 본래의 법정상속분을 초과하는 경우

이 경우 초과 부분을 반환해야 하는가에 대하여 학설의 대립이 있다. 반환부정설이 다수설이며 하급심의 판례도 초과분에 대해 반환의무가 없다고 본다.[264)]

Ⅳ. 기여자의 상속분

1. 기여분제도의 의의 및 취지

(1) 기여분제도의 의의

기여분제도란 공동상속인 중에 상당한 기간 동거·간호 그 밖의 방법으로 피상

---

263) **대판 1995. 3.10, 94다16571** "공동상속인 중에 특별수익자가 있는 경우의 구체적인 상속분의 산정을 위하여는, 피상속인이 상속개시 당시에 가지고 있던 재산의 가액에 생전 증여의 가액을 가산한 후, 이 가액에 각 공동상속인별로 법정상속분율을 곱하여 산출된 상속분의 가액으로부터 특별수익자의 수증재산인 증여 또는 유증의 가액을 공제하는 계산방법에 의하여 할 것이고, 여기서 이러한 계산의 기초가 되는 "피상속인이 상속개시 당시에 가지고 있던 재산의 가액"은 상속재산 가운데 적극재산의 전액을 가리키는 것으로 보아야 옳다."

264) **서울고법 1991. 1.18, 89르2400** "공동상속인들 중 특별수익자가 받은 특별수익이 자기의 상속분보다 초과하더라도 그 초과분에 대하여 반환의무를 정한 민법상의 규정도 없을 뿐더러 다액의 특별수익자가 있는 경우에 대하여는 유류분제도에 의하여 다른 공동상속인들이 상속으로부터 배제되는 것을 보호하고 있으므로 그 반환의무가 없다고 보아야 한다."

속인을 특별히 부양하거나 피상속인의 상속재산의 유지 또는 증가에 특별히 기여한 자가 있는 경우에 이를 상속분의 산정에서 고려하여 상속분을 가산하여 주는 제도이다.

(2) 기여분제도의 취지

기여분제도는 특별수익제도와 마찬가지로 공동상속인 사이에 실질적인 공평을 기하기 위하여 인정된 제도이다. 기여분제도는 특별기여자에게 상속분을 높여주는 제도인 반면, 특별수익의 반환제도는 이미 수익을 받은 자가 있을 경우에 그의 상속분을 적게 하는 것이다.

2. 기여분의 요건

(1) 기여분권리자

기여분권리자는 공동상속인이어야 한다. 따라서 상속권이 없는 사실혼배우자에게는 기여분을 인정할 수 없다. 그리고 피상속인의 직계비속이 있으면 피상속인의 직계존속 또는 형제자매가 특별기여를 하였더라도 기여분을 청구하지 못한다.[265)] 또한 상속결격자(제1004조 참조), 상속포기자(제1041조 참조), 포괄적 수증자(제1078조 참조), 사실상의 양자도 기여분권리자가 아니다.

(2) 기여의 내용

기여자는 ① 상당한 기간 동거·간호 그 밖의 방법으로 피상속인을 '특별히' 부양하거나, ② 피상속인의 재산의 유지 또는 증가에 '특별히' 기여해야 한다(제1008조의 2 제1항).[266)]

---

265) **대판 2001. 3. 9, 99다13157**도 같은 취지로 보는 것 같다.

266) **대판 1998.12. 8, 97므513·520·97스12** "민법이 친족 사이의 부양에 관하여 그 당사자의 신분관계에 따라 달리 규정하고, 피상속인을 특별히 부양한 자를 기여분을 인정받을 수 있는 자에 포함시키는 제1008조의2 규정을 신설함과 아울러 재산상속인이 동시에 호주상속을 할 경우에 그 고유의 상속분의 5할을 가산하도록 한 규정(1990. 1. 13. 법률 제4199호로 개정되기 전의 제1009조 제1항 단서)을 삭제한 취지에 비추어 볼 때, 성년인 자가 부양의무의 존부나 그 순위에 구애됨이 없이 스스로 장기간 그 부모와 동거하면서 생계유지의 수준을 넘는 부양자 자신과 같은 생활수준을 유지하는 부양을 한 경우에는 부양의 시기·방법 및 정도의 면에서 각기 특별한 부양이 된다고 보아 각 공동상속인 간의 공평을 도모한다는 측면에서 그 부모의 상속재산에 대하여 기여분을 인정함이

즉 공동상속인이 자기의 의무의 범위를 넘어서 피상속인에게 행한 특별한 부양이어야 하므로 배우자로서의 간병은 부부의 부양협조의무의 이행으로서 기여가 될 수 없고, 또한 피상속인의 재산에 대한 특별한 기여이어야 하므로 통상적인 처의 가사노동은 기여로 인정받기 어렵다.[267)]

3. 기여자의 상속분의 산정

(1) 기여분의 결정

1) 기여분은 우선 모든 공동상속인의 협의로 정하고(제1008조의 2 제1항) 협의가 되지 아니하거나 협의할 수 없는 때에는 기여자의 청구에 의하여 가정법원이 결정한다(제1008조의 2 제2항). 기여분지정은 유언사항이 아니어서 유언으로 기여분을 정할 수는 없다.

2) 기여분은 상속재산분할의 전제문제로서의 성격을 갖는 것이므로 상속재산분할의 청구(제1013조 제2항)나 조정신청이 있어야 기여분결정청구를 할 수 있다(가사소송법 제2조 제1항 바류사건 9)·제50조).[268)]

3) 기여분을 산정하는 경우 기여의 시기·방법 및 정도와 상속재산의 액 기타의 사정을 참작하여야 한다(제1008조의 2 제2항). 기여분은 상속이 개시된 때의 피상속인의 재산가액에서 유증의 가액을 공제한 액을 넘지 못한다(제1008조의 2 제2항).

상당하다."

267) **대판 1996. 7.10, 95스30·31** "망인은 공무원으로 종사하면서 적으나마 월급을 받아 왔고, 교통사고를 당하여 치료를 받으면서 처로부터 간병을 받았다고 하더라도 이는 부부간의 부양의무 이행의 일환일 뿐, 망인의 상속재산 취득에 특별히 기여한 것으로 볼 수 없으며, 또한 처가 위 망인과는 별도로 쌀 소매업, 잡화상, 여관업 등의 사업을 하여 소득을 얻었다고 하더라도 이는 위 망인의 도움이 있었거나 망인과 공동으로 이를 경영한 것이고, 더욱이 처는 위 망인과의 혼인생활 중인 1976.경부터 1988.경까지 사이에 상속재산인 이 사건 부동산들보다 더 많은 부동산들을 취득하여 처 앞으로 소유권이전등기를 마친 점 등에 비추어 보면, 위 부동산의 취득과 유지에 있어 위 망인의 처로서 통상 기대되는 정도를 넘어 특별히 기여한 경우에 해당한다고는 볼 수 없다고 한 원심판결을 수긍한 사례."

268) **대결 1999. 8.24, 99스28** "기여분은 상속재산분할의 전제문제로서의 성격을 갖는 것이므로 상속재산분할의 청구나 조정신청이 있는 경우에 한하여 기여분결정청구를 할 수 있고, 다만 예외적으로 상속재산분할 후에라도 피인지자나 재판의 확정에 의하여 공동상속인이 된 자의 상속분에 상당한 가액의 지급청구가 있는 경우에는 기여분의 결정청구를 할 수 있다고 해석되며, 상속재산분할의 심판청구가 없음에도 단지 유류분반환청구가 있다는 사유만으로는 기여분결정청구가 허용된다고 볼 것은 아니다."

(2) 기여자의 상속분

피상속인이 상속개시 당시에 가지고 있던 재산의 가액에서 기여분을 공제한 것을 상속재산으로 보아 공동상속인 각자의 상속분을 정하고, 기여자의 상속분은 원래의 상속분에 기여분을 가산한다.

4. 기여분과 다른 제도와의 관계

(1) 기여분과 유증

유증이 기여분보다 우선한다. 즉 기여분은 상속재산의 가액에서 유증의 가액을 공제한 액을 넘지 못한다.

(2) 기여분과 특별수익

기여분을 먼저 산정하고 나머지를 상속재산으로 확정한 다음 특별수익자의 상속분을 산정한다.

(3) 기여분과 유류분

기여분과 유류분은 그 취지가 다르므로 서로 무관하다. 따라서 기여분이 많더라도 다른 공동상속인의 유류분을 침해하는 것이 되지 않고 유류분반환청구의 대상이 아니다.

V. 상속분의 양도 및 양수

1. 의 의

상속이 개시되어 상속재산이 분할되기까지 시간이 좀 걸리는 것이 일반적이다. 그러므로 상속인 중에는 그 동안에 자기의 상속분을 매각하고자 하는 상속인이 있을 수 있다. 그리하여 민법은 상속인의 상속분 양도를 인정하고 그에 대하여 다른 상속인들이 그 상속분을 다시 양수할 수 있는 제도를 인정하고 있다. 여기서 상속분이란 적극재산과 소극재산을 모두 포함한 상속재산 전부에 관하여 공동상속인이 가지는 일정한 비율 즉 상속인으로서의 지위를 의미한다.[269]

---

269) **대판 2006. 3.24, 2006다2179** "민법 제1011조 제1항은 "공동상속인 중 그 상속분을 제3자에게

2. 상속분의 양도

(1) 의 의

상속분의 양도란 공동상속의 경우 상속재산분할 전이라도 상속인은 상속채권과 상속채무를 포함하며 상속분을 포괄적으로 제3자에게 양도하는 것을 말한다.

(2) 상속분양도의 요건

1) 상속개시 후 분할 전에 양도할 수 있다.

2) 상속분의 양도는 상속분을 포괄적으로 양도하는 것이므로 개별적으로 양도하는 것은 이에 해당하지 않는다.[270)]

(3) 상속분양수인의 지위

상속분의 양수인은 상속인과 동일한 지위를 갖는다. 따라서 적극재산 뿐 아니라 상속채무도 승계한다. 상속인과 같은 지위에서 상속재산의 관리뿐만 아니라 상속재산분할에 참가하고 상속회복청구도 할 수 있다.

3. 양도된 상속분의 양수(환수)[271)]

(1) 의 의

상속분의 양수란 공동상속인이 상속재산분할 전에 자신의 상속분을 양도한 경

양도한 자가 있는 때에는 다른 공동상속인은 그 가액과 양도비용을 상환하고 그 상속분을 양수할 수 있다."고 규정하고 있는바, 여기서 말하는 '상속분의 양도'란 상속재산분할 전에 적극재산과 소극재산을 모두 포함한 상속재산 전부에 관하여 공동상속인이 가지는 포괄적 상속분, 즉 상속인 지위의 양도를 의미하므로, 상속재산을 구성하는 개개의 물건 또는 권리에 대한 개개의 물권적 양도는 이에 해당하지 아니한다."

270) **대판 2006. 3.24, 2006다2179** "민법 제1011조 제1항은 "공동상속인 중 그 상속분을 제3자에게 양도한 자가 있는 때에는 다른 공동상속인은 그 가액과 양도비용을 상환하고 그 상속분을 양수할 수 있다."고 규정하고 있는바, 여기서 말하는 '상속분의 양도'란 상속재산분할 전에 적극재산과 소극재산을 모두 포함한 상속재산 전부에 관하여 공동상속인이 가지는 포괄적 상속분, 즉 상속인 지위의 양도를 의미하므로, 상속재산을 구성하는 개개의 물건 또는 권리에 대한 개개의 물권적 양도는 이에 해당하지 아니한다."

271) 민법은 "그 상속분을 양수할 수 있다"라고 하여 대부분의 문헌에서는 상속분의 양수라고 표현하고 있는데, 이를 상속분의 '환수'라고 표현한다. 그리고 이 제도는 제3자가 상속재산의 분할에 참여하게 되면 여러 면에서 어려움이 있어 이를 방지하기 위한 것이지만 상속재산을 일종의 가산(家産)으로 보는 것으로서 바람직하지 않다는 유력한 견해도 있다(송덕수, 앞의 책, 제334면).

우에 다른 공동상속인이 그 가액과 지출비용을 상환하고 그 상속분을 되찾아올 수 있도록 한다(제1011조 제1항).

(2) 양수의 요건

1) 상속분의 포괄적인 양도가 있어야 한다. 즉 공동상속인 중 어떤 상속인이 상속분을 무단으로 양도하였어야 한다. 여기의 상속분은 상속재산 전부에 대한 것이다. 따라서 상속재산을 구성하는 개개의 물건 또는 권리에 대한 지분은 상속분에 포함되지 않는다고 한다.[272]

2) 여기의 양수인은 공동상속인 이외의 제3자를 말한다. 즉 공동상속인에게 양도하였을 경우에는 환수할 필요가 없다. 그러나 상속분을 양수한 공동상속인이 제3자에게 다시 양도한 경우에는 그 양수인 뿐 아니라 전득자에게도 양수권을 행사할 수 있다.[273]

3) 상속분의 양도가 상속재산 분할 전에 있어야 한다.

(3) 양수권의 행사

1) 양수권은 형성권으로서 공동상속인이 양수인에 대하여 일방적 의사표시로 행사한다. 공동상속인 중 1인이 단독으로 행사할 수도 있으며 환수권자는 공동상속인에 한정되므로 포괄적 수증자는 환수권이 없다.

2) 양도된 상속분의 전부를 환수하여야 하며 그중 일부만을 환수할 수는 없다. 이는 상속재산의 공유관계에서 제3자를 배제하려는 환수제도의 원래의 목적을 달성할 수 없기 때문이다.

3) 양수(환수)할 때에는 양수할 당시(양도할 당시가 아님)의 상속분의 시가(가액)와 지출한 비용을 상환하고 양수의 의사표시를 함으로써 양수권을 행사하여야 한다(제1011조 제1항).

4) 양수권은 상속분이 양도된 사실을 안 날로부터 3월, 양도가 있었던 날로부터 1년 내에 행사해야 한다(제1011조 제2항). 이 두 기간은 모두 제척기간이며, 두 기간 중 어느 하나가 경과하면 양수권은 소멸한다.

---

272) **대판** 2006. 3.24, 2006다2179 참조.
273) 송덕수, 앞의 책, 334면도 같은 견해이다.

(4) 양수의 효과

양수의 효과에 관한 규정은 없으나, 양수권의 행사에 의하여 제3자에게 양도되었던 상속분은 양도인 이외의 공동상속인 전부에게 그 상속분에 따라 귀속하며 양수권 행사에 지출된 비용도 상속분에 따라서 공동상속인이 부담한다고 보아야 할 것이다. 공동상속인 중 1인이 단독으로 환수권을 행사한 때에도 같다.

제5관 상속의 효과

Ⅰ. 일반적 효과

1. 포괄승계의 원칙

(1) 상속인은 상속이 개시된 때부터 피상속인의 재산에 관한 포괄적인 권리·의무를 승계한다(제1005조 본문). 피상속인의 권리·의무를 포괄적으로 승계하므로 일부의 권리·의무만 승계하는 것은 인정되지 않는다. 다만 상속을 승인하거나 포기할 수 있는 선택권은 있다.

(2) 상속개시와 동시에 법률상 당연히 승계하므로, 상속이나 상속재산에 대하여 상속인이 그 사실을 모르더라도 승계의 효력이 생기며 특별한 의사표시나 행위를 할 필요도 없다.

(3) 피상속인의 일신에 전속한 것은 승계되지 않는다. 즉 재산적인 권리·의무에 한하는 것만 승계된다. 인격권(생명권·신체권·자유권)이나 친족상속법상의 권리(친권·배우자의 권리·후견인의 권리·부양청구권)는 승계되지 않는다. 일신전속권에는 행사상의 일신전속권과 귀속상의 일신전속권이 있는데 여기서의 일신전속권은 귀속상의 일신전속권을 의미한다(제1005조 단서). 예컨대 위임계약상의 당사자의 지위(제690조), 자기의 초상을 그리게 하는 채권 등이 여기에 속한다.

(4) 상속재산을 구성하는 개별적인 권리·의무는 포괄적으로 승계된다(예외: 1008조의 3). 그러므로 개별적인 권리에 대한 이전절차나 채무인수는 필요하지 않다. 이 승계는 우리 민법 187조에 따른 법률규정에 의하여 일어난다. 즉 상속되는 권리가 부동산물권인 경우에 그에 관한 이전등기가 필요하지 않고, 동산물권인

경우에는 인도가 필요하지 않다.

(5) 승계되는 시기는 피상속인의 사망 당시이다.

Ⅱ. 상속재산의 범위

1. 재산적 권리와 의무

여기서 상속재산이라 함은 상속인이 상속에 의하여 승계하게 될 피상속인의 권리·의무 전체를 의미한다.

(1) 물 권

1) 소유권은 원칙적으로 상속이 된다. 공유지분은 상속이 되나 합유지분은 상속이 되지 않는다.[274] 제한물권도 상속된다. 다만 담보물권은 부종성·수반성이 있으므로 피담보채권과 분리해서 그것만 상속될 수 없다.

2) 점유권은 상속인이 현실의 점유를 개시하였느냐의 여부와 상관없이 상속된다.

점유의 성질과 하자도 승계하며, 점유의 분리·병합에 관하여는 학설의 대립이 있으나 판례는 이를 허용하지 않는 입장이다. 즉 상속에 의하여 점유권을 취득한 자는 피상속인의 점유를 떠나 자기만의 점유를 주장할 수 없다.[275] 점유권의 공동상속에 관하여는 상속분에 관한 규정(제1009조 이하)이 적용되지 않는다.[276]

---

274) **대판 1996.12.10, 96다23238** "부동산의 합유자 중 일부가 사망한 경우 합유자 사이에 특별한 약정이 없는 한 사망한 합유자의 상속인은 합유자로서의 지위를 승계하지 못하므로, 해당 부동산은 잔존 합유자가 2인 이상일 경우에는 잔존 합유자의 합유로 귀속되고 잔존 합유자가 1인인 경우에는 잔존 합유자의 단독소유로 귀속된다."

275) **대판 1992. 9.22, 92다22602** "상속에 의하여 점유권을 취득한 경우에는 상속인은 새로운 권원에 의하여 자기 고유의 점유를 개시하지 않는 한 피상속인의 점유를 떠나 자기만의 점유를 주장할 수 없다."; **대판 1995. 2.10, 94다22651** "상속에 의하여 점유권을 취득한 경우에는 상속인은 새로운 권원에 의하여 자기의 고유의 점유를 개시하지 않는 한 피상속인의 점유를 떠나 자신만의 점유를 주장할 수 없다고 할 것이므로, 등기부시효취득을 주장하는 당사자가 그의 부의 사망으로 토지에 대한 점유권을 상속에 의하여 취득하였고, 그의 부 역시 조부의 사망으로 그 토지에 대한 점유권을 상속에 의하여 취득한 것이라면, 특별한 사정이 없는 한 그 당사자나 그의 부는 새로운 권원에 의하여 그 점유를 개시한 것이라고 볼 수는 없다 할 것이어서 결국 그 당사자는 그의 조부가 그 토지에 대한 점유를 개시한 때에 과실이 없었음을 주장 입증하여야 한다."

276) **대판 1962.10.11, 62다460** "상속인에게 이전되는 점유권에 관하여는 본법 제1009조 이하에

(2) 채 권

1) 생명침해로 인한 재산상 손해배상청구권이나 위자료청구권(정신적 손해배상청구권)이 상속이 되는지 학설의 대립이 있으나, 판례는 피해자가 이를 포기하거나 면제했다고 볼 수 있는 특별한 사정이 없는 한 생전에 청구의 의사표시를 할 필요도 없이 원칙적으로 상속된다고 본다. 이는 즉사의 경우에도 같다고 한다.[277]

2) 생명보험금청구권은 생명보험의 수익자를 특정 상속인으로 지정하든가 단순히 '상속인'으로 지정한 경우에 상속인이 보험금을 수령하는 것은 계약상의 권리로 보험금을 수령하는 것이고 상속에 의한 것이 아니다.[278] 그리고 피상속인(보험계약자)이 자기를 피보험자로 하고 상속인 이외의 제3자를 보험수익자로 지정한 계약에서 그 수익자가 보험사고(피보험자의 사망)의 발생 전에 사망한 경우에, 보험계약자가 다시 보험수익자를 지정할 수 있음에도 불구하고 지정하지 않고 사망한 때에는 보험수익자의 상속인이 보험수익자로 되는데(상법 제733조 제3항), 이 때 보험금청구구권은 보험계약의 효력에 의한 것으로서 수익자의 고유재산이다.[279]

3) 부의금(조의금)은 상주에게 하는 증여라고 보아야 하며 상속재산이 아니다. 부의금의 귀속에 관하여는 이미 앞에서 설명한 바와 같이 먼저 장례비용에 충당하고 남은 것은 특별한 사정이 없는 한 공동상속인들이 각자의 상속에 의하여 권리를 취득한다.[280]

규정된 상속분에 관한 규정은 적용될 것이 아니다."

277) **대판 1969. 4.15, 69다268** "가. 피해자가 즉사한 경우에도 위자료 청구권은 당연히 상속된다. 나. 유족고유의 위자료청구권과 상속받은 위자료 청구권은 함께 행사할 수 있다."

278) **대판 2001.12.28, 2000다31502** "생명보험의 보험계약자가 스스로를 피보험자로 하면서, 수익자는 만기까지 자신이 생존할 경우에는 자기 자신을, 자신이 사망한 경우에는 '상속인'이라고만 지정하고 그 피보험자가 사망하여 보험사고가 발생한 경우, 보험금청구권은 상속인들의 고유재산으로 보아야 할 것이고, 이를 상속재산이라 할 수 없다."

279) **대판 2004. 7. 9, 2003다29463** "보험계약자가 피보험자의 상속인을 보험수익자로 하여 맺은 생명보험계약에 있어서 피보험자의 상속인은 피보험자의 사망이라는 보험사고가 발생한 때에는 보험수익자의 지위에서 보험자에 대하여 보험금 지급을 청구할 수 있고, 이 권리는 보험계약의 효력으로 당연히 생기는 것으로서 상속재산이 아니라 상속인의 고유재산이라고 할 것인데, 이는 상해의 결과로 사망한 때에 사망보험금이 지급되는 상해보험에 있어서 피보험자의 상속인을 보험수익자로 미리 지정해 놓은 경우는 물론, 생명보험의 보험계약자가 보험수익자의 지정권을 행사하기 전에 보험사고가 발생하여 상법 제733조에 의하여 피보험자의 상속인이 보험수익자가 되는 경우에도 마찬가지라고 보아야 한다."

(3) 재산분할청구권

청구의사표시 여부에 상관없이 상속되지만 부양적 요소는 상속되지 않는다고 한다.[281] 이혼소송이 계속되는 중에 배우자 일방이 사망한 때에는 이혼소송이 종료되기 때문에 이혼의 성립을 전제로 하는 재산분할청구도 종료한다고 보는 것이 판례의 태도이다.[282]

(4) 채 무

1) 채무도 상속된다. 일신전속적인 채무는 상속되지 않으나 그 불이행에 따르는 손해배상채무로는 상속이 될 것이다.

2) 일반적인 보증채무는 상속된다. 당좌대월계약이나 어음할인계약과 같은 계속적 계약관계에서 발생하는 불확정한 채무에 관하여 행해지는 계속적 보증의 경우 보증기간과 보증한도액의 정함이 없는 때에는 보증인의 지위 자체는 상속되지 않고 이미 발생한 보증채무만 상속이 되고, 보증한도액이 정해진 때에는 보증인의 지위 자체가 상속된다.[283]

---

280) **대판 1992. 8.18, 92다2998** "사람이 사망한 경우에 부조금 또는 조위금 등의 명목으로 보내는 부의금은 상호부조의 정신에서 유족의 정신적 고통을 위로하고 장례에 따르는 유족의 경제적 부담을 덜어줌과 아울러 유족의 생활안정에 기여함을 목적으로 증여되는 것으로서, 장례비용에 충당하고 남는 것에 관하여는 특별한 다른 사정이 없는 한 사망한 사람의 공동상속인들이 각자의 상속분에 응하여 권리를 취득하는 것으로 봄이 우리의 윤리감정이나 경험칙에 합치된다고 할 것이다."

281) 곽윤직, 앞의 책, 76면; 박동섭, 앞의 책, 544면.

282) **대판 1994.10.28, 94므246·253** "[1] 재판상의 이혼청구권은 부부의 일신전속의 권리이므로 이혼소송 계속중 배우자의 일방이 사망한 때에는 상속인이 그 절차를 수계할 수 없음은 물론이고, 또 그러한 경우에 검사가 이를 수계할 수 있는 특별한 규정도 없으므로 이혼소송은 종료된다.

[2] 이혼소송과 재산분할청구가 병합된 경우, 배우자 일방이 사망하면 이혼의 성립을 전제로 하여 이혼소송에 부대한 재산분할청구 역시 이를 유지할 이익이 상실되어 이혼소송의 종료와 동시에 종료된다."

283) **대판 2001. 6.12, 2000다47187** "보증한도액이 정해진 계속적 보증계약의 경우 보증인이 사망하였다 하더라도 보증계약이 당연히 종료되는 것은 아니고 특별한 사정이 없는 한 상속인들이 보증인의 지위를 승계한다고 보아야 할 것이나, 보증기간과 보증한도액의 정함이 없는 계속적 보증계약의 경우에는 보증인이 사망하면 보증인의 지위가 상속인에게 상속된다고 할 수 없고 다만, 기왕에 발생된 보증채무만이 상속된다."; **대판 1999. 6.22, 99다19322** "보증한도액이 정해진 계속적 보증계약의 경우 보증인이 사망하였다 하더라도 보증계약이 당연히 종료되는 것은 아니고 특별한 사정이 없는 한 상속인들이 보증인의 지위를 승계한다고 보아야 한다."; **대판 2003.12.26, 2003다30784** "계속적 어음할인거래로

2. 법률상의 지위 또는 계약상의 지위

(1) 재산상의 법률관계에서의 지위도 승계된다. 명의수탁자의 지위, 임차인의 지위 등이다. 그러나 위임, 고용, 조합 등에서의 지위, 대리인의 지위는 상속되지 않는다.

(2) 비영리 사단법인의 사원의 지위(사원권)는 상속이 허용되지 않는다(제56조). 그런데 이 규정은 임의규정이어서 정관으로 상속을 허용할 수는 있다고 본다.[284] 상법상 회사의 무한책임사원의 지위는 상속되지 않으나, 상법상 합자회사의 유한책임사원의 지위, 주식회사의 주주의 지위는 상속된다.

(3) 부동산명의신탁에서 명의수탁자가 사망하면 그 명의신탁관계는 그 재산상속인과의 사이에 존속하게 된다고 본다.[285]

(4) 소송 중에 소송당사자가 사망하면 소송절차는 중단되며(민사소송법 제233조 제1항 제1문),[286] 이 경우 상속인·상속재산관리인, 그 밖에 법률에 의하여 소송을 계속하여 수행할 사람이 소송절차를 수계(受繼)하여야 한다(민사사송법 제233조 제1항 제2문). 그러나 소송목적권리가 일신전속적 성질의 것인 경우(이혼소송)에는 당사자의 사망으로 소송은 종료된다.

인하여 장래에 부담하게 될 채무에 관하여 보증한도액과 보증기간의 정함이 없는 연대보증계약에 있어서는 보증인의 지위는 특별한 사정이 없는 한 상속인에게 상속된다고 할 수 없으므로 연대보증인의 사망 후에 생긴 주채무에 대하여는 그 상속인이 보증채무를 승계하여 부담하지는 아니한다." 참조.

284) **대판 1997. 9.26, 95다6205** "사단법인의 사원의 지위는 양도 또는 상속할 수 없다고 규정한 민법 제56조의 규정은 강행규정이라고 할 수 없으므로, 비법인사단에서도 사원의 지위는 규약이나 관행에 의하여 양도 또는 상속될 수 있다."

285) **대판 1996. 5.31, 94다35985** "명의신탁관계를 성립시키기 위한 신탁계약의 기본은 신탁자와 수탁자 사이의 내부관계에 있어서 그 목적물의 소유권은 언제나 신탁자가 보유하는 것이므로 그 목적물이 소유권과 관련되어 발생된 권리도 그들 내부관계에 있어서는 신탁자에게 귀속되는 것이므로, 신탁자가 그 신탁계약을 해지하면 수탁자는 그 권리를 신탁자에게 이전하여 줄 의무가 있고, 명의수탁자가 사망하면 그 명의신탁관계는 그 재산상속인과의 사이에 존속하게 된다."

286) 그러나 소송대리인이 있는 경우에는 예외로 하고 있다(민사소송법 제238조).

Ⅲ. 제사용 재산의 특별승계

1. 의 의

일정한 제사용 재산은 상속인에게 포괄적으로 승계되는 일반 상속재산에서 제외시켜 법정의 상속인이 아닌 특정의 자가 이를 승계하는 특별재산으로 하고 있다(제1008조의 3 참조).[287]

제사용 재산은 분묘에 속하는 1정보 이내의 금양임야(禁養林野), 600평 이내의 묘토(墓土)인 농지, 족보, 제구로 구성된다. 이러한 제사용 재산은 상속재산과는 별도로 제사주재자에게 승계된다. 금양임야는 분묘를 보호하기 위하여 벌목을 금하고 나무를 기르는 분묘 주위의 임야를 말한다.[288] 묘토인 농지는 그 수익으로써 분묘관리와 제사의 비용에 충당되는 농지를 말한다. 단지 그 토지상에 문묘가 설치되어 있다는 사정만으로는 묘토인 농지에 해당한다고 볼 수 없다.[289]

---

287) **대판 1997.11.28, 96누18069** "어느 토지가 민법 제1008조의3 소정의 금양임야이거나 묘토인 농지에 해당한다면 그 규정에 정한 범위 내의 토지는 제사주재자가 단독으로 그 소유권을 승계할 것이고 이 때의 제사주재자는 종손이 있는 경우라면 그에게 제사를 주재하는 자의 지위를 유지할 수 없는 특별한 사정이 있는 경우를 제외하고는 그가 된다 할 것이며, 그 경우 다른 상속인 등의 명의로 소유권이전등기가 경료되었다 하여도 그 부분에 관한 한은 무효의 등기에 불과하므로, 그 소유권이전등기로써 제사주재자가 승계할 금양임야가 일반 상속재산으로 돌아가는 것은 아니다." 참조.

288) **대판 1997.11.28, 96누18069** "금양임야 등 제사용 재산을 일반상속의 대상에서 제외하여 특별상속에 의하도록 하고 있는 이유는 제사용 재산을 공동상속하게 하거나 평등분할하도록 하는 것은 조상 숭배나 가통의 계승을 중시하는 우리의 습속이나 국민감정에 반하는 것이므로 일반상속재산과는 구별하여 달리 취급하기 위한 것이라 할 것이므로, 이와 같은 제도의 취지에 비추어 볼 때, 금양임야가 수호하는 분묘의 기지가 제3자에게 이전된 경우에도 그 분묘를 사실상 이전하기 전까지는 그 임야는 여전히 금양임야로서의 성질을 지니고 있으므로, 금양임야가 수호하던 분묘의 기지가 포함된 토지가 토지수용으로 인하여 소유권이 이전된 후에도 미처 분묘를 이장하지 못하고 있던 중 피상속인이 사망하였다면 위 임야는 여전히 금양임야로서의 성질을 지닌다."

289) **대판 2006. 7.27, 2005다45452** "민법 제1008조의3에 정한 '묘토인 농지'는 그 수익으로서 분묘관리와 제사의 비용에 충당되는 농지를 말하는 것으로서, 단지 그 토지상에 분묘가 설치되어 있다는 사정만으로 이를 묘토인 농지에 해당한다고 할 수는 없으며, 위 규정에 따라 망인 소유의 묘토인 농지를 제사주재자(또는 구 민법상의 호주상속인)로서 단독으로 승계하였음을 주장하는 자는, 피승계인의 사망 이전부터 당해 토지가 농지로서 거기에서 경작한 결과 얻은 수익으로 인접한 조상의 분묘의 수호 및 관리와 제사의 비용을 충당하여 왔음을 입증하여야 한다."

2. 효 과

(1) 제사주재자의 승계

1) 제사용 재산은 상속재산 속에 산입되지 않고 공동상속인 중에 재사를 주재하는 자에게 승계된다. 다른 상속인이 소유권이전등기를 하면 무효가 된다.[290)]

2) 사람의 유체·유골은 매장·관리·제사·공양의 대상이 될 수 있는 유체물로서, 분묘에 안치되어 있는 선조의 유체·유골은 제사용 재산인 분묘와 함께 그 제사주재자에게 승계되고, 피상속인 자신의 유체·유골 역시 위 제사용 재산에 준하여 그 제사주재자에게 승계된다.[291)]

(2) 제사주재자

1) 결정방법

제사주재자는 특별한 사정이 없다면 종손이 된다는 것이 종래의 판례이었으나,[292)] 최근에 판례의 변경으로 먼저 공동상속인들 사이에 협의에 의해 정하고,

---

290) **대판 1997.11.28, 96누18069** "어느 토지가 민법 제1008조의3 소정의 금양임야이거나 묘토인 농지에 해당한다면 그 규정에 정한 범위 내의 토지는 제사주재자가 단독으로 그 소유권을 승계할 것이고 이때의 제사주재자는 종손이 있는 경우라면 그에게 제사를 주재하는 자의 지위를 유지할 수 없는 특별한 사정이 있는 경우를 제외하고는 그가 된다 할 것이며, 그 경우 다른 상속인 등의 명의로 소유권이전등기가 경료되었다 하여도 그 부분에 관한 한은 무효의 등기에 불과하므로, 그 소유권이전등기로써 제사주재자가 승계할 금양임야가 일반 상속재산으로 돌아가는 것은 아니다."

291) **대판(전) 2008.11.20, 2007다27670** "제사주재자는 우선적으로 망인의 공동상속인들 사이의 협의에 의해 정하되, 협의가 이루어지지 않는 경우에는 제사주재자의 지위를 유지할 수 없는 특별한 사정이 있지 않은 한 망인의 장남(장남이 이미 사망한 경우에는 장남의 아들, 즉 장손자)이 제사주재자가 되고, 공동상속인들 중 아들이 없는 경우에는 망인의 장녀가 제사주재자가 된다.어떤 경우에 제사주재자의 지위를 유지할 수 없는 특별한 사정이 있다고 볼 것인지에 관하여는, 제사제도가 관습에 바탕을 둔 것이므로 관습을 고려하되, 여기에서의 관습은 과거의 관습이 아니라 사회의 변화에 따라 새롭게 형성되어 계속되고 있는 현재의 관습을 말하므로 우리 사회를 지배하는 기본적 이념이나 사회질서의 변화와 그에 따라 새롭게 형성되는 관습을 고려해야 할 것인바, 중대한 질병, 심한 낭비와 방탕한 생활, 장기간의 외국 거주, 생계가 곤란할 정도의 심각한 경제적 궁핍, 평소 부모를 학대하거나 심한 모욕 또는 위해를 가하는 행위, 선조의 분묘에 대한 수호·관리를 하지 않거나 제사를 거부하는 행위, 합리적인 이유 없이 부모의 유지(유지) 내지 유훈(유훈)에 현저히 반하는 행위 등으로 인하여 정상적으로 제사를 주재할 의사나 능력이 없다고 인정되는 경우가 이에 해당하는 것으로 봄이 상당하다."

292) **대판 2004. 1.16, 2001다79037** "민법 제1008조의3에 의한 금양임야의 승계자는 제사를 주재하는 자로서 공동상속인 중 종손이 있다면 통상 종손이 제사의 주재자가 되나, 종손에

협의가 이루어지지 않는 경우에는 특별한 사정이 있지 않은 한 망인의 장남(장남이 이미 사망한 경우에는 장남의 아들, 즉 장손자)이 제사주재자가 되고, 공동상속인들 중 아들이 없는 경우에는 망인의 장녀가 제사주재자가 된다고 한다.[293)]

게 제사를 주재하는 자의 지위를 유지할 수 없는 특별한 사정이 있는 경우에는 그렇지 않다고 할 것이다."

293) **대판(전) 2008.11.20, 2007다27670** "[1] [다수의견] 제사주재자는 우선적으로 망인의 공동상속인들 사이의 협의에 의해 정하되, 협의가 이루어지지 않는 경우에는 제사주재자의 지위를 유지할 수 없는 특별한 사정이 있지 않은 한 망인의 장남(장남이 이미 사망한 경우에는 장남의 아들, 즉 장손자)이 제사주재자가 되고, 공동상속인들 중 아들이 없는 경우에는 망인의 장녀가 제사주재자가 된다. [대법관 박시환, 대법관 전수안의 반대의견] 제사주재자는 우선 공동상속인들의 협의에 의해 정하되, 협의가 이루어지지 않는 경우에는 다수결에 의해 정하는 것이 타당하다. [대법관 김영란, 대법관 김지형의 반대의견] 민법 제1008조의3에 정한 제사주재자라 함은 조리에 비추어 제사용 재산을 승계받아 제사를 주재하기에 가장 적합한 공동상속인을 의미하는데, 공동상속인 중 누가 제사주재자로 가장 적합한 것인가를 판단함에 있어서 공동상속인들 사이에 협의가 이루어지지 아니하여 제사주재자의 지위에 관한 분쟁이 발생한 경우에는 민법 제1008조의3의 문언적 해석과 그 입법 취지에 충실하면서도 인격의 존엄과 남녀의 평등을 기본으로 하고 가정평화와 친족상조의 미풍양속을 유지·향상한다고 하는 가사에 관한 소송의 이념 및 다양한 관련 요소를 종합적으로 고려하여 개별 사건에서 당사자들의 주장의 당부를 심리·판단하여 결정하여야 한다. [2] [다수의견] (가) 사람의 유체·유골은 매장·관리·제사·공양의 대상이 될 수 있는 유체물로서, 분묘에 안치되어 있는 선조의 유체·유골은 민법 제1008조의3 소정의 제사용 재산인 분묘와 함께 그 제사주재자에게 승계되고, 피상속인 자신의 유체·유골 역시 위 제사용 재산에 준하여 그 제사주재자에게 승계된다. (나) 피상속인이 생전행위 또는 유언으로 자신의 유체·유골을 처분하거나 매장장소를 지정한 경우에, 선량한 풍속 기타 사회질서에 반하지 않는 이상 그 의사는 존중되어야 하고 이는 제사주재자로서도 마찬가지이지만, 피상속인의 의사를 존중해야 하는 의무는 도의적인 것에 그치고, 제사주재자가 무조건 이에 구속되어야 하는 법률적 의무까지 부담한다고 볼 수는 없다.
[대법관 박시환, 대법관 전수안의 반대의견] 피상속인의 유체·유골은 제사용 재산인 분묘와 함께 제사주재자가 이를 승계한다고 본 다수의견에는 찬성한다. 그러나 제사주재자가 피상속인의 유체·유골에 대한 관리·처분권을 가지고 있다고 하여 정당한 사유 없이 피상속인의 의사에 반하여 유체·유골을 처분하거나 매장장소를 변경하는 것까지 허용된다고 볼 수는 없다.
[대법관 안대희, 대법관 양창수의 반대의견] (가) 장례의 방식이 다양화하여 분묘 없는 장례가 빈번하게 되고 또한 매장 또는 분묘개설을 강행할 근거가 없는 이상, 유체의 귀속은 분묘의 귀속과 분리하여 처리되어야 한다. (나) 망인이 자신의 장례 기타 유체를 그 본래적 성질에 좇아 처리하는 것에 관하여 생전에 종국적인 의사를 명확하게 표명한 경우에는, 그 의사는 법적으로도 존중되어야 하며 일정한 법적 효력을 가진다고 함이 타당하다. 나아가 망인의 의사대로 이미 장례나 분묘개설 기타 유체의 처리가 행하여진 경우에는, 다른 특별한 사정이 없는 한 유체의 소유자라고 하더라도 그 소유권에 기하여 그 분묘를 파헤쳐 유체를 자신에게 인도할 것을 청구할 수 없다. [3] 어떤 경우에 제사주재자의 지위를 유지할 수 없는 특별한 사정이 있다고 볼 것인지에 관하여는, 제사제도가 관습에 바탕을 둔 것이므로 관습을 고려하되, 여기에서의 관습은 과거의 관습이 아니라

2) 상속인과 제사주재자가 다른 경우

상속인과 제사를 주재하는 자가 다를 경우에는 제사용 재산도 일반 상속재산으로 다루어지고 상속인들 사이에 공동상속이 된다.[294]

Ⅳ. 공동상속

1. 공동상속의 의의

상속인이 1인인 경우에는 단독상속으로서 별로 문제가 없으나 상속인이 여럿인 경우에는 문제가 발생한다. 즉 상속에 의한 권리의무의 승계는 피상속인의 사망의 순간에 당연히 생기므로 상속인이 여럿인 경우에는 상속재산의 승계와 분할과의 사이에 시간적 간격을 없애는 것은 불가능하다. 따라서 상속인들은 각자의 상속분에 응하여 일단 공동으로 상속재산을 승계하여(제1007조) 분할을 할 때까지는 상속재산을 공유하게 된다(제1006조).

2. 공동상속에 대한 공유의 성질

공동상속인은 상속재산을 공유하는데 이 '공유'의 의미에 대하여 학설이 대립된다.

(1) 공 유 설

본래 의미의 공유와 같다고 보고, 공동상속인은 상속재산을 구성하는 개별 재

사회의 변화에 따라 새롭게 형성되어 계속되고 있는 현재의 관습을 말하므로 우리 사회를 지배하는 기본적 이념이나 사회질서의 변화와 그에 따라 새롭게 형성되는 관습을 고려해야 할 것인바, 중대한 질병, 심한 낭비와 방탕한 생활, 장기간의 외국 거주, 생계가 곤란할 정도의 심각한 경제적 궁핍, 평소 부모를 학대하거나 심한 모욕 또는 위해를 가하는 행위, 선조의 분묘에 대한 수호·관리를 하지 않거나 제사를 거부하는 행위, 합리적인 이유 없이 부모의 유지(유지) 내지 유훈(유훈)에 현저히 반하는 행위 등으로 인하여 정상적으로 제사를 주재할 의사나 능력이 없다고 인정되는 경우가 이에 해당하는 것으로 봄이 상당하다."

294) **대판 1994.10.14, 94누4059** "금양임야 등의 소유자가 사망한 후 상속인과 그 금양임야로서 수호하는 분묘의 제사를 주재하는 자가 다를 경우에는 그 금양임야 등은 상속인들의 일반상속재산으로 돌아간다고 보아야 할 것이며 상속인이 아닌 제사를 주재하는 자에게 금양임야 등의 승계권이 귀속된다고 할 수는 없다."

산에 대해 그 상속분에 따라 물권적 지분을 가지며(제262조) 이 지분은 상속재산 분할 전이라도 자유로이 처분할 수 있다고 본다(제263조). 그리고 채권·채무가 불가분의 것이면 공유관계가 생기고, 그 목적이 가분이면 법률상 당연히 공동상속인 사이에 분할된다고 한다(제408조)

(2) 합 유 설

상속재산은 물권·채권·채무 등 모든 재산이 포함되어 있으며 분할하기 전까지는 조합과 같은 공동의 목적이 있는 것이므로 조합재산과 유사한 관계에 있다고 본다. 공동상속인은 상속재산 전체에 대한 추상적 지분을 가지고 있을 뿐 상속재산을 구성하는 개별 재산에 대한 지분은 인정되지 않으며, 따라서 분할하기 전에는 상속재산 전체에 대한 상속분을 처분할 수 있으나 개별 상속재산에 대한 지분을 처분할 수는 없다고 한다.

(3) 판 례

판례는 공유설을 취하고 있으며, 개별 재산에 대한 지분의 처분을 인정한다.[295]

3. 채권·채무의 공동상속

(1) 채 권

1) 가분채권

① 가분채권이 공동상속된 경우 분할채권이 되느냐 불가분채권이 되느냐에 관해 견해가 대립한다. 즉 ⓐ 가분채권은 상속개시와 동시에 공동상속인 사이에 그들의 상속분에 따라 당연히 분할되어 승계된다(제408조)는 분할채권설과,[296] ⓑ 금전채권과 같이 가분채권이 상속된 경우에도 상속재산을 분할하기 전까지는 상속

295) **대판 1996. 2. 9, 94다61649** "공동상속재산은 상속인들의 공유이고, 또 부동산의 공유자인 한 사람은 그 공유물에 대한 보존행위로서 그 공유물에 관한 원인 무효의 등기 전부의 말소를 구할 수 있다. 공유자 중 1인의 지분에 관하여 확정판결에 따라 타인 앞으로 소유권이전등기를 마친 경우, 그 공유자는 확정판결의 기판력에 의하여 더 이상 말소청구를 할 수 없게 된 자신의 공유지분에 관한 한, 보존행위로서도 그 소유권이전등기의 말소를 구할 수 없다."

296) 곽윤직, 앞의 책, 129면.

인에게 불가분적으로 귀속한다고 보는 불가분채권설이 있다.[297)]

② 판례는 분할채권설을 취한다.[298)]

2) 불가분채권

불가분채권은 상속재산의 분할시까지 공동상속인 전원에게 불가분적으로 귀속한다. 따라서 공동상속인의 1인이 전부에 관하여 청구할 수도 있고 채무자도 공동상속인 중 1인에게 전부의 이행을 하면 채무가 소멸한다(제409조).[299)]

(2) 채 무

1) 가분채무

① 가분채무설은 상속개시와 동시에 당연히 법정상속분에 따라 공동상속인에게 분할되어 귀속되므로 상속재산분할의 대상이 되지 않는다고 보는 견해이다.[300)] 불가분채무설은 상속재산을 분할할 때까지는 공동상속인이 불가분채무를 부담하거나 연대채무를 부담한다고 보는 견해이다.[301)]

② 판례는 가분채무설을 취한다.[302)]

2) 불가분채무와 연대채무

불가분채무는 공동상속인 전원에게 귀속된다. 따라서 공동상속인은 불가분채무를 부담한다. 연대채무는 공동상속인이 연대하여 채무를 부담한다.

---

297) 김주수·김상용, 앞의 책, 629면.

298) **대판 1980.11.25, 80다1847** "불법행위로 사망한 피해자의 상속인들이 그 상속분에 따라 각자 손해배상청구를 하고 이에 의한 가집행선고부 제1심 판결에 기하여 각기 강제집행을 하였다면 제1심 판결의 변경으로 인한 가지급물의 반환채무는 연대채무가 아니라 각자가 별도로 부담하고 있는 채무이다."

299) 곽윤직, 앞의 책, 130면; 박동섭, 앞의 책, 563면.

300) 지원림, 앞의 책, 2032면.

301) 곽윤직, 앞의 책, 130면; 이경희, 앞의 책, 480면.

302) **대판 1997. 6.24, 97다8809** "금전채무와 같이 급부의 내용이 가분인 채무가 공동상속된 경우, 이는 상속 개시와 동시에 당연히 법정상속분에 따라 공동상속인에게 분할되어 귀속되는 것이므로, 상속재산 분할의 대상이 될 여지가 없다."

4. 공동상속재산의 관리 및 처분

(1) 의 의

공동상속에 대해 다수설과 판례의 견해에 따라 공유관계로 본다면 공동상속재산의 관리 및 처분행위에 대해서는 공유물의 관리 및 처분행위에 관한 규정이 적용된다.

(2) 관 리

이용행위와 개량행위는 공유물의 관리에 관한 사항이므로 각 공동상속인의 상속분 비율의 과반수로 결정하고 보존행위는 각 공동상속인이 단독으로 할 수 있다(제265조). 따라서 공동상속인 중 1인은 공유물에 관한 원인무효의 등기 전부의 말소를 청구할 수 있다고 본다.[303] 그리고 공동상속인의 일부가 배타적으로 사용하는 경우에는 그것이 공유지분 과반수의 결의에 의한 것이 아닌 한 부적법하다고 한다.[304]

(3) 처 분

공동상속인은 공동상속재산을 단독으로 처분할 수 없고 전원의 일치로만 처분할 수 있다(제264조). 그러나 각 공동상속인은 개개의 상속재산 또는 권리에 대하여 각자의 상속분의 범위 내에서 단독으로 처분할 수 있고(제263조) 상속재산 전체에 대한 상속분도 처분할 수 있다.

(4) 상속등기

상속에 의한 등기는 상속인이 단독으로 신청한다(부동산등기법 제23조 제3항).

공동상속의 경우에는 상속인 전원이 등기권리자가 되어 단독으로 신청하여야 하며, 일부의 공동상속인만으로 등기할 수는 없다고 한다.[305]

---

303) **대판 1996. 2. 9, 94다61649** "공동상속재산은 상속인들의 공유이고, 또 부동산의 공유자인 한 사람은 그 공유물에 대한 보존행위로서 그 공유물에 관한 원인 무효의 등기 전부의 말소를 구할 수 있다."

304) **대판 1982.12.28, 81다454** "부동산의 공유자는 그 공유물의 일부라 하더라도 협의없이 이를 배타적으로 사용 수익할 수는 없는 것이므로 원. 피고와 소외인들의 공동상속재산인 이 사건 건물에 관한 피고의 배타적 사용은 공유지분 과반수의 결의에 의한 것이 아닌 한 부적법하다."

(5) 관리인 선임과 주의의무

1) 공동상속인은 상속재산을 관리하여야 하며, 이 경우 고유재산에 대한 것과 동일한 주의의무를 부담한다.

2) 공동상속의 경우 상속재산관리인을 선임한 수 있는데, 이 경우 공동상속인 중에서 선임하여야 한다.[306]

3) 법원이 선임한 관리인은 공동상속인을 대표하여 상속재산의 관리와 채무의 변제에 관한 모든 행위를 할 권리의무가 있다.

제6관 상속재산의 분할

Ⅰ. 의의 및 성질

1. 의 의

수인의 상속인이 상속재산을 공동으로 상속하는 경우 일단은 상속재산을 공유하지만(제1006조) 이러한 공유관계를 종료시키고 상속재산을 각 공동상속인에게 상속분에 따라 배분하여 확정시키는 것을 상속재산의 분할이라고 한다.

2. 성 질

상속재산의 분할의 성질은 청산행위이다. 따라서 공유관계를 청산하는 행위인 공유물분할과 유사하다. 다만 상속재산의 분할은 소급효가 인정지만 공유물분할은 소급효가 인정되지 않는다는 점에서 차이가 있다.

---

305) **대결** 1995. 2.22, 94마2116 "공동상속인 중 일부 상속인의 상속등기만은 경료할 수 없다."

306) **대판** 1979.12.27, 76그2 "민법 제1040조에 의하면 법원이 공동상속 재산에 관한 관리인을 선임할 경우에는 반드시 그 공동상속인 중에서 관리인을 선임하여야 하도록 되어 있으므로, 공동상속인 아닌 다른 사람을 선임한 결정은 위법하다."

Ⅱ. 분할의 요건

1. 공동상속인이 상속재산을 공유할 것

상속재산에 관하여 공유관계가 존재하여야 한다. 즉 수인의 상속인이 상속재산을 공동으로 상속하여 상속재산을 공유하고 있어야 한다. 상속인이 1인이어서 단독상속인 경우에는 분할의 문제는 생기지 않는다.

2. 공동상속인이 확정될 것

공동상속인이 확정되어야 상속분을 확정할 수 있고 그에 따라 상속재산을 분할 할 수 있다. 상속인의 확정은 상속의 승인·포기가 확정되어야 하므로 상속의 승인·포기가 확정되기 전에는 분할을 할 수 없다. 그러나 상속의 한정승인이나 재산분리가 있는 경우에는 상속재산에 대해 먼저 청산절차를 거치게 되므로 그 절차가 종료할 때까지는 상속재산을 분할 할 수 없다. 그런데 한정승인에 따른 청산절차가 종료되지 않은 경우에도 상속재산 분할청구가 가능하다고 한다.[307]

3. 분할금지가 없을 것

(1) 유언에 의한 분할금지

피상속인은 유언으로 상속개시의 날로부터 5년 이내의 기간을 정하여 상속재산의 분할을 금지할 수 있다(제1012조 후단). 만약 5년을 초과하는 기간을 정한 경우에는 5년으로 단축된다고 본다.

---

307) **대결 2014. 7.25, 2011스226** "우리 민법이 한정승인 절차가 상속재산분할 절차보다 선행하여야 한다는 명문의 규정을 두고 있지 않고,공동상속인들 중 일부가 한정승인을 하였다고 하여 상속재산분할이 불가능하다거나 분할로 인하여 공동상속인들 사이에 불공평이 발생한다고 보기 어려우며, 상속재산분할의 대상이 되는 상속재산의 범위에 관하여 공동상속인들 사이에 분쟁이 있을 경우에는 한정승인에 따른 청산절차가 제대로 이루어지지 못할 우려가 있는데 그럴 때에는 상속재산분할청구 절차를 통하여 분할의 대상이 되는 상속재산의 범위를 한꺼번에 확정하는 것이 상속채권자의 보호나 청산절차의 신속한 진행을 위하여 필요하다는 점 등을 고려하면, 한정승인에 따른 청산절차가 종료되지 않은경우에도 상속재산분할청구가 가능하다."

(2) 공동상속인 사이의 불분할계약

공동상속인은 상속재산의 공유자로서 전원합의로 상속재산의 분할금지를 약정할 수 있다. 그 기간은 5년 이내이며 그 계약을 갱신하는 때에는 그 기간은 갱신할 날로부터 5년을 넘지 못한다(제268조 제1항, 제2항).

Ⅲ. 분할의 방법

1. 유언분할

(1) 유언분할은 피상속인이 유언으로 분할방법을 정하거나 제3자에게 정할 것을 위탁하는 방법이다(제1012조 전단). 이에 따른 상속재산의 분할을 지정분할이라고도 한다.

(2) 피상속인은 분할방법을 유언으로 정해야 하며 생전행위로는 정할 수 없다.[308]

2. 협의분할

(1) 피상속인이 유언으로 상속재산분할의 방법을 정하지 않은 경우에는 공동상속인은 언제든지 그 협의에 의하여 상속재산을 분할 할 수 있다(제1013조 제1항, 제1019조, 제1020조 참조).

(2) 협의분할을 할 때에는 공동상속인 전원이 참여하여야 하며 일부를 제외하고 분할의 협의를 하면 그 협의는 무효이다.[309]

---

308) **대판 2001. 6.29, 2001다28299** "피상속인은 유언으로 상속재산의 분할방법을 정할 수는 있지만, 생전행위에 의한 분할방법의 지정은 그 효력이 없어 상속인들이 피상속인의 의사에 구속되지는 않는다."

309) **대판 1995. 4. 7, 93다54736** "상속재산의 협의분할은 공동상속인간의 일종의 계약으로서 공동상속인 전원이 참여하여야 하고 일부상속인만으로 한 협의분할은 무효이다."; **대판 2001. 6.29, 2001다28299** "협의에 의한 상속재산의 분할은 공동상속인 전원의 동의가 있어야 유효하고 공동상속인 중 일부의 동의가 없거나 그 의사표시에 대리권의 흠결이 있다면 분할은 무효이다."; **대판 2004.10.28, 2003다65438** "상속재산의 협의분할은 공동상속인 간의 일종의 계약으로서 공동상속인 전원이 참여하여야 하고 일부 상속인만으로 한 협의분할은 무효라고 할 것이나, 반드시 한 자리에서 이루어질 필요는 없고 순차적으로 이루어질 수도 있으며, 상속인 중 한사람이 만든 분할 원안을 다른 상속인이 후에 돌아가며 승인하여도 무방하다."

(3) 제한능력자가 상속인인 경우 이해상반행위가 될 수 있다. 이 경우 특별대리인을 선임하여야 한다. 만약 특별대리인을 선임하지 않고 한 분할협의는 무효이며 제한능력자가 여럿인 경우에는 각 제한 능력자마다 특별대리인을 선임하여야 한다.[310)]

(4) 태아는 상속순위에 관하여 이미 출생한 것으로 보기(제1000조 제3항) 때문에 태아의 권리능력에 관하여 해제조건설을 따르는 경우에는 태아가 태아인 동안에도 상속재산 분할에 참여하여 분할을 할 수 있다고 본다. 이 경우에는 그 절차는 미성년자에 관한 규정을 유추적용할 것이다.[311)]

(5) 협의분할은 현물분할, 가액분할, 가격배상에 의한 분할 등이 가능하고, 반드시 법정상속분을 따르지 않아도 무방하다.

3. 조정 또는 심판에 의한 분할

(1) 분할절차

1) 분할의 방법에 관하여 협의가 성립되지 않거나 협의할 수 없는 때에는 공동상속인은 법원에 그 분할을 청구하여 이에 의하여 분할 할 수 있다(제1013조 제2항, 제269조 제1항).

2) 공동상속인이 분할을 청구하려면 먼저 조정을 신청하여야 하고(가사소송법 제2조 제1항 마류사건 10)·제50조), 조정이 성립하지 않으면 심판을 청구할 수 있다. 상속재산분할심판은 필수적 공동소송이다. 즉 상속인 중 1인 또는 수인이 청구하여야 하고 그 상대방은 나머지 상속인 전원이다(제1013조 제2항, 가사소송규칙 제110조).

---

310) **대판 2001. 6.29, 2001다28299** "상속재산에 대하여 그 소유의 범위를 정하는 내용의 공동상속재산 분할협의는 그 행위의 객관적 성질상 상속인 상호간의 이해의 대립이 생길 우려가 있는 민법 제921조 소정의 이해상반되는 행위에 해당하므로 공동상속인인 친권자와 미성년인 수인의 자 사이에 상속재산 분할협의를 하게 되는 경우에는 미성년자 각자마다 특별대리인을 선임하여 그 각 특별대리인이 각 미성년자인 자를 대리하여 상속재산분할의 협의를 하여야 하고, 만약 친권자가 수인의 미성년자의 법정대리인으로서 상속재산 분할협의를 한 것이라면 이는 민법 제921조에 위반된 것으로서 이러한 대리행위에 의하여 성립된 상속재산 분할협의는 적법한 추인이 없는 한 무효라고 할 것이다."

311) 송덕수, 앞의 책, 343면도 같은 견해이다.

(2) 분할방법

현물분할이 원칙이나 현물분할을 할 수 없거나 분할로 인하여 현저히 그 가액이 감손될 염려가 있는 때에는 물건을 경매하여 대금을 분할(대금분할 내지 가액분할) 할 수 있다(제1013조 제2항, 제269조 제2항). 그리고 상속재산 중 특정의 재산을 상속인 1인 또는 수인의 소유로 하고 그의 상속분 및 기여분과 그 특정재산의 가액의 차액을 현금으로 정산하는 가격배상에 의한 분할도 가능하다(가사소송규칙 제115조 제2항).

(3) 가액산정의 기준

상속재산과 특별수익은 상속개시 시를 기준으로 하여 평가하지만, 분할을 함에 있어서 대상분할의 경우 구체적인 청산액은 분할 시를 기준으로 한다는 것이 판례의 입장이다.[312)]

Ⅳ. 상속재산 분할의 효과

1. 분할의 소급효

(1) 소급효의 의의와 내용

1) 상속재산의 분할은 상속이 개시된 때에 소급하여 효력이 있다(제1015조 본문). 이는 공유물분할에 있어서 소급효가 없는 것과 차이가 있다.

2) 상속재산분할에 소급효가 있다는 것은 상속인이 상속재산의 분할에 의하여 재산을 취득하는 것은 피상속인으로부터 직접 재산을 승계하는 것이고 다른 공동상속인으로부터 증여받은 것은 아니며, 그 재산취득시기는 상속개시 시에 소급하

312) **대판 1997. 3.21, 96스62** "공동상속인 중에 피상속인으로부터 재산의 증여 또는 유증 등의 특별수익을 받은 자가 있는 경우에는 이러한 특별수익을 고려하여 상속인별로 고유의 법정상속분을 수정하여 구체적인 상속분을 산정하게 되는데, 이러한 구체적 상속분을 산정함에 있어서는 상속개시시를 기준으로 상속재산과 특별수익재산을 평가하여 이를 기초로 하여야 할 것이고, 다만 법원이 실제로 상속재산분할을 함에 있어 분할의 대상이 된 상속재산 중 특정의 재산을 1인 및 수인의 상속인의 소유로 하고 그의 상속분과 그 특정의 재산의 가액과의 차액을 현금으로 정산할 것을 명하는 방법(소위 대상분할의 방법)을 취하는 경우에는, 분할의 대상이 되는 재산을 그 분할시를 기준으로 하여 재평가하여 그 평가액에 의하여 정산을 하여야 한다."

여 취득한다는 것이다.[313)]

(2) 소급효의 제한

분할의 효력은 소급하지만 제3자의 권리를 해하지 못한다(제1015조 단서). 여기서 보호받는 제3자는 상속인으로부터 개개의 상속재산에 대한 지분을 양수하거나 담보로 제공받거나 또는 압류한 자를 들 수 있으며, 상속분의 양수인은 포함되지 않는다. 그리고 제3자로 보호받으려면 권리변동의 성립요건이나 대항요건, 즉 등기·등록 등을 갖추고 있어야 하고, 특정승계인이어야 한다. 따라서 상속분의 양수인과 같은 포괄승계인은 보호받지 못한다.[314)]

2. 분할 후 인지된 자가 있는 경우

(1) 가액지급청구

상속개시 후의 인지 또는 재판의 확정에 의하여 공동상속인이 된 자도 상속재산의 분할에 참여할 수 있다. 그런데 이미 다른 공동상속인들이 상속재산을 분할하였거나 처분하였다면 그 분할이나 처분의 무효를 주장할 수 없다. 대신 다른 공동상속인에게 자기의 상속분에 상당한 가액의 지급을 청구할 수 있다(제1014조). 이 규정이 적용되려면 다른 공동상속인이 이미 분할 기타의 처분을 하였어야 한

---

313) **대판 1990.11.13, 88다카24523** "상속재산에 관하여 공동상속인 상호간에 민법 제1013조의 규정에 의한 협의분할이 이루어짐으로써 공동상속인 중 1인이 고유의 상속분을 초과하는 재산을 취득하게 되었다고 하여도 상속재산의 분할은 상속개시된 때에 소급하여 그 효력이 있으며, 따라서 이는 상속개시 당시에 피상속인으로부터 직접 승계받은 것으로 보아야 한다."; **대판 1992.10.27, 92다32463** "상속재산에 관하여 공동상속인 간에 협의분할이 이루어짐으로써 공동상속인 중의 1인이 고유의 상속분을 초과하는 재산을 취득하게 되었다 하더라도 상속재산의 분할은 상속개시시에 소급하여 그 효력이 있으며, 따라서 이는 상속개시 당시에 피상속인으로부터 직접 승계 받은 것으로 보아야 한다."; **대판 1992.3.27, 91누7729** "민법 제1015조에는 상속재산의 분할은 상속개시된 때에 소급하여 그 효력이 있다고 규정하고 있으므로, 공동상속인 상호간에 상속재산에 관하여 민법 제1013조의 규정에 의한 협의분할이 이루어짐으로써 공동상속인 중 일부가 고유의 상속분을 초과하는 재산을 취득하게 되었다고 하여도 이는 상속개시 당시에 소급하여 피상속인으로부터 승계받은 것으로 보아야 하고 다른 공동상속인으로부터 증여받은 것으로 볼 것이 아니다."

314) **대판 1992.11.24, 92다31514** "상속재산협의분할에 의하여 갑 명의의 소유권이전등기가 경료된 경우 협의분할 이전에 피상속인의 장남인 을로부터 토지를 매수하였을 뿐 소유권이전등기를 경료하지 아니한 자나 그 상속인들은 민법 제1015조 단서에서 말하는 "제3자"에 해당하지 아니하여 을의 상속지분에 대한 협의분할을 무효로 주장할 수 없다."

다. 분할은 협의분할·조정분할·심판분할 어느 것이라도 상관없다. 그리고 피인지자 등은 그의 상속분에 상당하는 가액을 청구할 수 있고, 이때의 상속분은 모든 상속재산에 대한 것이 아니고, 적극재산만에 대한 것을 의미한다.[315)]

(2) 가액지급청구권의 성질

가액지급청구권의 성질에 관하여 학설은 ① 상속회복청구권이라고 보는 견해와,[316)] ② 단순한 재산분할청구권이라고 보는 견해의 대립이 있으나,[317)] 판례는 상속회복청구권설을 취한다. 상속회복청구권설을 취하면 가액지급청구도 제척기간의 적용을 받는다.[318)]

(3) 가액지급의 내용

1) 대상재산의 범위

상속개시 당시의 상속재산이 그 대상재산이다. 판례는 분할되거나 처분된 상속재산으로부터 발생한 과실은 그 대상이 아니라고 본다.[319)]

---

315) 곽윤직, 앞의 책, 155면; 김주수·김상용, 앞의 책, 675면.

316) 김주수·김상용, 앞의 책, 675면.

317) 곽윤직, 앞의 책, 156면.

318) **대판 1993. 8.24, 93다12** "민법 제1014조에 의하여, 상속개시 후의 인지 또는 재판의 확정에 의하여 공동상속인이 된 자가 분할을 청구할 경우에 다른 공동상속인이 이미 분할 기타 처분을 한 때에는 그 상속분에 상당한 가액의 지급을 청구할 권리가 있는바, 이 가액청구권은 상속회복청구권의 일종이다.; **대판 1982. 9.28, 80므20** "재산상속에 관하여 진정한 상속인임을 전제로 그 상속으로 인한 소유권 또는 지분권등 재산권의 귀속을 주장하고 참칭상속인 또는 자기들만이 재산상속을 하였다는 일부 공동상속인들을 상대로 상속재산인 부동산에 관한 등기의 말소 또는 기타 지분권의 반환 등을 구하는 경우에도 그 소유권 또는 지분권이 귀속되었다는 주장이 상속을 원인으로 하는 것인 이상 그 청구원인 여하에 불구하고 이는 민법 제999조 소정의 상속회복청구의 소라고 해석함이 상당한 바, 이 사건 청구인들은 인지심판 확정으로 피상속인의 사망 시에 소급하여 상속재산을 공동상속 하였음을 원인으로 하여 그 상속분에 따른 지분권을 취득하였음을 전제로 그 지분권에 기하여 공동상속인들에 대하여 상속재산을 처분한 대금의 반환청구를 하는 것이므로 이 사건 소는 상속회복청구의 소에 해당한다."

319) **대판 2007. 7.26, 2006므2757·2764** "인지 전에 공동상속인들에 의해 이미 분할되거나 처분된 상속재산은 이를 분할받은 공동상속인이나 공동상속인들의 처분행위에 의해 이를 양수한 자에게 그 소유권이 확정적으로 귀속되는 것이며, 그 후 그 상속재산으로부터 발생하는 과실은 상속개시 당시 존재하지 않았던 것이어서 이를 상속재산에 해당한다 할 수 없고, 상속재산의 소유권을 취득한 자(분할받은 공동상속인 또는 공동상속인들로부터 양수한 자)가 민법 제102조에 따라 그 과실을 수취할 권능도 보유한다고 할 것이며,

2) 가액산정의 기준시점

상속분에 상당한 가액의 지급을 청구하는 경우 상속재산의 가액은 현실의 지급시를 기준으로 하여 산정하여야 하고, 소송으로써 지급을 청구하는 경우에는 그 소송의 사실심 변론종결 당시의 상속재산가액을 기초로 하여 산정하여야 한다.320)

3. 후순위상속인이 분할을 한 경우

후순위상속인이 이미 상속재산을 분할한 후에 혼인 외의 자가 인지를 받음으로써 상속인이 된 때에는 후순위권리자는 상속권을 소급해서 잃으며 피인지자는 그에게 상속회복청구권을 행사할 수 있다.321)

민법 제1014조도 '이미 분할 내지 처분된 상속재산' 중 피인지자의 상속분에 상당한 가액의 지급청구권만을 규정하고 있을 뿐 '이미 분할 내지 처분된 상속재산으로부터 발생한 과실'에 대해서는 별도의 규정을 두지 않고 있으므로, 결국 민법 제1014조에 의한 상속분상당가액지급청구에 있어 상속재산으로부터 발생한 과실은 그 가액산정 대상에 포함된다고 할 수 없다."

320) **대판 2002.11.26, 2002므1398** "상속개시 후의 인지 또는 재판의 확정에 의하여 공동상속인이 된 사람이 민법 제1014조에 따라 그 상속분에 상당한 가액의 지급을 소송으로 청구하는 경우 상속재산의 가액은 사실심 변론종결 당시의 시가를 기준으로 산정하여야 한다."; **대판 1993. 8.24, 93다12** "상속분에 상당한 가액의 청구권은 원래 피인지자가 상속개시시에 소급하여 취득하였을 상속재산에 대한 권리(상속분)가 변환된 것으로서 그에 상당한 현물과의 등가관계를 전제로 하는 것이라 할 것이므로, 그 가액은 실제로 다른 공동상속인들이 분할기타 처분에 의하여 얻은 대가를 기준으로 하거나, 그 당시의 시가로 산정할 것이 아니라, 현실의 지급시를 기준으로 하여 산정하여야 할 것이고, 소송으로써 지급을 청구하는 경우에는 그 소송의 사실심 변론종결 당시의 상속재산가액을 기초로 하여 산정하여야 할 것이며, 이 경우 다른 공동상속인들이 상속재산을 처분하는 방법에 의하여 이를 분할하였다거나, 현실의 지급시 또는 사실심 변론종결 당시의 가액이 분할 당시의 그것보다 현저하게 등귀하였다는 사정에 의하여 결론을 달리할 수는 없다 할 것이다."

321) **대판 1993. 3.12, 92다48512** "민법 제860조는 인지의 소급효는 제3자가 이미 취득한 권리에 의하여 제한받는다는 취지를 규정하면서 민법 제1014조는 상속개시 후의 인지 또는 재판의 확정에 의하여 공동상속인이 된 자는 그 상속분에 상응한 가액의 지급을 청구할 권리가 있다고 규정하여 제860조 소정의 제3자의 범위를 제한하고 있는 취지에 비추어 볼 때, 혼인 외의 출생자가 부의 사망 후에 인지의 소에 의하여 친생자로 인지받은 경우 피인지자보다 후순위 상속인인 피상속인의 직계존속 또는 형제자매 등은 피인지자의 출현과 함께 자신이 취득한 상속권을 소급하여 잃게 되는 것으로 보아야 하고, 그것이 민법 제860조 단서의 규정에 따라 인지의 소급효 제한에 의하여 보호받게 되는 제3자의 기득권에 포함된다고는 볼 수 없다."

4. 담보책임

(1) 공동상속인 사이의 담보책임

공동상속인은 다른 공동상속인이 분할로 인하여 취득한 재산에 대하여 그 상속분에 응하여 매도인과 같은 담보책임이 있다(제1016조).

(2) 상속채무자의 자력에 대한 담보책임

상속재산의 분할에 의하여 상속채권을 취득한 상속인이 그 채권의 채무자의 무자력으로 인하여 채권을 회수를 하지 못한 경우에는 다른 공동상속인은 그 상속분에 의하여 분할 당시의 채무자의 자력을 담보하며(제1017조 제1항), 변제기가 도래하지 아니한 채권이나 정지조건 있는 채권에 대하여는 변제를 청구할 수 있는 때의 채무자의 자력을 담보한다(제1017조 제2항). 이 경우에도 상속분에 응하여 담보책임을 진다.

(3) 무자력 공동상속인이 있는 경우 담보책임의 분담

1) 담보책임을 져야 할 공동상속인 중에 상환무자력자가 있는 경우에는 그 부담부분은 구상권자와 자력 있는 다른 공동상속인이 그 상속분에 응하여 분담한다(제1018조 본문). 그러나 구상권자의 과실로 인하여 상환을 받지 못한 경우에는 다른 공동상속인에게 분담을 청구하지 못한다(제1018조 단서).

2) 예를 들어 공동상속인 갑·을·병 3명이 상속재산을 분할하였으나 갑이 분할 받은 목적물이 일부 멸실되었거나 분할 받은 채권이 채무자의 무자력으로 인하여 1200만원의 손실을 입은 때에는 상속분이 균등할 경우 갑은 을과 병에게 각각 400만원의 배상을 청구할 수 있는데, 을이 무자력인 경우 을의 부담부분은 갑과 병이 상속분의 비율에 따라 각각 200만원 씩 분담하게 되므로 결국 갑은 병에게 600만원을 청구할 수 있다.

제7관 상속의 승인과 포기

Ⅰ. 서 설

1. 제도의 취지

개인주의 사회에서는 개인의 의사를 무시하면서까지 상속을 강제할 수는 없다. 또한 상속재산에는 물권이나 채권과 같은 재산권만이 아니라 채무 등 의무도 포함되므로 피상속인이 남긴 재산보다 채무가 더 많을 때에는 오히려 상속인의 고유재산으로 피상속인의 채무를 갚아야 한다. 이 경우에는 상속인에게 부당한 피해를 주므로 상속인을 보호할 필요가 있다. 그리하여 상속재산 뿐 아니라 상속채무 등 일체의 상속재산을 승계하지 않을 수 있는 상속의 포기제도가 있고, 상속재산과 상속채무를 승계는 하지만 상속재산의 한도 내에서만 상속채무의 변제책임을 지는 한정승인제도를 인정하여 상속인이 선택할 수 있도록 하고 있다. 여기의 승인·포기는 대습상속에서도 당연히 포함된다.

민법이 인정하는 승인에는 단순승인과 한정승인의 두 가지가 있다. 단순승인은 권리·의무 승계의 전면적인 승인이고, 한정승인은 피상속인의 채무를 상속재산의 한도 내에서 변제하겠다는 유보 하에 상속을 승인하는 것이다.

2. 승인과 포기의 내용

(1) 승인·포기의 성질

1) 단독행위

상속의 승인·포기는 의사표시이면서 상대방 없는 단독행위이다.

2) 요식행위

한정승인과 상속의 포기는 신고를 요하는 단독행위이다(제1030조, 제1041조). 그러나 단순승인에는 아무런 제한이 없어 불요식행위이다.

(2) 승인·포기의 시기

상속의 승인과 포기는 상속개시 전에는 할 수 없고 상속개시 후에는 할 수 있다. 상속개시 전에 한 포기약정은 무효이며 상속개시 전에 상속을 포기한 자가 상속개시 후에 상속권을 주장하더라도 신의칙 위반이 아니라고 하는 것이 판례의 입장이다.[322)]

(3) 승인·포기의 능력

1) 상속의 승인이나 포기는 모두 재산법상의 행위이어서 이를 함에는 행위능력이 있어야 한다. 상속인이 제한능력자인 경우에는 일반원칙에 따라서 법정대리인의 동의를 받거나 대리에 의해서 승인이나 포기를 할 수 있다.

2) 법정대리인이 제한능력자와 공동상속인이 되거나 공동상속인들인 수인의 제한능력자의 법정대리인이 되는 경우에는 이해가 상반되므로 법원에 특별대리인의 선임을 청구하여야 한다(제921조).

3) 후견인이 피후견인을 대리하여 상속의 승인이나 포기를 하거나 피후견인이 미성년자·피한정후견인이 승인이나 포기하는 데 동의를 할 때는 후견감독인이 있으면 그의 동의를 받아야 한다(제950조 제1조 제6호, 제959조의 6). 상속인의 임의대리인도 위임에 의하여 상속인을 대리하여 승인이나 포기를 할 수 있다.

4) 승인·포기를 할 수 있는 권리는 행사상의 일신전속권이므로 채권자대위권의 목적이 될 수 없으며, 채권자취소권의 목적도 될 수 없다.

5) 상속인들 간에 또는 어떤 상속인과 제3자 사이에 상속의 승인·포기에 관하여 계약을 체결하여도 그 계약은 무효이고, 피상속인이 승인·포기를 금지하는 유언을 하여도 그 유언은 무효이다.

(4) 승인·포기의 취소금지

1) 일단 상속의 승인이나 포기를 하면 고려기간 내라고 하더라도 이를 취소할 수 없다(제1024조 제1항).

---

322) **대판 1998. 7.24, 98다9021** "유류분을 포함한 상속의 포기는 상속이 개시된 후 일정한 기간 내에만 가능하고 가정법원에 신고하는 등 일정한 절차와 방식을 따라야만 그 효력이 있으므로, 상속개시 전에 한 상속포기약정은 그와 같은 절차와 방식에 따르지 아니한 것으로 효력이 없다. 상속인 중의 1인이 피상속인의 생존 시에 피상속인에 대하여 상속을 포기하기로 약정하였다고 하더라도, 상속개시 후 민법이 정하는 절차와 방식에 따라 상속포기를 하지 아니한 이상, 상속개시 후에 자신의 상속권을 주장하는 것은 정당한 권리행사로서 권리남용에 해당하거나 또는 신의칙에 반하는 권리의 행사라고 할 수 없다."

2) 다만 민법총칙편의 규정에 의한 취소, 즉 제한능력, 착오, 사기나 강박을 이유로 하는 취소는 가능하다(제1024조 제2항 본문). 그러나 그 취소권은 추인할 수 있는 날로부터 3월, 승인 또는 포기한 날로부터 1년 내에 행사하여야 한다.

3) 민법은 승인·포기의 무효에 관하여 아무런 규정을 두고 있지 않다. 승인·포기는 법률행위이므로 총칙편의 규정에 의한 무효의 주장도 인정된다.

(5) 승인·포기기간 전의 상속재산의 관리

1) 상속인의 관리의무

① 상속이 개시되면 상속재산은 일단 상속인에게 포괄적으로 승계된다. 그러나 상속인이 승인 또는 포기를 하여 상속인이 확정될 때까지는 상속재산은 그 귀속이 불확정한 상태로 남게된다. 이러한 불확정 기간 동안 상속인은 그 고유재산에 대하는 것과 동일한 주의로 상속재산을 관리하여야 한다(제1022조).

② 상속인이 단순승인을 하면 그는 재산의 주체가 되므로 더 이상 주의의무를 적용할 수 없고(제1022조 단서), 다만 공동상속재산의 관리에 관한 규정(제1040조)에 따라 상속재산의 분할 전까지는 여전히 고유재산을 대하는 것과 동일한 주의로 상속재산을 관리하여야 할 것이다.

③ 상속인이 한정승인을 하면 한정승인의 청산절차가 종료할 때까지 제1022조의 주의로 고유재산을 대하는 것과 동일한 주의로 상속재산을 관리하여야 할 것이다.

④ 상속인이 포기를 하면 상속인의 지위가 소급적으로 상실되어 관리의무가 없지만(제1022조 단서), 상속을 포기한 자도 그 포기로 인하여 새롭게 상속인이 된 자가 상속재산을 관리할 수 있을 때까지 고유재산을 대하는 것과 동일한 주의로 그 재산을 계속 관리하여야 한다(제1044조).

2) 상속재산보존에 필요한 처분

가정법원은 상속인의 관리의무와는 별도로 이해관계인 또는 검사의 청구에 의하여 상속재산의 보존에 필요한 처분을 명할 수 있으며(제1023조 제1항), 이에 따라 법원이 재산관리인을 선임한 경우에는 부재자의 재산관리인에 관한 규정(제24조 내지 제26조)을 준용한다(제1023조).

3. 승인과 포기의 기간

(1) 승인·포기를 할 수 있는 기간

상속인은 상속개시 있음을 안 날로부터 3월 이내에 단순승인·한정승인·포기를 할 수 있다(제1019조 제1항 본문). 상속인은 승인 또는 포기를 하기 전에 상속재산을 조사할 수 있다(제1019조 제2항). 이 기간을 고려기간(또는 숙려기간)이라고 한다. 이는 제척기간으로 본다.[323)]

(2) 기 산 점

1) 상속개시 있음을 안 날

'상속개시 있음을 안 날'로부터 기산한다(제1019조 제1항 본문). '상속개시 있음을 안 날'이란 상속인이 상속개시의 원인되는 사실의 발생을 알고 또 이로써 자기가 상속인이 된 사실을 인식한 날을 의미하며 상속채무의 존재나 상속포기제도의 존재까지 알 필요는 없다.[324)]

---

323) **대결 2003. 8.11, 2003스32** "민법 제1019조 제3항의 기간은 한정승인신고의 가능성을 언제까지나 남겨둠으로써 당사자 사이에 일어나는 법적 불안상태를 막기 위하여 마련한 제척기간이고, 경과규정인 개정 민법(2002. 1. 14. 법률 제6591호) 부칙 제3항 소정의 기간도 제척기간이라 할 것이며, 한편 제척기간은 불변기간이 아니어서 그 기간을 지난 후에는 당사자가 책임질 수 없는 사유로 그 기간을 준수하지 못하였더라도 추후에 보완될 수 없다." 참조.

324) **대결 1988. 8.25, 88스10** "민법 제1019조 제1항의 상속개시 있음을 안 날이라 함은 상속인이 상속개시의 원인되는 사실의 발생(즉 피상속인의 사망)을 알게 됨으로써 자기가 상속인이 되었음을 안 날을 말하는 것이지 상속재산의 유무를 안 날을 뜻하거나 상속포기제도를 안 날을 의미하는 것은 아니다."; **대결 1991. 6.11, 91스1** "민법 제1019조 제1항 소정의 "상속개시 있음을 안 날"이라 함은 상속개시의 원인이 되는 사실의 발생을 앎으로써 자기가 상속인이 되었음을 안 날을 말하는 것이므로 상속재산 또는 상속채무의 존재를 알아야만 위 고려기간이 진행되는 것은 아니라고 할 것이다."; **대판 2005. 7.22, 2003다43681** "상속개시 있음을 안 날이라 함은 상속개시의 원인이 되는 사실의 발생을 알고 이로써 자기가 상속인이 되었음을 안 날을 말한다고 할 것인데, 피상속인의 사망으로 인하여 상속이 개시되고 상속의 순위나 자격을 인식함에 별다른 어려움이 없는 통상적인 상속의 경우에는 상속인이 상속개시의 원인사실을 앎으로써 그가 상속인이 된 사실까지도 알았다고 보는 것이 합리적이나, 종국적으로 상속인이 누구인지를 가리는 과정에 사실상 또는 법률상의 어려운 문제가 있어 상속개시의 원인사실을 아는 것만으로는 바로 자신의 상속인이 된 사실까지 알기 어려운 특별한 사정이 존재하는 경우도 있으므로, 이러한 때에는 법원으로서는 '상속개시 있음을 안 날'을 확정함에 있어 상속개시의 원인사실뿐 아니라 더 나아가 그로써 자신의 상속인이 된 사실을 안 날이 언제인지까지도 심리, 규명하여야 마땅하다. 선순위 상속인으로서 피상속인의 처와 자녀들이 모두 적법하게 상속을 포기한

상속인이 다수인 경우 고려기간은 각 상속인에 대하여 각각 기산한다.

2) 제한능력자인 경우

상속인이 제한능력자인 경우에는 상속의 승인·포기의 기간은 그의 친권자 또는 후견인이 상속이 개시된 것을 안 날부터 기산한다(제1020조).

3) 상속인이 승인·포기를 하지 않고 사망한 경우

상속인이 승인이나 포기를 하지 아니하고 승인·포기 기간 내에 사망한 때에는 그의 상속인이 자기의 상속개시 있음을 안 날로부터 3개월의 기간을 기산한다(제1021조).

(3) 특별한정승인

상속의 승인·포기의 기산점과 관련하여 상속채무의 존재까지 알아야만 하는 것은 아니므로 상속인이 채무초과 사실을 알지 못하고 3개월이 경과한 경우 상속인은 상속채무를 면할 길이 없어 상속인에게 가혹한 결과를 초래하였다. 이에 따라 2002년 법이 개정되어 상속인이 상속채무가 상속재산을 초과하는 사실을 중대한 과실 없이 신고기간 내에 알지 못하고 단순승인을 한 경우에는 그 사실을 안 날부터 3월 내에 한정승인을 할 수 있도록 하였다. 이를 특별한정승인이라고 한다.

Ⅱ. 단순승인

1. 의 의

단순승인이란 상속인이 피상속인의 권리의무를 조건 없이 무제한으로 승계할

경우에는 피상속인의 손 등 그 다음의 상속순위에 있는 사람이 상속인이 되는 것이나, 이러한 법리는 상속의 순위에 관한 민법 제1000조 제1항 제1호(1순위 상속인으로 규정된 '피상속인의 직계비속'에는 피상속인의 자녀뿐 아니라 피상속인의 손자녀까지 포함된다.)와 상속포기의 효과에 관한 민법 제1042조 내지 제1044조의 규정들을 모두 종합적으로 해석함으로써 비로소 도출되는 것이지 이에 관한 명시적 규정이 존재하는 것은 아니어서 일반인의 입장에서 피상속인의 처와 자녀가 상속을 포기한 경우 피상속인의 손자녀가 이로써 자신들이 상속인이 되었다는 사실까지 안다는 것은 오히려 이례에 속한다고 할 것이고, 따라서 이와 같은 과정에 의해 피상속인의 손자녀가 상속인이 된 경우에는 상속인이 상속개시의 원인사실을 아는 것만으로 자신이 상속인이 된 사실을 알기 어려운 특별한 사정이 있다."

것을 승인하는 의사표시이다. 단순승인의 방법에 관하여 어떠한 제한이 없다(제1030조, 제1041조 참조). 실제적으로는 고려기간 내에 한정승인이나 포기를 하지 않거나 그 밖의 일정한 사유가 있어 단순승인으로 의제되는 경우가 많다(제1026조 참조).

2. 법정단순승인(의제단순승인)

(1) 의 의

상속인이 단순승인을 하지 않은 경우에도 승인·포기 기간 내에 한정승인이나 상속포기를 하지 않거나 상속재산을 처분하는 등 상속인을 특별히 보호할 필요가 없는 때에는 단순승인을 한 것으로 의제하는데, 이를 법정단순승인 또는 의제단순승인이라고 한다. 다음의 사유가 있는 경우에는 상속인에게 단순승인의 의사가 있는지 여부를 묻지 않고 단순승인한 것으로 본다(제1026조).

(2) 법정단순승인의 사유

1) 상속인이 상속재산을 처분한 경우(제1026조 제1호)

① 여기의 처분은 상속의 승인이나 포기 전의 처분행위를 말하고, 한정승인이나 상속포기를 한 후의 처분은 그것이 부정소비에 해당하는 때에 한하여 법정단순승인사유가 된다.[325] 상속의 한정승인이나 포기는 상속인의 의사표시만으로 효력이 발생하는 것이 아니라 가정법원에 신고하여 심판을 받아야 하고, 그 심판은 당사자가 이를 고지받음으로써 그 효력이 발생기 때문에 상속인이 가정법원에 상속포기의 신고를 하였더라도 이를 수리하는 가정법원의 심판이 고지되기 이전에

325) **대판 2004. 3.12, 2003다63586** "민법 제1026조는 "다음 각 호의 사유가 있는 경우에는 상속인이 단순승인을 한 것으로 본다."고 하면서 제1호로 '상속인이 상속재산에 대한 처분행위를 한 때'를, 제3호로 '상속인이 한정승인 또는 포기를 한 후에 상속재산을 은닉하거나 부정소비하거나 고의로 재산목록에 기입하지 아니한 때'를 규정하고 있는바, 민법 제1026조 제1호는 상속인이 한정승인 또는 포기를 하기 이전에 상속재산을 처분한 때에만 적용되는 것이고, 상속인이 한정승인 또는 포기를 한 후에 상속재산을 처분한 때에는 그로 인하여 상속채권자나 다른 상속인에 대하여 손해배상책임을 지게 될 경우가 있음은 별론으로 하고, 그것이 위 제3호에 정한 상속재산의 부정소비에 해당되는 경우에만 상속인이 단순승인을 한 것으로 보아야 하며 , 나아가 위 제3호에 정한 '상속재산의 부정소비'라 함은 정당한 사유 없이 상속재산을 써서 없앰으로써 그 재산적 가치를 상실시키는 행위를 의미하는 것이라고 봄이 상당하다."

상속재산을 처분하였다면, 이는 상속포기의 효력발생 전에 처분행위를 한 것에 해당하므로 제1026조 제1호에 의한 단순승인을 한 것으로 된다.[326] 또한 여기의 처분행위는 상속재산의 전부에 대한 것과 일부에 대한 것, 사실적인 것(고의성 상속재산 파괴행위 등), 법률적인 것(상속재산의 매각, 대물변제 등)을 모두 포함한다. 상속인이 피상속인의 채권추심을 하여 변제받는 것도 상속재산의 처분행위에 해당한다고 본다.[327]

② 상속재산분할을 하는 행위도 법정단순승사유가 된다.[328]

③ 상속등기 등 보존행위를 하는 경우에는 처분행위가 아니므로 단순승인으로 되지 않는다.[329]

---

326) **대판 2016.12.29, 2013다73520** "민법 제1026조 제1호는 상속인이 상속재산에 대한 처분행위를 한 때에는 단순승인을 한 것으로 본다고 규정하고 있다. 그런데 상속의 한정승인이나 포기의 효력이 생긴 이후에는 더 이상 단순승인으로 간주할 여지가 없으므로, 이 규정은 한정승인이나 포기의 효력이 생기기 전에 상속재산을 처분한 경우에만 적용된다. 한편 상속의 한정승인이나 포기는 상속인의 의사표시만으로 효력이 발생하는 것이 아니라 가정법원에 신고를 하여 가정법원의 심판을 받아야 하며, 심판은 당사자가 이를 고지받음으로써 효력이 발생한다. 이는 한정승인이나 포기의 의사표시의 존재를 명확히 하여 상속으로 인한 법률관계가 획일적으로 처리되도록 함으로써, 상속재산에 이해관계를 가지는 공동상속인이나 차순위 상속인, 상속채권자, 상속재산의 처분 상대방 등 제3자의 신뢰를 보호하고 법적 안정성을 도모하고자 하는 것이다. 따라서 상속인이 가정법원에 상속포기의 신고를 하였더라도 이를 수리하는 가정법원의 심판이 고지되기 이전에 상속재산을 처분하였다면, 이는 상속포기의 효력 발생 전에 처분행위를 한 것이므로 민법 제1026조 제1호에 따라 상속의 단순승인을 한 것으로 보아야 한다."

327) **대판 2010. 4.29, 2009다84936** "상속인이 상속재산에 대한 처분행위를 한 때에는 단순승인을 한 것으로 보는바, 상속인이 피상속인의 채권을 추심하여 변제받는 것도 상속재산에 대한 처분행위에 해당한다."

328) **대판 1983. 6.28, 82도2421** "상속인중 1인이 다른 공동재산상속인과 협의하여 상속재산을 분할한 때는 민법 제1026조 제1호에 규정된 상속재산에 대한 처분행위를 한 때에 해당되어 단순승인을 한 것으로 보게 되어 이를 취소할 수 없는 것이므로 그 뒤 가정법원에 상속포기 신고를 하여 수리되었다 하여도 포기의 효력이 생기지 않는다."

329) **대판 1996.10.15, 96다23283** "권원 없이 공유물을 점유하는 자에 대한 공유물의 반환청구는 공유물의 보존행위이므로, 상속인들이 상속포기신고를 하기에 앞서 점유자를 상대로 피상속인의 소유였던 주권에 관하여 주권반환청구소송을 제기한 것은 민법 제1026조 제1호가 정하는 상속재산의 처분행위에 해당하지 아니한다."; 대판 1964. 4. 3, 63마54 "상속인 자신이 한정승인 또는 포기를 할 수 있는 기간 내에 상속등기를 한때에는 상속의 단순승인으로 인정된 경우가 있을 것이나 상속등기가 상속재산에 대한 처분행위라고 볼 수 없으니 만큼 채권자가 상속인을 대위하여 상속등기를 하였다 하여 단순승인의 효력을 발생시킬 수 없고 상속인의 한 정승인 또는 포기할 수 있는 권한에는 아무런 영향도 미치는 것이 아니므로 채권자의 대위권행사에 의한 상속등기를 거부할 수 없다."

④ 공동상속인 중 일부가 처분행위를 한 때에는 그 자만이 단순승인한 것으로 되며, 다른 공동상속인에게는 영향이 없다.

⑤ 상속인의 법정대리인이 상속인에 갈음하여 상속재산을 처분한 경우에도 단순승인의 효과가 발생한다고 한다.[330)]

2) 상속인이 3개월의 승인·포기 기간 내에 한정승인이나 포기를 하지 않은 경우 (제1026조 제2호)

3) 상속인이 한정승인 또는 포기를 한 후에 상속재산을 은닉하거나 부정소비하거나 고의로 재산목록에 기입하지 아니한 경우(제1026조 제3호)

① 여기의 '은닉'은 상속재산을 감추어서 쉽게 그 존재를 알 수 없게 하는 것이다. 또한 '부정소비'는 정당한 사유 없이 상속재산을 소비함으로써 그 재산적 가치를 상실시키는 것을 말한다.[331)] 재산목록에 기입하지 않는 것은 재산목록을 작성하여야 하는 한정승인에서만 문제되다(제1030조). 여기의 '고의로 재산목록에 기입하지 아니한 때'란 한정승인을 하는 경우에 재산상속을 은닉하여 상속채권자를 사해할 의사로써 상속재산을 재산목록에 기입하지 않는 것을 말한다. 장례비의 지출 및 그 내용을 한정승인신고서 목록에 기재하지 않은 것은 법정단순승인사유가 되지 않으며,[332)] 상속재산을 처분하여 그 대금을 전액 상속채무의 변제에 사용한 경우에 이는 부정소비에 해당하지 않는다는 것이 판례이다.[333)]

---

330) 곽윤직, 앞의 책, 180면; 김주수·김상용, 앞의 책, 694면; 박동섭, 앞의 책, 628면; 송덕수, 앞의 책 377면.

331) **대판 2010. 4.29, 2009다84936** "법정단순승인에 관한 민법 제1026조 제3호의 '상속재산의 은닉'이라 함은 상속재산의 존재를 쉽게 알 수 없게 만드는 것을 뜻하고,'상속재산의 부정소비'라 함은 정당한 사유 없이 상속재산을 써서 없앰으로써 그 재산적 가치를 상실시키는 것을 의미한다."

332) **대판 2003.11.14, 2003다30968** "[1] 상속에 관한 비용은 상속재산 중에서 지급하는 것이고, 상속에 관한 비용이라 함은 상속재산의 관리 및 청산에 필요한 비용을 의미하는바, 장례비용도 피상속인이나 상속인의 사회적 지위와 그 지역의 풍속 등에 비추어 합리적인 금액 범위 내라면 이를 상속비용으로 보아야 한다. [2] 법정단순승인 사유인 민법 제1026조 제3호 소정의 '고의로 재산목록에 기입하지 아니한 때'라는 것은 한정승인을 함에 있어 상속재산을 은닉하여 상속채권자를 사해할 의사로써 상속재산을 재산목록에 기입하지 않는 것을 의미한다."

333) **대판 2004. 3.12, 2003다63586** "민법 제1026조 제3호에 정한 '상속재산의 부정소비'라 함은 정당한 사유 없이 상속재산을 써서 없앰으로써 그 재산적 가치를 상실시키는 행위를 의미한다. 상속인이 상속재산을 처분하여 그 처분대금 전액을 우선변제권자에게 귀속시킨 것이라면, 그러한 상속인의 행위를 상속재산의 부정소비에 해당한다고 할 수 없다."

② 상속인이 상속을 포기하여 새로이 상속인으로 된 자가 승인을 한 때에는, 포기자가 부정행위를 하더라도 단순승인으로 의제되지 않는다(제1027조). 다만 이 경우에는 새로이 상속인이 된 자가 상속을 포기하고 부정행위를 한 자에게 대하여 은닉한 재산의 반환 또는 부정소비에 의한 손해배상을 청구할 수 있을 것이다.

(3) 법정단순승인의 예외

상속인이 상속을 포기함으로 인하여 후순위상속인이 상속을 승인한 때에는 제1026조 제3호의 사유는 상속의 승인으로 보지 아니한다.

3. 단순승인의 효과

단순승인을 하게 되면 상속인은 피상속인의 권리와 의무를 모두 제한 없이 승계하게 된다(제1025조). 따라서 상속인은 피상속인의 소극재산이 그의 적극재산을 상회하여도 변제를 하여야 한다. 그 결과 피상속인의 채권자는 상속인의 고유재산에 대하여 강제집행을 할 수 있으며, 상속인의 채권자는 상속재산에 대하여 강제집행 할 수 있다.

단순승인의 효력이 생기면 그 후에 한정승인이나 상속포기의 신고가 수리되더라도 그것은 무효이다.

Ⅲ. 한정승인

1. 의 의

한정승인이란 상속으로 인하여 취득한 재산의 한도에서 피상속인의 채무와 유증을 변제할 것을 조건으로 상속을 승인하는 의사표시이다(제1028조).

이 제도는 상속인이 상속재산의 상태(채무초과 여부)를 잘 알 수 없는 경우에 유용하게 이용할 수 있을 것이다.

2. 한정승인의 요건

(1) 한정승인의 방식

한정승인은 원칙적으로 상속인이 상속개시 있음을 안 날부터 3개월 내에 상속재산의 목록을 첨부하여 가정법원에 한정승인의 신고를 하여야 하고(제1019조 제1항 본문, 제1030조 제1항), 특별한정승인을 하는 경우에는 상속재산 중 이미 처분한 재산이 있는 때에는 그 목록과 가액을 함께 제출하여야 한다(제1030조 제2항). 이 경우 상속재산을 고의로 재산목록에 기입하지 않으면 단순승인으로 의제된다(제1026조 제3호).

한정승인의 신고는 한정승인을 하는 뜻을 비롯하여 일정한 사항을 기재하고 한정승인 신고인 또는 대리인이 기명날인 또는 서명한 서면으로 하여야 한다(가사소송법 제36조 제3항, 가사소송규칙 제75조 제1항). 또한 신고서에는 신고인 또는 대리인의 인감증명서를 첨부하여야 한다(가사소송규칙 제75조 제2항).

가정법원이 한정승인의 신고를 수리하면, 형식적 심사 후, 적법하다고 판단되면 심판서를 작성한다(가사소송법 제39조, 가사소송규칙 제75조 제3항). 한정승인 심판의 효력은 심판을 받을 사람이 심판을 고지받음으로써 발생한다(가사소송법 제40조 본문, 가사소송규칙 제25조).[334]

(2) 상속인이 수인인 때

공동상속인이 있는 경우 반드시 전원이 함께 한정승인을 하여야할 필요는 없고, 각자가 개별적으로 자기의 상속분에 응하여 취득할 재산의 한도에서 그 상속분에 의한 피상속인의 채무와 유증을 변제할 것을 조건으로 상속을 승인할 수 있다(제1029조).

---

334) **대판 2006.12.29, 2013다73520** "민법 제1026조 제1호는 상속인이 상속재산에 대한 처분행위를 한 때에는 단순승인을 한 것으로 본다고 규정하고 있다. 그런데 상속의 한정승인이나 포기의 효력이 생긴 이후에는 더 이상 단순승인으로 간주할 여지가 없으므로, 이 규정은 한정승인이나 포기의 효력이 생기기 전에 상속재산을 처분한 경우에만 적용된다. 한편 상속의 한정승인이나 포기는 상속인의 의사표시만으로 효력이 발생하는 것이 아니라 가정법원에 신고를 하여 가정법원의 심판을 받아야 하며, 심판은 당사자가 이를 고지받음으로써 효력이 발생한다. 이는 한정승인이나 포기의 의사표시의 존재를 명확히 하여 상속으로 인한 법률관계가 획일적으로 처리되도록 함으로써, 상속재산에 이해관계를 가지는 공동상속인이나 차순위 상속인, 상속채권자, 상속재산의 처분 상대방 등 제3자의 신뢰를 보호하고 법적 안정성을 도모하고자 하는 것이다. 따라서 상속인이 가정법원에 상속포기의 신고를 하였더라도 이를 수리하는 가정법원의 심판이 고지되기 이전에 상속재산을 처분하였다면, 이는 상속포기의 효력 발생 전에 처분행위를 한 것이므로 민법 제1026조 제1호에 따라 상속의 단순승인을 한 것으로 보아야 한다."

3. 한정승인에 의한 청산절차

(1) 채권·유증의 신고 등에 관한 공고 및 최고

1) 한정승인자는 한정승인을 한 날로부터[335] 5일 내에 일반상속채권자와 유증받은 자에 대하여 한정승인의 사실과 2월 이상의 기간을 정하여 그 기간 내에 그 채권 또는 수증을 신고할 것을 공고하여야 한다(제1032조 제2항).

2) 한정승인자가 알고 있는 채권자와 유증을 받은 자에 대해서는 각각 별도로 채권신고의 최고를 하여야 한다.

(2) 청산방법

1) 한정승인자는 신고기간이 만료된 후에 그 기간 내에 신고한 채권자와 한정승인자가 알고 있는 채권자에 대하여 상속재산으로써 각 채권액의 비율로 변제하여야 하나 우선권 있는 채권자의 권리를 해하지 못한다(제1034조 제1항).

2) 제1019조 제3항의 규정에 의하여 한정승인을 한 경우에는, 그 상속인은 상속재산 중에서 남아 있는 상속재산과 함께 이미 처분한 재산의 가액을 합하여 위의 변제를 하여야 하나 한정승인을 하기 전에 상속채권자나 유증받은 자에 대하여 변제한 가액은 이미 처분한 재산의 가액에서 제외한다(제1034조 제2항).

3) 한정승인자는 변제기에 이르지 않은 채권에 대하여도 그 전액에 관하여 배당변제를 하여야 하며, 조건 있는 채권이나 존속기간이 불확정한 채권은 법원이 선임한 감정인의 평가에 의하여 변제하여야 한다(제1035조 제2항).

4) 한정승인자는 유증받은 자에 해하여는 위의 방법에 의하여 상속채권자에게 변제를 완료하고 잔여재산이 있는 경우에만 변제를 할 수 있다(제1036조).

5) 신고기간 내에 신고하지 않은 상속채권자 및 유증받은 자로서 한정승인자가 알지 못한 자는 위의 방법으로 변제를 하고 잔여재산이 있는 경우에 한하여 변제받을 수 있으나 상속재산에 대하여 특별담보권이 있는 자는 신고기간 내에 신고를 하지 않았고 한정승인자가 알지 못하였더라도 그 담보권의 범위에서 우선변제를 받는다(제1039조).

6) 위의 변제를 하기 위하여 상속재산의 전부나 일부를 매각할 필요가 있는

---

335) 공동상속의 경우에 선임된 상속재산관리인이 공고하는 때에는, 관리인이 그 선임을 안 날부터, 제1040조 제3항 단서, 제1032조 제1항).

때에는 민사집행법에 의하여 경매하여야 한다(제1037조).

(3) 변제의 순서

1) 우선채권자, 일반채권자, 유증을 받은 자의 순서로 변제한다.

2) 알고 있는 채권자에게는 채권신고가 없어도 변제해야 한다.

3) 모르는 채권자나 유증자에게는 상속재산이 남는 경우에 한하여 변제할 수 있다.

(4) 부당변제로 인한 책임

1) 한정승인자가 채권 등 신고를 위한 공고나 최고를 해태하거나 배당절차에 관한 규정에 위반하여 어느 상속채권자나 유증 받은 자에게 변제함으로 인하여 다른 상속채권자나 유증 받은 자에 대하여 변제할 수 없게 된 때에는 한정승인자는 그 손해를 배상하여야 한다(제1038조 제1항 제1문, 제1032조·제1033조 내지 제1036조 참조). 이 경우에 변제를 받지 못한 상속채권자나 유증 받은 자는 그 사정을 알고 변제를 받은 상속채권자나 유증 받은 자에 대하여도 구상권을 행사할 수 있다(제1038조 제2항 제1문).

2) 제1029조 제3항에 의하여 한정승인을 한 경우 그 이전에 상속채무가 상속재산을 초과함을 알지 못한 데 과실이 있는 상속인이 상속채권자나 유증받은 자에게 변제한 때에도 한정승인자는 그 손해를 배상하여야 한다(제1038조 제1항 제2문).

3) 제1019조 제3항에 의하여 한정승인을 한 경우 그 이전에 상속채무가 상속재산을 초과함을 알고 변제받은 상속채권자나 유증받은 자가 있는 때에도, 변제를 받지 못한 상속채권자나 유증받은 자는 위의 자에 대하여 구상권을 행사할 수 있다(제1038조 제2항 제2문).

4. 한정승인의 효과

(1) 재산의 분리효과

상속재산과 상속인의 고유재산은 혼동되지 않고 분리 유지 된다. 따라서 피상속인에 대한 상속인의 재산상 권리·의무는 소멸하지 아니한다.

(2) 책임의 제한

1) 한정승인을 한 상속인(공동상속인 포함)은 상속에 의해 취득한 적극 재산의 한도 내에서 피상속인의 채무와 유증을 변제하면 된다(제1028조, 제1029조). 즉 책임만 제한될 뿐이고 채무 자체는 감축되는 것이 아니라 전부 승계되는 것이다.[336) 물적 유한 책임을 지게 된다.

2) 한정승인을 한 상속인이 자기의 고유재산으로 상속채무를 임의 변제하면 그것은 유효한 변제가 된다.

3) 상속인이 한정승인을 하였더라도 피상속인의 채무의 보증인은 채무전액을 변제하여야 한다.

4) 한정승인자로부터 상속재산에 관하여 저당권 등의 담보권을 취득한 사람과 상속채권자 사이의 우열관계는 민법상의 일반원칙에 따라야 하고, 상속채권자가 한정승인의 사유만으로 우선적 지위를 주장할 수는 없으며, 그러한 이치는 한정승인자가 그 저당권 등의 피담보채무를 상속개시 전부터 부담하고 있었다고 하여 달리 볼 것이 아니라고 한다.[337)]

---

336) **대판 2003.11.14, 2003다30968** "상속의 한정승인은 채무의 존재를 한정하는 것이 아니라 단순히 그 책임의 범위를 한정하는 것에 불과하기 때문에, 상속의 한정승인이 인정되는 경우에도 상속채무가 존재하는 것으로 인정되는 이상, 법원으로서는 상속재산이 없거나 그 상속재산이 상속채무의 변제에 부족하다고 하더라도 상속채무 전부에 대한 이행판결을 선고하여야 하고, 다만, 그 채무가 상속인의 고유재산에 대해서는 강제집행을 할 수 없는 성질을 가지고 있으므로, 집행력을 제한하기 위하여 이행판결의 주문에 상속재산의 한도에서만 집행할 수 있다는 취지를 명시하여야 한다."

337) **대판 2016. 5.24, 2015다250574; 대판(전) 2010. 3.18, 2007다77781** "[다수의견]법원이 한정승인신고를 수리하게 되면 피상속인의 채무에 대한 상속인의 책임은 상속재산으로 한정되고, 그 결과 상속채권자는 특별한 사정이 없는 한 상속인의 고유재산에 대하여 강제집행을 할 수 없다. 그런데 민법은 한정승인을 한 상속인(이하 '한정승인자'라 한다)에 관하여 그가 상속재산을 은닉하거나 부정소비한 경우 단순승인을 한 것으로 간주하는 것(제1026조 제3호)외에는 상속재산의 처분행위 자체를 직접적으로 제한하는 규정을 두고 있지 않기 때문에, 한정승인으로 발생하는 위와 같은 책임제한 효과로 인하여 한정승인자의 상속재산 처분행위가 당연히 제한된다고 할수는 없다. 또한 민법은 한정승인자가 상속재산으로 상속채권자 등에게 변제하는 절차는 규정하고 있으나(제1032조 이하), 한정승인만으로 상속채권자에게 상속재산에 관하여 한정승인자로부터 물권을 취득한 제3자에 대하여 우선적 지위를 부여하는 규정은 두고 있지 않으며, 민법 제1045조 이하의 재산분리 제도와 달리 한정승인이 이루어진 상속재산임을 등기하여 제3자에 대항할 수 있게 하는 규정도 마련하고 있지 않다. 따라서 한정승인자로부터 상속재산에 관하여 저당권 등의 담보권을 취득한 사람과 상속채권자 사이의 우열관계는 민법상의 일반원칙에 따라야 하고, 상속채권자가 한정승인의 사유만으로 우선적 지위를 주장할 수는 없다. 그리고 이러한 이치는

(3) 상속재산의 관리

1) 한정승인을 한 상속인은 상속재산을 관리하여야 하며, 이 경우 그 고유재산에 대한 것과 동일한 주의의무를 부담한다(제1022조 단서의 반대해석).

2) 공동상속의 경우 상속재산관리인을 선임할 수 있는데, 이 경우 공동상속인 중에서 선임하여야 한다(제1040조 제1항).[338]

3) 법원이 선임한 관리인은 공동상속인을 대표하여 상속재산의 관리와 채무의 변제에 관한 모든 행위를 할 권리의무가 있다(제1040조 제2항).

Ⅳ. 상속의 포기

1. 의 의

상속의 포기란 상속인이 피상속인의 권리·의무가 자기에게 승계되는 상속의 효력을 확정적으로 소멸하게 하는 일방적 의사표시이다. 포기는 포괄적·무조건적으로만 할 수 있으며, 일부의 포기나 조건부 포기는 인정되지 않는다.[339]

한정승인자가 그 저당권 등의 피담보채무를 상속개시 전부터 부담하고 있었다고 하여 달리 볼 것이 아니다. [대법관 김영란,박시환,김능환의 반대의견]한정승인자의 상속재산은 상속채권자의 채권에 대한 책임재산으로서 상속채권자에게 우선적으로 변제되고 그 채권이 청산되어야 한다. 그리고 그 반대해석상, 한정승인자의 고유채권자는 상속채권자에 우선하여 상속재산을 그 채권에 대한 책임재산으로 삼아 이에 대하여 강제집행할 수 없다고 보는 것이 형평에 맞으며, 한정승인제도의 취지에 부합한다. 이와 같이, 상속채권자가 한정승인자의 고유재산에 대하여 강제집행할 수 없는 것에 대응하여 한정승인자의 고유채권자는 상속채권자에 우선하여 상속재산에 대하여 강제집행할 수 없다는 의미에서, 상속채권자는 상속재산에 대하여 우선적 권리를 가진다. 또한 한정승인자가 그 고유채무에 관하여 상속재산에 담보물권 등을 설정한 경우와 같이, 한정승인자가 여전히 상속재산에 대한 소유권을 보유하고 있어 상속채권자가 그 재산에 대하여 강제집행할 수 있는 한에 있어서는, 그 상속재산에 대한 상속채권자의 우선적 권리는 그대로 유지되는 것으로 보아야 한다. 따라서 한정승인자의 고유채무를 위한 담보물권 등의 설정등기에 의하여 상속채권자의 우선적 권리가 상실된다고 보는 다수의견은 상속채권자의 희생 아래 한정승인자로부터 상속재산에 관한 담보물권 등을 취득한 고유채권자를 일방적으로 보호하려는 것이어서, 상속의 한정승인 제도를 형해화시키고 제도적 존재의미를 훼손하므로 수긍하기 어렵다."

338) **대결 1979.12.27, 76그2** "민법 제1040조에 의하면 법원이 공동상속 재산에 관한 관리인을 선임할 경우에는 반드시 그 공동상속인 중에서 관리인을 선임하여야 하도록 되어 있으므로 공동상속인 아닌 다른 사람을 선임한 결정은 위법하다."

339) **대판 1995.11.14, 95다27554** "상속의 포기는 상속인이 법원에 대하여 하는 단독의 의사표시로서 포괄적·무조건적으로 하여야 하므로, 상속포기는 재산목록을 첨부하거나 특정할

2. 포기의 방식

(1) 상속포기는 상속개시 있음을 안 날로부터 3월 이내에 가정법원에 포기의 신고를 하여야 한다(제1041조). 그 기간 후에 한 포기는 무효이다. 한정승인에서와 같이 재산목록을 첨부할 필요는 없다.

(2) 포기기간 경과 후의 포기신고는 상속포기로서의 효력은 없으나, 무효행위의 전환에 의하여 상속재산분할협의로 인정될 수 있다.[340]

(3) 어느 특정인에게 자기의 상속분을 주기 위한 상속포기는 허용되지 않는다. 이는 상속분의 양도(제1011조)에 의하여 해결될 수 있다.

(4) 상속포기는 무조건적이어야 하므로 상속재산의 일부만 포기하는 것도 허용되지 않는다.[341]

(5) 상속포기의 신고는 상속의 포기를 하는 뜻을 비롯하여 일정한 사항을 기재하고, 상속포기 신고인 또는 대리인이 기명날인 또는 서명한 서면으로 하여야 하고, 그 신고서에는 신고인 또는 대리인의 인감증명서를 첨부하여야 한다(가사소송법 제36조 제3항, 가사소송규칙 제75조).

필요가 없다고 할 것이고, 상속포기서에 상속재산의 목록을 첨부했다 하더라도 그 목록에 기재된 부동산 및 누락된 부동산의 수효 등과 제반 사정에 비추어 상속재산을 참고자료로 예시한 것에 불과하다고 보여지는 이상, 포기 당시 첨부된 재산 목록에 포함되어 있지 않은 재산의 경우에도 상속포기의 효력은 미친다."

340) **대판 2002. 1.15, 2001스38** "재항고인들은 피상속인이 1999. 5. 25. 사망한 무렵에 상속개시가 있음을 안 후 2001. 2. 19.에 이르러서야 이 사건 상속포기 신고를 한 사실을 인정할 수 있는바, 이 상속포기 신고는 민법 제1019조 제1항에서 정한 상속개시 있음을 안 날로부터 3개월의 기간 내에 이루어진 것이 아니므로, 재항고인들이 개정 민법 부칙 제3항의 규정에 따라 그에 정한 기간 내에 한정승인 신고를 할 수 있음은 별론으로 하고, 이 사건 상속포기 신고는 부적법하다."; **대판 1996. 3.26, 95다45545** "상속재산을 공동상속인 1인에게 상속시킬 방편으로 나머지 상속인들이 한 상속포기 신고가 민법 제1019조 제1항 소정의 기간을 경과한 후에 신고된 것이어서 상속포기로서의 효력이 없다고 하더라도, 공동상속인들 사이에서는 1인이 고유의 상속분을 초과하여 상속재산 전부를 취득하고 나머지 상속인들은 이를 전혀 취득하지 않기로 하는 내용의 상속재산에 관한 협의분할이 이루어진 것으로 보아야 한다."

341) **대판 1995.11.14, 95다27554** "상속의 포기는 상속인이 법원에 대하여 하는 단독의 의사표시로서 포괄적·무조건적으로 하여야 하므로, 상속포기는 재산목록을 첨부하거나 특정할 필요가 없다고 할 것이고, 상속포기서에 상속재산의 목록을 첨부했다 하더라도 그 목록에 기재된 부동산 및 누락된 부동산의 수효 등과 제반 사정에 비추어 상속재산을 참고자료로 예시한 것에 불과하다고 보여지는 이상, 포기 당시 첨부된 재산 목록에 포함되어 있지 않은 재산의 경우에도 상속포기의 효력은 미친다."

(6) 가정법원이 상속포기의 신고를 수리하면 형식적심사 후 적법하다고 판단되면 심판서를 작성한다(가사소송법 제39조, 가사소송규칙 제75조 제3항). 상속포기 심판의 효력은 심판을 받을 사람이 심판을 고지받음으로써 발생한다(가사소송법 제40조, 가사소송규칙 제25조).[342]

3. 상속포기의 효과

(1) 소 급 효

포기는 상속개시된 때에 소급하여 그 효력이 있다(제1042조). 따라서 상속을 포기한 자는 처음부터 상속인이 아니었던 것으로 된다.[343]

(2) 포기자의 상속분의 귀속

1) 상속인이 여럿인 경우에 어느 상속인이 상속을 포기한 때에는 그 상속분은 다른 상속인의 상속분의 비율로 다른 상속인에게 귀속된다(제1043조). 즉 그 포기자의 직계비속은 포기자를 대습상속하지 않는다.

---

342) **대판 2016.12.29, 2013다73520** "민법 제1026조 제1호는 상속인이 상속재산에 대한 처분행위를 한 때에는 단순승인을 한 것으로 본다고 규정하고 있다. 그런데 상속의 한정승인이나 포기의 효력이 생긴 이후에는 더 이상 단순승인으로 간주할 여지가 없으므로, 이 규정은 한정승인이나 포기의 효력이 생기기 전에 상속재산을 처분한 경우에만 적용된다. 한편 상속의 한정승인이나 포기는 상속인의 의사표시만으로 효력이 발생하는 것이 아니라 가정법원에 신고를 하여 가정법원의 심판을 받아야 하며, 심판은 당사자가 이를 고지받음으로써 효력이 발생한다. 이는 한정승인이나 포기의 의사표시의 존재를 명확히 하여 상속으로 인한 법률관계가 획일적으로 처리되도록 함으로써, 상속재산에 이해관계를 가지는 공동상속인이나 차순위 상속인, 상속채권자, 상속재산의 처분 상대방 등 제3자의 신뢰를 보호하고 법적 안정성을 도모하고자 하는 것이다. 따라서 상속인이 가정법원에 상속포기의 신고를 하였더라도 이를 수리하는 가정법원의 심판이 고지되기 이전에 상속재산을 처분하였다면, 이는 상속포기의 효력 발생 전에 처분행위를 한 것이므로 민법 제1026조 제1호에 따라 상속의 단순승인을 한 것으로 보아야 한다."

343) **대판 2011. 6. 9, 2011다29307** "상속의 포기는 상속이 개시된 때에 소급하여 그 효력이 있고(민법 제1042조), 포기자는 처음부터 상속인이 아니었던 것이 된다. 따라서 상속포기의 신고가 아직 행하여지지 아니하거나 법원에 의하여 아직 수리되지 아니하고 있는 동안에 포기자를 제외한 나머지 공동상속인들 사이에 이루어진 상속재산분할협의는 후에 상속포기의 신고가 적법하게 수리되어 상속포기의 효력이 발생하게 됨으로써 공동상속인의 자격을 가지는 사람들 전원이 행한 것이 되어 소급적으로 유효하게 된다. 이는 설사 포기자가 상속재산분할협의에 참여하여 그 당사자가 되었다고 하더라도 그 협의가 그의 상속포기를 전제로 하여서 포기자에게 상속재산에 대한 권리를 인정하지 아니하는 내용인 경우에는 마찬가지이다."

2) 공동상속인 전원이 모두 상속을 포기한 경우에는 그 전원이 상속개시 시부터 상속인이 아니었던 것과 같은 지위에 놓이게 되므로 후순위자가 본위 상속인이 된다. 선순위인 처와 자가 모두 상속을 포기한 경우에는 손자가 본위상속을 한다.[344)]

3) 이러한 상속포기의 효력은 피상속인의 사망으로 개시된 상속에만 미치는 것이고, 그 후 피상속인을 피대습자로 하여 개시된 대습상속에까지 미치지는 않는다.[345)]

(3) 사실상의 포기

상속포기는 가정법원에 포기신고로서 하여야 하는데, 가정법원에 포기신고로써 한 것이 아니라 상속재산을 공동상속인 중 1인에게 몰아주기 위하여 특별수익증명서 등에 자신은 생전에 피상속인으로부터 특별수익을 받았으므로 상속분이 없다는 취지의 합의서를 작성하거나 자신의 상속분을 0으로 하는 합의서를 작성

---

344) **대판 1995. 9.26, 95다27769** "채무자인 피상속인이 그의 처와 동시에 사망하고 제1순위 상속인인 자 전원이 상속을 포기한 경우, 상속을 포기한 자는 상속 개시시부터 상속인이 아니었던 것과 같은 지위에 놓이게 되므로 같은 순위의 다른 상속인이 없어 그 다음 근친 직계비속인 피상속인의 손들이 차순위의 본위 상속인으로서 피상속인의 채무를 상속하게 된다."; **대판 2017. 1.12, 2014다39824** "피상속인의 사망으로 상속이 개시된 후 상속인이 상속을 포기하면 상속이 개시된 때에 소급하여 그 효력이 생긴다(민법 제1042조). 따라서 제1순위 상속권자인 배우자와 자녀들이 상속을 포기하면 제2순위에 있는 사람이 상속인이 된다. 상속포기의 효력은 피상속인의 사망으로 개시된 상속에만 미치고, 그 후 피상속인을 피대습자로 하여 개시된 대습상속에까지 미치지는 않는다. 대습상속은 상속과는 별개의 원인으로 발생하는 것인 데다가 대습상속이 개시되기 전에는 이를 포기하는 것이 허용되지 않기 때문이다. 이는 종전에 상속인의 상속포기로 피대습자의 직계존속이 피대습자를 상속한 경우에도 마찬가지이다. 또한 피대습자의 직계존속이 사망할 당시 피대습자로부터 상속받은 재산 외에 적극재산이든 소극재산이든 고유재산을 소유하고 있었는지에 따라 달리 볼 이유도 없다. 따라서 피상속인의 사망 후 상속채무가 상속재산을 초과하여 상속인인 배우자와 자녀들이 상속포기를 하였는데, 그 후 피상속인의 직계존속이 사망하여 민법 제1001조, 제1003조 제2항에 따라 대습상속이 개시된 경우에 대습상속인이 민법이 정한 절차와 방식에 따라 한정승인이나 상속포기를 하지 않으면 단순승인을 한 것으로 간주된다. 위와 같은 경우에 이미 사망한 피상속인의 배우자와 자녀들에게 피상속인의 직계존속의 사망으로 인한 대습상속도 포기하려는 의사가 있다고 볼 수 있지만, 그들이 상속포기의 절차와 방식에 따라 피상속인의 직계존속에 대한 상속포기를 하지 않으면 효력이 생기지 않는다. 이와 달리 피상속인에 대한 상속포기를 이유로 대습상속 포기의 효력까지 인정한다면 상속포기의 의사를 명확히 하고 법률관계를 획일적으로 처리함으로써 법적 안정성을 꾀하고자 하는 상속포기제도가 잠탈될 우려가 있다."

345) **대판 2017. 1.12, 2014다39824** 참조.

하여 상속등기신청서에 첨부하는 방식이 있는데, 이를 사실상의 포기라고 부르기도 한다,

이는 상속재산분할의 합의 또는 상속분의 양도일 뿐이고 상속포기는 아니므로 이에 의해서 상속포기의 효력이 생기지 않는다. 따라서 이 경우 상속받지 않기로 합의한 상속인도 상속채무는 면할 수 없다.[346)]

(4) 상속재산의 관리계속의무

상속을 포기한 자는 그 포기로 인하여 상속인이 된 자가 상속재산을 관리할 수 있을 때까지 그 재산의 관리를 계속하여야 한다.

제8관 상속재산의 분리

Ⅰ. 서 설

1. 재산분리제도의 의의와 취지

(1) 상속재산의 분리제도란 상속채권자 또는 유증을 받은 자와 상속인의 채권자 사이의 공평을 기하기 위하여 상속재산과 상속인의 고유재산이 혼합되지 않게 분리시켜 상속재산을 관리하는 제도이다(제1045조 제1항 참조).

(2) 상속에 의하여 상속재산과 상속인의 고유재산이 혼합되면 상속재산이 채무초과인 경우에 상속인의 채권자가 불이익을 받게 되고, 상속인의 재산이 채무초과인 경우에는 상속채권자 등이 불이익을 받게 된다. 따라서 이러한 불이익을 받지 않도록 양 재산을 분리하여 상속채권자는 상속재산으로부터 먼저 변제를 받고 상속인의 채권자는 상속인의 재산으로부터 먼저 변제를 받게 하고자 하는 것이 이 제도의 취지이다.

2. 한정승인과의 관계

(1) 한정승인을 하면 상속재산과 상속인의 고유재산이 분리되는 효과가 있으

---

346) 권순한, 「친족·상속법」, fides도서출판, 2009, 419면.

므로 그 점에서는 재산분리제도와 같지만, 한정승인을 하면 상속인은 자기의 고유재산으로 상속채무를 변제할 책임은 없는데 반하여 재산분리를 한 경우에는 단순승인을 전제로 하므로 각각의 재산으로 변제하고 남는 상속채무는 고유재산으로 변제하여야 한다.

(2) 한정승인이 있는 경우에는 상속재산과 상속인의 고유재산이 이미 분리되어 있으므로 재산분리를 할 필요가 없고, 상속이 포기된 경우에는 상속인에 변경이 생겨서 재산분리의 필요성이 없게 될 수도 있다. 그러나 한정승인이나 상속포기가 후에 무효로 될 수도 있으므로(제1026조 제3호 참조), 한정승인 등의 절차가 진행 중이거나 한정승인 등이 결정되었더라도 상속채권자 등은 재산분리를 청구할 수 있다.

(3) 재산분리의 경우에는 한정승인과 달리 상속인이 무한책임을 지기 때문에 재산분리가 있은 후에도 상속인은 한정승인이나 포기를 할 수 있다.

Ⅱ. 재산분리의 청구

1. 재산분리의 청구권자

재산분리의 청구권자는 상속채권자(피상속인의 채권자)나 유증을 받은 자, 상속인의 채권자이다(제1045조 제1항). 상속인은 분리청구권자가 아니다. 포괄적 수증자와 함께 상속인이 있는 경우에는 포괄적 수증자도 특정적 수증자와 마찬가지로 보호할 필요가 있으므로, 포괄적 수증자도 청구권자에 포함시켜야 한다.[347)]

2. 재산분리청구의 상대방

재산분리 청구의 상대방에 대하여는 명문의 규정이 없지만 상속인이나 상속재산의 관리인 등이 될 것이다. 상속인이 다수일 경우에는 그 전원이 상대방이 된다.

3. 재산분리의 청구기간

'상속개시된 날'로부터 3월 이내이다(제1045조 제1항). 이는 상속개시 있음을 안

347) 송덕수, 앞의 책, 392면.

날로부터 기산하는 상속의 승인·포기의 기간과 다르다. 그러나 상속의 승인·포기의 기간이 경과하기 전이면 3개월의 기간이 경과한 후에도 재산의 분리를 청구할 수 있다(제1045조 제2항).

4. 재산분리의 심판

상속재산의 분리 청구는 상속개시지의 가정법원에 하고, 분리 결정은 심판으로 한다(가사소송법 제2조 제1항 라류사건 35)·제44조 6호·제39조).

Ⅲ. 재산분리의 효과

1. 재산분리의 절차

(1) 재산분리의 공고와 최고

1) 가정법원이 재산분리를 명한 때에는 재산분리청구자는 5일 내에 일반상속채권자와 유증 받은 자에 대하여 재산분리의 명령이 있는 사실과 2월 이상의 기간을 정하여 그 기간 내에 그 채권 또는 수증을 신고할 것을 공고하여야 한다(제1046조 제1항). 이 경우에는 청산법인의 채권신고의 공고·최고에 관한 제88조 제2항·제3항과 제89조가 준용된다(제1046조 제2항).

2) 알고 있는 상속채권자와 유증을 받은 자에 대해서는 각각 별도로 채권신고의 최고를 하여야 한다.

(2) 변 제

1) 최고기간 중의 변제거절

상속인은 분리청구권 행사기간(제1045조 제1항 참조)과 상속채권자와 유증받은 자에 대하여 행한 신고기간(제1046조 제1항)의 만료 전에는 상속채권자와 유증받은 자에 대하여 변제를 거절할 수 있다(제1051조 제1항).

2) 상속재산에 의한 변제

위의 두 기간이 만료한 후에 상속인은 상속재산으로써 재산분리를 청구하거나 그 기간 내에 신고한 상속채권자, 유증 받은 자와 상속인이 알고 있는 상속채권자, 유증받은 자에 대하여 각 채권액 또는 수증액의 비율로 변제하여야 한다. 그러나 우선권 있는 채권자의 권리를 해하지 못한다(제1051조 제2항).

3) 고유재산에 의한 변제

상속인의 채권자는 상속인의 고유재산으로부터 우선변제를 받을 권리가 있다(제1052조 제1항). 그러므로 상속채권자와 유증 받은 자는 상속재산으로써 전액의 변제를 받을 수 없는 경우에 한하여, 그리고 먼저 상속인의 채권자가 변제받고 남은 상속인의 고유재산이 있는 경우에 한하여 상속인의 고유재산으로부터 그 변제를 받을 수 있다(제1052조 제2항).

2. 기타의 효과

(1) 권리의무의 불소멸

재산분리의 명령이 있는 때에는 피상속인에 대한 상속인의 재산상 권리의무는 소멸하지 아니한다(제1050조).

(2) 재산분리의 대항요건

재산의 분리는 상속재산이 부동산인 경우에는 이를 등기하지 아니하면 제3자에게 대항하지 못한다(제1049조). 여기의 제3자는 상속인의 채권자뿐만 아니라 모든 제3자를 포함한다.

(3) 분리 후의 상속재산의 관리 등

1) 법원이 재산분리를 명한 때에는 상속재산의 관리에 관하여 필요한 처분을 명할 수 있고(제1047조 제1항), 그 방법으로 재산관리인을 선임한 경우에는 부재자의 재산관리에 관한 규정을 준용한다(제1047조 제2항).

2) 상속인이 단순승인을 한 후에도 재산분리의 명령이 있는 때에는 상속재산에 대하여 자기의 고유재산과 동일한 주의로 관리하여야 하고(제1048조 제1항), 이 경우에는 수임인의 권리의무에 관한 규정이 준용된다(제1048조 제2항).

제2절 유 언

Ⅰ. 서 설

1. 유언의 의의

유언은 유언자의 사후에 법적 효력이 발생하게 할 목적으로 일정한 사항에 대하여 표시한 사자의 최종적이며 일방적인 의사표시이다. 민법은 사자의 최종적인 의사를 존중하여 이에 대하여 법적인 효력을 인정하고 있다.

2. 유언의 법적 성질

(1) 사인행위

유언은 유언자의 사망에 의하여 효력이 발생하는 사인행위이다. 이 점에서 유언은 사인증여와 같으나, 사인증여는 계약인 점에서 유언과 차이가 있다.

(2) 요식행위

유언은 일정한 방식을 갖추지 않으면 무효이므로 요식행위이다(제1060조, 제1065조 이하).

(3) 상대방 없는 단독행위

유언은 유언자의 의사표시를 구성요소로 하는 법률행위로서 그 중 상대방 없는 단독행위이다. 따라서 유증의 경우 유증을 받은 자의 승낙은 물론이고 그에 대하여 표시하는 것도 필요하지 않다. 다만 유증을 받은 자가 유증을 거절할 수는 있다(제1074조).

(4) 철회의 자유

유언은 유언의 효력이 발생하기까지는 언제든지 자유롭게 철회할 수 있다(제

1108조 이하 참조).

(5) 대리에 친하지 않은 행위

유언은 사망자의 최종적 의사를 존중하는 것이기 때문에 유언자 자신에 의하여야 하고 대리는 허용되지 않는다. 유언자가 제한능력자라도 법정대리인의 동의를 필요로 하지 않는다.

(6) 유언은 법정사항에 한하여 할 수 있는 행위이다. 그 이외의 사항에 대한 유언자의 의사표시는 유언이 아니며 무효이다.

3. 유언능력

(1) 무능력자제도와 무관함

유언능력은 유언을 유효하게 할 수 있는 능력이다. 민법총칙상의 제한능력자제도와 관계가 없다. 따라서 제한능력자에 관한 규정을 적용하지 않고 독자적으로 규정한다(제1062조). 다만 유언은 의사표시이므로 유언을 하려면 의사능력은 있어야 한다.

(2) 구체적인 내용

1) 만 17세 미만인 자는 유언을 할 수 없고(제1061조), 만 17세 이상인 자는 법정대리인의 동의 없이 단독으로 유언을 할 수 있다(제1062조, 제5조). 그러나 만 17세 이상의 자라도 의사능력이 없는 상태에서는 유효하게 유언을 할 수 없다.

2) 피한정후견인은 단독으로 유효하게 유언을 할 수 있다.

3) 피성년후견인을 일시적으로 의사능력이 회복된 때에 의사가 심신회복의 상태를 유언서에 부기하고 서명날인 하면 유효하게 유언을 할 수 있다(제1063조). 피성년후견인이 적법하게 한 유언은 취소할 수 없다(제1062조, 제10조)

4) 유언의 능력은 유언 당시에 존재하여야 하며, 유언의 효력발생 시에는 없어도 된다.

4. 유언의 내용

(1) 유언사항의 법정주의

사망자가 생전에 남기고 싶은 뜻이라면 어떠한 내용도 유언이 되겠지만 민법상의 유언이란 일정한 법적 효력을 발생시키는 것이므로 그 내용 중 도덕적 의미를 가진 훈계, 즉 형제간에 우애하라는 것 등은 민법상 유언이 아니다.

(2) 유언과 법정상속

유언은 사적 자치의 한 내용으로서 우리 민법상 인정된다. 그런데 우리 민법은 유산처분의 방법으로 유증만을 인정하고 유언상속은 인정하지 않는다. 상속에는 법정상속만 인정하고 있다. 따라서 우리 민법상 유언으로 상속인을 지정하지 못하고, 법정상속인의 상속분을 변경하지도 못한다. 유언자가 포괄적 유증을 함으로써 실질적으로 상속인의 지정이나 상속분의 변경과 같은 결과를 얻을 수 있을 뿐이다.[348)]

(3) 법적 유언사항

유언할 수 있는 사항은 법률로 규정한 사항에 한하며, 법률에 규정하지 않은 사항에 대한 유언은 유언으로서의 법적인 효력이 없다.

1) 재단법인의 설립을 위한 재산출연행위(제47조 제2항)
2) 인지(제859조)
3) 친생부인(제850조)
4) 후견인의 지정(제931조 제1항)
5) 미성년후견감독인의 지정(제940조의 2)
6) 상속재산의 분할에 관한 지정 또는 위탁(제1012조 전단)
7) 상속재산의 분할금지(제1012조 후단)
8) 유언집행자의 지정 또는 위탁(제1093조)
9) 유증(제1074조 이하)
10) 신탁의 설정(신탁법 제3조)

---

348) 송덕수, 앞의 책, 402면 참조.

Ⅱ. 유언의 방식

1. 유언의 요식성

(1) 유언은 사망자의 최종적 의사이고 유언자가 사망한 후에 그 효력이 발생하므로 유언의 위조와 변조를 막고 유언자의 진의를 확보하기 위해서는 엄격한 방식을 갖춘 유언만을 인정하고 있다(제1065조 이하 참조). 따라서 이 방식에 의하지 않은 유언은 비록 유언자의 진정한 의사에 합치하더라도 무효로 본다.[349)]

(2) 유언의 방식으로 다섯 가지가 있는데, 일반적인 경우에 하는 자필증서, 녹음, 공정증서, 비밀증서의 방식과 특별한 경우에 하는 구수증서의 방식이 있다.

2. 유언방식의 유형

(1) 자필증서에 의한 유언

1) 자필증서에 의한 유언은 유언자가 전문과 연월인, 주소, 성명을 자필로 작성하고 날인함으로써 성립하는 유언이다(제1066조 제1항).[350)]

유언자가 유언서의 전문을 직접 써야 하며, 타자기, 점자기, 컴퓨터 등을 이용하거나 타인에게 대필하게 하는 것은 무효이다. 유언서의 용지나 형식에는 제한이 없다.

2) 유언자가 유언서의 작성 연월일을 직접 기재하지 않은 유언은 무효이다.[351)] 유언작성의 날이 명백히 인식될 수 있으면 되므로 반드시 연월일이 아니고 '60회 생일날'이라고 표기해도 무방하다. 다만 연월까지만 표시하고 일을 표시하지 않은

---

349) **대판 2008. 8.11, 2008다1712; 대판 2009. 5.14, 2009다9768** "민법 제1065조 내지 제1070조가 유언의 방식을 엄격하게 규정한 것은 유언자의 진의를 명확히 하고 그로 인한 법적 분쟁과 혼란을 예방하기 위한 것이므로, 법정된 요건과 방식에 어긋난 유언은 그것이 유언자의 진정한 의사에 합치하더라도 무효라고 하지 않을 수 없다."

350) **대판 2009. 5.14, 2009다9768** "민법 제1066조 제1항은 "자필증서에 의한 유언은 유언자가 그 전문과 연월일, 주소, 성명을 자서하고 날인하여야 한다."고 규정하고 있으므로, 연월일의 기재가 없는 자필유언증서는 효력이 없다. 그리고 자필유언증서의 연월일은 이를 작성한 날로서 유언능력의 유무를 판단하거나 다른 유언증서와 사이에 유언 성립의 선후를 결정하는 기준일이 되므로 그 작성일을 특정할 수 있게 기재하여야 한다. 따라서 연·월만 기재하고 일의 기재가 없는 자필유언증서는 그 작성일을 특정할 수 없으므로 효력이 없다."

351) **대판 2009. 5.14, 2009다9768** 참조.

유언증서는 그 작성일을 특정할 수 없어서 무효이다.[352]

3) 유언자의 주소를 반드시 유언자 본인이 기재해야 한다. 유언자가 주소를 자서하지 않은 경우에는 유언이 무효이며, 유언자의 특정에 지장이 없다고 해도 마찬가지이다.[353] 주소를 쓴 자리가 반드시 유언 전문 및 성명이 기재된 지편이어야 하는 것은 아니고 유언서의 일부로 볼 수 있는 이상 그 전문을 담은 봉투에 기재하더라도 무방하다.[354]

4) 성명을 기재하고 날인하여야 한다. 성명은 그 유언자가 누구인가를 알 수 있는 정도이면 되므로 호나 예명 등을 사용해도 되며, 날인은 인장 대신 무인도 가능하다. 그리고 날인은 타인이 하여도 상관없고, 행정청에 신고한 인감일 필요도 없다. 성명의 기재와 날인을 모두 구비하여야 하므로 성명을 자서하였더라도 날인이 없으면 자필증서에 의한 유언은 무효이다.[355] 유언서가 여러 장이더라도 연월일과 주소, 성명의 자서와 날인을 반드시 각 장에 할 필요는 없고, 유언증서

---

352) **대판 2009. 5.14, 2009다9768** 참조.

353) **대판 2014. 9.26, 2012다71688** "민법 제1065조 내지 제1070조가 유언의 방식을 엄격하게 규정한 것은 유언자의 진의를 명확히 하고 그로 인한 법적 분쟁과 혼란을 예방하기 위한 것이므로, 법정된 요건과 방식에 어긋난 유언은 그것이 유언자의 진정한 의사에 합치하더라도 무효이다. 따라서 자필증서에 의한 유언은 민법 제1066조 제1항의 규정에 따라 유언자가 전문과연월일, 주소, 성명을 모두 자서하고 날인하여야만 효력이 있고, 유언자가 주소를 자서하지 않았다면 이는 법정된 요건과 방식에 어긋난 유언으로서 효력을 부정하지 않을수 없으며, 유언자의 특정에 지장이 없다고 하여 달리 볼 수 없다. 여기서 자서가 필요한 주소는 반드시 주민등록법에 의하여 등록된 곳일 필요는 없으나, 적어도 민법 제18조에서 정한 생활의 근거되는 곳으로서 다른 장소와 구별되는 정도의 표시를 갖추어야 한다."

354) **대판 1998. 6.12, 97다38510** "민법 제1066조에서 규정하는 자필증서에 의한 유언은 유언자가 그 전문과 연월일, 주소 및 성명을 자서하는 것이 절대적 요건이므로 전자복사기를 이용하여 작성한 복사본은 이에 해당하지 아니하나, 주소를 쓴 자리가 반드시 유언 전문 및 성명이 기재된 지편이어야 하는 것은 아니고 유언서의 일부로 볼 수 있는 이상 그 전문을 담은 봉투에 기재하더라도 무방하며, 날인은 인장 대신에 무인에 의한 경우에도 유효하다."

355) **대판 2006. 9. 8, 2006다25103·25110** "민법 제1065조 내지 제1070조가 유언의 방식을 엄격하게 규정한 것은 유언자의 진의를 명확히 하고 그로 인한 법적 분쟁과 혼란을 예방하기 위한 것이므로, 법정된 요건과 방식에 어긋난 유언은 그것이 유언자의 진정한 의사에 합치하더라도 무효라고 하지 않을 수 없고, 민법 제1066조 제1항은 "자필증서에 의한 유언은 유언자가 그 전문과 연월일, 주소, 성명을 자서하고 날인하여야 한다."고 규정하고 있으므로, 유언자의 날인이 없는 유언장은 자필증서에 의한 유언으로서의 효력이 없다고 할 것이다. 자서와는 별도로 유언자의 날인을 요구하고 있는 민법 제1066조 제1항이 유언의 자유를 과도하게 제한하는 규정으로서 헌법에 위반된다고 볼 수는 없다."

나 봉투 중 어느 한 군데에 하면 족하다.

5) 자필증서에 문자의 삽입, 삭제 또는 변경을 함에는 유언자가 이를 자서하고 날인하여야 한다. 그러나 판례는 명백한 오기를 정정하면서 위 방식을 위배한 자필증서의 효력을 유효하다고 본다.[356)]

(2) 녹음에 의한 유언

녹음에 의한 유언은 녹음기만 있으면 간편하게 유언할 수 있다는 점과 유언자 사후에도 그 육성을 그대로 보존할 수 있다는 점 등 장점이 있으나 잘못되면 녹음된 내용이 지워져버릴 수 있다는 단점이 있다.

녹음은 음향을 음반, 테이프, 필름 등에 기록하는 것으로서 음향을 기록하는 것이면 어느 것이든지 여기의 녹음으로 볼 수 있다. 음향이나 영상이 테이프에 기록되어 있는지 디지털에 파일로 기록되어 있는지는 묻지 않는다.

피성년후견인이 녹음 유언을 할 때에는 의사가 심신회복의 상태를 구술하여 녹음하여야 한다(제1063조 제2항).

(3) 공정증서에 의한 유언

1) 공정증서에 의한 유언은 유언자가 증인 2인이 참여한 공증인의 면전에서 유언의 취지를 구수(口授)하고 공증인이 이를 필기낭독하여 유언자와 증인이 그 정확함을 승인한 후 각자 서명 또는 기명날인함으로써 성립하는 유언이다(제1068조). 유언의 존재를 명확히 하고 유언의 내용을 확실히 하는 장점이 있으나 복잡하고 비용이 들어가며 유언의 내용이 누설되기 쉬운 단점이 있다.

2) 민법은 유언에 관하여 엄격한 요식성을 요구하고 있는바, 민법이 유언의 한 방식으로 규정하고 있는 공정증서에 의한 유언이 유효하기 위해서는 ① 증인 2인의 참여가 있을 것, ② 유언자가 공증인의 면전에서 유언의 취지를 구수(口授)하여야 할 것, ③ 공증인이 유언자의 구수를 필기하여 이를 유언자와 증인에게 낭독할

---

356) **대판 1998. 6.12, 97다38510** "자필증서에 의한 유언에 있어서 그 증서에 문자의 삽입, 삭제 또는 변경을 함에는 민법 제1066조 제2항의 규정에 따라 유언자가 이를 자서하고 날인하여야 하나, 자필증서 중 증서의 기재 자체에 의하더라도 명백한 오기를 정정한 것에 지나지 않는다면 설령 그 수정 방식이 위 법조항에 위배된다고 할지라도 유언자의 의사를 용이하게 확인할 수 있으므로 이러한 방식의 위배는 유언의 효력에 영향을 미치지 아니한다."

것, ④ 유언자와 증인이 공증인의 필기가 정확함을 승인한 후 각자 서명 또는 기명날인 할 것 등을 필요로 한다.[357)]

3) 유언자가 공증인의 면전에서 유언의 취지를 구수하여야 하는데 구수는 말로 하는 것이고 거동에 의한 구수는 인정되지 않는다.[358)]

4) 그러나 판례는 공증인이 유언자의 의사에 따라 유언의 취지를 서면으로 작성하고 그 서면으로 유언자에게 질문하여 진의를 확인한 다음 필기된 서면을 낭독하여 준 경우에는 유언취지의 구수요건을 갖추었다고 본다.[359)]

---

357) **대판 2002.10.25, 2000다21802** "공정증서에 기재된 내용과 같은 유언의 구수가 있었는지에 관하여 강력한 의심이 들뿐만 아니라, 유언의 구수가 있었다고 하더라도 '공증인이 유언자의 구술을 필기해서 이를 유언자와 증인에게 낭독할 것'과 '유언자와 증인이 공증인의 필기가 정확함을 승인할 것'이라는 요건을 갖추지 못하였고, '유언자가 서명 또는 기명날인 할 것'이라는 요건도 갖추지 못하여 민법 제1068조 소정의 '공정증서에 의한 유언'의 방식에 위배되었다는 이유로 공정증서에 의한 유언을 무효라고 한 사례"

358) **대판 2006. 3. 9, 2005다57899** "유언 당시에 자신의 의사를 제대로 말로 표현할 수 없는 유언자가 유언취지의 확인을 구하는 변호사의 질문에 대하여 고개를 끄덕이거나 "음", "어"라고 말한 것만으로는 민법 제1070조가 정한 유언의 취지를 구수한 것으로 볼 수 없다."; **대판 1980.12.23, 80므18** "공정증서에 의한 유언은 유언자가 공증인의 면전에서 유언의 취지를 구수하여 작성되어야 하는 것이므로 뇌혈전증으로 병원에 입원치료 중인 유언자가 불완전한 의식상태와 언어장애 때문에 말을 못하고 고개만 끄덕거리면서 반응을 할 수 있을 뿐인 의학상 소위 가면성 정신상태 하에서 공증인이 유언내용의 취지를 유언자에게 말하여 주고 "그렇소?"하고 물으면 유언자는 말은 하지 않고 고개만 끄덕거리면 공증인의 사무원이 그 내용을 필기하고 이를 공증인이 낭독하는 방법으로 유언서가 작성되었다면 이는 유언자가 구수한 것이라고 할 수 없으므로 무효이다."; **대판 1996. 4.23, 95다34514** "유언공정증서를 작성할 당시에 유언자가 반혼수상태였으며, 유언공정증서의 취지가 낭독된 후에도 그에 대하여 전혀 응답하는 말을 하지 아니한 채 고개만 끄덕였다면, 유언공정증서를 작성할 당시에 유언자에게는 의사능력이 없었으며 그 공정증서에 의한 유언은 유언자가 유언의 취지를 구수하고 이에 기하여 공정증서가 작성된 것으로 볼 수 없어서, 민법 제1068조가 정하는 공정증서에 의한 유언의 방식에 위배되어 무효이다."; **대판 1993. 6. 8, 92다8750** "공증업무를 취급하는 변호사가 반혼수상태로 병원에 입원중인 유언자에게 유언취지를 묻자 유언자가 고개를 끄덕거린 것만으로 민법 제1068조 소정의 공정증서가 작성된 것이라고 볼 수 없으므로 그 유언은 무효라고 한 사례."

359) **대판 2008. 8.11, 2008다1712** "민법 제1065조 내지 제1070조가 유언의 방식을 엄격하게 규정한 것은 유언자의 진의를 명확히 하고 그로 인한 법적 분쟁과 혼란을 예방하기 위한 것이므로, 법정된 요건과 방식에 어긋난 유언은 그것이 유언자의 진정한 의사에 합치하더라도 무효이고, 민법 제1068조 소정의 '공정증서에 의한 유언'은 유언자가 증인 2인이 참여한 공증인의 면전에서 유언의 취지를 구수하고 공증인이 이를 필기낭독하여 유언자와 증인이 그 정확함을 승인한 후 각자 서명 또는 기명날인하여야 하는바, 여기서 '유언취지의 구수'라 함은 말로써 유언의 내용을 상대방에게 전달하는 것을 뜻하므로 이를 엄격하게 제한하여 해석하여야 할 것이지만, 공증인이 유언자의 의사에 따라 유언의 취지를 작성하고 그 서면에 따라 유언자에게 질문을 하여 유언자의 진의를 확인한 다음

5) 공증인이 작성하는 증서에는 국어를 사용하여야 하고, 다만 촉탁인의 요구가 있는 경우에는 외국어를 병기할 수 있다(공증인법 제26조 제1항). 이는 공정증서 유언도 마찬가지이다. 그리고 공증인은 자신의 사무소나, 유언자의 자택이나 병원에 가서 유언서를 작성하여도 무방하다(공증인법 제17조 제3항, 제56조 참조).

(4) 비밀증서에 의한 유언

1) 비밀증서에 의한 유언은 유언자가 유언의 취지와 성명을 기입한 증서를 엄봉날인하고 이를 2인 이상의 증인의 면전에 제출하여 자기의 유언서임을 표시한 후 그 봉서 표면에 제출연월일을 기재하고 유언자와 증인이 각자 서명 또는 기명날인한 다음 일정기간 내에 확정일자를 받음으로써 성립하는 유언이다(제1069조 제1항).

이 유언은 유언의 존재는 명확히 하고자 하나 유언자의 생전에는 유언의 내용을 비밀로 해두고 싶은 경우에 비밀증서의 방식으로 유언을 할 수 있다. 그러나 비밀증서에 의한 유언의 효력에 대하여 다툼이 일어나기 쉽고 분실이나 훼손의

유언자에게 필기된 서면을 낭독하여 주었고, 유언자가 유언의 취지를 정확히 이해할 의사식별능력이 있고 유언의 내용이나 유언 경위로 보아 유언 자체가 유언자의 진정한 의사에 기한 것으로 인정할 수 있는 경우에는, 위와 같은 '유언취지의 구수' 요건을 갖추었다고 보아야 한다."; **대판 2008. 2.28, 2005다75019** "제3자에 의하여 미리 작성된 유언의 취지가 적혀 있는 서면에 따라 유언자에게 질문을 하고 유언자가 동작이나 한두 마디의 간략한 답변으로 긍정하는 경우에는 원칙적으로 민법 제1068조에 정한 '유언취지의 구수'라고 보기 어렵지만, 공증인이 사전에 전달받은 유언자의 의사에 따라 유언의 취지를 작성한 다음 그 서면에 따라 유증 대상과 수증자에 관하여 유언자에게 질문을 하고 이에 대하여 유언자가 한 답변을 통하여 유언자의 의사를 구체적으로 확인할 수 있어 그 답변이 실질적으로 유언의 취지를 진술한 것이나 마찬가지로 볼 수 있고, 유언자의 의사능력이나 유언의 내용, 유언의 전체 경위 등으로 보아 그 답변을 통하여 인정되는 유언취지가 유언자의 진정한 의사에 기한 것으로 인정할 수 있는 경우에는, 유언취지의 구수 요건을 갖추었다고 볼 수 있다."; **대판 2007.10.25, 2007다51550** "민법 제1068조 소정의 '공정증서에 의한 유언'에서 '유언취지의 구수'라고 함은 말로써 유언의 내용을 상대방에게 전달하는 것을 뜻하는 것이므로 이를 엄격하게 제한하여 해석하여야 하지만, 공증인이 유언자의 의사에 따라 유언의 취지를 작성하고 그 서면에 따라 유언자에게 질문을 하여 유언자의 진의를 확인한 다음 유언자에게 필기된 서면을 낭독하여 주었고, 유언자가 유언의 취지를 정확히 이해할 의사식별능력이 있고 유언의 내용이나 유언경위로 보아 유언 자체가 유언자의 진정한 의사에 기한 것으로 인정할 수 있는 경우에는, 위와 같은 '유언취지의 구수' 요건을 갖추었다고 보아야 한다. 공증 변호사가 미리 작성하여 온 공정증서에 따라, 의식이 명료하고 언어소통에 지장이 없는 유언자에게 질문하여 유증의사를 확인하고 그 증서의 내용을 읽어주어 이의 여부도 확인한 다음 자필서명을 받은 경우, 위 공정증서에 의한 유언은 민법 제1068조에서 정한 요건을 모두 갖추었다."

염려가 있다는 단점이 있다.

2) 비밀증서에 의한 유언이 유효하기 위해서는 ① 유언자가 필자의 성명을 기입한 유언서를 엄봉·날인하여야 할 것, ② 엄봉한 날인증서를 2인 이상의 증인의 면전에 제출하여 자기의 유언서임을 표시할 것, ③ 유언봉서에 유언서의 제출연월일을 기재하고 유언자와 증인이 각각 서명 또는 기명날인 하여야 할 것, ④ 유언봉서는 그 표면에 기재된 날로부터 5일 내에 공증인 또는 법원서기에게 제출하여 그 봉인 상에 확정일자인을 받아야 할 것 등을 필요로 한다(제1069조).

3) 비밀증서에 의한 유언이 그 방식에 흠결이 있더라도 그 증서가 자필증서의 방식을 갖춘 경우에는 자필증서에 의한 유언으로 본다(제1071조). 이는 무효행위의 전환을 인정한 것이다.

(5) 구수증서에 의한 유언

1) 구수증서에 의한 유언은 질병 기타 급박한 사유로 인하여 자필증서, 녹음, 공정증서, 비밀증서의 방식에 의하여 유언을 할 수 없는 경우 인정되는 방식이다(제1070조). 그러므로 보통의 방식에 의한 유언이 가능한 경우에는 허용되지 않는다.[360)]

2) 구수증서에 의한 유언이 유효하기 위해서는 ① 질병 기타 급박한 사유로 다른 방식에 의한 유언을 할 수 없을 것, ② 유언자가 2인 이상의 증인의 참여로 그 1인에게 유언의 취지를 구수하여야 할 것, ③ 구수를 받은 자가 이를 필기 낭독하여 유언자의 증인이 그 정확함을 승인한 후 각자 서명 또는 기명날인할 것, ④ 구수증서에 의한 유언은 그 증인 또는 이해관계인이 급박한 사유의 종료한 날로부터 7일 내에 법원에 그 검인을 신청할 것 등을 필요로 한다.[361)]

---

360) **대판 1999. 9. 3, 98다17800** "민법 제1065조 내지 제1070조가 유언의 방식을 엄격하게 규정한 것은 유언자의 진의를 명확히 하고 그로 인한 법적 분쟁과 혼란을 예방하기 위한 것이므로, 법정된 요건과 방식에 어긋난 유언은 그것이 유언자의 진정한 의사에 합치하더라도 무효라고 하지 않을 수 없는바, 민법 제1070조 제1항이 구수증서에 의한 유언은 질병 기타 급박한 사유로 인하여 민법 제1066조 내지 제1069조 소정의 자필증서, 녹음, 공정증서 및 비밀증서의 방식에 의하여 할 수 없는 경우에 허용되는 것으로 규정하고 있는 이상, 유언자가 질병 기타 급박한 사유에 있는지 여부를 판단함에 있어서는 유언자의 진의를 존중하기 위하여 유언자의 주관적 입장을 고려할 필요가 있을지 모르지만, 자필증서, 녹음, 공정증서 및 비밀증서의 방식에 의한 유언이 객관적으로 가능한 경우까지 구수증서에 의한 유언을 허용하여야 하는 것은 아니다."

3) 판례는 '유언취지의 구수'는 "말로써 유언의 내용을 상대방에게 전달하는 것을 뜻하는 것이므로, 증인이 제3자에 의하여 미리 작성된, 유언의 취지가 적혀 있는 서면에 따라 유언자에게 질문을 하고 유언자가 동작이나 간략한 답변으로 긍정하는 방식은, 유언 당시 유언자의 의사능력이나 유언에 이르게 된 경위 등에 비추어 그 서면이 유언자의 진의에 따라 작성되었음이 분명하다고 인정되는 등의 특별한 사정이 없는 한 민법 제1070조 소정의 유언취지의 구수에 해당한다고 볼 수 없다."고 하고 있다.[362)]

4) 여기서 이해관계인이라 함은 상속인 기타 검인에 의하여 직접 그 권리가 침해되었다고 객관적으로 인정되는 자를 말한다.[363)]

3. 유언증인

(1) 유언증인의 필요성

자필증서 이외에 녹음, 공정증서, 비밀증서, 구수증서에 의한 유언을 법률상 유효하게 성립시키려면 1인 또는 그 이상의 증인의 참여가 필요하다. 민법은 유언

---

361) **대결 1994.11. 3, 94스16** "유언자의 질병으로 인하여 구수증서의 방식으로 유언을 한 경우에는 특별한 사정이 없는 한 그 유언이 있은 날에 급박한 사유가 종료하였다고 하겠으므로, 유언이 있은 날로부터 7일 이내에 그 검인신청을 하여야 한다."

362) **대판 2006. 3. 9, 2005다57899** "민법 제1070조 소정의 '구수증서에 의한 유언'은 유언자가 2인 이상의 증인의 참여로 그 1인에게 유언의 취지를 구수하고 그 구수를 받은 자가 이를 필기낭독하여 유언자와 증인이 그 정확함을 승인한 후 각자 서명 또는 기명날인하여야 하는 것인바, 여기서 '유언취지의 구수'라 함은 말로써 유언의 내용을 상대방에게 전달하는 것을 뜻하는 것이므로, 증인이 제3자에 의하여 미리 작성된, 유언의 취지가 적혀 있는 서면에 따라 유언자에게 질문을 하고 유언자가 동작이나 간략한 답변으로 긍정하는 방식은, 유언 당시 유언자의 의사능력이나 유언에 이르게 된 경위 등에 비추어 그 서면이 유언자의 진의에 따라 작성되었음이 분명하다고 인정되는 등의 특별한 사정이 없는 한 민법 제1070조 소정의 유언취지의 구수에 해당한다고 볼 수 없다."

363) **대판 1990. 2.12, 89스19** "민법 제1070조의 구수증서에 의한 유언의 검인에 대하여 즉시항고를 할 수 있는 이해관계인이라 함은 상속인 기타 검인에 의하여 직접 그 권리가 침해되었다고 객관적으로 인정되는 자를 의미한다고 할 것인 바, 1960.1.1. 이후에 있어서는 여호주가 직계존비속없이 사망하면 그 여호주의 형제자매와 8촌 이내의 방계혈족이 순차 그 상속인이 되는 것이므로 부담있는 유증을 내용으로 하는 유언을 하고 사망한 여호주의 망부의 동생은 유언자의 상속인이 될 수 없고, 그가 수증자나 유언집행자도 아니며 위 유증에 의하여 그 수증자로부터 금 20,000,000원을 지급받게 됨으로써 오히려 이익을 받게 될 지위에 있을 뿐이라면 위 유언의 검인에 대한 이해관계인 이라고는 볼 수 없으므로 그가 제기한 항고는 부적법하다."

의 정확성을 보장하기에 부적절한 일정한 자를 증인결격자로 규정하고 있다.

(2) 유언증인의 결격자

1) 유언증인은 유언내용의 진실성을 증명하는 사람이어야 하므로 다음의 사람은 유언에 참여하는 증인이 되지 못한다(제1072조 제1항). ① 미성년자, ② 피성년후견인과 피한정후견인, ③ 유언에 의하여 이익을 받을 자, 그 배우자와 직계혈족, ④ 공정증서에 의한 유언에는 공증인법에 의한 결격자는 유언증인의 자격이 없다.

2) 공정증서에 의한 유언에는 공증인법에 의한 결격자는 증인이 되지 못한다(제1072조 제2항).

3) 법률에 결격자로 규정되어 있지 않지만 사실상 유언의 방식에서 정하고 있는 증인의 역할을 수행할 수 없는 자는 다음과 같다. ① 서명을 할 수 없거나 문자를 이해할 능력이 없는 자, ② 유어자의 구수(口授)를 이해할 수 없는 자, ③ 필기가 정확한 것임을 승인할 능력이 없는 자, ④ 녹음된 유언을 이해할 수 없는 자 등이다.

4) 결격자가 참여한 유언은 그 전체가 무효로 된다. 그러나 증인결격자가 있지만 나머지 증인으로 유언의 진정성을 보장할 수 있을 경우에는 유언의 효력을 인정하고 있다.[364)]

---

364) **대판 1977.11. 8, 76므15** "과연 민법 제1060조에는 유언의 요식성을 규정하고 있고 민법 제1065조에는 유언의 보통방식이라는 제목으로 유언의 방식은 자필증서, 녹음, 공정증서, 비밀증서와 구수증서의 5종으로 한다고 규정하였고 또 민법 제1070조 제1항에는' 구수증서에 의한 유언을 질병 기타 급박한 사유로 인하여 전 4조의 방식(자필증서, 녹음, 공정증서, 비밀증서)에 의할 수 없는 경우에 유언자가 2인 이상의 증인의 참여로 그 1인에게 유언의 취지를 구수하고 그 구수를 받은 자가 이를 필기 낭독하여 유언자와 증인이 그 정확함을 승인한 후 각자 서명 또는 기명날인하여야 한다'고 규정하고, 이어서 이러한 규정들을 종합하면 구수증서에 의한 유언은 비록 보통방식이란 제목하에는 있으나 그 실질에 있어서는 보통방식이 아닌 것으로 판단되며 따라서 원심이 구수증서에 의한 유언은 다른 방식의 유언과는 달리 유언요건을 완화하여 해석하여야 한다고 하고 또 특별방식의 유언이라고 표시한 점도 수긍이 간다. 따라서 원심이 이 사건 유언서의 기재 중 김♡수라는 기재는 결격자이고 나머지 4인의 증인중 임석원의 기명날인 앞에는 대필자라는 표시만 있고 '증인'의 표시가 없으며 조윤옥, 정상희, 이홍규의 기명날인 앞에 일일이 '증인'의 표시는 없으나 실제에 있어서 증인들이고 그 중 1인인 임석원이 대필자가 된 것은 민법 제1070조의 방식에 맞는 것이라고 판시하고 아울러 증인들의 증언에 의하여 필기자인 임석원이 낭독하여 유언자와 증인이 그 정확성을 승인한 사실이 인정되니 유언서 자체에 그런 사유를

Ⅲ. 유언의 효력

1. 유언의 효력발생시기

(1) 보통의 유언은 유언자가 사망한 때로부터 그 효력이 생긴다(제1073조 제1항).

(2) 유언에 정지조건이 있는 경우에 그 조건이 유언자의 사망 후에 성취한 때에는 그 조건성취한 때로부터 유언의 효력이 생긴다(제1073조 제2항). 유언에 해제조건이 있는 경우에는 민법은 특별규정을 두고 있지 않다. 그러나 조건의 일반규정에 따라서 해제조건부 유언은 유언자가 사망한 때 효력이 발생하고, 그 조건이 유언자의 사망 후에 성취되면 효력을 잃는다(제147조 제2항). 이 경우 유언자의 사망 전에 조건이 성취되면 유언은 무효로 되고(제151조 제2항), 조건의 불성취가 확정되면 조건 없는 유언으로 된다(제151조 제3항).

(3) 유언에 시기(始期)가 있는 경우에는 그 시기의 내용에 따라 기한이 도래한 때부터 유언의 효력이 발생하거나 또는 이행을 청구할 수 있게 된다(제152조 제1항). 유언에 종기(終期)가 있는 경우에는 유언은 유언자가 사망한 때부터 효력이 발생하며 기한이 도래한 때에 그 효력을 잃는다(제152조 제2항).

(4) 유언으로 재단법인을 설립하는 경우에는 유언자가 사망한 때에 바로 재단법인이 성립하지 않으며, 유언집행자 또는 상속인이 주무관청의 허가를 얻어 설립등기를 하여야 비로소 성립한다(제32조, 제33조).

(5) 부(夫) 또는 처(妻)가 유언으로 친생부인의 의사를 표시한 때에는 유언집행자가 부인의 소를 제기하여야 하며(제850조), 그 판결의 확정으로 자(子)는 모(母)의 혼인 외의 출생자가 된다.

(6) 유언으로 인지(認知)를 한 때에는 유언집행자가 이를 신고하여야 한다(제859조 제2항 제2문).

2. 유언의 무효와 취소

(1) 유언은 법률행위이므로 법률행위의 무효·취소에 관한 총칙편의 규정이 적

기재하지 않았다고 하더라도 이 사건 유언이 방식에 위배된 무효의 것이 아니라고 판단한 점도 정당하다고 보여진다. 그러므로 원심의 조치에는 소론 유언의 요식성에 관한 법리오해유언방식에 관한 법리오해, 유증의 법리오해, 이유불비, 이유모순 등의 위법있다할 수 없으니 논지 모두 이유 없다.”

용된다. 단지 친족법적인 의사표시에 대하여는 원칙적으로 총칙편의 규정이 적용되지 않는다. 유언의 무효·취소는 주로 유언자가 사망한 후에 문제된다.

(2) 유언이 무효인 경우로는 ① 방식에 따르지 않은 경우(제1060조), ② 유언적령(17세)에 미달한 자가 유언을 한 경우(제1061조), ③ 수증결격자에 대한 유언의 경우(제1064조), ④ 유언자의 사망 전에 수증자가 사망한 경우, ⑤ 의사능력이 없는 자의 유언, ⑥ 사회질서나 강행법규에 위반되는 유언, ⑦ 법정사항 이외의 사항을 내용으로 하는 유언 등이다.

(3) 부담부 유증을 받은 자가 그 부담의무를 이행하지 아니한 때에는 상속인 또는 유언집행자는 상당한 기간을 정하여 이행할 것을 최고하고 그 기간 내에 이행하지 아니한 때에는 법원에 유언의 취소를 청구할 수 있다. 그 이외에 민법총칙 규정에 의한 취소사유가 있는 경우 즉 착오, 사기·강박에 의한 유언은 취소할 수 있다.

Ⅳ. 유언의 철회

1. 의 의

유언자가 유효하게 유언을 했더라도 그 유언을 언제든지 철회할 수 있는 것이 유언자의 최종의사를 존중하는 것이다. 유언의 철회란 유언이 성립된 이후 유언의 효력발생 전에 그 효력의 발생을 방지하는 것을 말한다. 유언의 철회권은 유언의 취소와는 달리 유언자의 일신전속권이다.

2. 유언철회의 자유

유언자는 언제든지 유언 또는 생전행위로써 유언의 전부나 일부를 철회할 수 있다. 이를 유언철회의 자유라고 한다(제1108조 제1항). 그리고 유언자의 유언철회권은 포기하지 못한다(제1108조 제2항). 그러므로 유언자와 수증자가 유언을 철회하지 않는다는 내용을 계약을 체결하는 것은 무효이다.

3. 유언의 법정철회

(1) 유언의 저촉

1) 앞선 유언과 뒤의 유언이 서로 저촉되는 경우 그 저촉된 부분의 전 유언은 철회한 것으로 본다(제1109조).[365] 유언자가 앞·뒤 두 유언이 서로 저촉되는 지의 여부를 묻지 않고 철회가 의제된다. 여기서 '저촉'이란 내용상 양립할 수 없는 것을 의미한다.[366]

2) 유언 후의 생전행위가 유언과 저촉되는 경우에는 그 저촉된 부분의 전 유언은 이를 철회한 것으로 본다(제1109조). 여기서 '생전행위'란 유언자가 생존 중에 유언의 목적인 특정의 재산에 대하여 한 처분을 가리키며 유상이든 무상이든 상관없다.

---

365) **대판 1998. 5.29, 97다38503** "망인이 유언증서를 작성한 후 재혼하였다거나, 유언증서에서 유증하기로 한 일부 재산을 처분한 사실이 있다고 하여 다른 재산에 관한 유언을 철회한 것으로 볼 수 없다."; **대판 1998. 6.12, 97다38510** "유언 후의 생전행위가 유언과 저촉되는 경우에는 민법 제1109조에 의하여 그 저촉된 부분의 전 유언은 이를 철회한 것으로 보지만, 이러한 생전행위를 철회권을 가진 유언자 자신이 할 때 비로소 철회 의제 여부가 문제될 뿐이고 타인이 유언자의 명의를 이용하여 임의로 유언의 목적인 특정 재산에 관하여 처분행위를 하더라도 유언 철회로서의 효력은 발생하지 아니하며, 또한 여기서 말하는 '저촉'이라 함은 전의 유언을 실효시키지 않고서는 유언 후의 생전행위가 유효로 될 수 없음을 가리키되 법률상 또는 물리적인 집행불능만을 뜻하는 것이 아니라 후의 행위가 전의 유언과 양립될 수 없는 취지로 행하여졌음이 명백하면 족하다고 할 것이고, 이러한 저촉 여부 및 그 범위를 결정함에 있어서는 전후 사정을 합리적으로 살펴 유언자의 의사가 유언의 일부라도 철회하려는 의사인지 아니면 그 전부를 불가분적으로 철회하려는 의사인지 여부를 실질적으로 집행이 불가능하게 된 유언 부분과 관련시켜 신중하게 판단하여야 한다."

366) **대판 1998. 6.12, 97다38510** "유언 후의 생전행위가 유언과 저촉되는 경우에는 민법 제1109조에 의하여 그 저촉된 부분의 전(前)유언은 이를 철회한 것으로 보지만, 이러한 생전행위를 철회권을 가진 유언자 자신이 할 때 비로소 철회 의제 여부가 문제될 뿐이고 타인이 유언자의 명의를 이용하여 임의로 유언의 목적인 특정 재산에 관하여 처분행위를 하더라도 유언 철회로서의 효력은 발생하지 아니하며, 또한 여기서 말하는 '저촉'이라 함은 전의 유언을 실효시키지 않고서는 유언 후의 생전행위가 유효로 될 수 없음을 가리키되 법률상 또는 물리적인 집행불능만을 뜻하는 것이 아니라 후의 행위가 전의 유언과 양립될 수 없는 취지로 행하여졌음이 명백하면 족하다고 할 것이고, 이러한 저촉 여부 및 그 범위를 결정함에 있어서는 전후 사정을 합리적으로 살펴 유언자의 의사가 유언의 일부라도 철회하려는 의사인지 아니면 그 전부를 불가분적으로 철회하려는 의사인지 여부를 실질적으로 집행이 불가능하게 된 유언 부분과 관련시켜 신중하게 판단하여야 한다."

(2) 파훼로 인한 유언의 철회

유언자가 고의로 유언증서 또는 유증의 목적물을 파훼(破毁)한 때에는 그 파훼한 부분에 관한 유언은 이를 철회한 것으로 본다(제1110조). 파훼는 유언자 자신이 고의로 하여야 하므로 제3자에 이한 파훼나 유언자의 과실에 의한 파훼 또는 불가항력에 의한 파훼의 경우에는 무효로 된다. 유언자 본인의 의사에 의하지 않는 유언서의 멸실이나 분실되었다는 사유만으로 유언이 실효되는 것은 아니고, 이해관계인은 유언증서의 내용을 증명하여 유언의 유효를 주장할 수 있다.[367]

4. 유언철회의 효과

(1) 유언이 철회된 경우 철회된 유언은 처음부터 없었던 것처럼 되어 유언자가 사망하여도 유언으로서 효력이 생기지 않는다. 철회의 효력 발생 시기는 철회의 종류에 따라 다르고, 임의 철회의 경우에는 철회를 생전행위에 의하여 하느냐 유언에 의하여 하느냐에 따라 다르다.[368]

(2) 유언을 철회한 후 그 철회를 다시 철회하는 경우에는 우리 민법은 명문의 규정을 두고 있지 않다. 따라서 해석에 의할 수밖에 없다. 사견에 의하면 법정철회·임의철회를 생전행위로 한 경우에는 철회의 효과가 이미 발행하여 철회의 철회는 불가능하다. 그러나 임의철회를 유언으로 한 경우에는 철회의 유언이 아직 효력발생 전이기 때문에 철회의 유언을 다시 철회하여 처음의 유언이 부활한다.

(3) 유언의 철회가 착오·사기 또는 강박에 의하여 행해진 경우에는 제109조 및 제110조에 따라 취소할 수 있다.[369]

V. 유 증

1. 의의와 성질

(1) 유증(遺贈)이란 유언자가 유언에 의하여 재산상의 이익을 무상으로 타인에

---

367) **대판 1996. 9.20, 96다21119** "유언자가 유언을 철회한 것으로 볼 수 없는 이상, 유언증서가 그 성립 후에 멸실되거나 분실되었다는 사유만으로 유언이 실효되는 것은 아니고 이해관계인은 유언증서의 내용을 입증하여 유언의 유효를 주장할 수 있다."

368) 송덕수, 앞의 책, 417-418면.

369) 곽윤직, 앞의 책, 244면; 송덕수, 앞의 책, 418면.

게 증여하는 것을 말한다. 유증은 유언자의 사망에 의하여 효력이 발생하는 사인행위이며 이 점에서 사인증여와 같으나, 상대방 없는 단독행위인 점에서 계약인 사인증여와 다르다.

(2) 적극재산뿐만 아니라 소극재산을 면제하는 것도 유증이 된다. 그러나 수증자에게 채무만을 부담하게 하는 것은 유증이 아니다.

(3) 유증은 원칙적으로 유언의 자유의 한 내용으로서 유증의 자유가 있다. 그러나 유류분제도에 의한 제한을 받게 된다. 그리고 유증은 조건이나 기한을 붙일 수 있다(제1073조 제2항 참조).

2. 수증자와 유증의무자

(1) 수 증 자

1) 수증자라 함은 유증을 받는 자로서 유언 중에 지정된 자이다. 자연인 뿐 아니라 법인도 수증자가 될 수 있고 상속인도 수증자가 될 수 있다.

2) 수증자는 유언자의 사망 당시에 생존하고 있어야 하고, 유언자가 사망하기 전에 수증자가 사망한 때에는 유증은 무효이다(제1089조).

3) 태아는 유증에 관하여 이미 출생한 것으로 본다(제1064조).

4) 상속결격자는 수증결격자가 된다(제1064조).

(2) 유증의무자

1) 유증의무자라 함은 유증을 이행할 의무를 지는 자를 말한다.

2) 상속인, 유언집행자, 포괄적 수증자, 상속재산관리인 등이 유증의무자이다.

3. 유증의 종류

(1) 포괄적 유증

1) 의 의

포괄적 유증은 유증의 목적의 범위를 상속재산의 전체 또는 그 일정비율을 유증하는 것이다.

2) 효 력

① 포괄적 수증자의 지위

포괄적 유증을 받은 자는 상속인과 동일한 권리의무가 있다(제1078조). 즉 포괄적으로 권리·의무(일신적속권은 제외; 제1005조 단서)를 법률상 포괄적으로 승계한다(제1005조 본문). 따라서 포괄수증자는 상속채무도 지분비율에 의하여 승계한다. 유증의무자의 이행행위는 필요하지 않으며, 물권이나 채권의 경우 등기·인도 및 채권양도의 대항요건을 갖출 필요도 없다.[370)]

② 포괄적 유증의 승인·포기

상속인과 마찬가지로 포괄적 유증의 승인·포기를 할 수 있다. 여기에는 상속의 승인·포기에 관한 제1019조 내지 제1044조가 적용된다. 즉 포괄적 수증자가 유증의 효력발생을 안 날로부터 3월 내에 한정승인이나 포기신고를 하지 않으면 포괄적 유증을 단순승인 한 것으로 본다.

③ 상속인의 상속회복청구권 및 그 제척기간에 관한 제999조는 포괄적 유증의 경우에 유추적용된다.[371)]

(2) 특정유증

1) 의 의

특정유증은 유증의 목적이 구체적으로 특정되어 있는 유증이다. 유증의 객체가 특정된 경우는 물론 금전·채권 또는 종류물을 목적으로 하는 것도 특정유증이다.

2) 효 과

① 유증 목적물의 소유권 귀속시기

특정적 유증은 원칙적으로 유증의 이행을 청구할 수 있는 채권을 발생시킬 수

---

370) **대판 2003. 5.27, 2000다73445** "포괄적 유증을 받은 자는 민법 제187조에 의하여 법률상 당연히 유증받은 부동산의 소유권을 취득하게 되나, 특정유증을 받은 자는 유증의무자에게 유증을 이행할 것을 청구할 수 있는 채권을 취득할 뿐이므로, 특정유증을 받은 자는 유증받은 부동산의 소유권자가 아니어서 직접 진정한 등기명의의 회복을 원인으로 한 소유권이전등기를 구할 수 없다."

371) **대판 2001.10.12, 2000다22942** "상속인의 상속회복청구권 및 그 제척기간에 관하여 규정한 민법 제999조는 포괄적 유증의 경우에도 유추 적용된다."

있는 효력, 즉 유증의 이행청구권(채권적 효력)만 있다.[372] 따라서 유증의 목적물은 일단 상속인이나 포괄적 수증자가 승계를 하고 후에 유증의 이행을 한 때에 비로소 수증자에게 소유권이 이전한다. 따라서 부동산의 경우 등기를 한 때, 동산의 경우 인도를 한 때, 채권의 경우 대항요건을 갖추고 양도를 한 때 수증자에게 귀속된다.

② 수증자의 과실취득권

수증자는 유증의 이행을 청구할 수 있는 때로부터 그 목적물의 과실을 취득한다. 유증의 이행을 청구할 수 있는 때란 일반적으로 유언자의 사망 시이며, 정지조건부 유증인 경우에는 조건성취 시, 시기부 유증에서는 시기가 도래 시 그 목적물의 과실(천연과실 및 법정과실)을 취득한다. 그러나 유언자가 유언으로 다른 의사를 표시한 때에는 그 의사에 의한다(제1079조).

③ 유증의무자의 담보책임

ⓐ 특정물의 유증에는 담보책임이 없다. 따라서 유언자가 사망할 당시에 있는 상태대로 유증을 이행하면 되며, 유언자 사망 당시에 그 목적물에 제한물권 등이 설정되어 있으면 그 제한이 있는 대로 이행하면 된다(제1085조). 또한 유언자의 사망 당시에 유언의 목적이 된 권리가 상속재산에 속하지 아니한 때에는 원칙적으로 이를 이행할 필요가 없다(제1087조).

ⓑ 불특정물의 유증이 있는 경우에는 유증의무자는 그 목적물에 대하여 매도인과 같은 담보책임이 있다. 따라서 목적물에 하자가 있는 때에는 유증의무자는 하자 없는 물건으로 인도하여야 한다(제1082조). 다만 유언자가 유언으로 다른 의사를 표시한 때에는 그 의사에 의한다.

④ 상속재산에 속하지 않은 권리의 유증

특정유증의 목적이 된 권리가 유언자의 사망 당시에 상속재산에 속하지 아니한 때에는 유증은 그 효력이 없다(제1087조 제1항 본문). 그러나 유언자가 자기의 사

372) **대판 2003. 5.27, 2000다73445** "포괄적 유증을 받은 자는 민법 제187조에 의하여 법률상 당연히 유증받은 부동산의 소유권을 취득하게 되나, 특정유증을 받은 자는 유증의무자에게 유증을 이행할 것을 청구할 수 있는 채권을 취득할 뿐이므로, 특정유증을 받은 자는 유증받은 부동산의 소유권자가 아니어서 직접 진정한 등기명의의 회복을 원인으로 한 소유권이전등기를 구할 수 없다."

망당시에 그 목적물이 상속재산에 속하지 아니한 경우에도 유언의 효력이 있게 할 의사인 때에는 유증의무자는 그 권리를 취득하여 수증자에게 이전할 의무가 있다(제1087조 제1항 단서). 이때에 그 권리를 취득할 수 없거나 그 취득에 과다한 비용을 요할 때에는 그 가액으로 변상할 수 있다(제1087조 제2항).

⑤ 물상대위성

ⓐ 유증자가 유증목적물의 멸실, 훼손 또는 점유의 침해로 인하여 제삼자에게 손해배상을 청구할 권리가 있는 때에는 그 권리를 유증의 목적으로 한 것으로 본다(제1083조). 다만 유언자가 유언으로 다른 의사를 표시한 때에는 그 의사에 의한다.

ⓑ 채권을 유증의 목적으로 한 경우에 유언자가 그 변제를 받은 물건이 상속재산 중에 있는 때에는 그 물건을 유증의 목적으로 한 것으로 본다(제1084조 제1항). 이 경우 채권이 금전을 목적으로 한 때에는 그 변제받은 채권액에 상당한 금전이 상속재산 중에 없는 때에도 그 금액을 유증의 목적으로 한 것으로 본다(제1084조 제2항). 다만 유언자가 유언으로 다른 의사를 표시한 때에는 그 의사에 의한다(제1086조).

⑥ 비용상환청구권

유증의무자가 유언자의 사망 후에 그 목적물의 과실을 수취하기 위하여 필요비를 지출한 때에는 그 과실의 가액의 한도에서 과실을 취득한 수증자에게 상환을 청구할 수 있다(제1080조). 그리고 유증의무자가 유증자의 사망 후에 그 목적물에 대하여 비용을 지출한 때에는 유치권자의 비용상환청구에 관한 제325조의 규정을 준용한다(제1081조).

3) 특정적 유증의 승인·포기

① 의 의

유증은 유언자의 일방적 의사표시에 의한 단독행위이므로 유증을 받을 지의 여부에 대한 선택권을 수증자에게 주어야 한다. 이에 따라 민법 제1074조 이하에서 유증의 승인·포기를 규정하고 있다. 그런데 포괄적 유증은 상속과 동일한 권리의무가 있어서 그 승인·포기는 상속의 승인·포기와 동일하므로 여기서의 승인·포기에 관한 규정은 특정적 유증에만 적용된다.

② 유증의 승인·포기의 자유

유증을 받을 자는 유언자의 사망 후에 언제든지 유증을 승인 또는 포기할 수 있다. 이러한 승인이나 포기는 유언자의 사망한 때에 소급하여 그 효력이 있다(제1074조).

③ 수증자의 상속인의 승인·포기

수증자가 승인이나 포기를 하지 아니하고 사망한 때에는 그 상속인은 상속분의 한도에서 승인 또는 포기할 수 있다. 그러나 유언자가 유언으로 다른 의사를 표시한 때에는 그 의사에 의한다(제1076조).

④ 승인·포기의 취소금지

일단 유증의 승인이나 포기를 하면 이를 취소할 수 없다(제1075조 제1항). 다만 민법총칙편의 규정에 의한 취소, 즉 제한능력, 착오, 사기나 강박을 이유로 하는 취소는 가능하다. 그러나 그 취소권은 추인할 수 있는 날로부터 3월, 승인 또는 포기한 날로부터 1년 내에 행사하여야 한다(제1075조).

⑤ 유증의무자의 최고권

유증의무자나 이해관계인은 상당한 기간을 정하여 그 기간 내에 승인 또는 포기를 확답할 것을 수증자 또는 그 상속인에게 최고할 수 있고, 그 기간 내에 수증자 또는 상속인이 유증의무자에 대하여 최고에 대한 확답을 하지 아니한 때에는 유증을 승인한 것으로 본다(제1077조).

⑥ 유증의 무효·포기의 경우

유증이 무효이거나 수증자가 이를 포기한 때에는 유증의 목적인 재산은 상속인에게 귀속한다. 다만 유언자가 유언으로 다른 의사를 표시한 때에는 그 의사에 의한다(제1090조).

(3) 부담부 유증

1) 의의 및 성질

① 부담부 유증이란 유언자가 수증자에게 유언자 본인이나 그 상속인 또는 제3자를 위하여 일정한 법률상의 의무를 이행하는 부담을 주는 유증이다. 부담부 유증은 포괄적 유증이나 특정유증 모두 가능하다. 또한 부담은 유증의 목적물과

관계없는 사항이어도 무방하다.

② 부담은 효력요건이 아니므로 조건부 유증과는 다르다. 따라서 부담의 불이행이 있더라도 유증은 유효하고 다만 유증의 취소가 가능할 뿐이다.

2) 부담부 유증의 효력

① 부담 있는 유증을 받은 자는 유증의 목적의 가액을 초과하지 아니한 한도에서 부담한 의무를 이행할 책임이 있다(제1088조 제1항). 유증의 목적의 가액이 한정승인 또는 재산분리로 인하여 감소된 때에는 수증자는 그 감소된 한도에서 부담할 의무를 면한다(제1088조 제2항).

② 부담의 이행을 청구할 수 있는 자는 상속인이나 유언집행자이다.

③ 부담의 내용이 불능이거나 사회질서에 반하는 등의 경우에는 그 부담은 무효이다.

3) 부담부 유증의 취소

① 부담 있는 유증을 받은 자가 그 부담의무를 이행하지 아니한 때에는 상속인 또는 유언집행자는 상당한 기간을 정하여 이행할 것을 최고하고 그 기간 내에 이행하지 아니한 때에는 가정법원에 유언의 취소를 청구할 수 있다. 그러나 제3자의 이익을 해하지 못한다(제1111조).

② 부담 있는 유증의 취소는 상속 개시지의 가정법원의 관할에 속한다(가사소송법 제2조 제1항 라류사건 48)·제44조 7호). 그 취소의 결정은 심판으로 하고(가사소송법 제39조), 부담부 유언의 취소심판을 할 때에는 수증자를 절차에 참가하게 하여야 한다(가사소송규칙 제89조 제1항). 취소심판이 확정되면 그 취소의 효력은 소급효가 있다. 즉 유언이 처음부터 없었던 것으로 되며 유증의 목적물은 상속인에게 귀속한다.

Ⅵ. 유언의 집행

1. 의 의

유언의 집행이라 함은 유언이 효력을 발생한 후 그 유언의 내용을 실현시키기 위하여 하는 행위 또는 절차를 의미한다. 유언 중에는 집행을 할 필요가 없는 것과 일정한 절차를 밟아야 하는 것이 있는데 이를 유언의 집행이라 한다. 전자에는 후견인의 지정(제931조 제1항), 상속재산의 분할금지(제1012조) 등과 같이 유언의 효력발생으로 당연히 실현되기 때문에 따로 집행할 필요가 없는 것이 있고, 후자에는 친생부인(제850조), 인지(제859조)와 같이 소를 제기하거나 '가족관계의 등록 등에 관한 법률'상의 신고 등을 하여야 하는 것이 있다.

2. 유언집행의 준비

(1) 유언의 검인(檢認)

1) 유언의 증서나 녹음을 보관한 자 또는 이를 발견한 자는 유언자의 사망 후 지체 없이 법원에 제출하여 그 검인을 청구하여야 한다. 그러나 공정증서유언이나 구수증서 유언의 경우에는 그러한 의무가 없다(제1091조). '검인(檢認)'은 일종의 검증절차 내지는 증거보전절차로서, 유언이 유언자의 진의에 의한 것인지 여부나 적법한지 여부를 심사하는 것도 아니고 직접 유언의 유효·무효 여부를 판단하는 심판도 아니라고 하는 것이 판례의 입장이다.[373)]

2) 유언증서 또는 녹음의 검인은 상속개시지의 가정법원의 관할에 속한다(가사소송법 제2조 제1항 라류사건 41)·제44조 7호 본문). 그에 대한 가정법원의 결정은 심판으로 한다(가사소송법 제39조). 유언증서 또는 녹음의 검인은 유언방식에 관한 모든 사실을 조사하여야 하고(가사소송규칙 제86조 제3항), 검인에 관하여는 조서를 작성하여야 한다(가사소송규칙 제87조 제1항).

(2) 유언증서의 개봉

1) 가정법원이 봉인된 유언증서를 개봉할 때에는 유언자의 상속인, 그 대리인

---

373) **대판 1998. 6.12, 97다38510** "민법 제1091조에서 규정하고 있는 유언증서에 대한 법원의 검인은 유언증서의 형식·태양 등 유언의 방식에 관한 모든 사실을 조사·확인하고 그 위조·변조를 방지하며, 또한 보존을 확실히 하기 위한 일종의 검증절차 내지는 증거보전절차로서, 유언이 유언자의 진의에 의한 것인지 여부나 적법한지 여부를 심사하는 것이 아님은 물론 직접 유언의 유효 여부를 판단하는 심판이 아니고, 또한 민법 제1092조에서 규정하는 유언증서의 개봉절차는 봉인된 유언증서의 검인에는 반드시 개봉이 필요하므로 그에 관한 절차를 규정한 데에 지나지 아니하므로, 적법한 유언은 이러한 검인이나 개봉절차를 거치지 않더라도 유언자의 사망에 의하여 곧바로 그 효력이 생기는 것이며, 검인이나 개봉절차의 유무에 의하여 유언의 효력이 영향을 받지 아니한다."

기타 이해관계인의 참여가 있어야 한다(제1092조). 그러나 개봉기일에 상속인이나 그 대리인이 출석하지 않은 때에는 이들의 참여 없이 개봉할 수 있다는 것이 통설이다. 적법한 유언은 검인이나 개봉철차를 거치지 않더라도 유언자의 사망에 의하여 곧바로 효력이 생긴다.374)

2) 유언증서의 개봉은 상속개시지의 가정법원의 관할에 속한다(가사소송법 제2조 제1항 라류사건 41)·제44조 제7호 본문). 그에 대한 가정법원의 결정은 심판으로 한다(가사소송법 제39조). 봉인한 유언증서를 개봉하고자 할 때에는 미리 그 기일을 정하여 상속인 또는 그 대리인을 소환하고, 기타 이해관계인에게 통지하여야 하고(가사소송규칙 제86조 제2항), 유언증서의 개봉에 관하여는 조서를 작성하여야 한다(가사소송규칙 제87조 제1항).

3. 유언집행자

유언집행자라 함은 유언의 집행업무를 담당하는 자를 말한다. 친생부인·인지 등은 반드시 유언의 집행이 필요하여 유언집행자가 있어야 하며, 경우에 따라서는 상속인이 유언집행자가 될 수도 있다(제1095조 참조).

(1) 유언집행자의 결정

유언집행자에는 3가지 유형이 있다. 즉 지정 유언집행자(제1093조, 제1094조), 법정 유언집행자(제1095조) 그리고 선임 유언집행자(제1096조)가 있다.

1) 지정 유언집행자

① 유언자는 유언으로 유언집행자를 지정할 수 있고, 그 지정을 제3자에게 위탁할 수 있다(제1093조). 유언집행자 지정의 위탁을 받은 제3자는 그 위탁 있음을 안 후 지체 없이 유언집행자를 지정하여 상속인에게 통지하여야 하며, 그 위탁을 사퇴할 때에는 이를 상속인에게 통지하여야 한다(제1094조 제1항).

② 유언집행자 지정을 받은 제3자가 지정도 사퇴도 하지 않는 경우 상속인 기타 이해관계인은 상당한 기간을 정하여 그 기간 내에 유언집행자를 지정할 것을 위탁 받은 자에게 최고할 수 있고, 그 기간 내에 지정의 통지를 받지 못한 때에는 그 지정의 위탁을 사퇴한 것으로 본다(제1094조 제2항).

---

374) **대판 1998. 6.12, 97다38510** 참조.

2) 법정유언집행자(상속인)

① 유언자 또는 위탁받은 제3자의 지정에 의한 유언집행자가 없는 때에는 상속인이 유언집행자가 된다(제1095조). 유언집행자에 관한 유언이 없는 때와 지정을 위탁받은 제3자가 사퇴한 때, 그리고 지정된 유언집행자가 취임을 사퇴하거나 결격사유(제1098조 참조)를 가지고 있는 때에는 지정 유언집행자가 없게 된다.

② 유언자가 지정 또는 지정위탁에 의하여 유언집행자의 지정을 한 이상 그 유언집행자가 사망·결격 기타 사유로 자격을 상실하였다고 하더라도 상속인은 제1095조에 의하여 유언집행자가 될 수 없고, 유언집행자로 지정된 자가 취임의 승낙을 하였는지는 묻지 않으며, 그러한 경우에는 제1096조에 의하여 이해관계인이 법원에 유언집행자의 선임을 청구할 수 있다고 하는 것이 판례의 입장이다.[375]

3) 선임 유언집행자

① 유언집행자가 없거나 사망·결격 기타 사유로 없게 된 때에는, 가정법원은 이해관계인의 청구에 의하여 유언집행자를 선임하여야 한다(제1096조 제1항). 유언집행자가 없는 때란 상속인이 없는 경우를 말한다.

② 유언집행자로 선임하는 문제는 제1098조 소정의 유언집행자의 결격사유에 해당하지 않는 한 법원의 재량에 속한다고 한다.[376] 가정법원에 의하여 선임된 유언집행자는 선임의 통지를 받은 후 지체 없이 이를 승낙하거나 사퇴할 것을 법원에 통지하여야 한다(제1097조 제2항, 가사소송법 제2조 제1항 라류사건 44)). 이 통지가 없는 경우 상속인 기타 이해관계인은 상당한 기간을 정하여 그 기간 내에 승낙 여부를 확답할 것을 최고할 수 있고, 그 기간 내에 최고에 대한 확답을 받지 못한

375) **대결 2007.10.18, 2007스31** "민법 제1095조는 유언자가 유언집행자의 지정 또는 지정위탁을 하지 아니하거나 유언집행자의 지정을 위탁받은 자가 위탁을 사퇴한 때에 한하여 적용되는 것이고, 유언자가 지정 또는 지정위탁에 의하여 유언집행자의 지정을 한 이상 그 유언집행자가 취임의 승낙을 하였는지를 불문하고 사망·결격 기타 사유로 유언집행자의 자격을 상실한 때에는 민법 제1096조에 의하여 이해관계인이 법원에 유언집행자의 선임을 청구할 수 있다."

376) **대결 1995.12. 4, 95스32** "민법 제1096조에 의한 법원의 유언집행자 선임은 유언집행자가 전혀 없게 된 경우뿐만 아니라 유언집행자의 사망, 사임, 해임 등의 사유로 공동유언집행자에게 결원이 생긴 경우와 나아가 결원이 없어도 법원이 유언집행자의 추가선임이 필요하다고 판단한 경우에 이를 할 수 있는 것이고, 이 때 누구를 유언집행자로 선임하느냐는 문제는 민법 제1098조 소정의 유언집행자의 결격사유에 해당하지 않는 한 당해 법원의 재량에 속하는 것이다."

때에는 유언집행자가 그 취임을 승낙한 것으로 본다(제1097조 제3항).

③ 가정법원에 의하여 선임된 유언집행자에게 법원은 그 임무에 관하여 필요한 처분을 명할 수 있다(제1096조 제2항). 제1096조에 의한 유언집행자의 선임 및 그 임무에 관한 처분은 상속개시지의 가정법원의 관할에 속하고(가사소송법 제2조 제1항 라류사건 43)·제44조 제7호 분문), 그에 대한 결정은 심판으로 한다(가사소송법 제39조).

(2) 유언집행자의 결격

제한능력자, 즉 미성년자·피성년후견인·피한정후견인과 파산선고를 받은 자는 유언집행자가 되지 못한다(제1098조). 결격자를 유언집행자로 지정하는 경우 그 지정은 무효이며, 가정법원도 결격자를 유언집행자로 선임하지 못한다.

친생부인(제850조)과 인지(제859조 제2항)의 경우에는 유언집행자의 직무가 상속인의 이해와 상반되므로 상속인은 유언집행자가 될 수 없다고 한다.[377]

(3) 유언집행자의 법적 지위

지정 유언집행자와 선임 유언집행자는 상속인의 대리인으로 본다(제1103조 제1항). 민법은 유언집행자를 상속인의 대리인으로 보면서 그의 업무처리에 관하여는 위임에 관한 제681조 내지 제685조, 제687조, 제691조, 제692조를 준용한다(제1103조 제2항).

(4) 유언집행자의 권리·의무

유언집행자가 그 취임을 승낙한 때에는 지체 없이 다음의 임무를 이행하여야 한다(제1099조).

1) 재산목록의 작성

유언이 재산에 관한 것인 때에는 지정 유언집행자나 선임 유언집행자는 지체 없이 그 재산목록을 작성하여 상속인에게 교부하여야 한다(제1100조 제1항). 상속인의 청구가 있는 때에는 재산목록의 작성에 상속인을 참여하게 하여야 한다(제1100조 제2항).

377) 곽윤직, 앞의 책, 269면; 송덕수, 앞의 책, 434면.

2) 관리 및 집행

유언집행자는 유증의 목적인 재산의 관리 기타 유언의 집행에 필요한 행위를 할 권리·의무가 있다(제1101조). 유언집행자는 유언집행에 필요한 행위를 하는 경우 소송의 당사자가 될 수도 있다고 한다.[378)]

3) 상속인에 의한 상속재산 처분의 제한

유언집행자가 유언을 집행하는 중에 유언집행자의 권한과 충돌하는 상속인의 처분행위가 있을 경우에 대하여는 민법은 규정을 두고 있지 않다. 따라서 상속인이 이를 위반하여 처분행위를 하여도 그 처분을 무효라고 할 수는 없고 다만 상속인에게 책임을 물을 수 있다고 한다.[379)]

4) 유언의 공동집행

유언집행자가 수인인 경우에는 임무의 집행은 그 과반수의 찬성으로 결정하고, 보존행위는 각자가 할 수 있다(제1102조).

5) 유언집행자의 보수

유언자가 유언으로 그 집행자의 보수를 정하지 않은 경우에는, 법원은 상속재산의 상황 기타 사정을 참작하여 지정 유언집행자 또는 선임 유언집행자의 보수를 정할 수 있다(제1104조 제1항).

유언집행자가 보수를 받는 경우에는, 집행사무를 완료한 후가 아니면 이를 청구하지 못하지만, 기간으로 보수를 정한 때에는 그 기간이 경과한 때 청구할 수

---

378) **대판 2010.10.28, 2009다20840** "[1] 유언집행자는 유증의 목적인 재산의 관리 기타 유언의 집행에 필요한 모든 행위를 할 권리의무가 있으므로, 유증 목적물에 관하여 마쳐진,유언의 집행에 방해가 되는 다른 등기의 말소를 구하는 소송에 있어서는 유언집행자가 이른바 법정소송담당으로서 원고적격을 가진다고 할 것이고, 유언집행자는 유언의 집행에 필요한 범위 내에서는 상속인과 이해상반되는 사항에 관하여도 중립적 입장에서 직무를 수행하여야 하므로, 유언집행자가 있는 경우 그의 유언집행에 필요한 한도에서 상속인의 상속재산에 대한 처분권은 제한되며 그 제한 범위 내에서 상속인은 원고적격이 없다. [2]민법 제1095조는 유언자가 유언집행자의 지정 또는 지정위탁을 하지 아니하거나 유언집행자의 지정을 위탁받은 자가 위탁을 사퇴한 때에 한하여 적용되는 것이므로, 유언자가 지정 또는 지정위탁에 의하여 유언집행자의 지정을 한 이상 그 유언집행자가 사망·결격 기타 사유로 자격을 상실하였다고 하더라도 상속인은 민법 제1095조에 의하여 유언집행자가 될 수는 없다."

379) 곽윤직, 앞의 책, 275면; 송덕수, 앞의 책, 435면.

있다(제1104조 제2항, 제686조 제2항). 그리고 유언집행 중에 유언집행자의 책임없는 사유로 인하여 유언집행이 종료된 때에는 처리한 사무의 비율에 따른 보수를 청구할 수 있다(제1104조 제2항, 제686조 제3항).

한편 유언의 집행에 관한 비용은 상속재산 중에서 이를 지급한다(제1107조).

(5) 유언집행자의 임무종료

유언집행자의 임무종료원인으로 유언집행의 완료, 유언집행자의 사망·결격사유 발생, 그리고 유언집행자의 사퇴가 있다.

지정 유언집행자나 선임 유언집행자는 정당한 사유가 있는 때에는 법원의 허가를 얻어 그 임무를 사퇴할 수 있다(제1105조). 유언집행자의 사퇴에 대한 허가는 상속개시지의 가정법원의 관할에 속하고, 그 결정은 심판으로 하며 심판의 효력은 심판을 받을 사람이 심판을 고지받음으로써 발생한다(가사소송법 제2조 제1항 라류사건 46)·제44조 제7호 본문, 가사소송법 제39조, 제40조 본문).

지정 유언집행자나 선임 유언집행자가 그 임무를 해태하거나 적당하지 않은 사유가 있는 때에는, 법원은 상속인 기타 이해관계인의 청구에 의하여 유언집행자를 해임할 수 있다(제1106조).[380]

유언집행자의 사퇴나 해임으로 유언집행자가 없게 된 경우 법원은 이해관계인의 청구에 의하여 유언집행자를 선임하여야 한다(제1096조 제1항). 그리고 임무가 종료된 유언집행자는 급박한 사정이 있는 때에는 새로운 유언집행자가 선임되어 유언집행사무를 처리할 수 있을 때까지 그의 임무를 계속 수행하여야 한다(제1103조 제2항, 제691조).

---

380) **대결 2011.10.27, 2011스108** "지정 또는 선임에 의한 유언집행자에게 임무해태 또는 적당하지 아니한 사유가 있는 때에는 법원은 상속인 기타 이해관계인의 청구에 의하여 유언집행자를 해임할 수가 있으나(민법 제1106조),유언집행자는 유증의 목적인 재산의 관리 기타 유언의 집행에 필요한 모든 행위를 할 권리의무가 있을 뿐만 아니라(민법 제1101조)유언의 집행에 필요한 범위 내에서는 상속인과 이해상반되는 사항에 관하여도 중립적 입장에서 직무를 수행하여야 하므로, 유언집행자가 유언의 해석에 관하여 상속인과 의견을 달리한다거나 혹은 유언집행자가 유언의 집행에 방해되는 상태를 야기하고 있는 상속인을 상대로 유언의 충실한 집행을 위하여 자신의 직무권한 범위에서 가압류신청 또는 본안소송을 제기하고 이로 인해 일부 상속인들과 유언집행자 사이에 갈등이 초래되었다는 사정만으로는 유언집행자의 해임사유인 '적당하지 아니한 사유'가 있다고 할 수 없으며, 일부 상속인에게만 유리하게 편파적인 집행을 하는 등으로 공정한 유언의 실현을 기대하기 어려워 상속인 전원의 신뢰를 얻을 수 없음이 명백하다는 등 유언집행자로서의 임무수행에 적당하지 아니한 구체적 사정이 소명되어야 한다."

제3절 유 류 분

Ⅰ. 서 설

피상속인이 유산 전부를 타인에게 유증하거나 사회단체에 기부한다면 부양받아야 할 잔존배우자와 자녀들은 노상에서 방황하게 되고 많은 유산이 있으면서도 이들이 사회보장에 의하여 생존해야 하는 불합리한 점이 있다. 따라서 피상속인의 유언에 의한 재산처분의 자유를 제한함으로써 생존가족의 계속적인 최소한의 생활보장 내지 부양을 위하여 이들에게 유산에 대한 일정 비율을 남겨두어야 하는데 이를 유류분(遺留分)제도라고 한다.

이 유류분제도는 1977년 민법개정 시에 신설함으로써 유언에 의한 재산처분의 자유와 생존가족의 부양이라는 대립되는 요구의 타협적인 산물로 볼 수 있다.

Ⅱ. 유류분의 내용

1. 유류분의 개념

유류분이란 피상속인의 입장에서 보면 일정한 상속인을 위하여 반드시 남겨두어야 할 유산의 일부분이고, 상속인의 입장에서 보면 상속인이 상속인으로서 법률상 취득할 것이 보장되어 있는 유산의 일부분이다.

상속이 개시되면 일정범위의 상속인은 상속재산에 대한 일정비율을 취득할 수 있는 지위를 가지게 되는데, 이를 유류분권이라고 한다. 이 유류분권에 의해서 유류분을 침해하는 증여 또는 유증의 수증자에 대하여 부족분의 반환을 청구할 수 있는 유류분반환청구권이 발생한다.

유류분권이 발생한 후에는 유류분권은 하나의 재산권으로서 유류분권자가 이를 포기할 수 있다. 상속이 개시되기 전에는 유류분권을 포기할 수 없다.

2. 유류분권리자

(1) 민법상 유류분권리자는 반드시 상속인임을 전제로 하지만 모든 상속인이 유류분권리자가 되는 것은 아니다.

(2) 상속인 중 피상속인의 직계비속, 배우자, 직계존속, 형제자매만이 유류분권리자이다(제1112조). 따라서 피상속인의 4촌 이내의 방계혈족은 상속인이지만 유류분권리자는 아니다. 그리고 유류분권을 행사할 수 있으려면 최우선순위의 상속인이어서 상속권이 있어야 한다. 예컨대 피상속인의 자녀와 부모가 있는 경우 부모는 유류분권을 행사할 수 없다.

(3) 상속인이 상속의 결격이나 포기에 의하여 상속권을 상실한 때에는 유류분권도 상실한다. 상속결격자의 경우에는 대습자가 유류분권을 가지나, 상속포기의 경우는 대습이 인정되지 않는다.

(4) 태아는 상속에 관하여 이미 출생한 것으로 보므로 유류분권을 가진다.

(5) 포괄적 유증을 받은 자는 상속인과 동일한 권리·의무가 있지만(제1078조) 유류분권은 없다.

3. 유류분의 비율

(1) 유류분권자의 유류분은 피상속인의 직계비속과 배우자는 그 법정상속분의 2분의 1이다(제1112조 제1호, 제2호). 그리고 피상속인의 직계존속과 형제자매는 그 법정상속분의 3분의1이다(제1112조 제3호, 제4호).

(2) 대습상속인의 유류분은 피대습자의 유류분과 같다. 이 경우 대습상속인이 수인인 때에는 피대습자의 유류분을 그들의 법정상속분에 따라 나눈다.

Ⅲ. 유류분의 산정

1. 유류분산정의 기준

(1) 유류분은 피상속인의 상속개시 시에 존속하고 있는 재산의 가액에 증여재산의 가액을 가산하고 채무의 전액을 공제하여 이를 산정한다(제1113조 제1항).

(2) 조건부의 권리 또는 존속기간이 불확정한 권리는 가정법원이 선임한 감정

인의 평가에 의하여 그 가격을 정한다(제1113조 제2항).

2. 유류분산정을 위한 기초재산

(1) 상속개시 시의 재산

상속개시 시에 남긴 중 적극재산을 의미한다. 유증이나 사인증여한 재산은 상속개시 시에 현존하는 재산으로 다루어지며, 증여계약이 체결되었으나 아직 이행되지 않은 채로 상속이 개시된 재산도 여기의 재산에 포함된다.[381] 분묘에 속한 1정보 이내의 금양임야와 600평 이내의 묘토인 농지, 족보와 제구의 소유권은 상속재산을 구성하지 않으므로(제1008조의 3) 여기의 재산에 포함되지 않는다.

---

381) **대판 1996. 8.20, 96다13682** "유류분 산정의 기초가 되는 재산의 범위에 관한 민법 제1113조 제1항에서의 '증여재산'이란 상속개시 전에 이미 증여계약이 이행되어 소유권이 수증자에게 이전된 재산을 가리키는 것이고, 아직 증여계약이 이행되지 아니하여 소유권이 피상속인에게 남아 있는 상태로 상속이 개시된 재산은 당연히 '피상속인의 상속개시시에 있어서 가진 재산'에 포함되는 것이므로, 수증자가 공동상속인이든 제3자이든 가리지 아니하고 모두 유류분 산정의 기초가 되는 재산을 구성한다."; **대판 2012.12.13, 2010다78722** "유류분 제도가 생기기 전에 피상속인이 상속인이나 제3자에게 재산을 증여하고 이행을 완료하여 소유권이 수증자에게 이전된 때에는 피상속인이 1977.12.31.법률 제3051호로 개정된 민법(이하 '개정 민법'이라 한다)시행 이후에 사망하여 상속이 개시되더라도 소급하여 증여재산이 유류분 제도에 의한 반환청구의 대상이 되지는 않는다. 개정 민법의 유류분 규정을 개정 민법 시행 전에 이루어지고 이행이 완료된 증여에까지 적용한다면 수증자의 기득권을 소급입법에 의하여 제한 또는 침해하는 것이 되어 개정 민법 부칙 제2항의 취지에 반하기 때문이다. 다른 한편 개정 민법 부칙 제5항은 '이 법 시행일 전에 개시된 상속에 관하여는 이 법 시행일 후에도 종전의 규정을 적용한다'고 규정하고 있다. 따라서 개정 민법 시행일 이후 개시된 상속에 관하여는 개정민법이 적용되어야 하므로, 개정 민법 시행 이전에 증여계약이 체결되었더라도 이행이 완료되지 않은 상태에서 개정 민법이 시행되고 그 이후에 상속이 개시된 경우에는 상속 당시 시행되는 개정 민법에 따라 증여계약의 목적이 된 재산도 유류분 반환의 대상에 포함된다. 비록 개정 민법 부칙 제2항이 개정 민법은 종전의 법률에 의하여 생긴 효력에 영향을 미치지 아니한다고 하여 개정 민법의 일반적인 적용대상을 규정하고 있지만, 부칙 제5항이 개정 민법 시행 이후 개시된 상속에 관하여는 개정 민법을 적용한다고 정하고 있는데 유류분 제도 역시 상속에 의한 재산승계의 일환이기 때문이다. 또한 유류분 산정의 기초가 되는 재산의 범위에 관하여 민법 제1113조 제1항에서 대상재산에 포함되는 것으로 규정한 '증여재산'은 상속개시 전에 이미 증여계약이 이행되어 소유권이 수증자에게 이전된 재산을 가리키는 것이고, 아직 증여계약이 이행되지 아니하여 소유권이 피상속인에게 남아 있는 상태로 상속이 개시된 재산은 상속재산, 즉 '피상속인의 상속개시 시 가진 재산'에 포함된다고 보아야 하는 점 등에 비추어 보더라도, 증여계약이 개정 민법 시행 전에 체결되었지만 이행이 개정 민법 시행 이후에 되었다면 그 재산은 유류분 산정의 대상인 재산에 포함시키는 것이 옳고, 이는 증여계약의 이행이 개정 민법 시행 이후에 된 것이면 그것이 상속 개시 전에 되었든 후에 되었든 같다."

기여분은 유류분과 무관하므로 상속인 중에 기여자가 있더라도 기여분을 유류분산정의 기초재산에서 미리 공제하지는 않는다. 즉 기여분이 있더라도 유류분이 달라지는 것은 아니다.[382)]

(2) 증여재산

1) 피상속인이 생전에 증여한 재산은 상속개시 전 1년간에 행한 것에 한하여 그 가액을 합산한다(제1114조 제1문). 증여와 같은 실질을 가지는 제3자를 위한 무상의 사인처분도 합산하여야 한다. 생명보험계약을 하면서 상속인이나 제3자를 보험수익자로 지정한 경우에는, 보험금청구권은 상속재산은 아니지만 증여와 그 실질이 같으므로 유류분 산정의 기초재산에 합산하여야 한다. 여기의 1년이라는 기간은 증여계약 내지 무상행위의 이행시기가 아니고 체결시기를 기준으로 한다.

2) 증여계약의 당사자 쌍방이 유류분권리자에게 손해를 가할 것을 알면서 증여를 한 때에는 1년 전에 한 증여도 합산한다(제1114조 제2문).[383)]

3) 공동상속인 중에 피상속인으로부터 재산의 증여에 의하여 특별수익을 한 자가 있는 경우에는 제1114조의 규정은 적용되지 않는다. 따라서 그 증여가 상속개시 전의 1년간에 행하여졌는지의 여부에 관계없이 선의·악의를 불문하고 모두 합산한다.[384)]

---

382) **대판 2015.10.29, 2013다60753** "민법 제1008조의2, 제1112조, 제1113조 제1항, 제1118조에 비추어 보면, 기여분은 상속재산분할의 전제 문제로서의 성격을 가지는 것으로서, 상속인들의 상속분을 일정부분 보장하기 위하여 피상속인의 재산처분의 자유를 제한하는 유류분과는 서로 관계가 없다. 따라서 공동상속인 중에 상당한 기간 동거·간호 그 밖의 방법으로 피상속인을 특별히 부양하거나 피상속인의 재산의 유지 또는 증가에 특별히 기여한 사람이 있을지라도 공동상속인의 협의 또는 가정법원의 심판으로 기여분이 결정되지 않은 이상 유류분반환청구소송에서 기여분을 주장할 수 없음은 물론이거니와, 설령 공동상속인의 협의 또는 가정법원의 심판으로 기여분이 결정되었다고 하더라도 유류분을 산정함에 있어 기여분을 공제할 수 없고, 기여분으로 유류분에 부족이 생겼다고 하여 기여분에 대하여 반환을 청구할 수도 없다."

383) **대판 1996. 8.20, 96다13682** "유류분 산정의 기초가 되는 재산의 범위에 관한 민법 제1113조 제1항에서의 '증여재산'이란 상속개시 전에 이미 증여계약이 이행되어 소유권이 수증자에게 이전된 재산을 가리키는 것이고, 아직 증여계약이 이행되지 아니하여 소유권이 피상속인에게 남아 있는 상태로 상속이 개시된 재산은 당연히 '피상속인의 상속개시 시에 있어서 가진 재산'에 포함되는 것이므로, 수증자가 공동상속인이든 제3자이든 가리지 아니하고 모두 유류분 산정의 기초가 되는 재산을 구성한다."

384) **대판 1996. 2. 9, 95다17885** "공동상속인 중에 피상속인으로부터 재산의 생전 증여에 의하여 특별수익을 한 자가 있는 경우에는 민법 제1114조의 규정은 그 적용이 배제되고,

4) 유류분 산정의 기초가 되는 증여재산의 가액산정 시기는 피상속인이 사망한 상속개시 시이다.[385] 증여받은 재산이 금전일 경우에는 그 증여받은 금액을 상속개시 당시의 화폐가치로 환산함으로써 증여 당시부터 상속개시 시까지 사이의 물가변동률을 반영하여야 할 것이다.[386]

(3) 상속채무

상속채무를 공제한다. 여기의 채무에는 공·사법상의 채무를 모두 포함한다. 그런데 상속세, 상속재산의 관리·보존을 위한 소송비용 등 상속재산에 관한 비용은 포함되지 않는다는 것이 판례의 입장이다.[387]

3. 유류분산정의 방법

유류분산정의 기초가 되는 재산의 가액에 유류분율(법정상속분의 비율에 유류분의 비율을 곱한 것)을 곱하여 유류분액을 산정한다. 그리고 유류분권리자가 유증받은 것이 있다면 그 액을 공제한다.

따라서 그 증여는 상속개시 1년 이전의 것인지 여부, 당사자 쌍방이 손해를 가할 것을 알고서 하였는지 여부에 관계없이 유류분 산정을 위한 기초재산에 산입된다."; **대판 1995. 6.30, 93다11715** "공동상속인 중에 피상속인으로부터 재산의 증여에 의하여 특별수익을 한 자가 있는 경우에는 민법 제1114조의 규정은 그 적용이 배제되고, 따라서 그 증여는 상속개시 전의 1년 간에 행한 것인지 여부에 관계없이 유류분산정을 위한 기초재산에 산입된다."

385) **대판 1996. 2. 9, 95다17885** "원심이 유류분 산정의 기초가 되는 증여 부동산의 가액 산정 시기를 피상속인이 사망한 상속개시 당시의 가격으로 판시한 것은 정당하다."

386) **대판 2009. 7.23, 2006다28126** "유류분반환범위는 상속개시 당시 피상속인의 순재산과 문제된 증여재산을 합한 재산을 평가하여 그 재산액에 유류분청구권자의 유류분비율을 곱하여 얻은 유류분액을 기준으로 하는 것인바, 그 유류분액을 산정함에 있어 반환의무자가 증여받은 재산의 시가는 상속개시 당시를 기준으로 하여 산정하여야 한다. 따라서 그 증여받은 재산이 금전일 경우에는 그 증여받은 금액을 상속개시 당시의 화폐가치로 환산하여 이를 증여재산의 가액으로 봄이 상당하고, 그러한 화폐가치의 환산은 증여 당시부터 상속개시 당시까지 사이의 물가변동률을 반영하는 방법으로 산정하는 것이 합리적이다."

387) **대판 2015. 5. 1, 2012다21720** "민법 제1113조 제1항은 "유류분은 피상속인의 상속개시시에 있어서 가진 재산의 가액에 증여재산의 가액을 가산하고 채무의 전액을 공제하여 이를 산정한다."라고규정하고 있다. 이때 공제되어야 할 채무란 상속채무, 즉 피상속인의 채무를 가리키는것이고, 여기에 상속세, 상속재산의 관리·보존을 위한 소송비용 등 상속재산에 관한비용은 포함되지 아니한다."

Ⅳ. 유류분의 보전(保全)

1. 유류분의 반환청구권

(1) 의 의

유류분권을 갖는 상속인은 피상속인의 증여와 유증으로 인하여 유류분이 침해된 경우 그 유류분에 부족이 생긴 한도에서 그 증여 또는 유증된 재산의 반환을 청구할 수 있는데(제1115조 제1항), 이를 유류분반환청구권이라고 한다. 이 유류분권자는 이 권리를 의무적으로 행사하여야 하는 것은 아니고 그 행사 여부를 결정하는 것은 전적으로 임의로 정할 수 있다.

(2) 유류분반환청구의 상대방

1) 유류분반환청구권자는 유류분권자와 그로부터 반환청구권을 승계한 그의 상속인 등 포괄승계인이다. 유류분반환청구권은 행사상의 일신전속성을 가지므로 유류분권자에게 그 권리행사의 확정적 의사가 있다고 인정되는 경우가 아니라면 채권자대위권의 목적이 될 수 없다고 하는 것이 판례의 입장이다.[388)]

2) 증여받은 자, 유증받은 자와 그 포괄승계인, 유언집행자는 반환청구권의 상대방이 된다. 그런데 목적재산의 양수인도 양수 당시 악의인 때, 즉 양수인이 양도 당시 유류분권리자를 해함을 안 때에는 상대방이 될 수 있다고 한다.[389)]

3) 공동상속인도 증여나 유증을 받은 경우 상대방이 된다.

(3) 유류분반환청구의 행사방법

1) 유류분반환청구는 반드시 재판상 소로 할 필요는 없고 재판 외에서도 청구

---

388) **대판 2010. 5.27, 2009다93992** "유류분반환청구권은 그 행사 여부가 유류분권리자의 인격적 이익을 위하여 그의 자유로운 의사결정에 전적으로 맡겨진 권리로서 행사상의 일신전속성을 가진다고 보아야 하므로, 유류분권리자에게 그 권리행사의 확정적 의사가 있다고 인정되는 경우가 아니라면 채권자대위권의 목적이 될 수 없다."

389) **대판 2002. 4.26, 2000다8878** "유류분반환청구권의 행사에 의하여 반환되어야 할 유증 또는 증여의 목적이 된 재산이 타인에게 양도된 경우 그 양수인이 양도 당시 유류분권리자를 해함을 안 때에는 양수인에 대하여도 그 재산의 반환을 청구할 수 있다고 보아야 한다."; **대판 2015.11.12, 2010다104768**; 그러나 이는 옳지 않다고 하는 견해도 있다(송덕수, 앞의 책, 448면 참조).

할 수 있다.[390] 반환청구권은 유류분이 부족한 한도에서 행사하여야 한다(제1115조 제1항).

2) 반환청구의 의사표시는 침해받은 유증 또는 증여행위를 지정하여 이에 대한 반환청구의 의사표시를 하면 되고, 그로 인하여 생긴 목적물의 이전등기청구권이나 인도청구권 등을 행사하는 것과 달리 그 목적물을 구체적으로 특정(명시)하여야 하는 것이 아니다.[391]

3) 유류분을 침해하는 증여와 유증이 동시에 존재하는 경우에는, 먼저 유증의 반환으로써 부족분을 충당하고 그래도 부족분이 있는 경우에는 증여의 반환을 청구할 수 있다(제1116조). 사인증여에 대하여는 반환순서에 있어서 증여에 준하는지 유증에 준하는지 문제이나 판례는 유증에 준한다고 본다.[392]

---

390) **대판 2002. 4.26, 2000다8878** "유류분반환청구권의 행사는 재판상 또는 재판 외에서 상대방에 대한 의사표시의 방법으로 할 수 있고, 이 경우 그 의사표시는 침해를 받은 유증 또는 증여행위를 지정하여 이에 대한 반환청구의 의사를 표시하면 그것으로 족하며, 그로 인하여 생긴 목적물의 이전등기청구권이나 인도청구권 등을 행사하는 것과는 달리 그 목적물을 구체적으로 특정하여야 하는 것은 아니고, 민법 제1117조에 정한 소멸시효의 진행도 그 의사표시로 중단된다."

391) **대판 2002. 4.26, 2000다8878** "유류분반환청구권의 행사는 재판상 또는 재판 외에서 상대방에 대한 의사표시의 방법으로 할 수 있고, 이 경우 그 의사표시는 침해를 받은 유증 또는 증여행위를 지정하여 이에 대한 반환청구의 의사를 표시하면 그것으로 족하며, 그로 인하여 생긴 목적물의 이전등기청구권이나 인도청구권 등을 행사하는 것과는 달리 그 목적물을 구체적으로 특정하여야 하는 것은 아니고, 민법 제1117조에 정한 소멸시효의 진행도 그 의사표시로 중단된다."; **대판 2012. 4.24, 2010다50809** "구체적으로 유류분반환청구 의사가 표시되었는지는 법률행위 해석에 관한 일반원칙에 따라 의사표시의 내용과 아울러 의사표시가 이루어진 동기 및 경위, 당사자가 의사표시에 의하여 달성하려고 하는 목적과 진정한 의사 및 그에 대한 상대방의 주장·태도 등을 종합적으로 고찰하여 사회정의와 형평의 이념에 맞도록 논리와 경험의 법칙, 그리고 사회일반의 상식에 따라 합리적으로 판단하여야 한다. 상속인이 유증 또는 증여행위가 무효임을 주장하여 상속 내지는 법정상속분에 기초한 반환을 주장하는 경우에는 그와 양립할 수 없는 유류분반환청구권을 행사한 것으로 볼 수 없지만, 상속인이 유증 또는 증여행위의 효력을 명확히 다투지 아니하고 수유자 또는 수증자에 대하여 재산분배나 반환을 청구하는 경우에는 유류분반환의 방법에 의할 수밖에 없으므로 비록 유류분 반환을 명시적으로 주장하지 않더라도 그 청구 속에는 유류분반환청구권을 행사하는 의사표시가 포함되어 있다고 해석함이 타당한 경우가 많다."

392) **대판 2001.11.30, 2001다6947** "유류분반환청구의 목적인 증여나 유증이 병존하고 있는 경우에는 유류분권리자는 먼저 유증을 받은 자를 상대로 유류분침해액의 반환을 구하여야 하고, 그 이후에도 여전히 유류분침해액이 남아 있는 경우에 한하여 증여를 받은 자에 대하여 그 부족분을 청구할 수 있는 것이며, 사인증여의 경우에는 유증의 규정이 준용될 뿐만 아니라 그 실제적 기능도 유증과 달리 볼 필요가 없으므로 유증과 같이 보아야

4) 유류분권자가 여럿인 경우 각자가 가지는 반환청구권은 독립되어 있음으로 각자가 행사하여야 하고, 한 사람이 행사하더라도 다른 자에게 영향을 미치지 않는다.

2. 유류분반환의 범위와 행사의 효과

(1) 반환의 범위

1) 증여 또는 유증받은 자가 여럿인 경우에는, 유증·증여의 순서로 각자가 받은 가액의 비례로 반환하여야 한다(제1115조 제2항). 그러므로 유증받은 자도 여럿이고 증여받은 자도 여럿인 경우이면, 먼저 유증받은 자들의 수증액으로부터 그 가액에 비례하여 유류분 부족액을 반환한다.[393]

2) 공동상속인 중 1인 또는 수인이 과다하게 증여 또는 유증을 받음으로써 다른 상속인의 유류분을 침해하는 경우가 있을 수 있다. 이러한 경우에도 유류분권이 인정된다(제1118조, 제1008조). 이 경우에 그 반환범위로서 반환청구의 대상이 되는 것은 증여·유증을 받은 상속인의 유류분액을 초과한 부분만이며, 그 부분 가운데 다른 공동상속인에 대한 유류분 침해의 한도에서만 반환하면 된다고 한다.[394]

할 것이다."

393) **대판 1996. 2. 9, 95다17885** "유류분 권리자가 유류분반환청구를 함에 있어 증여 또는 유증을 받은 다른 공동상속인이 수인일 때에는 민법이 정한 유류분 제도의 목적과 민법 제1115조 제2항의 취지에 비추어 다른 공동상속인들 중 각자 증여받은 재산 등의 가액이 자기 고유의 유류분액을 초과하는 상속인만을 상대로 하여 그 유류분액을 초과한 금액의 비율에 따라서 반환청구를 할 수 있다고 하여야 하고, 공동상속인과 공동상속인이 아닌 제3자가 있는 경우에는 그 제3자에게는 유류분이라는 것이 없으므로 공동상속인은 자기 고유의 유류분액을 초과한 금액을 기준으로 하여, 제3자는 그 수증가액을 기준으로 하여 각 그 금액의 비율에 따라 반환청구를 할 수 있다고 하여야 한다."; **대판 1995. 6.30, 93다11715** "유류분권리자가 유류분반환청구를 하는 경우에 증여 또는 유증을 받은 다른 공동상속인이 수인일 때에는, 민법이 정한 유류분 제도의 목적과 같은법 제1115조 제2항의 규정취지에 비추어 유류분권리자는 그 다른 공동상속인들 중 증여 또는 유증을 받은 재산의 가액이 자기 고유의 유류분액을 초과하는 상속인을 상대로 하여 그 유류분액을 초과한 금액의 비율에 따라 반환청구를 할 수 있다고 보아야 한다."

394) **대판 1996. 2. 9, 95다17885** "유류분 권리자가 유류분반환청구를 함에 있어 증여 또는 유증을 받은 다른 공동상속인이 수인일 때에는 민법이 정한 유류분 제도의 목적과 민법 제1115 조 제2항의 취지에 비추어 다른 공동상속인들 중 각자 증여받은 재산 등의 가액이 자기 고유의 유류분액을 초과하는 상속인만을 상대로 하여 그 유류분액을 초과한 금액의 비율에 따라서 반환청구를 할 수 있다고 하여야 하고, 공동상속인과 공동상속인이 아닌 제3자가 있는 경우에는 그 제3자에게는 유류분이라는 것이 없으므로 공동상속인은 자기

3) 공동상속인과 공동상속인이 아닌 제3자가 있는 경우에는 그 제3자에게는 유류분이라는 것이 없으므로 공동상속인은 자기 고유의 유류분액을 초과한 금액을 기준으로 하여, 제3자는 그 수증가액을 기준으로 하여 각 그 금액의 비율에 따라 반환청구를 할 수 있다고 한다.[395]

4) 증여 또는 유증을 받은 재산 등의 가액이 자기 고유의 유류분액을 초과하는 수인의 공동상속인이 유류분권리자에게 반환하여야 할 재산과 그 범위를 정함에 있어서, 수인의 공동상속인이 유증받은 재산의 총 가액이 유류분권리자의 유류분 부족액을 초과하는 경우에는 그 유류분 부족액의 범위 내에서 각자의 수유재산(受遺財産)을 반환하면 되는 것이지 이를 놓아두고 수증재산(受贈財産)을 반환할 것은 아니라고 하고, 이 경우 수인의 공동상속인이 유류분권리자의 유류분 부족액을 각자의 수유재산을 반환함에 있어서 분담하여야 할 액은 각자 증여 또는 유증을 받은 재산 등의 가액이 자기 고유의 유류분액을 초과하는 가액의 비율에 따라 안분하여 정하되, 그 중 어느 공동상속인의 수유재산의 가액이 그의 분담액에 미치지 못하여 분담액 부족분이 발생하였더라도 이를 그이 수증재산으로 반환할 것이 아니라, 자신의 수유재산의 가액이 자신의 분담액을 초과하는 다른 공동상속인들이 위 분담액 부족분을 위 비율에 따라 다시 안분하여 그들의 수유재산으로 반환할 것이라고 한다.[396]

고유의 유류분액을 초과한 금액을 기준으로 하여, 제3자는 그 수증가액을 기준으로 하여 각 그 금액의 비율에 따라 반환청구 를 할 수 있다고 하여야 한다."

395) **대판 2006.11.10, 2006다46346** "유류분권리자가 유류분반환청구를 함에 있어 증여 또는 유증을 받은 다른 공동상속인이 수인일 때에는 각자 증여 또는 유증을 받은 재산 등의 가액이 자기 고유의 유류분액을 초과하는 상속인에 대하여 그 유류분액을 초과한 가액의 비율에 따라서 반환을 청구할 수 있고, 공동상속인과 공동상속인 아닌 제3자가 있는 경우에는 그 제3자에게는 유류분이 없으므로 공동상속인에 대하여는 자기 고유의 유류분액을 초과한 가액을 기준으로 하여, 제3자에 대하여는 그 증여 또는 유증받은 재산의 가액을 기준으로 하여 그 각 가액의 비율에 따라 반환청구를 할 수 있다."

396) **대판 2013. 3.14, 2010다42624** "증여 또는 유증을 받은 재산 등의 가액이 자기 고유의 유류분액을 초과하는 수인의 공동상속인이 유류분권리자에게 반환하여야 할 재산과 범위를 정할 때에, 수인의공동상속인이 유증받은 재산의 총 가액이 유류분권리자의 유류분 부족액을 초과하는 경우에는 유류분 부족액의 범위 내에서 각자의 수유재산(受遺財産)을 반환하면 되는 것이지 이를 놓아두고 수증재산(受贈財産)을 반환할 것은 아니다. 이 경우 수인의 공동상속인이 유류분권리자의 유류분 부족액을 각자의 수유재산으로 반환할 때 분담하여야 할 액은 각자 증여 또는 유증을 받은 재산 등의 가액이 자기 고유의 유류분액을 초과하는 가액의 비율에 따라 안분하여 정하되,그중 어느 공동상속인의 수유재산의가액이 그의 분담액에 미치지 못하여 분담액 부족분이 발생하더라도 이를

5) 어느 공동상속인 1인이 수개의 재산을 유증받아 그 각 수유재산으로 유류분권리자에게 반환하여야 할 분담액을 반환하는 경우에, 반환하여야 할 각 수유재산의 범위는 특별한 사정이 없는 한 제1115조 제2항을 유추적용하여 그 각 수유재산의 가액에 비례하여 안분하는 방법으로 정할 것이라고 한다.[397)]

(2) **유류분반환청구권 행사의 효과**

1) 유류분반환청구권이 행사되면 유류분권자는 반환청구권 또는 이행거절권(이행되기 전의 경우)을 취득한다. 유류분권자가 반환청구에 응하여 재산을 반환하게 되면 이는 상속재산을 구성하며, 공동상속인 사이에 상속재산분할의 대상이 된다.

2) 유류분반환의무자는 통상적으로 증여 또는 유증대상 재산 그 자체를 반환하면 될 것이나 위 원물반환이 불가능한 경우에는 그 가액 상당액을 반환하여야 할 것이다.[398)]

3) 유류분반환의무자가 증여받은 재산의 시가는 상속개시 당시를 기준으로 산정하여야 하고, 반환의 대상인 그 원물의 반환이 불가능하여 가액반환을 명하는 경우에는 그 가액은 사실심 변론종결 시를 기준으로 산정하여야 한다.[399)]

그의 수증재산으로 반환할 것이 아니라, 자신의 수유재산의 가액이 자신의 분담액을 초과하는다른 공동상속인들이 위 분담액 부족분을 위 비율에 따라 다시 안분하여 그들의 수유재산으로 반환하여야 한다. 나아가 어느 공동상속인 1인이 수개의 재산을 유증받아 각수유재산으로 유류분권리자에게 반환하여야 할 분담액을 반환하는 경우,반환하여야 할 각 수유재산의 범위는 특별한 사정이 없는 한 민법 제1115조 제2항을 유추적용하여 각 수유재산의 가액에 비례하여 안분하는 방법으로 정함이 타당하다."

397) **대판** 2013. 3.14, 2010다42624 참조.

398) **대판** 2005. 6.23, 2004다51887 "우리 민법은 유류분제도를 인정하여 제1112조부터 제1118조까지 이에 관하여 규정하면서도 유류분의 반환방법에 관하여 별도의 규정을 두지 않고 있는바, 다만 제1115조 제1항이 '부족한 한도에서 그 재산의 반환을 청구할 수 있다.'고 규정한 점 등에 비추어 반환의무자는 통상적으로 증여 또는 유증대상 재산 그 자체를 반환하면 될 것이나 위 원물반환이 불가능한 경우에는 그 가액 상당액을 반환할 수밖에 없다."; **대판** 2013. 3.14, 2010다42624 참조.

399) **대판** 2005. 6.23, 2004다51887 "유류분반환범위는 상속개시 당시 피상속인의 순재산과 문제된 증여재산을 합한 재산을 평가하여 그 재산액에 유류분청구권자의 유류분비율을 곱하여 얻은 유류분액을 기준으로 하는 것인바, 이와 같이 유류분액을 산정함에 있어 반환의무자가 증여받은 재산의 시가는 상속개시 당시를 기준으로 산정하여야 하고, 당해 반환의무자에 대하여 반환하여야 할 재산의 범위를 확정한 다음 그 원물반환이 불가능하여 가액반환을 명하는 경우에는 그 가액은 사실심 변론종결시를 기준으로 산정하여야 한다."

4) 유류분반환청구권의 행사로 인하여 생기는 원물반환의무나 가액반환의무는 이행기한의 정함이 없는 채무이므로, 반환의무자는 그 의무에 대한 이행청구를 받은 때에 비로소 지체책임을 지게 된다.[400)]

5) 수증자가 수증재산을 반환할 때 그로부터 생긴 과실은 반환할 필요가 없다.[401)] 그러나 판례는 반환의무자가 악의의 점유자라는 점이 증명된 경우에는 그 악의의 점유자로 인정된 시점부터, 그렇지 않다고 하더라도 본권에 관한 소에서 종국판결에 의하여 패소로 확정된 경우에는 그 소가 제기된 때로부터 악의의 점유자로 의제되어 각 그 때부터 유류분권리자에게 그 목적물의 사용이익 중 유류분권리자에게 귀속되었어야 할 부분을 부당이득으로 반환할 의무가 있다고 한다.[402)]

3. 공동상속인의 유류분과 기여분

(1) 제1118조가 기여분에 관한 제1008조의 2는 유류분에 준용하고 있지 않기 때문에 기여분이 존재하더라도 유류분을 산정할 때 그것을 공제하지 않는다.[403)] 기여분은 유류분 산정에 전혀 영향을 주지 않는다.

(2) 기여분은 상속재산 가액에서 유증의 가액을 공제한 액의 범위 내에서만 인정된다(제1008조의 1 제3항). 따라서 피상속인이 전 재산을 유증하게 되면 기여분은 인정되지 못하는 결과를 가져온다. 즉 기여분이 유증에 우선하지 못하는 것이다.

(3) 기여분은 유류분반환청구의 대상이 아니다(제1115조 참조). 따라서 공동상속인 중 1인에게 높은 액의 기여분이 인정되어 다른 공동상속인의 취득액이 유류분에 미달하더라도 그것은 유류분의 침해가 아니고, 반환청구도 할 수 없다.[404)] 즉 기여분이 유류분에 우선한다는 것이다. 상속재산 분할합의로 기여분이 결정되었다면 그로 인하여 공동상속인의 유류분이 침해되었다고 하더라도 그 침해분에 대하여는 그 공동상속인이 유류분반환청구권을 포기한 것으로 보아야 한다.[405)]

---

400) **대판** 2013. 3.14, 2010**다**42624 참조.
401) 곽윤직, 앞의 책, 296면; 박동성, 앞의 책, 820면; 송덕수, 앞의 책 451면.
402) **대판** 2013. 3.14, 2010**다**42624 참조.
403) **대판** 2015.10.29, 2013**다**60753 참조.
404) **대판** 2015.10.29, 2013**다**60753 참조.
405) **대판** 2002.4 .26, 2000**다**8878 참조.

4. 유류분반환청구권의 소멸

(1) 상속의 개시와 증여 또는 유증사실을 안 때로부터 1년

유류분반환청구권은 유류분권자가 상속의 개시와 반환하여야 할 증여 또는 유증을 한 사실을 안 때부터 1년 내에 행사하지 않으면 시효에 의하여 소멸한다(제1117조 1문). '반환하여야 할 증여 또는 유증을 한 사실을 안 때'라 함은 증여 또는 유증의 사실 및 이것이 반환하여야 할 것임을 안 때라고 해석하여야 할 것이다.[406] 여기에서 1년의 기간은 소멸시효기간이라고 한다.[407]

(2) 상속이 개시한 때로부터 10년

또한 유류분반환청구권은 유류분을 침해하는 증여나 유증이 있음을 알았는지

---

406) **대판 2001. 9.14, 2000다66430** "민법 제1117조는 유류분반환청구권은 유류분권리자가 상속의 개시와 반환하여야 할 증여 또는 유증을 한 사실을 안 때로부터 1년 내에 하지 아니하면 시효에 의하여 소멸한다고 규정하고 있는바, 여기서 '반환하여야 할 증여 등을 한 사실을 안 때'라 함은 증여 등의 사실 및 이것이 반환하여야 할 것임을 안 때라고 해석하여야 하므로, 유류분권리자가 증여 등이 무효라고 믿고 소송상 항쟁하고 있는 경우에는 증여 등의 사실을 안 것만으로 곧바로 반환하여야 할 증여가 있었다는 것까지 알고 있다고 단정할 수는 없을 것이나, 민법이 유류분반환청구권에 관하여 특별히 단기소멸시효를 규정한 취지에 비추어 보면 유류분권리자가 소송상 무효를 주장하기만 하면 그것이 근거 없는 구실에 지나지 아니한 경우에도 시효는 진행하지 않는다 함은 부당하므로, 피상속인의 거의 전 재산이 증여되었고 유류분권리자가 위 사실을 인식하고 있는 경우에는, 무효의 주장에 관하여 일응 사실상 또는 법률상 근거가 있고 그 권리자가 위 무효를 믿고 있었기 때문에 유류분반환청구권을 행사하지 않았다는 점을 당연히 수긍할 수 있는 특별한 사정이 인정되지 않는 한, 위 증여가 반환될 수 있는 것임을 알고 있었다고 추인함이 상당하다."; **대판 2006.11.10, 2006다46346** "민법 제1117조가 규정하는 유류분반환청구권의 단기소멸시효기간의 기산점인 '유류분권리자가 상속의 개시와 반환하여야 할 증여 또는 유증을 한 사실을 안 때'는 유류분권리자가 상속이 개시되었다는 사실과 증여 또는 유증이 있었다는 사실 및 그것이 반환하여야 할 것임을 안 때를 뜻한다."; **대판 2015.11.12, 2010다104768** "유류분반환의 범위는 상속개시 당시 피상속인의 순재산과 문제 된 증여재산을 합한 재산을 평가하여 그 재산액에 유류분청구권자의 유류분비율을 곱하여 얻은 유류분액을 기준으로 산정하는데, 증여받은 재산의 시가는 상속개시 당시를 기준으로 하여 산정하여야 한다. 다만 증여 이후 수증자나 수증자에게서 증여재산을 양수한 사람이 자기 비용으로 증여재산의 성상(性狀)등을 변경하여 상속개시 당시 가액이 증가되어 있는 경우, 변경된 성상 등을 기준으로 상속개시 당시의 가액을 산정하면 유류분권리자에게 부당한 이익을 주게 되므로, 이러한 경우에는 그와 같은 변경을 고려하지 않고 증여 당시의 성상 등을 기준으로 상속개시 당시의 가액을 산정하여야 한다."

407) **대판 1993. 4.13, 92다3595** "민법 제1117조의 규정내용 및 형식에 비추어 볼 때 같은 법조 전단의 1년의기간은 물론 같은 법조 후단의 10년의 기간도 그 성질은 소멸시효기간이다."

의 여부와 관계없이 상속이 개시한 날로부터 10년의 기간이 경과하면 반환청구를 할 수 없다(제1117조 2문). 상속재산의 증여에 따른 소유권이전등기가 이루어지지 아니한 경우에도, 그 소멸시효 완성의 항변이 신의성실의 원칙에 반한다고 하는 등의 특별한 사정이 존재하지 않는 한 그대로 적용된다.[408] 여기의 10년의 기간도 소멸시효기간이라고 한다.[409]

(3) 제1117조의 1년 또는 10년의 소멸시효는 반환청구의 의사표시가 있으면 중단된다고 한다.[410]

V. 유류분권의 포기

유류분권의 발생 후 그것은 하나의 재산권이므로 유류분권자는 이를 포기할 수 있다. 유류분반환청구권을 포기하는 것도 자유이다. 유류분권은 상속개시 전에는 포기할 수 없으나 상속개시 후에는 포기할 수 있다.

유류분권의 포기는 특정의 처분행위에 대한 특정의 반환청구권을 포기할 수도 있고, 일괄하여 유류분권 전체를 포기할 수도 있다. 유류분권자가 자신의 유류분권을 포기하면 다른 공동상속인의 유류분에 영향을 미치지 않는다. 왜냐하면 유류분의 포기는 상속의 포기가 아니며, 우리 민법은 개인의 법정상속분에 대한 비율로 유류분액을 정하고 있어 다른 공동상속인의 유류분에 영향을 미치지 않기 때문이다.[411]

---

408) **대판 2008. 7.10, 2007다9719** "'민법' 제1117조의 유류분반환청구권은 상속이 개시한 때부터 10년이 지나면 시효에 의하여 소멸하고, 이러한 법리는 상속재산의 증여에 따른 소유권이전등기가 이루어지지 아니한 경우에도 달리 그 소멸시효 완성의 항변이 신의성실의 원칙에 반한다고 하는 등의 특별한 사정이 존재하지 아니하는 이상 달리 볼 것이 아니다."

409) **대판 1993. 4.13, 92다3595** 참조.

410) **대판 2001. 4.26, 2000다8878** "유류분반환청구권의 행사는 재판상 또는 재판 외에서 상대방에 대한 의사표시의 방법으로 할 수 있고, 이 경우 그 의사표시는 침해를 받은 유증 또는 증여행위를 지정하여 이에 대한 반환청구의 의사를 표시하면 그것으로 족하며, 그로 인하여 생긴 목적물의 이전등기청구권이나 인도청구권 등을 행사하는 것과는 달리 그 목적물을 구체적으로 특정하여야 하는 것은 아니고, 민법 제1117조에 정한 소멸시효의 진행도 그 의사표시로 중단된다."

411) 곽윤직, 앞의 책, 282면; 김주수·김상용, 앞의 책, 794면; 송덕수, 앞의 책, 439면.

판 례 색 인

대결 1979.12.27, 76그2 ········· 283
대결 1983. 9.15, 83즈2 ········· 138
대결 1984. 5.30, 84스12 ········· 130
대결 1988. 8.25, 88스10 ········· 273
대결 1991. 6.11, 91스1 ········· 273
대결 1991. 8.13, 91스6 ········· 41, 113
대결 1992.12.30, 92스17·18 ········· 92
대결 1993. 3. 4, 93스3 ········· 179
대결 1993. 5.11, 93스6 ········· 98
대결 1994.11. 3, 94스16 ········· 300
대결 1995. 1.20, 94마535 ········· 228
대결 1995. 2.22, 94마2116 ········· 261
대결 1995. 7. 3, 94스30 ········· 112
대결 1995.12. 4, 95스32 ········· 314
대결 1999. 8.24, 99스28 ········· 245
대결 2000. 5. 2, 2000스13 ········· 99
대결 2003. 8.11, 2003스32 ········· 273
대결 2006. 4.17, 2005스18·19 ········· 92
대결 2007.10.18, 2007스31 ········· 314
대결 2008. 6.12, 2005스50 ········· 54, 208
대결 2009. 2. 9, 2008스105 ········· 110
대결 2011.10.27, 2011스108 ········· 317
대결 2014. 7.25, 2011스226 ········· 262
대결 2017. 8.25, 2014스26 ········· 208
대결(전) 1994. 5.13, 92스21 ········· 132, 209
대결(전) 2006. 6.22, 2004스42 ········· 35
대결(전) 2011. 9. 2, 2009스117 ········· 36

대판 1960. 8.18, 4292민상995 ········· 33
대판 1962.10.11, 62다460 ········· 250
대판 1963. 1.31, 62다812 ········· 77
대판 1963. 3.14, 63다54 ········· 77
대판 1963. 9.12, 63다197 ········· 179
대판 1964. 4. 3, 63마54 ········· 276
대판 1965. 7. 6, 65므12 ········· 30, 105
대판 1966. 1.31, 65므50 ········· 87
대판 1966. 1.31, 65므65 ········· 85
대판 1966. 6.28, 66다493 ········· 111
대판 1967. 1.24, 66므39 ········· 107, 110
대판 1967. 2. 2, 65므5 ········· 209
대판 1967. 2. 7, 66다2542 ········· 64
대판 1967. 2. 7, 66므34 ········· 86
대판 1967.10. 4, 67다1791 ········· 125, 129
대판 1968. 2.27, 67므34 ········· 117, 122
대판 1968.10.18, 66다1335 ········· 5
대판 1969. 1.21, 68므41 ········· 128
대판 1969. 4.15, 69다268 ········· 251
대판 1969. 6.24, 69다633 ········· 62
대판 1969. 7. 8, 69다427 ········· 71
대판 1969.12. 9, 68므9 ········· 67
대판 1970.10.30, 70다1812 ········· 61
대판 1971. 7.27, 71다1113 ········· 175
대판 1971. 7.27, 71므13 ········· 138
대판 1972. 1.31, 71도2259 ········· 71
대판 1973. 1.16, 72므25 ········· 7
대판 1974. 2.26, 72다1739 ········· 133
대판 1974.10.22, 74므1 ········· 86
대판 1975. 1.14, 74므11 ········· 31
대판 1976. 4.13, 75다396 ········· 5
대판 1976. 4.13, 75다948 ········· 125
대판 1976. 9.14, 76도107 ········· 64
대판 1976.12.14, 76므10 ········· 78
대판 1976.12.28, 76다797 ········· 235
대판 1976.12.28, 76므41·42 ········· 34
대판 1977. 1.25, 76다2223 ········· 51
대판 1977. 5.24, 77므7 ········· 131

대판 1977.11. 8, 76므15 ······ 301
대판 1979. 5. 8, 79므3 ······ 209
대판 1979. 7.10, 79므5 ······ 178
대판 1979.12.27, 76그2 ······ 261
대판 1980. 1.29, 79므62·63 ······ 37
대판 1980. 4.22, 79므77 ······ 43
대판 1980.11.25, 80다1847 ······ 259
대판 1980.12.23, 80다2077 ······ 108
대판 1980.12.23, 80므18 ······ 297
대판 1981. 5.26, 80다2515 ······ 209
대판 1981. 6. 9, 80므84·85·86·87 ······ 219
대판 1981. 6.23, 80다609 ······ 61
대판 1981. 7.28, 80므77 ······ 69
대판 1981.10.13, 80므9 ······ 82
대판 1981.10.13, 81다649 ······ 176
대판 1982. 9.28, 80므20 ······ 267
대판 1982.11.23, 82므36 ······ 82, 85
대판 1982.12.28, 81다454 ······ 260
대판 1983. 6.28, 82도2421 ······ 276
대판 1983. 6.28, 83도431 ······ 46
대판 1983. 7.12, 83므11 ······ 67, 75
대판 1983. 9.27, 83므22 ······ 44, 45
대판 1983. 9.27, 83므26 ······ 111
대판 1983.10.25, 82므28 ······ 82
대판 1984. 3.27, 84므9 ······ 39, 48, 70
대판 1984. 5.15, 84므4 ······ 144
대판 1984. 7.10, 84므27·84므28 ······ 80
대판 1984. 8.21, 84므49 ······ 82
대판 1984. 9.25, 84므73 ······ 125
대판 1984. 9.25, 84므77 ······ 110
대판 1984.10.10, 84므71 ······ 43
대판 1985. 9.10, 85므35 ······ 39, 49
대판 1985.11.26, 85므51 ······ 81
대판 1986. 5.27, 86므14 ······ 82
대판 1986. 5.27, 86므26 ······ 80
대판 1986. 6.24, 85므6 ······ 80, 82
대판 1986. 7.22, 86므41 ······ 43
대판 1986. 8.19, 86므75 ······ 81
대판 1986. 9. 9, 85다카1337·1338 ······ 59
대판 1986. 9. 9, 86므56 ······ 82
대판 1986. 9. 9, 86므68 ······ 82
대판 1986.10.28, 86므83·86므84 ······ 80
대판 1986.11.11, 86므97 ······ 42
대판 1987. 1.20, 85므70 ······ 130
대판 1987. 1.20, 86므74 ······ 49
대판 1987. 1.20, 86므86 ······ 69
대판 1987. 4.14, 86므28 ······ 75
대판 1987. 5.26, 87므5·87므6 ······ 77
대판 1987. 9.22, 86므87 ······ 75
대판 1987.10.13, 86므129 ······ 126
대판 1987.10.28, 87므55 ······ 103
대판 1988. 5.24, 88므7 ······ 77
대판 1989. 1.17, 87다카2311 ······ 223
대판 1989. 1.24, 88므795 ······ 43
대판 1989. 2.14, 88므146 ······ 111
대판 1989. 9.12, 88다카28044 ······ 176
대판 1989. 9.12, 89므51 ······ 86
대판 1989.10.24, 89므426 ······ 75
대판 1989.10.27, 89므440 ······ 145
대판 1990. 2.12, 89스19 ······ 300
대판 1990. 2.13, 88므504·511 ······ 81
대판 1990. 4.10, 88므1071 ······ 76
대판 1990. 4.27, 90므95 ······ 86
대판 1990. 7.24, 89므1115 ······ 77
대판 1990. 8.10, 90므408 ······ 81
대판 1990.10.12, 90므514 ······ 80
대판 1990.10.23, 90다카562 ······ 59
대판 1990.11. 9, 90므583·90므590 ······ 80
대판 1990.11.13, 88다카24523 ······ 266
대판 1990.11.27, 90므484·491 ······ 81
대판 1991. 1.11, 90므552 ······ 87
대판 1991. 2.22, 90다카19470 ······ 222

대판 1991. 2.26, 89므365·367 86
대판 1991. 5.28, 89므211 49
대판 1991. 6.25, 90므699 92
대판 1991. 7. 9, 90므1067 .... 76, 84
대판 1991. 7.23, 90므828·90므835 92
대판 1991. 8.13, 91스6 112
대판 1991. 9.13, 91므85·92 78
대판 1991.10. 8, 90므781·798 54
대판 1991.10.22, 91다21671 221
대판 1991.11.26, 91다32466 176
대판 1991.11.26, 91므375 208
대판 1991.11.26, 91므375·382 54
대판 1991.11.26, 91므559 87
대판 1991.12.10, 91므245 .... 52, 53
대판 1991.12.10, 91므344 .... 40, 84
대판 1991.12.10. 91므641 179
대판 1991.12.13, 91므153 136
대판 1991.12.27, 91므30 45
대판 1992. 1.21, 91므689 93
대판 1992. 3.27, 91누7729 266
대판 1992. 3.31, 90므651·668 9
대판 1992. 5.22, 92다2127 .... 232, 233
대판 1992. 5.22, 92다7955 220
대판 1992. 7.10, 92누3199 125
대판 1992. 8.18, 92다2998 252
대판 1992. 9.22, 92다22602 250
대판 1992.10.23, 92다29399 127
대판 1992.10.27, 92다32463 266
대판 1992.11.10, 92므68 77
대판 1992.11.10, 92므549 76
대판 1992.11.24, 92다31514 266
대판 1992.12.11, 92다21982 58
대판 1993. 2. 2, 92다3083 224
대판 1993. 2.23, 92다51969 .... 136, 149
대판 1993. 3. 9, 92다18481 175
대판 1993. 3.12, 92다48512 268
대판 1993. 4. 9, 92므938 77
대판 1993. 4.13, 92다3595 ... 10, 329, 330
대판 1993. 5.25, 92므501 98
대판 1993. 5.27, 92므143 .... 5, 104
대판 1993. 6. 8, 92다8750 297
대판 1993. 6.11, 92므1054·1061 99
대판 1993. 6.11, 93므171 .... 64, 68
대판 1993. 7.27, 91므306 .... 127, 137
대판 1993. 8.24, 92므907 9
대판 1993. 8.24, 93다12 ..... 223, 267, 268
대판 1993. 9.14, 93므430 45
대판 1993. 9.14, 93므621·638 85
대판 1993. 9.28, 93다16369 61
대판 1993.12.28, 93므409 101
대판 1994. 2. 8, 93도2869 .... 65, 68
대판 1994. 3.11, 93다24490 221
대판 1994. 4.26, 93므1273·1280 103
대판 1994. 9. 9, 94다17536 102
대판 1994.10.14, 94누4059 257
대판 1994.10.28, 94므246·253 252
대판 1994.11.18, 92다33701 221
대판 1994.12. 2, 94므1072 102
대판 1994.12.22, 93다52068·52075 107
대판 1995. 1.24, 93므1242 147
대판 1995. 2. 3, 94다42778 59
대판 1995. 2.10, 94다22651 250
대판 1995. 3.10, 94다16571 243
대판 1995. 3.28, 94므1447 113
대판 1995. 3.28, 94므1584 .... 99, 111
대판 1995. 4. 7, 93다54736 263
대판 1995. 5.26, 95므90 84
대판 1995. 6.30, 93다11715 .... 322, 325
대판 1995. 9.26, 95다27769 .... 227, 230, 286
대판 1995. 9.29, 94므1553·1556 .... 144, 150

대판 1995.11.14, 95다27554 ········ 283, 284
대판 1995.11.14, 95므694 ·············· 41, 113
대판 1995.11.21, 95므731 ······················ 44
대판 1995.12. 8, 94므1676·1683 ··········· 32
대판 1995.12.22, 94다45098 ············ 61, 62
대판 1995.12.22, 95므861 ······················ 85
대판 1996. 2. 9, 94다61649 ········ 258, 260
대판 1996. 2. 9, 95다17885
································· 321, 322, 325
대판 1996. 3.26, 95다45545 ················ 284
대판 1996. 4.23, 95다34514 ················ 297
대판 1996. 5.14, 96다5506 ···················· 34
대판 1996. 5.31, 94다35985 ················ 253
대판 1996. 6.28, 94므1089 ···················· 43
대판 1996. 7.10, 95스30·31 ················ 245
대판 1996. 8.20, 96다13682 ········ 320, 321
대판 1996. 9.20, 96다21119 ················ 305
대판 1996. 9.20, 96므530 ············ 106, 111
대판 1996.10.15, 96다23283 ················ 276
대판 1996.11. 8, 96므998 ·············· 75, 76
대판 1996.11. 8, 96므1243 ···················· 87
대판 1996.11.15, 96므851 ······················ 86
대판 1996.11.22, 96다10270 ················ 176
대판 1996.11.22, 96도2049 ·············· 36, 37
대판 1996.12.10, 96다23238 ················ 250
대판 1996.12.23, 95다48308 ················ 50
대판 1997. 1.21, 96다4688 ·················· 221
대판 1997. 1.24, 95도448 ·············· 64, 68
대판 1997. 1.24, 96다43928 ················ 179
대판 1997. 1.24, 96도1731 ·················· 133
대판 1997. 2.13, 96므738 ···················· 125
대판 1997. 2.14, 96므738 ············ 131, 137
대판 1997. 2.25, 95도2819 ···················· 78
대판 1997. 2.25, 96므1663 ·········· 116, 118
대판 1997. 3.21, 96스62 ············· 242, 265
대판 1997. 3.28, 96므608·615 ·············· 85
대판 1997. 4. 8, 96다54942 ·················· 61
대판 1997. 6.24, 97다8809 ·················· 259
대판 1997. 7.11, 96므1151 ·········· 145, 152
대판 1997. 9.26, 95다6205 ·················· 253
대판 1997.11.28, 96누18069 ········ 254, 255
대판 1997.11.28, 96다5421 ·················· 228
대판 1997.11.28, 97다31229 ·················· 60
대판 1997.11.28, 97도1368 ·················· 194
대판 1998. 2.13, 97므1486·1493 ···· 97, 98
대판 1998. 3.27, 96다37398 ········ 220, 225
대판 1998. 4.10, 96므1434 ············ 79, 80
대판 1998. 4.10, 97다4005 ·················· 176
대판 1998. 5.26, 97므25 ······················ 147
대판 1998. 5.29, 97다38503 ················ 304
대판 1998. 6.12, 96다52670 ···················· 9
대판 1998. 6.12, 97누7707 ···················· 59
대판 1998. 6.12, 97다38510
············ 234, 295, 296, 304, 312, 313
대판 1998. 6.12, 98므213 ············ 99, 101
대판 1998. 7.24, 98다9021 ·················· 271
대판 1998. 8.21, 97므544·551 ···· 107, 110
대판 1998.10.27, 97다38176 ················ 221
대판 1998.12. 8, 97므513·520·97스12
·· 242, 244
대판 1998.12. 8, 98므961 ············ 29, 110
대판 1999. 5.11, 99두1540 ·················· 109
대판 1999. 5.14, 99도826 ······················ 79
대판 1999. 6.22, 99다19322 ················ 252
대판 1999. 9. 3, 98다17800 ················ 299
대판 1999.10. 8, 98므1698 ·· 128, 130, 139
대판 1999.11.26, 99므180 ······················ 83
대판 2000. 1.28, 99므1817 ·················· 117
대판 2000. 4.11, 99므1329 ···················· 43
대판 2000. 4.25, 2000다8267 ················ 60
대판 2000. 6. 9, 99므1633·1640
·· 149, 152

대판 2000. 7. 7, 2000도868 ……………… 79
대판 2000. 8.18, 99므1855 ……………… 111
대판 2000. 8.22, 2000므292 ……… 116, 118
대판 2000. 9. 5, 99므1886 ……………… 77
대판 2000. 9.29, 2000다25569 …………… 97
대판 2001. 2.23, 2000므1561 …………… 87
대판 2001. 3. 9, 99다13157
…………………………… 227, 229, 230, 244
대판 2001. 4.13, 2000다52943 ………… 106
대판 2001. 4.26, 2000다8878 …………… 330
대판 2001. 6.12, 2000다47187 ………… 252
대판 2001. 6.29, 2001다28299 …… 263, 264
대판 2001. 8.21, 99므2230 ……………… 157
대판 2001. 9.14, 2000다66430 ………… 329
대판 2001.10.12, 2000다22942 …… 219, 307
대판 2001.11.27, 2001므1353 …………… 130
대판 2001.11.30, 2001다6947 …………… 324
대판 2001.12.28, 2000다31502 ………… 251
대판 2002. 1.11, 2001다65960 ………… 176
대판 2002. 1.15, 2001스38 ……………… 284
대판 2002. 4.26, 2000다8878 …… 323, 324
대판 2002.10.25, 2000다21802 ………… 297
대판 2002.11.26, 2002므1398 …………… 268
대판 2002.4 .26, 2000다8878 …………… 328
대판 2003. 5.27, 2000다73445 …… 307, 308
대판 2003.11.14., 2003다30968
………………………………… 216, 277, 282
대판 2003.12.26, 2003다30784 ………… 252
대판 2004. 1.16, 2001다79037 ………… 255
대판 2004. 2.12, 2003므2503 …… 138, 139
대판 2004. 3.12, 2003다63586 …… 275, 277
대판 2004. 4. 9, 2003므2411 …… 144, 150
대판 2004. 7. 9, 2003다29463 ………… 251
대판 2004. 7. 9, 2003므2251·2268 …… 103
대판 2004.10.28, 2003다65438 ………… 263
대판 2005. 5.13, 2004다1899 …………… 104
대판 2005. 6.23, 2004다51887 ………… 327
대판 2005. 7.22, 2003다43681 ………… 273
대판 2005.12.23, 2005므1689 …………… 83
대판 2006. 3. 9, 2005다57899 …… 297, 300
대판 2006. 3.24, 2006다2179
………………………………… 246, 247, 248
대판 2006. 7.27, 2005다45452 …… 219, 254
대판 2006. 7. 4, 2006므751 …………… 206
대판 2006. 9. 8, 2006다25103·25110 … 295
대판 2006. 9. 8, 2006다26694 ………… 225
대판 2006.11.10, 2006다46346 …… 326, 329
대판 2006.12.29, 2013다73520 ………… 279
대판 2007. 2.22, 2006두18584 ………… 108
대판 2007. 4.26, 2006다79704 ………… 59
대판 2007. 6.28, 2005다55879 ………… 235
대판 2007. 7.26, 2006므2757·2764 …… 267
대판 2007. 8.28, 2006스3·4 …………… 241
대판 2007.10.25, 2007다36223 …… 224, 225
대판 2007.10.25, 2007다51550 ………… 298
대판 2007.11.29, 2007도7062 …………… 24
대판 2008. 2.28, 2005다75019 ………… 298
대판 2008. 7.10, 2007다9719 …………… 330
대판 2008. 8.11, 2008다1712 …… 294, 297
대판 2009. 2.12, 2008도8601 …………… 71
대판 2009. 5.14, 2009다9768 …… 294, 295
대판 2009. 7.23, 2006다28126 ………… 322
대판 2009. 7.23, 2009다32454 ………… 53
대판 2009.12.24, 2009므2413 …………… 85
대판 2010. 3.25, 2009다84141 ………… 106
대판 2010. 4.29, 2009다84936 …… 276, 277
대판 2010. 5.13, 2009므1458·1465 …… 91
대판 2010. 5.27, 2009다93992 ………… 323
대판 2010. 6.10, 2010므574 …………… 44
대판 2010.10.28, 2009다20840 ………… 316
대판 2011. 3.28, 2011스25 ……………… 14
대판 2011. 6. 9, 2011다29307 ………… 285

대판 2012. 4.13, 2011므4719 ········ 89, 167
대판 2012. 4.24, 2010다50809 ············ 324
대판 2012.12.13, 2010다78722 ············ 320
대판 2012.12.27, 2011다96932 ············ 208
대판 2013. 3.14, 2010다42624
······································ 326, 327, 328
대판 2014. 7.24, 2012므806 ················ 151
대판 2014. 9.26, 2012다71688 ············ 295
대판 2015. 2.26, 2014므4734 ················ 49
대판 2015. 5. 1, 2012다21720 ············ 322
대판 2015. 5.29, 2013므2441 ················ 55
대판 2015. 6.23, 2013므2397 ················ 90
대판 2015.10.29, 2013다60753 ···· 321, 328
대판 2015.11.12, 2010다104768 ··· 323, 329
대판 2016. 5.24, 2015다250574 ·········· 282
대판 2016.12.29, 2013다73520 ···· 276, 285
대판 2017. 1.12, 2014다39824 ············ 286
대판(전) 1977. 7.26, 77다492 ···· 7, 9, 149
대판(전) 1981. 1.27, 79다854 ····· 219, 223
대판(전) 1981.10.13, 80므60 ················ 138
대판(전) 1983. 7.12, 82므59 ········ 71, 118
대판(전) 1991.12.24, 90다5740 ···· 219, 222
대판(전) 1994. 2. 8, 93다13605 ········· 172
대판(전) 1994. 5.24, 93므119 ·············· 150
대판(전) 2001. 5.24, 2000므1493 148, 155
대판(전) 2003. 7.24, 2001다48781 ·········· 8
대판(전) 2008.11.20, 2007다27670 255, 256
대판(전) 2010. 3.18, 2007다77781 ······ 282
대판(전) 2014. 7.16, 2012므2888 ·········· 99
대판(전) 2015. 9.15, 2013므568 ············ 73

서울고법 1981. 2.23, 80나487 ············ 179
서울고법 1991. 1.18, 89르2400 ·········· 243
서울가법 1991. 6. 7, 89드58308 ········ 102
서울가법 1991. 6.13, 91드1220 ·········· 101
서울가법 1991.11.12, 91느4431 ············ 97
서울가법 1992.10.29, 92드23258 ·········· 44
서울가법 1993. 4. 8, 92드66545 ·········· 81

헌재 1997.10.30, 96헌바14 ···················· 97
헌재 2015. 4.30, 2013헌마623 ············ 116

▪ 사 항 색 인 ▪

(ㄱ)

가격배상 ……… 265
가분채권 ……… 258
가분채무 ……… 259
가분채무설 ……… 259
가사비송사건 ……… 19
가사소송법 ……… 11, 19
가사소송사건 ……… 19
가사심판법 ……… 19
가액산정의 기준시점 ……… 268
가액지급의 내용 ……… 267
가액지급청구 ……… 266
가액지급청구권의 성질 ……… 267
가장이혼 ……… 68
가장파양 ……… 157
가장혼인 ……… 37, 42
가정법원에의 청구 ……… 161
가정법원의 허가 ……… 18
가정법원의 확정판결에 의한 정정 ……… 18
가족관계등록 등에 관한 법률 ……… 11
가족관계등록부 ……… 11, 15
가족관계등록부의 변경 ……… 89
가족관계의 등록 등에 관한 법률 ……… 7, 35
가족관계증명 ……… 12
가족에 대한 사후부양 ……… 215
강제상속 ……… 214
강제인지 ……… 129
강행법규성 ……… 6
개인정보보호 ……… 12
거소지정권 ……… 172
결격사유 ……… 188
경제적 파탄원인 ……… 87
계모자관계 ……… 51, 114
계약상의 지위 ……… 253
계약혼 ……… 35
계약혼인 ……… 37
고유재산 ……… 57
고유재산에 의한 변제 ……… 290
고의로 재산목록에 미기입 ……… 277
공동상속 ……… 214, 257
공동상속인 사이의 담보책임 ……… 269
공동상속인 사이의 불분할계약 ……… 263
공동상속인 확정 ……… 262
공동상속인의 유류분과 기여분 ……… 328
공동상속인이 상속재산 공유 ……… 262
공동상속재산의 관리 및 처분 ……… 260
공동친권 ……… 166
공동친권행사 위반의 효과 ……… 175
공유설 ……… 257
공유재산 ……… 58
공정증서 ……… 199
공정증서에 의한 유언 ……… 296
과거의 부양료 청구 ……… 207
과거의 부양료청구 ……… 208
과태료 ……… 17
관리인 선임과 주의의무 ……… 261
관리인의 권리의무 ……… 236
관리인의 선임 및 공고 ……… 235
구상권 ……… 281
구수증서에 의한 유언 ……… 299
국적법 ……… 11
국적변동사항의 통보 ……… 13

국제사법 ··· 7
권리남용금지의 원칙 ··· 8
권리능력에 관한 규정 ··· 9
권리의무의 불소멸 ··· 290
귀속상 일신전속권 ··· 104
귀속상의 일신적속권 ··· 5
균분상속 ··· 214
근친혼 ··· 38
금양임야 ··· 254
기간에 관한 규정 ··· 9
기명날인 ··· 16
기본증명 ··· 12
기여분 ··· 321
기여분과 유류분 ··· 246
기여분과 유증 ··· 246
기여분과 특별수익 ··· 246
기여분권리자 ··· 244
기여분의 결정 ··· 245
기여분의 요건 ··· 244
기여분제도 ··· 243
기여분제도의 취지 ··· 244
기여자의 상속분 ··· 243, 246
기타 중대한 사유 ··· 179
기타 혼인을 계속하기 어려운
중대한 사유 ··· 83

(ㄴ)

남계친 ··· 26
녹음에 의한 유언 ··· 296

(ㄷ)

다른 상속인의 상속분을 침해하는
공동상속인 ··· 222
단독상속 ··· 214
단독행위 ··· 270
단순승인 ··· 7, 274
단순승인의 효과 ··· 278
단순예시설 ··· 76
담보제공명령신청제도 ··· 94
담보책임 ··· 269
당사자 사망 후의 혼인신고 ··· 41
당연무효설 ··· 46
대금을 분할 ··· 265
대락입양 ··· 144
대리권과 관리권의 배제 ··· 174, 195
대리권과 관리권의 상실
(친권의 일부상실)선고 ··· 182
대리모 ··· 141
대리모계약 ··· 142
대리에 관한 규정 ··· 10
대리에 친하지 않은 행위 ··· 292
대상재산의 범위 ··· 267
대세권성 ··· 6
대습상속 ··· 226, 229
대습상속사유 ··· 234
대습상속의 사유 ··· 229
대습상속의 요건 ··· 229
대습상속의 효과 ··· 231
대습상속인 ··· 230, 319
대습상속인의 상속분 ··· 240
독립권리설 ··· 218
독립예시설 ··· 76
동거의 권리 ··· 5
동거의 의무 ··· 52
동거·부양·협조의무 ··· 107
동성동본 ··· 38
동성혼 ··· 6
동순위상속인 사이의 상속분 ··· 240
동시존재의 원칙 ··· 226
동의권·취소권·대리권 ··· 190
동의와 승낙 ··· 161
등록기준지 ··· 14, 18

등록전산정보자료 ······ 13
등록창설허가 ······ 14
등본 ······ 12

(ㅁ)

면접교섭권 ······ 50, 94, 134
면접교섭권의 제한 ······ 95
면접교섭권의 침해에 대한 구제 ······ 96
면접교섭권의 행사 ······ 95
명의신탁 ······ 59
모계친 ······ 26
무권대리의 추인 ······ 62
무능력자제도와 무관함 ······ 292
무상행위의 이행시기 ······ 321
무상·편무계약 ······ 199
무자력 공동상속인이 있는 경우
　담보책임의 분담 ······ 269
무제한설 ······ 118
무효행위의 전환 ······ 127, 299
무효행위의 전환에 관한 규정 ······ 9
무효행위의 추인 ······ 152
물건에 관한 규정 ······ 9
물권 ······ 250
물상대위성 ······ 309
미성년자 ······ 29
미성년후견 ······ 184, 197
미성년후견 개시신고 ······ 17
미성년후견감독 개시신고 ······ 17
미성년후견감독인의 지정과 선임 ······ 195
미성년후견인 ······ 170, 186
미성년후견인 임무 대행자 ······ 170
미성년후견인의 임무 ······ 189
민법상의 입양제도 ······ 143

(ㅂ)

반사회적 법률행위에 관한 규정 ······ 9
방계친 ······ 26
방계혈족 ······ 24, 27
배당변제 ······ 280
배우자 ······ 25, 228
배우자 또는 그 직계존속으로부터
　심히 부당한 대우 ······ 81
배우자 있는 자의 입양 ······ 147
배우자로서의 권리 ······ 46
배우자의 부정행위 ······ 77
배우자의 상속분 ······ 240
배우자의 생사가 3년 이상 불분명 ······ 83
배우자의 악의의 유기 ······ 79
법률상의 지위 ······ 253
법률적 파탄원인 ······ 84
법률혼주의 ······ 39
법무부장관 ······ 13
법적 유언사항 ······ 293
법정단순승인(의제단순승인) ······ 275
법정단순승인의 사유 ······ 275
법정단순승인의 예외 ······ 278
법정단순승인제도 ······ 7
법정대리인 ······ 38
법정부부재산제 ······ 57
법정상속 ······ 214
법정상속분 ······ 239, 240
법정유언집행자 ······ 314
법정친자관계 ······ 114
법정혈족 ······ 23, 24
법정후견의 보충성 ······ 202
변제 ······ 289
변제의 순서 ······ 281
보고적 신고 ······ 7, 16, 126, 131
보수청구권 ······ 194
복권당첨금 ······ 99
본위 상속인 ······ 286
본적지 ······ 14

부(父)를 정하는 소 ········ 123, 135
부계친 ········ 26
부계혈통 ········ 28
부담부 유증 ········ 303, 310
부담부 유증의 취소 ········ 311
부담부 유증의 효력 ········ 311
부당변제로 인한 책임 ········ 281
부당이득 ········ 209
부모의 혼인이 취소 ········ 167
부모의 혼인해소 ········ 167
부부간의 성의 불변 ········ 52
부부공동입양 ········ 147
부부공유재산 ········ 59
부부관계의 소멸 ········ 89
부부별산제 ········ 57
부부재산계약 ········ 56, 109
부부재산제 ········ 107
부양 ········ 204
부양권리자의 순위 ········ 207
부양당사자 ········ 205
부양당사자의 순위 ········ 206
부양의 성질 ········ 204
부양의 정도와 방법 ········ 207
부양의무 ········ 206
부양의무자의 순위 ········ 206
부양청구권 ········ 5, 205
부양·협조의 의무 ········ 53
부의금 ········ 251
부재와 실종에 관한 규정 ········ 9
부정한 행위 ········ 55
분리 후의 상속재산의 관리 등 ········ 290
분할 후 인지된 자가 있는 경우 ········ 266
분할방법 ········ 101
분할의 방법 ········ 263
분할의 소급효 ········ 265
분할의 요건 ········ 262
분할절차 ········ 264
분할채권설 ········ 258
불가분채권 ········ 259
불가분채권설 ········ 259
불가분채무 ········ 259
불가분채무설 ········ 259
불균분상속 ········ 214
불소급 ········ 110
불소급효 ········ 50
비밀증서 유언 ········ 7
비밀증서에 의한 유언 ········ 298
비속친 ········ 26
비송사건절차법 ········ 11
비용상환청구권 ········ 309

(ㅅ)

사기 또는 강박 ········ 50
사망 ········ 24
사망상속 ········ 214
사망신고 ········ 17
사무관리 ········ 209
사실상 협의이혼 ········ 70
사실상 협의이혼의 효과 ········ 71
사실상의 포기 ········ 286
사실상혼인관계존부확인의 소 ········ 112, 113
사실적 파탄원인 ········ 87
사실혼 ········ 105
사실혼관계 ········ 25
사실혼배우자 간의 상속 ········ 109
사실혼배우자를 보호하는 특별법령 ········ 108
사실혼에서 태어난 자녀의 지위 ········ 109
사실혼의 보호 ········ 105
사실혼의 성립요건 ········ 106
사실혼의 해소 ········ 109
사실혼의 효과 ········ 107
사실혼주의 ········ 39

사실혼해소의 효과 …… 110
사인증여 …… 306
사인행위 …… 291, 306
사적자치 …… 6
사후상속 …… 214
상대방 없는 단독행위 …… 291
상대방의 귀책사유 …… 84
상대적 소멸 …… 177
상속 …… 213
상속개시 시의 재산 …… 320
상속개시 있음을 안 날 …… 273
상속개시의 시기 …… 215
상속개시의 원인 …… 215
상속개시의 장소 …… 216
상속결격의 사유 …… 232
상속결격의 효과 …… 234
상속결격자 …… 319
상속권 …… 213
상속권의 침해를 안 날 …… 224
상속능력 …… 226
상속등기 …… 260
상속법 …… 3
상속분 …… 239
상속분양도의 요건 …… 247
상속분양수인의 지위 …… 247
상속분의 양도 …… 247, 284, 287
상속분의 양수 …… 247
상속분의 종류 …… 239
상속비용 …… 216
상속의 개시 …… 215
상속의 결격 …… 232
상속의 승인과 포기 …… 270
상속의 유형 …… 213
상속의 포기 …… 283
상속의 효과 …… 249
상속인 …… 226
상속인 상속포기 …… 230
상속인 수색 공고 …… 236
상속인에 의한 상속재산 처분의 제한 …… 316
상속인의 관리의무 …… 272
상속인의 부존재 …… 235, 237
상속인의 순위 …… 227
상속인의 자격 상실 …… 234
상속인이 결격자 …… 230
상속인이 상속개시 전에 사망 …… 229
상속인이 상속재산 처분 …… 275
상속인이 승인·포기를 하지 않고 사망 …… 274
상속자격확정설 …… 217
상속재산 부정소비 …… 277
상속재산 분할의 효과 …… 265
상속재산 은닉 …… 277
상속재산보존에 필요한 처분 …… 272
상속재산에 속하지 않은 권리의 유증 …… 308
상속재산에 의한 변제 …… 289
상속재산의 관리 …… 235, 283
상속재산의 관리계속의무 …… 287
상속재산의 국가귀속 …… 238
상속재산의 범위 …… 250
상속재산의 분리 …… 287
상속재산의 분할 …… 261
상속재산의 청산 및 상속인의 수색 …… 236
상속재산의 포괄승계인 …… 219
상속제도 …… 213
상속채무 …… 322
상속채무자의 자력에 대한 담보책임 …… 269
상속포기 …… 286, 319
상속포기의 신고 …… 284
상속포기의 효과 …… 285
상속회복청구권 …… 217, 218

상속회복청구권의 상속인 ········ 220
상속회복청구권의 소멸 ········ 224
상속회복청구권의 포기 ········ 225
상속회복청구권의 행사 ········ 223
생가친족과의 관계 ········ 155
생명보험금청구권 ········ 251
생명침해로 인한 재산상
손해배상청구권 ········ 251
생사불명 ········ 32
생자관계존부확인의 소 ········ 136
생전상속 ········ 214
서명 ········ 16
선량한 관리자의 주의의무 ········ 190
선임 미성년후견인 ········ 187
선임 유언집행자 ········ 314
성과 본 ········ 28
성년의제 ········ 55, 109
성년후견 ········ 185, 197
성년후견감독인·한정후견감독인·
특정후견감독인의 선임 ········ 196
성년후견인의 임무 ········ 190
성년후견인·한정후견인·특정후견인 ···· 187
성립요건설 ········ 40
성전환자 ········ 35
소급효 ········ 132, 285
소급효의 제한 ········ 266
소멸시효기간 ········ 224, 329, 330
소멸시효에 관한 규정 ········ 10
소제기권자의 범위 ········ 136
손해배상청구 ········ 33, 159
손해배상청구권 ········ 103, 110
수유재산 ········ 326
수증결격 ········ 234
수증자 ········ 306
수증자의 과실취득권 ········ 308
수증자의 상속인의 승인·포기 ········ 310
수증재산 ········ 326
수취한 과실의 상계 ········ 184
순위의 변경 ········ 207
승인과 포기의 기간 ········ 273
승인·포기기간 전의 상속재산의
관리 ········ 272
승인·포기의 능력 ········ 271
승인·포기의 성질 ········ 270
승인·포기의 시기 ········ 270
승인·포기의 취소금지 ········ 271, 310
시험관아기 ········ 142
신분관계 ········ 3
신분상속 ········ 213
신분행위 ········ 5
신상에 관한 권리의무 ········ 189
신의성실의 원칙 ········ 8
실종선고 ········ 38
실종선고신고 ········ 17
실종선고취소신고 ········ 17
실질적 요건 ········ 144, 157
실질적 의사설 ········ 36, 64
실질적의사설 ········ 42
심신상실 ········ 166
심히 부당한 대우 ········ 81

(ㅇ)

악의의 유기 ········ 52, 53
악질 ········ 49
악질 기타 중대한 사유 ········ 49
약혼 ········ 29
약혼당사자 ········ 30
약혼연령 ········ 29
약혼예물 ········ 34
약혼해제 ········ 31
양도된 상속분의 양수(환수) ········ 247
양수권의 행사 ········ 248

양수의 효과 ········· 249
양육비 부담 ········· 93
양육비 직접지급명령신청제도 ········· 94
양육비부담조서 ········· 66
양육비지급의무 ········· 93
양육에 관한 사항 ········· 91
양육에 관한 사항의 결정기준 ········· 91
양육자나 양육사항의 변경 ········· 92
양육책임 ········· 134
양자 ········· 142, 166
양자의 성(姓) ········· 156
양자의 지위 ········· 155
양친자관계 ········· 23, 24
양친자관계의 소멸 ········· 159
AID에 의한 인공수정자 ········· 140
AIH에 의한 인공수정자 ········· 140
여계친 ········· 26
연금수급권 ········· 108
연대채무 ········· 259
연대책임 ········· 108
영혼결혼 ········· 6
예물반환청구권 ········· 34
완전양자제도 ········· 143
완전친생자 ········· 143
외관설 ········· 117
요보호아동 ········· 143
요식행위 ········· 7, 125, 270, 291
위임계약 ········· 199
위자료청구권 ········· 5, 33, 103, 251
유류분 ········· 318
유류분권리자 ········· 319
유류분권을 갖는 상속인 ········· 323
유류분권의 포기 ········· 330
유류분반환의 범위와 행사의 효과 ········· 325
유류분반환청구 ········· 323
유류분반환청구권 행사의 효과 ········· 327
유류분반환청구권의 소멸 ········· 329
유류분반환청구권자 ········· 323
유류분반환청구의 상대방 ········· 323
유류분반환청구의 행사방법 ········· 323
유류분산정을 위한 기초재산 ········· 320
유류분산정의 기준 ········· 319
유류분산정의 방법 ········· 322
유류분액 ········· 322
유류분의 개념 ········· 318
유류분의 내용 ········· 318
유류분의 반환청구권 ········· 323
유류분의 보전 ········· 323
유류분의 산정 ········· 319
유류분제도 ········· 318
유산에 대한 기여분의 청산 ········· 215
유아인도청구권 ········· 6
유언 ········· 291
유언과 법정상속 ········· 293
유언능력 ········· 292
유언방식의 유형 ········· 294
유언분할 ········· 263
유언사항의 법정주의 ········· 293
유언상속 ········· 214
유언에 시기(始期) ········· 302
유언에 의한 분할금지 ········· 262
유언에 종기(終期) ········· 302
유언의 검인 ········· 312
유언의 공동집행 ········· 316
유언의 내용 ········· 293
유언의 무효와 취소 ········· 302
유언의 방식 ········· 294
유언의 법적 성질 ········· 291
유언의 법정철회 ········· 304
유언의 요식성 ········· 294
유언의 집행 ········· 311
유언의 철회 ········· 303

유언의 효력 ······ 302
유언의 효력발생시기 ······ 302
유언증서의 개봉 ······ 312
유언증인 ······ 300
유언증인의 결격자 ······ 301
유언증인의 필요성 ······ 300
유언집행의 준비 ······ 312
유언집행자 ······ 313
유언집행자의 결격 ······ 315
유언집행자의 결정 ······ 313
유언집행자의 권리·의무 ······ 315
유언집행자의 법적 지위 ······ 315
유언집행자의 보수 ······ 316
유언집행자의 임무종료 ······ 317
유언철회의 자유 ······ 303
유언철회의 효과 ······ 305
유전자감정 ······ 122
유족연금 ······ 105
유증 ······ 305
유증의 무효·포기 ······ 310
유증의 승인·포기의 자유 ······ 310
유증의 이행청구권(채권적 효력) ······ 308
유증의무자 ······ 306
유증의무자의 담보책임 ······ 308
유증의무자의 최고권 ······ 310
유책주의 ······ 72
육체적 파탄원인 ······ 84
윤리적·정신적 파탄원인 ······ 86
의사능력 ······ 29, 292
의사표시에 관한 규정 ······ 10
이자의 지급과 금전소비에 대한 책임 ······ 198
이중혼인 ······ 48
2차적 부양의무 ······ 54
이해상반행위 ······ 176
이해상반행위에서의 친권제한 ······ 175
이해상반행위의 금지 ······ 194
이해상반행위의 유형 ······ 175
이행명령 ······ 93
이혼 ······ 63
이혼숙려기간 ······ 66
이혼신고 ······ 16, 67
이혼신고서 ······ 13
이혼에 관한 안내 및 상담 ······ 66
이혼의 효과 ······ 89
이혼의사의 철회 ······ 65
이혼의사의 합치 ······ 64
이혼의사확인제도 ······ 65
이혼취소의 소 ······ 70
인공수정 ······ 139
인공수정자 ······ 139
인공수정자의 지위 ······ 140
인정사망 ······ 63
인지 ······ 24, 124
인지 시 허위의 친생자출생신고 ······ 136
인지(認知) ······ 124
인지권자 ······ 125
인지된 태아의 사산신고 ······ 17
인지무효소의 효력 ······ 127
인지무효의 사유 ······ 127
인지무효의 소 ······ 127
인지신고 ······ 16, 17, 126, 131
인지에 대한 이의의 소 ······ 135
인지의 허가청구 ······ 131
인지의 효과 ······ 132
인지이의의 소 ······ 128
인지청구권 ······ 130
인지청구의 상대방 ······ 130
인지청구의 소 ······ 135
인지청구의 제소권자 ······ 130
인지취소의 소 ······ 128
인척관계의 소멸 ······ 89

일반양자 ············ 156
일반적 요건 ············ 156
일방적 혼인신고 ············ 43
일부일처제 ············ 35
일상가가대리권 ············ 108
일상가사대리권 ············ 60, 71
일상가사채무에 대한 연대책임 ············ 62
일시금지급명령신청제도 ············ 94
일신전속권 ············ 130
일신전속성 ············ 5
1차적 부양의무 ············ 53
임의상속 ············ 214
임의인지 ············ 7, 125
임의인지에 관련된 소송 ············ 127
임의후견 ············ 186
임의후견감독인 ············ 201
임의후견감독인의 선임 ············ 201
임의후견감독인의 임무 ············ 202
임의후견의 내용 ············ 201
임의후견의 우선성 ············ 202
임의후견인의 비행 등을 이유로 한 해지 ············ 200
임의후견제도 ············ 198
입양 ············ 7, 143
입양 시 허위의 친생자출생신고 ············ 136
입양관계증명 ············ 12
입양무효의 소 ············ 151
입양무효의 원인 ············ 150
입양무효의 효과 ············ 152
입양신고 ············ 16, 17, 148, 149
입양의 무효 ············ 150
입양의 성립요건 ············ 143
입양의 취소 ············ 153
입양의 합의 ············ 144
입양의 효과 ············ 155
입양촉진 및 절차에 관한 특례법 ············ 11
입양취소·파양·양부모가 모두 사망 ············ 171
입양취소의 방법 ············ 154
입양취소의 원인 ············ 153
입양취소의 효과 ············ 154
입양특례법상의 입양제도 ············ 143
입양특례법에 의한 입양 ············ 156

(ㅈ)

자(子)에 대한 효과 ············ 89
자(子)의 의견 청취 ············ 90, 93
자기의 직계존속이 배우자로부터 심히 부당한 대우 ············ 82
자녀의 지위 ············ 46
자연적 친자관계 ············ 114
자연혈족 ············ 23
자연혈족관계 ············ 24
자의 보호·교양에 관한 권리·의무 ············ 172
자의 성과 본 ············ 133
자의 신분에 관한 권리·의무 ············ 172
자의 신분행위에 대한 동의권·대리권 등 ············ 173
자의 인도청구권 ············ 173
자의 재산에 관한 권리의무 ············ 173
자의 친권의 대행 ············ 173
자의 친권자 ············ 134
자필증서 유언 ············ 7
자필증서에 의한 유언 ············ 294
장래의 재산 ············ 101
재산관계 ············ 3
재산관리권 ············ 173, 190
재산관리의 계산 ············ 183
재산명시제도 ············ 102
재산목록의 작성 ············ 315
재산분리의 공고와 최고 ············ 289
재산분리의 대항요건 ············ 290
재산분리의 심판 ············ 289

재산분리의 절차 ………… 289
재산분리의 청구 ………… 288
재산분리의 청구권자 ………… 288
재산분리의 청구기간 ………… 288
재산분리의 효과 ………… 289
재산분리제도 ………… 287
재산분리청구의 상대방 ………… 288
재산분여의 법적 성질 ………… 237
재산분여의 요건 ………… 237
재산분여의 효과 ………… 238
재산분할의 대상 ………… 98
재산분할청구 ………… 51
재산분할청구권 ………… 96, 111, 252
재산상속 ………… 213, 214
재산상의 행위에 대한 동의권·취소권·대리권 ………… 174
재산에 관한 권리의무 ………… 190
재산의 분리효과 ………… 281
재산적 권리와 의무 ………… 250
재산조사와 재산목록작성의무 ………… 193
재산조회제도 ………… 103
재판 또는 유언에 의한 인지신고 ………… 17
재판상 이혼 ………… 63, 72, 90, 91, 167
재판상 이혼사유 ………… 76
재판상 이혼절차 ………… 88
재판상 인지 ………… 129
재판상 파양 ………… 158, 163
재판상 파양원인 ………… 158
재판서의 등본 ………… 159
재판서의 등본 및 확정증명서 ………… 12
재판에 의한 이혼 ………… 88
재판에 의한 이혼·이혼취소신고 ………… 17
재판에 의한 파양·파양취소신고 ………… 17
재판에 의한 혼인신고 ………… 41
적모서자관계 ………… 51, 114
절대적 소멸 ………… 177
정당한 사유로 인한 해지 ………… 200
정조의 의무 ………… 55
정조의무 ………… 107
정혼 ………… 29
제1차적 부양 ………… 204
제2차적 부양 ………… 204
제사상속 ………… 213
제사용 재산 ………… 254
제사용 재산의 특별승계 ………… 254
제사주재자 ………… 255
제사주재자의 승계 ………… 255
제소권자 ………… 128
제소기간 ………… 124, 128
제소기간의 유무 ………… 136
제척기간 ………… 224
제척기간의 경과 ………… 224
조건과 기한에 관한 규정 ………… 10
조건부파양 ………… 157
조정 또는 심판에 의한 분할 ………… 264
조정에 의한 이혼 ………… 88
조정에 의한 혼인신고 ………… 40
조정이나 재판에 의한 혼인신고 ………… 40
조정전치주의 ………… 128
존속친 ………… 26
주민등록지 ………… 15
주소에 관한 규정 ………… 9
주택임차권의 승계 ………… 108
준정(準正) ………… 134
준혼관계 ………… 105
중혼 ………… 38
증명서 ………… 12
증여계약 ………… 321
증여재산 ………… 321
지배권성 ………… 6
지배권적 성질 ………… 6
지정 유언집행자 ………… 313

지정상속분 ······ 239
지정후견인 ······ 186
직계인척과의 혼인 ······ 48
직계인척관계 ······ 45
직계친 ······ 25
직계혈족 ······ 24, 26
진정상속인 ······ 219
진정한 부부관계 ······ 44
집합권리설 ······ 218
징계권 ······ 172

(ㅊ)

참칭상속인 ······ 217, 220
참칭상속인 등으로부터 상속재산을 전득한 제3자 ······ 222
창설적 신고 ······ 7, 17, 126, 157
채권 ······ 251
채권자대위권 ······ 5
채권·유증의 신고 등에 관한 공고 및 최고 ······ 280
채권·채무의 공동상속 ······ 258
채무 ······ 252
책임의 제한 ······ 282
철회의 자유 ······ 291
청구권적 성질 ······ 6
청산 및 부양설 ······ 97
청산공고 ······ 236
청산설 ······ 96
청산행위 ······ 261
체결시기 ······ 321
체외수정 ······ 141
촌수 ······ 26
총칙규정 ······ 8
최고기간 중의 변제거절 ······ 289
출생 ······ 24
출생신고 ······ 17, 127
취소의 효과 ······ 163
친계 ······ 25
친권 ······ 6, 165
친권변동신고 ······ 17
친권사퇴와 회복과 친권자 지정 ······ 183
친권상실 ······ 166
친권상실선고의 보충성과 최후성 ······ 180
친권상실선고의 사유 ······ 178
친권상실선고의 절차 ······ 180
친권상실선고의 효과 ······ 180
친권소멸사유 ······ 177
친권소멸의 효과 ······ 183
친권의 남용 ······ 178
친권의 내용 ······ 172
친권의 상실선고 ······ 178
친권의 소멸 ······ 177
친권의 소멸·일시정지·일부제한 및 회복 ······ 177
친권의 일부제한선고 ······ 182
친권의 일부제한선고의 보충성 ······ 182
친권의 일부제한선고의 효과 ······ 182
친권의 일시정지선고 ······ 181
친권의 일시정지선고의 보충성 ······ 181
친권의 일시정지선고의 효과 ······ 181
친권의 제한 ······ 174
친권의 행사 ······ 171
친권의 회복과 친권자 지정 ······ 183
친권의 효력 ······ 171
친권일시정지의 기간 ······ 181
친권자 ······ 166
친권자 지정 ······ 89
친권자 지정의 기준 ······ 90
친권자가 미성년자 ······ 171
친권자가 피성년후견인이거나 피한정후견인 ······ 171
친권자의 변경 ······ 90, 168

친권자의 지정 ···· 169
친권자지정과 변경 ···· 50
친권행사의 기준 ···· 171
친권행사의 능력 ···· 171
친등 ···· 26
친생부모와의 관계 ···· 159
친생부인권자 ···· 120
친생부인의 소 ···· 116, 119, 120, 135
친생부인의 요건 ···· 120
친생부인의 효과 ···· 122
친생부인판결 ···· 122
친생자관계부존재확인의 소 116, 119, 135
친생자관계존부확인의 소 ···· 135
친생자로서 허위의 출생신고 ···· 149
친생자의 추정이 미치지 않는 자 ···· 117
친생자추정 ···· 71, 115
친생자추정을 받지 않는 혼인 중의 자 ···· 119
친생자추정의 효과 ···· 116
친생자추정이 미치지 않는 것으로 인정되는 범위 ···· 117
친생자추정이 미치지 않는 효과 ···· 118
친생추정과 인지 ···· 117
친양자 ···· 12
친양자 입양 ···· 156
친양자 입양의 효력 ···· 161
친양자 파양원인 ···· 163
친양자의 입양신고 ···· 161
친양자의 파양 ···· 163
친양자입양관계증명 ···· 12
친양자입양의 성립요건 ···· 160
친양자입양증명 ···· 12
친양자제도 ···· 143, 160
친자관계 ···· 114
친자관계의 유형 ···· 114
친자관계의 의의 ···· 114
친자관계의 효과 ···· 115
친족 ···· 23
친족관계 불성립 ···· 109
친족관계의 발생 ···· 51
친족법 ···· 3
친족상속법 ···· 3

(ㅌ)

태아의 상속능력 ···· 226
퇴직금 ···· 99
특별규정 ···· 8
특별대리인 ···· 130, 175, 195
특별수익의 산정 ···· 242
특별수익의 산정시기 ···· 242
특별수익의 요건 ···· 241
특별수익의 의의 ···· 240
특별수익자의 상속분 ···· 240
특별수익제도의 취지 ···· 241
특별연고자 ···· 237
특별연고자에 대한 상속재산의 분여 ·· 237
특별연고자의 청구 ···· 237
특별한정승인 ···· 274
특유재산 ···· 57, 58, 98
특정유증 ···· 307
특정적 유증의 승인·포기 ···· 309
특정후견 ···· 185
특정후견인의 임무 ···· 193

(ㅍ)

파산선고 ···· 188
파양 ···· 156
파양(罷養) ···· 156
파양신고 ···· 159
파양의 요건 ···· 156
파양의 효과 ···· 159
파양의 효력 ···· 164

파양청구권의 소멸 ………… 159
파탄주의 ………… 72
파혼 ………… 31
파훼로 인한 유언의 철회 ………… 305
판결의 효력 ………… 139
포괄적 수증자의 지위 ………… 307
포괄적 유증 ………… 226, 293, 306
포괄적 유증의 승인·포기 ………… 307
포기 ………… 7
포기의 방식 ………… 284
포기자의 상속분의 귀속 ………… 285
피상속인에 대한 부도덕한 행위 ………… 232
피상속인의 4촌 이내의 방계혈족 ………… 228
피상속인의 직계비속 ………… 227
피상속인의 직계존속 ………… 227
피상속인의 채권추심 ………… 276
피상속인의 형제자매 ………… 228
피성년후견인 ………… 29, 65, 146
피성년후견인의 복리와 의사존중 ………… 190
피성년후견인의 신상보호 ………… 190
피성년후견인의 재산보호 ………… 191
피인지자 ………… 126
피특정후견인의 복리와 의사존중 ………… 193
피특정후견인의 특정사무를 후원 ………… 193
피한정후견인 ………… 30
피한정후견인의 복리와 의사존중 ………… 192
피한정후견인의 신상보호 ………… 192
피한정후견인의 재산보호 ………… 192
피후견인에 대한 제3자의 권리양수 ………… 195

(ㅎ)

한정승인 ………… 7, 278, 288
한정승인과의 관계 ………… 287
한정승인에 의한 청산절차 ………… 280
한정승인의 방식 ………… 278
한정승인의 요건 ………… 278
한정승인의 효과 ………… 281
한정후견 ………… 185
한정후견인 ………… 30
한정후견인의 임무 ………… 192
합유설 ………… 258
해제조건 ………… 34
해지의 효과 ………… 200
행방불명 ………… 166
행사상 일신전속권 ………… 104
행사상의 일신적속권 ………… 5
행위능력 ………… 192
행위능력에 관한 규정 ………… 10
현명주의 ………… 60
현물분할 ………… 265
현저한 비행 ………… 179
혈연설 ………… 118
혈족 ………… 23, 227
협의분할 ………… 263
협의상 이혼 ………… 167
협의상 파양 ………… 157
협의이혼 ………… 7, 63, 90, 91
협의이혼신고 ………… 17
협의이혼의 무효 ………… 67, 69
협의이혼의 무효와 취소 ………… 67
협의이혼의 성립요건 ………… 64
협의이혼의 취소 ………… 69
협의파양 ………… 7
협의파양신고 ………… 17
형성무효설 ………… 46
형성의 소 ………… 129, 151, 158
형식적 요건 ………… 157
형식적 의사설 ………… 36, 64
호적등본 ………… 12
호적법 ………… 11
호적부 ………… 11
호주상속 ………… 213

호주제도 ··· 28
혼인 ··· 7, 35
혼인 외의 자 ··· 168
혼인 외의 출생자 ··· 124
혼인 외의 출생자에 대한 부자관계의 인정 ··· 137
혼인 중의 출생자로 의제 ··· 161
혼인관계존재확인의 소 ··· 41
혼인관계증명 ··· 12
혼인무효 ··· 47
혼인무효사유 ··· 42
혼인무효의 성질 ··· 46
혼인무효의 효과 ··· 46
혼인생활의 비용 공동부담 ··· 62
혼인신고 ··· 16, 17
혼인신고의 성질 ··· 40
혼인신고특례법 ··· 11
혼인연령 ··· 37
혼인연령 미달자 혼인 ··· 48
혼인예약 ··· 29
혼인 외의 자가 피상속인의 사망 후 인지를 받아 상속권을 취득 ··· 223
혼인의 강제이행청구 ··· 30
혼인의 무효 ··· 42
혼인의 의사 ··· 44
혼인의 취소 ··· 47
혼인의 해소 ··· 63
혼인의 효과 ··· 51
혼인의사 ··· 37
혼인의사의 의미 ··· 36
혼인의사의 합치 ··· 35
혼인취소의 사유 ··· 48
혼인취소의 성질 ··· 47
혼인취소의 효과 ··· 50
혼인취소판결 ··· 42
혼인효력발생요건 ··· 39
확인의 소 ··· 129
확정증명서 ··· 159
회생절차개시결정 ··· 188
효력요건설 ··· 40
후견감독기관 ··· 195
후견감독인 ··· 195
후견감독인의 결격사유 ··· 196
후견감독인의 선임 ··· 195
후견감독인의 수와 자격 ··· 196
후견감독인의 임무 ··· 196
후견개시의 신고 ··· 186
후견개시의 원인 ··· 184
후견계약 ··· 186, 198
후견계약의 성립과 방식 ··· 199
후견계약의 철회 ··· 200
후견계약의 해지 ··· 200
후견계약의 효력발생 ··· 199
후견등기법 ··· 199
후견등기부 ··· 199, 201
후견의 개시 ··· 184
후견의 종료 ··· 197
후견의 종료와 계산 ··· 197
후견인 ··· 186
후견인의 결격 ··· 188
후견인의 권한 제한 ··· 194
후견인의 변경 ··· 189
후견인의 비용지출 ··· 194
후견인의 사임 ··· 189
후견인의 수 ··· 188
후견인의 임무 ··· 189
후견인의 자격 ··· 188
후견인의 채권·채무의 제시의무 ··· 194
후견인이 되는 자 ··· 186
후견임무의 주된 내용 ··· 189
후견종료사유 ··· 197
후순위상속인이 상속재산 분할 ··· 268

저 자 약 력

박 종 찬
parkjc29@gmail.com

건국대학교 법과대학(학사)
건국대학교 대학원(법학석사)
독일 Tübingen 대학교(법학박사)
부산외국어대학 부교수
미국 Illinois University, School of Law Visiting Professor
사법시험·행정고시·입법고시·변리사시험·감정평가사시험·지방행정직시험 위원

(현) 강원대학교 법학전문대학원 교수

〈주요저서 및 논문〉

- 주석민법 물권(4)(공저)
- 법학개론(공저)
- 남북한법제비교(공저)
- 여성과 법
- 물권법
- 불법행위법
- 로스쿨민법총칙(공저)
- 민법학강의 Ⅰ·Ⅱ·Ⅲ·Ⅶ
- Hypotehkenrecht
- Liesingsvertrag
- 독일저당권에 관한 연구
- 독일토지채무에 관한 연구
- 부동산점유취득시효에 관한 연구

민법학강의 Ⅷ [친족상속법] Bürgerliches Gesetzbuch Ⅷ [Das Familienrecht]

저 자 박 종 찬
발행인 양 진 수
발행처 진 원 사

2019년 8월 26일 초판 인쇄
2019년 9월 2일 초판 발행

서울시 송파구 법원로 9길 26, C**동** 1107**호** (**문정동**, H**비즈니스파크**)
전화 : 02) 916-1850 / **팩스** : 02) 916-3442
신고번호 제 2018 - 000026**호**
http://www.jinwonsa.co.kr
http://www.lawbookstore.co.kr
e-mail : hhansin@hanmail.net

저자와의
협의하에
인지생략

ISBN : 978-89-6346-561-6 93360

정가 24,000 원